ÉTIENNE MARCEL

PARIS. — IMP. SIMON RAÇON ET COMP., RUE D'ERFURTH, 1

ÉTIENNE MARCEL

ET LE

GOUVERNEMENT DE LA BOURGEOISIE

AU QUATORZIÈME SIÈCLE

(1356-1358)

PAR

F. T. PERRENS

PARIS
LIBRAIRIE DE L. HACHETTE ET CIE
RUE PIERRE-SARRAZIN, N° 14
—
1860

Droit de traduction réservé.

C'est sur la demande de l'illustre et regrettable Augustin Thierry que j'ai entrepris d'écrire ce livre. Inquiet de la destinée qui l'attend, je ne saurais lui donner une meilleure recommandation auprès du public, qu'en le plaçant sous un tel patronage.

L'année 1855 touchait à sa fin : étendu sur son fauteuil de douleur, Augustin Thierry recevait, tous les soirs, à neuf heures, quelques amis au nombre desquels il avait bien voulu me ranger. Dans ces graves, mais attrayantes causeries, il était fréquemment question de la France et de notre histoire. Le glorieux maître qui, sur tant de points, en avait pénétré les obscurités, se plaignait qu'elle ne fût ni étudiée ni connue comme elle mérite de l'être. « Ce n'est pas, disait-il, que les travaux d'ensemble nous manquent : après MM. Sismondi, Michelet, Henri Martin, l'histoire générale de la France n'est plus à faire ; mais sur chaque époque, sur chaque règne et presque sur chaque événement de notre existence nationale, il y aurait encore lieu d'entreprendre des recherches approfondies, de publier des livres utiles, où les détails et la critique raisonnée trouveraient une place que les auteurs de nos grandes histoires n'ont pu leur accorder. » Il indiquait ensuite quelques-uns des épisodes qui lui paraissaient mériter de nouvelles investigations, et, au premier rang, il mettait la révolution bourgeoise de 1356, dont Étienne Marcel fut le héros et la victime. « Essayez donc, me dit-il un jour, de nous la raconter. »

Cette révélation soudaine du génie politique de nos pères avait toujours excité ma curiosité, et j'éprouvais une vive sympathie pour ces précurseurs méconnus de l'ère moderne ; mais, mieux préparé par mes travaux antérieurs à de nouvelles études sur l'histoire d'Italie, je laissai passer la provocation bienveillante du maître : je pensais que les hasards de l'entretien l'avaient seuls amenée sur ses lèvres, et j'étais sûr qu'il trouverait autour de lui bien des personnes plus en état que moi de répondre à son appel. Peu de jours après, cependant, il revint à la charge. Réduit par son insistance à lui faire part de mes scrupules, je lui dis que les excellentes pages déjà publiées sur cette courte période me décourageaient d'en ajouter de nouvelles qui ne sauraient avoir la même autorité. Augustin Thierry voulut bien, alors, s'élever contre mon dessein de m'enfermer dans les annales de l'Italie et réclamer pour celles de la France une part de mes loisirs ; il m'assura qu'il ne voyait dans les écrits dont je me faisais un épouvantail que des jalons habilement plantés sur la route, et qu'enfin les aperçus nouveaux que l'on commençait d'avoir sur cette révolution mémorable n'étaient qu'une raison de plus d'en retracer l'histoire. « Plus jeune, me disait-il, ou, du moins, exempt de ces infirmités qui me tuent lentement, j'eusse entrepris moi-même avec bonheur un travail si utile. Recevez cette part de mon héritage, c'est un legs que je vous prie d'acquitter en mon nom. »

J'aurais sagement fait, peut-être, de décliner le périlleux honneur d'une si haute confiance ; mais devant ces dispositions de la dernière heure, devant ce testament de l'historien qui distribuait entre ses amis, sans en oublier le plus humble, les diverses parties de la tâche immense qu'il avait rêvé d'accomplir, je n'eus pas le courage de résister plus longtemps. Au risque de trop entreprendre pour mes forces, je résolus de me mettre aussitôt à l'œuvre et d'y consacrer tout le loisir que me laissaient d'autres devoirs. Quel plus sûr moyen de témoigner mon tendre respect à l'homme illustre et bon qui encourageait ma faiblesse, que de me montrer docile à sa volonté! Prévoyant, hélas! sa fin prochaine, j'avais hâte de lui communiquer le résultat de mes premières recherches, afin qu'il ne pût mettre en doute ma résolution de lui obéir, et surtout pour m'éclairer, jusqu'au dernier jour, de ses vives lumières. Lire les historiens, étudier les chroniqueurs, confronter les témoignages, apprendre la paléographie, pour compulser utilement les manuscrits de nos bibliothèques et de nos archives, telle fut, dès ce moment, la plus constante occupation de mes loisirs.

Le soir, la tête pleine de mes recherches et des réflexions qu'elles m'avaient inspirées, je m'acheminais vers le petit hôtel de la rue du Mont Parnasse, et là, entre une sonate de Beethoven et une symphonie de Mozart, je soumettais à l'historien *dilettante* mes doutes, mes conjectures, le plan provisoire et les conclusions probables de mon travail. Augustin Thierry résolvait les uns, confirmait ou renversait les autres, discutait souvent avec cette passion généreuse pour la science qui seule l'attachait à la vie, et quelquefois approuvait. Tout à coup ses conseils m'ont manqué : la mort n'a pas permis que j'en pusse profiter jusqu'à la fin de ces études! Que je me reprocherais aujourd'hui de ne les avoir pas terminées avant l'heure fatale, si j'eusse été plus maître de mon temps! Quand je me vis privé des encouragements et des lumières qui m'avaient soutenu et guidé jusqu'alors, je me trouvai sans ardeur pour continuer mon œuvre commencée, et il me fallut le souvenir de ma promesse pour surmonter, quelques mois plus tard, le sentiment de défiance qui, de nouveau, m'éloignait de ce travail.

Personne ne se méprendra, je l'espère, sur l'intention des lignes qui précèdent. Je ne cherche point à reporter, même pour une faible part, la responsabilité de mes opinions sur un homme qui n'est plus là pour la décliner. Augustin Thierry n'a rien connu du livre que j'offre aujourd'hui au public; il s'est éteint trop vite pour que j'aie pu lui en communiquer autre chose que la pensée générale, mes premières recherches et des impressions modifiées, depuis, sur plus d'un point. J'ajouterai même, dût cet aveu nuire à l'auteur et à l'ouvrage, que j'osais quelquefois combattre ses idées et résister à ses conseils. Si je m'abstiens d'indiquer ici nos principales dissidences, c'est afin d'éviter un détail fastidieux pour le lecteur.

J'aime à dire, toutefois, qu'une des pensées qui m'ont le plus constamment soutenu dans tout le cours de ce travail, se trouve formellement exprimée dans l'*Essai sur l'histoire du Tiers État* : je veux parler de cette conviction, si fortement arrêtée dans l'esprit d'Augustin Thierry, que la plupart de nos historiens se sont rendus coupables d'une grande injustice envers la révolution de 1356, et que la réparation tardive des plus récents ne dispense pas de refaire le récit avec plus de détails qu'ils n'en ont pu admettre, ni surtout de prouver ce qu'ils ont si bien senti. Où les premiers n'ont vu que conspiration, trahison, scélératesse, nous voyons avec les autres de rares vertus civiques, une grande loyauté méconnue, une modération relative, un noble et vrai patriotisme. On ne s'expliquerait pas comment des écrivains de mérite et d'infatigables critiques n'ont pas su mieux lire dans les documents qu'ils avaient sous les yeux, s'il n'était éternellement vrai que pour bien juger des révolutions, il faut en avoir vu, sinon en avoir fait soi-même. C'est pourquoi Sismondi et M. Michelet sont les premiers de nos historiens qui aient bien compris cette époque calomniée : encore semble-t-il, à en juger par leurs réserves, qu'ils aient craint de rompre trop ouvertement avec les opinions qui avaient cours avant eux. Trouvant la voie tracée, Augustin Thierry, M. Henri Martin, M. Jules Quicherat ne craignirent pas de s'y engager plus hardiment : ils ont cassé l'injuste arrêt de l'histoire, et pour que le leur soit désormais sans appel, il n'y manque, comme on dit au palais, que les considérants. C'est cet exposé des motifs que j'essaye de faire, en racontant et discutant avec détail des événements que les uns et les autres n'avaient pu qu'indiquer ou résumer.

Il convient peut-être que je dise un mot des sources où j'ai puisé. Elles ne sont point mystérieuses; il y a plus de mérite à n'en négliger aucune et à en savoir tirer parti qu'à les découvrir. Depuis un siècle, on a exploré avec tant de soin tous nos dépôts publics et privés, que le hasard seul pourrait nous mettre sur la voie de nouveaux trésors. Nos vieux chroniqueurs, si précieux et si intéressants, ont été réimprimés dans un format commode, en caractères lisibles, avec des notes qui fixent le texte et en relèvent les erreurs. Les manuscrits de la Bibliothèque impériale et ceux de nos Archives ont été lus par le laborieux Secousse, à qui nous devons le recueil des ordonnances de nos rois et l'histoire de Charles le Mauvais, c'est-à-dire deux des plus importantes collections de pièces et de documents qui éclairent les siècles de notre moyen âge. Mais à mesure qu'on devient familier avec les hommes et les choses de ces temps-là, il est impossible de n'être pas frappé du contraste que présentent l'incontestable sagacité que le savant académicien déploie dans l'arrangement des textes, et la faible intelligence qu'il a des événements qui y sont rapportés. Personne ne le surpasse dans l'art d'assembler les faits et d'en fixer la date ; mais ne lui demandez pas de mettre ses matériaux en œuvre : il ne sait que les entasser. Y a-t-il sur un événement plusieurs récits contradictoires, il les accueille tous et n'a garde de témoigner sa préférence. S'il risque son avis, c'est qu'il n'y en saurait avoir un contraire. Pour l'interprétation des faits, il faut se féliciter de sa réserve, car, lorsqu'il lui arrive d'en sortir, il tient pour très-clair ce qui ne l'est pas, et s'aventure en des conclusions démenties par les faits mêmes qu'il vient de rapporter.

Je devais donc me tenir en défiance contre l'esprit qui a présidé aux recherches de Secousse et soupçonner qu'il avait dû prendre peu d'intérêt à certains documents qui en auraient beaucoup pour nous. C'est ainsi que je fus réduit, par scrupule de conscience, à refaire sur les manuscrits le pénible travail de cet érudit, afin de réparer ses omissions et de corriger ses erreurs. Si longue qu'ait été cette partie de ma tâche, je n'ai qu'à m'applaudir de l'avoir accomplie, car j'ai trouvé, notamment dans les registres du Trésor des Chartes, bien des textes qui n'avaient pas attiré l'attention de Secousse, bien des faits qu'il jugeait sans doute indignes de figurer dans l'histoire, mais qui jettent des lumières nouvelles sur les mœurs du temps, c'est-à-dire sur le premier mobile des actions de nos pères, et auxquels, pour cette raison, la critique moderne met beaucoup de prix. Singulièrement pour la Jacquerie et pour les derniers mois de la courte période dont j'entreprends le récit, j'ai trouvé assez de détails nouveaux pour qu'il me soit possible, en suivant les lois de l'induction, d'énoncer quelques vérités historiques qui me paraissent évidentes, quoiqu'on les ait méconnues jusqu'à présent.

Pour tout le reste, nos chroniqueurs sont une mine inépuisable qui contient toutes choses, même ce qu'ils ne disent pas. Ce ne serait pas un paradoxe d'affirmer qu'il n'y a point de faits plus certains que ceux qui sont l'objet de leurs réticences. Les uns, comme Froissart, cèdent, en écrivant, à la passion du parti ou de la caste dont ils avaient pris les intérêts; les autres, et Pierre d'Ormesson en est un exemple, tenaient en quelque sorte la plume sous la dictée des plus mortels ennemis de la révolution et des hommes qu'elle avait produits. Ils ne pouvaient donc tout dire, ou plutôt ils ne pouvaient que trop dire, et il est permis d'ajouter qu'ils mentent ou dissimulent si maladroitement, que c'est merveille si personne n'a encore signalé le flagrant délit. Je ne manquerai point, pour ma part, de le faire. En opposant nos chroniqueurs les uns aux autres, en les complétant au moyen des textes inédits ou publiés par Secousse et par quelques-uns de nos contemporains, j'espère atteindre le plus souvent à la certitude, et, quand il m'y faut renoncer, n'appuyer mon opinion que de raisons très-probables. L'esprit de parti pourra encore risquer quelques interprétations perfides et faire paraître les hommes et les choses sous les plus fausses couleurs; mais les évènements étant mieux connus, il ne prévaudra point contre la vérité. La vérité n'a pas besoin d'armes pour déchirer les voiles et dissiper les fantômes : en vain on lui résiste et l'on ferme les yeux à ses lumières; elle ne se lasse point de lutter contre les obstacles et elle finit par en triompher.

Paris, 25 décembre 1859.

Je dois des remerciments à M. D. L. Gilbert, dont l'amitié dévouée m'a été très-utile pour la révision de ce travail. —

M. S. Luce a bien voulu me communiquer le manuscrit d'un ouvrage sur la Jacquerie, qu'il doit publier prochainement. Je regrette qu'en retour, il n'ait pu prendre connaissance, avant le public, du résultat de mes recherches. Peut-être aurions-nous évité ainsi de mettre tant de différence dans nos appréciations; mais la contradiction même aura ses avantages, puisqu'elle sera bientôt portée devant ses juges naturels.

ÉTIENNE MARCEL

CHAPITRE PREMIER

La société française au quatorzième siècle. — La noblesse. — La bourgeoisie. — Les paysans. — Les états généraux. — Le roi Jean. — États du 16 février 1351.

La société française, au quatorzième siècle, était déjà loin de cette barbarie qui répand un nuage sombre sur les premiers temps du moyen âge. Si les passions avaient encore toute leur rudesse et toute leur violence, on voyait dans les esprits un progrès admirable qui éclatait de toutes parts et qui attirait sur la France l'attention de l'Europe entière. Le génie gaulois, retrempé par de longues épreuves, apparaissait avec une jeunesse nouvelle : nos romanciers et nos poëtes, si remarquables par l'invention, donnaient des modèles qu'on s'empressait d'imiter, et qui ont inspiré aux nations les plus cultivées quelques-uns des chefs-d'œuvre de leur littérature. Nos universités passaient pour des foyers de lumières, et les mœurs étranges des écoliers n'empêchaient pas que, de tous les pays du monde, on n'accourût pour y prendre des leçons. Les plus illustres enfants de l'ingénieuse Italie, si supérieure pourtant par le degré de politesse où elle était parvenue, ne croyaient pas qu'il fût sans profit pour eux de s'asseoir, durant des années, sur la paille de la rue du Fouarre. Par le commerce qu'ils entretenaient avec les hommes les plus considérables, ils répandaient la connaissance et le goût des institutions civiles et politiques, qui faisaient, au milieu de tant d'orages, la grandeur et la prospérité des républiques italiennes; ils rendaient ainsi à nos pères, sur d'autres sujets, les leçons qu'ils venaient leur demander. Les habitudes municipales, que nos villes avaient contractées sous la domination romaine, et qui, après tant de siècles, étaient toujours en honneur des deux côtés des Alpes, servaient encore de lien entre tous les enfants de la race latine, et donnaient à nos pères les premières idées d'une administration plus régulière et plus raisonnable.

La guerre éternelle que se faisaient la France et l'Angleterre n'avait pas, à cet égard, de moins heureux effets que nos relations amicales avec l'Italie : en divisant les deux peuples, elle les forçait de se rapprocher, car tel était, en ces temps de communications difficiles, et parmi tant de désastres, le grand bienfait des luttes sanglantes. En foulant d'un pied ennemi le sol de la mère patrie, les fils des Normands retrouvaient des traditions oubliées, tandis que les Français sentaient venir jusqu'à eux ce souffle de liberté qui courait dans les rangs de leurs adversaires, et voyaient s'établir sur un fondement inébranlable, à quelques lieues de nos côtes, le gouvernement d'une puissante nation par elle-même.

Ces horizons nouveaux qui s'ouvraient sous les yeux de nos pères les auraient frappés davantage, si la haine de l'Anglais ne les avait détournés de prendre ce peuple rival pour modèle; mais ils n'avaient pas besoin d'aimer et d'imiter l'Angleterre pour s'éprendre de la liberté; la liberté régnait déjà dans les communes flamandes et faisait effort pour s'établir dans toute l'Allemagne; le goût d'être libre devait donc aussi se répandre dans nos villes; seulement, il n'y produisit dans ces temps-là que de nouvelles misères, car il n'y avait pas moins de difficulté à ralentir dans leur marche ceux qui voyaient devant eux un chemin qu'il paraissait nécessaire de parcourir, qu'à pousser en avant les hommes que l'ignorance ou un intérêt particulier retenait en arrière.

Vers le milieu du quatorzième siècle éclata en France une de ces tempêtes dès longtemps menaçantes, qu'un rien soulève et qu'il est si difficile d'apaiser. Tout était pour lors dans un chaos dont on ne saurait donner l'idée, et jamais la distance n'avait été plus grande entre les justes désirs des peuples et le malheur de leur condition. Personne ne pouvait dire si l'antique Gaule, malgré ses frontières naturelles, si clairement marquées sur le sol, prendrait enfin possession d'elle-même ou serait partagée au gré des envahisseurs étrangers, mais tout le monde commençait d'entrevoir les avantages de l'autonomie et de combattre pour la conquérir; la violence et le bon plaisir étaient toujours les seules règles que suivissent les princes dans le gouvernement des affaires publiques, mais leurs sujets, instruits par les maux dont souffrait le royaume, après en avoir pénétré les causes, en cherchaient le remède; les hommes vivaient encore comme aux siècles de barbarie, opprimés s'ils étaient faibles, oppresseurs s'ils étaient forts, mais ils sentaient la nécessité d'une loi protectrice qui réglât leurs relations; ils continuaient d'être isolés, mais ils désiraient se rapprocher; conduits par les rois et les seigneurs, comme s'ils n'avaient point le droit de savoir où on les menait et ce qu'on voulait faire d'eux, ils demandaient déjà qu'on leur rendît les comptes de l'administration publique et de la gestion des finances ; ils souhaitaient même d'être appelés à voter les subsides et peut-être à verser leur sang pour la défense du sol qui les faisait vivre. Les institutions et les événements sont encore du moyen âge, mais les idées et les aspirations annoncent déjà l'ère moderne.

Le malheur de ces temps fut que les projets de réformes politiques, déjà mûrs dans la tête d'un petit nombre, ne pénétraient qu'avec une lenteur désespérante en haut et en bas, dans la volonté de ceux qui dirigeaient les affaires et dans l'esprit de la multitude. Il n'y a rien qui soit plus digne de compassion que le sort des hommes rares qui mettaient, en ce temps-là, une résolution généreuse au service d'un esprit éclairé. Pour vaincre la résistance que leur opposaient la royauté et la noblesse liguées contre eux, ils ne pouvaient compter que sur eux-mêmes et sur l'appui d'une partie du clergé, car le menu peuple des villes et des campagnes leur était si inférieur par le développement de l'intelligence, qu'on ne pouvait aisément lui faire comprendre ni ce qu'exigeait la justice, ni ce que demandaient ses propres intérêts ; et c'est quand son secours était le plus nécessaire qu'il donnait les plus graves embarras.

Si les forces respectives des trois ordres étaient toujours restées les mêmes, il n'y aurait eu pour le tiers état aucun espoir d'introduire dans le gouvernement de la France les réformes dont les institutions de l'Angleterre, des communes flamandes et des États italiens lui avaient donné l'idée ; mais il survenait tous les jours des changements qui augmentaient sa confiance, en diminuant la prépondérance des ordres et des pouvoirs rivaux.

Durant des siècles, la noblesse avait en quelque sorte mérité ses priviléges par l'élévation des sentiments et la supériorité du courage. La première, elle connut l'amour de la patrie. L'habitude d'associer sa fortune à celle du roi et de le prendre pour chef dans les grandes occasions l'avait insensiblement conduite à regarder la France comme un patrimoine commun dont elle était engagée d'honneur à défendre l'intégrité. Elle entrait dans une indignation profonde en voyant les Anglais maîtres des provinces de l'Ouest et toujours en mesure d'envahir celles du Nord. Ce n'était pas en vain que, dans les circonstances critiques, le roi faisait appel à son dévouement; elle versait son sang avec une témérité folle, incapable des conseils de la prudence. Mais une fois ce devoir accompli, elle se croyait en droit de vivre dans ces contrées qu'elle avait défendues comme en pays conquis; et, prenant exemple de ses maîtres, elle gouvernait, c'est-à-dire opprimait ses vassaux comme le roi ses sujets. L'art du gouvernement consistait pour elle à faire rendre le plus possible aux misérables, au risque d'épuiser la source de son opulence et de tuer la poule aux œufs d'or. Ses voyages dans des pays plus civilisés, tels que l'Italie, où l'on voyait la noblesse obligée de compter avec le peuple, de lutter contre lui et souvent de lui céder, n'avaient pas ouvert les yeux aux gentilshommes français enivrés de leurs priviléges; peu jaloux du progrès pour eux-mêmes, ils ne s'inquiétaient pas de celui qui s'accomplissait autour d'eux, et parce qu'ils avaient été un temps supérieurs aux autres hommes, ils ne se figuraient pas qu'ils pussent cesser de l'être.

Cette bourgeoisie qu'ils méprisaient s'était laborieusement élevée à leur niveau par le sentiment de sa supériorité morale; même ne s'arrêtant point dans sa marche, elle n'avait pas tardé à les dépasser. Si les villains n'avaient plus l'âpre vigueur de l'époque où ils fondèrent les communes, ils savaient encore s'unir pour se défendre; ces corporations, abolies en 1789 comme un dernier reste de la féodalité, furent un progrès au moyen âge. Non-seulement ceux qui en faisaient partie y trouvaient une protection constante pour leurs personnes et leurs intérêts, la seule qu'eussent à espérer des hommes qui ne portaient qu'accidentellement les armes, mais encore ils y voyaient un modèle pour l'administration de la cité et même de l'État. Puisqu'un corps de métier se trouvait bien de la garantie assurée à chacun de ses membres par le gouvernement de quelques-uns et la solidarité de tous les autres, puisque l'ordre, la prospérité, la richesse étaient l'heureuse conséquence de cette sage administration, quoi de plus naturel que de diriger la commune et le royaume par les mêmes règles, et d'appeler dans les conseils de l'une et de l'autre les hommes qui avaient si habilement réussi sur un plus petit théâtre et donné l'exemple, inconnu jusqu'alors, d'une bonne gestion financière? Ces désirs étaient trop naturels et trop légitimes pour ne pas triompher dans une certaine mesure : les chefs de métiers furent appelés à exercer les fonctions municipales, et, par eux, on vit régner la prospérité dans les villes ainsi que dans les corporations. Les villes formèrent comme des oasis au milieu du désert, car le reste du royaume, c'est-à-dire les malheureuses campagnes, était en proie aux calamités qu'enfantent la guerre et une mauvaise administration. On vit même par la courte durée des charges municipales, un grand nombre d'hommes se succéder dans ces fonctions et y apprendre les règles du bon gouvernement. Il se forma donc peu à peu une classe de bourgeois très-aptes à conduire les affaires publiques ou du moins à comprendre qu'on les conduisait mal et qu'ils n'auraient pas de peine à faire mieux.

Une circonstance contribua singulièrement aux progrès de cette bourgeoisie politique : ce fut le séjour en France d'un assez grand nombre d'exilés italiens. Tandis que quelques-uns de nos gentilshommes couraient, à l'exemple du fameux duc d'Athènes, chercher en Italie des aventures qui souvent ne tournaient pas à leur honneur, les ingénieux enfants de cette terre tourmentée, bannis tour à tour, étaient attirés à Paris par la vivacité d'esprit et la culture intellectuelle des fils de l'ancienne Gaule, dont la réputation s'étendait déjà bien au delà de nos frontières. Ils trouvaient des hommes que la jouissance d'une fortune laborieusement acquise laissait maîtres de l'emploi de leur temps, et qui, n'ayant point encore pris de la noblesse le goût de l'oisiveté, cherchaient dans de nouvelles carrières et de plus hautes études l'occupation de leurs loisirs. C'est surtout dans la jurisprudence où les Italiens, leurs hôtes, étaient passés maîtres, que les riches bourgeois du treizième et du quatorzième siècle s'exerçaient avec succès. Devenus jurisconsultes, ils prirent naturellement place à la tête de leur ordre. Hommes de conseil plutôt que d'action, ils s'introduisirent, du droit de leur science, et sans trop de retard, au parlement, dans les états de la nation ou des provinces, et jusque auprès de nos rois. Ils y étaient à portée de voir les vices du gouvernement, d'y chercher des remèdes, et, si l'occasion s'en présentait quelque jour, de les appliquer.

Rien ne paraît plus surprenant et plus affligeant tout ensemble que la distance qu'il y avait pour lors entre les habitants des villes et ceux des campagnes. Que celle que nous remarquons aujourd'hui est peu de chose en comparaison! Si nos paysans du dix-neuvième siècle, au sein d'une prospérité dont on n'avait au moyen âge aucune idée, n'ont d'autre souci que d'observer les variations de la température qui leur apportent la disette ou l'abondance; s'ils sont ignorants encore et superstitieux; s'ils se montrent indifférents aux idées de bonne administration, de grandeur, de progrès, ou incapables de les comprendre; s'ils ne voient point toute la différence qu'il y a, pour le bonheur des peuples, entre un bon gouvernement et un mauvais, combien les serfs, dans ces temps de misère, n'étaient-ils pas plus éloignés de seconder les efforts intelligents des bourgeois ! Ce n'est pas de vivre plus heureux qu'ils étaient occupés, mais de vivre, eux et leurs familles, et il y fallait une attention de tous les instants. Durant une grande partie de l'année, ils devaient fuir et se cacher aux approches de l'ennemi, semer à la dérobée, faire la récolte avant qu'elle fût mûre, pour qu'elle ne devînt pas la proie des maraudeurs. Et quand même les soins de la vie du corps n'eussent pas occupé entièrement l'esprit peu développé des paysans, leurs mœurs étaient trop sauvages, trop vagabondes, trop incapables de discipline, pour qu'il leur fût possible d'entretenir un commerce assidu avec les bourgeois. Ceux que la crainte de se voir ravir le peu qu'ils possédaient ne retenait pas autour de leurs champs et de leurs chaumières n'avaient aucun goût pour des hommes qui semblaient d'une autre nature, tant ils étaient supérieurs; pour des motifs de même sorte, les villes restaient fermées, et dans cet éloignement forcé de deux classes d'hommes qui ont tant besoin l'une de l'autre, les routes interceptées appartenaient aux compagnies et aux ennemis. Ce qu'il y avait de plus terrible dans une si affreuse misère, ce n'était pas cette misère même, c'est qu'elle était pour les paysans et les serfs la première condition du repos. Ils ne se croyaient à l'abri des vexations de leurs maîtres, dont les hautes tours semblaient les menacer sans cesse, que lorsque, leur ayant tout donné, ils pouvaient espérer qu'on n'exigerait pas davantage.

Ce fut pourtant de l'excès de ces maux que sortit le remède. Tant qu'il fut possible d'arracher aux malheureux paysans le fruit de leurs sueurs, les seigneurs et le roi lui-même vivaient dans l'abondance, et fermaient l'oreille à des plaintes, à des cris de douleur que l'isolement laissait sans écho. Mais quand on eut arraché leur dernier sou à ces lamentables victimes, il fallut bien s'adresser, pour avoir de l'argent, à ceux qui en avaient encore, c'est-à-dire aux bourgeois, habitans des villes, car la noblesse, race improductive, ne savait qu'extorquer et dépenser. Or les bourgeois, moins nombreux que les paysans, étaient plus redoutables; ils vivaient les uns auprès des autres, se communiquaient leurs griefs et concertaient la défense de leurs intérêts et de leurs personnes; ils avaient des chefs qu'ils se donnaient eux-mêmes et qui ne restaient pas assez longtemps en charge pour que l'ambition d'obtenir des fonctions si honorables eût d'autres mobiles que la volonté de les exercer avec dévouement. Ils se serraient autour de ces chefs, et, par un parfait accord, leur donnaient une force extraordinaire, non-seulement pour diriger les affaires des diverses corporations et de la cité, mais encore pour présenter leurs réclamations et les faire écouter. Des hommes si positifs et si réguliers ne pouvaient longtemps ouvrir leurs caisses sans exiger un compte exact de l'emploi des sommes qu'on y puisait. Pour leur arracher de nouveaux sacrifices, la royauté dut, à la fin, subir leurs exigences, et, par un hasard singulier, ce fut le plus absolu peut-être et le plus violent de nos rois, Philippe le Bel, qui abaissa le premier son pouvoir suprême jusqu'à demander à ses sujets les subsides qu'il n'osait plus leur imposer, et à consentir qu'ils en fixassent rigoureusement l'emploi. En 1302, il convoquait pour la première fois les états généraux sinon de la nation tout entière, du moins d'une des deux *langues* dont se composait la nation [1].

---

[1] C'est l'opinion commune que les états généraux de l'année 1302 furent les premiers dans notre histoire. Mais il parait résulter des recherches d'un savant archiviste, M. de Stadler, que déjà, en 1294, il y avait eu des assemblées particielles, et, en 1295, une assemblée générale des trois or-

Il est certain que, dans les premiers temps, les bourgeois profitèrent mal de leurs avantages. Flattés de l'importance qu'ils prenaient dans l'État, ils octroyèrent d'abord avec une facilité extrême les aides qui leur étaient demandées ; ils oublièrent de défendre les paysans, qu'on poursuivit avec bien plus d'autorité pour en obtenir le payement de leur part des sommes votées, lorsque au lieu du bon plaisir royal les collecteurs purent s'appuyer sur une ordonnance des états. Mais en moins d'un demi-siècle la bourgeoisie, mieux rompue aux affaires, avait appris à ne plus se contenter d'une apparence de comptes, et à comprendre qu'il était de son intérêt autant que de son devoir de soutenir les vilains et les serfs, puisqu'ils n'envoyaient point leurs représentants aux états et n'y pouvaient trouver d'appui qu'auprès d'elle. Ce patronage, si insuffisant qu'il pût être, fut alors très-heureux pour le menu peuple des villes et des campagnes. Où auraient-ils trouvé, dans leur sein, des hommes capables, par leurs lumières, de parler au nom de tous et de se faire écouter ? Eussent-ils joui d'un droit dont on peut douter qu'ils fussent jaloux à cette époque, ils n'auraient su l'exercer et se seraient remis aux mains des prêtres d'ordre inférieur et des bourgeois, dont les intéréts, qui étaient encore les mêmes, semblaient aussi être les leurs.

Ces tendances manifestes des députés de la nation à exiger des renseignements minutieux sur l'emploi qu'on voulait faire des subsides, et, après coup, sur l'emploi qui en avait été fait, furent cause que la royauté, regardant ces assemblées comme un mal nécessaire, fit tout pour en contenir l'essor. Les convocations d'états devinrent surtout provinciales et particulières : ainsi la grande voix de la nation

drés à Paris. De 1294 à 1363, M. de Stadler compte soixante-dix assemblées générales ou partielles. (Voy. M. Henri Martin, *Histoire de France*, liv. XXX, t. V, p. 123 — 4ᵉ édition, Paris, 1855.)

ne parvenait point à se faire entendre ; les réclamations des provinces, ne s'élevant pas à la même heure, et n'ayant pas le même objet, passaient inaperçues, ou l'on n'y voyait que les marques d'un mécontentement isolé. L'inutilité de toutes les plaintes, la certitude de n'être appelé aux états que pour voter des aides répandit même la tiédeur parmi les membres de ces assemblées partielles : il n'était pas rare qu'un fort petit nombre d'entre eux répondit aux appels réitérés de la royauté, et comme ceux qui s'y rendaient étaient les moins indépendants et les plus fidèles, tout contrôle sérieux devenait impossible : il ne faut voir dans leur vote, presque toujours docile, qu'une vaine formalité.

Il n'est donc point vrai de dire que, pour faire contrepoids à la noblesse, le pouvoir royal fit alliance avec les classes populaires : il se servait tantôt de l'une, tantôt des autres, et, à la faveur de leurs discordes, poussait chaque jour plus loin ses empiétements et ses progrès. Si la nation s'est affranchie à la longue, ce n'est point par son concours, mais malgré les obstacles qu'il mettait sur la route. L'histoire de nos rois n'est, le plus souvent, qu'une longue suite de conjurations contre leurs sujets, conjurations qu'ils croyaient légitimes, puisqu'ils se regardaient comme investis d'un droit supérieur pour commander aux hommes. Que fût-il arrivé, si les successeurs de Hugues Capet, si les Valois et les Bourbons eussent fait le personnage populaire qu'on a cru voir dans leur histoire ? Selon toute apparence la révolution française en eût été avancée de quelques siècles et elle n'eût coûté ni tant de sang ni tant de ruines. Pour ne parler que du quatorzième siècle, quand Philippe le Bel fait appel, par nécessité, aux représentans de la nation, et s'étudie à les confiner dans des assemblées provinciales, ôtant ainsi d'une main ce qu'il donnait de l'autre, on pourrait penser que son naturel violent et son

impatience de toute entrave donnent l'explication de sa
conduite. Il ne faisait cependant que défendre les prérogatives de sa couronne contre les empiétements légitimes de
ses sujets. Ses trois fils, dont la faiblesse et l'incapacité
auraient pu s'accommoder plus facilement d'un rigoureux
contrôle et trouver dans les états leur plus solide appui,
demeurent fidèles à cette politique qui, par tous les moyens
et de quelque façon qu'on l'entende, divise pour régner.
Jamais ils ne réunissent les députés de la langue d'Oil à
ceux de la langue d'Oc, et, dans chacune des deux langues,
ils séparent encore les provinces. Pour que ces assemblées
de la nation pussent devenir, sous le roi Jean, véritablement nationales, il a fallu un concours de circonstances
extraordinaires, et telles qu'on ne les saurait souhaiter,
même pour un si beau résultat.

Un prince incapable, ardent au plaisir, cherchant par
tous les moyens l'argent qui lui manquait; les malheurs
d'une guerre entreprise sans prudence et conduite plus
follement encore ; un profond dédain pour ces réunions
d'états dont l'impuissance, résultat naturel de l'isolement,
semblait venir de leur incapacité politique, et la résignation
forcée, de leur soumission volontaire ; l'excès toujours
croissant de la misère publique et l'avilissement des oppresseurs qui rendaient ces maux intolérables, telles furent les
principales causes d'une révolution dont on ne comprendrait ni les événements ni la portée, si l'on ne remontait
aux premières années du règne de ce roi que l'histoire
appelle Jean le Bon.

Jamais les naïves espérances que la crédulité des peuples
conçoit à chaque avénement ne furent plus mal fondées que
le jour où ce triste prince vint s'asseoir sur le trône (22
août 1350). Entouré, dans sa jeunesse, de gouverneurs,
d'amis et de conseillers dont l'incurie égalait la sienne,
il ne sentit point la nécessité d'étendre, par de fortes

études, les limites de son esprit borné, et personne ne la sentit pour lui. Loin de comprendre à quel point Philippe de Valois, son père, s'était montré inférieur à sa tâche, il ne rêvait que de paraître son égal. Il avait encore un autre modèle : le roi Jean de Bohême, son beau-père, que ses mœurs chevaleresques avaient entraîné loin de ses États, auxquels il préférait la France, et qui était allé mourir à Crécy. Mais il tenta vainement d'acquérir les manières séduisantes, les grâces, l'éloquence et la dextérité d'esprit de ce preux couronné. Il n'atteignit qu'à la gloire d'être expert en la science de chevalerie, c'est-à-dire, comme parle Froissart, « d'être gai, frisque, amoureux et bachelereux durement. » Sa bravoure n'était qu'aveugle témérité. S'il voulait maintenir à tout prix sa prérogative royale, si rien ne lui coûtait pour se venger de ses ennemis, il ne fut digne de tenir le sceptre ni par l'art de gouverner ses peuples ni par celui de conduire ses armées. Esclave, à trente-deux ans comme à vingt, de ses sens et de ses passions, il ne savait ni se modérer ni rien refuser à ses caprices. Le surnom qu'il a gardé dans l'histoire ne serait donc qu'une ironie, si l'histoire se prêtait à ces jeux d'esprit ; tout porte à croire que nous disons Jean le Bon, parce que Froissart a dit une fois le bon roi Jean, comme Virgile le pieux Énée, ou plutôt pour faire entendre qu'il était léger, confiant, étourdi, prodigue, et même, peut-être, bon homme à ses heures, ce qui ne l'empêchait pas de tuer quelquefois ses sujets et de les ruiner toujours.

Parmi tant de meurtres que la justice condamne et que la politique ne commandait pas, aucun ne fit plus de tort au roi que celui du comte d'Eu et de Guines, connétable de France, mis à mort au moment où il revenait d'Angleterre, sur parole, pour obtenir de ses vassaux le prix de sa rançon. Il est douteux que le connétable eût le dessein de livrer la ville de Guines aux Anglais, en échange de sa liberté personnelle, et l'on n'y croyait guère plus de son temps que du nôtre; mais Jean dédaigna de prouver son dire et brava le mécontentement de ses sujets.

Il le bravait bien plus encore pour les ruiner. Avec son goût du plaisir et des représentations fastueuses, il imaginait chaque jour quelque raison de dépenser un argent qu'il n'avait pas et qu'il ne pouvait se procurer que par les plus coupables expédients. Ne devait-il pas célébrer son avénement à Paris, se faire sacrer à Reims, créer chevaliers, dans de pompeuses cérémonies, son frère et ses deux fils aînés, s'amuser enfin, dans ce temps de détresse, à tout prix, partout et toujours? Quand le droit de joyeux avénement et les aides extraordinaires, levées sous prétexte de subvenir aux frais de la consécration des princes, ne suffirent plus à tant de folies, Jean eut recours au moyen favori de sa race, au remaniement des monnaies. Pour en avoir donné l'exemple, Philippe le Bel mérita d'être plongé par Dante dans son immortel Enfer, comme faux monnayeur. Dans quel cercle le poëte eût-il placé Jean le Bon, dont les méfaits en ce genre dépassèrent tout ce qui avait eu lieu avant lui et tout ce que l'imagination peut concevoir[1]? Tantôt il augmentait le prix des monnaies qui avaient cours, tantôt, et c'était le plus ordinaire, il diminuait la valeur de l'argent, au point de porter une grave perturbation dans les relations commerciales, dans les échanges les plus communs de la vie; ainsi il faisait souhaiter qu'une nouvelle monnaie fût établie, car ceux qui y avaient intérêt se persuadaient qu'elle serait définitive. On la frappait alors, mais de manière à s'assurer d'énormes bénéfices par la différence de prix qu'on avait soin d'établir entre les espèces retirées de la circulation et celles qu'on y introduisait. Ces variations étaient excessives

---

[1] Voy. dans la *Revue des Deux Mondes* (n° du 15 octobre 1857) un excellent article de M. Michel Chevalier : *de la Baisse de l'or*.

et subites. Lorsque Jean monta sur le trône, le marc d'argent valait cinq livres cinq sous; vers la fin de 1351, il était porté à onze livres et avait ainsi varié de cent pour cent en treize ou quatorze mois. Chaque année on comptait six ou huit remaniements des monnaies et souvent davantage. Quelquefois même dans une seule semaine s'accomplissaient plusieurs de ces mutations. De 1351 à 1360, la livre tournois changea soixante et onze fois de valeur.

« L'autorité intervenait par les menaces, par l'espionnage, par la violence sous toutes les formes, pour faire respecter ses ordonnances insensées. Non-seulement les changeurs et les orfèvres, les receveurs et les courtiers, mais aussi tous bourgeois, hôteliers, gros marchands et marchands forains devaient prêter serment, sur les Évangiles, qu'ils observeraient les édits dans leurs transactions et les feraient observer par toutes les personnes placées sous leur dépendance. Un grand nombre de ces changements spoliateurs se faisaient publiquement; mais les particuliers ensuite s'en prévalaient en fixant convenablement le prix dans les marchés qu'ils avaient à passer avec le prince aussi bien qu'entre eux. Pour perpétuer le bénéfice de leur rapine, les rois donc eurent recours fréquemment aux réductions clandestines. Alors on faisait prêter serment aux maîtres et employés des monnaies de n'en rien révéler, et on les menaçait, s'ils parlaient, des peines les plus sévères. Un mandement de septembre 1351 contient ces paroles : « Gardez si « chers comme avez vos honneurs, qu'ilz (les changeurs) « ne saichent la loi (le titre des espèces), à peine d'être « déclarés pour traistres[1]. »

Par là il est clair que, malgré l'hypocrite tendresse qui parait dans les ordonnances, où il est dit que le remanie-

Michel Chevalier, *loc. cit.*

ment des espèces n'est qu'une manière de lever les impôts plus prompte, plus facile pour ceux qui les perçoivent et moins onéreuse pour ceux qui les payent, le roi Jean savait fort bien que de telles opérations n'étaient point légitimes. Que la royauté eût acquis, par achat ou autrement, le droit exclusif de battre monnaie des seigneurs, des évêques, des abbés et des rares villes qui en avaient eu auparavant le privilége, cela ne lui pouvait donner le droit de se jouer de la fortune publique et de troubler profondément toutes les relations des particuliers entre eux. C'est pourquoi la pluralité des ordonnances de ce temps-là avaient rapport aux monnaies, dont il fallait, par le mensonge, protéger l'indigne trafic. Par l'une de ces ordonnances, outre qu'il était enjoint aux officiers des monnaies, comme on l'a vu, de garder le secret sur les mutations qu'on en faisait, si quelques personnes, entravées dans leurs transactions par l'incertitude, venaient demander la valeur actuelle des espèces, ces officiers recevaient l'ordre de mentir hardiment, afin que les marchands ne pussent soupçonner que le titre en était abaissé[1]. Les effets désastreux de ce système financier auraient dû porter la lumière dans l'esprit du moins clairvoyant des hommes. Riches et pauvres en souffraient également, car le salaire ne suffisant pas aux premiers besoins de la vie, on ne trouvait plus de travailleurs. Un juge compétent, et peu suspect en ces matières, ne peut décider ce qui fut le plus funeste à la France, du régime des assignats ou des pratiques du roi Jean[2].

Malheureusement ce prince ne prenait pas le temps de réfléchir : il ne pensait qu'aux divertissements. Les fêtes qui avaient inauguré son règne venaient de vider son trésor, et cependant il ne rêvait que de nouveaux plaisirs. Sous

---

[1] Voy. Secousse, t. III des Ordonnances, p. 555.
[2] Natalis de Wailly, *Mémoire sur les variations de la livre tournois*.

couleur de visiter le pape, qui habitait Avignon, et de prendre possession de Montpellier, il voulait parcourir, dans un dispendieux voyage, toutes les provinces de la langue d'Oc. Mais il manquait d'argent, et ce qui l'embarrassait c'était de s'en procurer. Il n'eût fait aucune difficulté de toucher encore aux monnaies, tout récemment altérées, et ne se fût point arrêté devant le mécontentement de ses sujets. Ce qui l'arrêta, c'est qu'ils avaient imaginé, pour déjouer toute nouvelle tentative en ce genre, un expédient par lequel il se trouvait momentanément désarmé. Au mépris des ordonnances, le public conservait dans le commerce les espèces décriées pour un prix plus fort que celui qu'on en donnait à la monnaie, ou bien il s'habituait à ne plus les compter par leur valeur nominale, c'est-à-dire par livres, sous et deniers, mais par marcs d'or ou d'argent, c'est-à-dire au poids. Menaces, règlements et défenses échouaient contre cette ligue des intérêts privés. Faute de pouvoir sur-le-champ la vaincre ou la dissoudre, Jean eût volontiers demandé de nouvelles ressources à l'impôt ; mais il savait que, pour obtenir l'argent des populations irritées, il eût fallu, comme on l'a dit, une armée de percepteurs soutenue par une armée de sergents, dont la solde aurait absorbé presque en entier les sommes recueillies, et qu'il se fût trouvé aussi pauvre qu'auparavant.

Le seul moyen d'éviter ces embarras et cette ruine, c'était de convoquer les états. Par eux la perception des subsides votés était plus sûre et tout ensemble plus économique. Les habitants des villes et des campagnes payaient plus volontiers sur un vote de leurs mandataires que sur un ordre du roi ; en outre, les municipalités et les corporations, étant chargées de déterminer la part de chacun, se mettaient d'accord avec les fermiers qui prenaient l'impôt à bail, et ceux-ci en tiraient trop de profit par eux-mêmes pour rien demander à l'État. Les frais de perception se réduisaient donc à l'entretien de quelques commissaires royaux qu'on envoyait pour surveiller l'opération.

Comme Jean ne mettait rien au-dessus de l'accomplissement de ses désirs, il n'hésita pas, quoiqu'il eût peu de goût pour les assemblées, à faire appel à la nation. Il ne décida pas aussi facilement s'il donnerait la préférence aux états des provinces ou aux états généraux. Dans les premiers, l'opposition n'était pas redoutable, puisqu'elle y était morcelée; mais il fallait payer cher cet avantage. Placées plus loin du pouvoir royal, les assemblées provinciales jouissaient de quelque indépendance; et, voyant de près la misère des peuples, elles cédaient à la pitié naturelle, aux influences locales; c'était, entre les députés, à qui proposerait le plus de réductions et d'économies, car leur popularité était à ce prix. Les commissaires du roi devaient craindre de vives résistances et, sur plus d'un point, des défaites dont la contagion pouvait se répandre et l'effet devenir désastreux par le voisinage des Anglais. Maîtres, en effet, au nord et dans l'ouest, d'une grande partie du royaume [1], les Anglais n'auraient pas manqué de profiter du mécontentement des provinces limitrophes, et même de le fomenter. Au contraire, les états généraux, parlant au nom de tous, engageaient la nation entière, ou du moins tout un groupe de provinces, celles de la langue qu'ils représentaient. On pouvait espérer que les députés se piqueraient d'honneur, et, au nom de leurs commettants, feraient assaut de générosité. Pour un prince avide d'argent, cette chance valait bien qu'il courût le risque de

---

[1] De la langue d'Oc, c'est-à-dire des pays situés entre la Garonne, la Dordogne et l'Auvergne, il ne restait guère au roi que le Querci et le Rouergue; quant à la langue d'Oïl, si l'on en retranche la Bretagne et la Bourgogne, qui n'en faisaient que nominalement partie, et les provinces du centre, constamment exposées aux attaques des Anglais, elle ne se composait plus que de la Picardie et d'une portion de la Normandie.

quelques réclamations malsonnantes, car celles qui s'étaient précédemment produites n'avaient point nui au vote. Il se prononça donc pour les états généraux ; mais l'exercice du droit de contrôle, si limité pourtant et si rare, commençait de faire l'éducation politique des bourgeois, et Jean allait rencontrer des difficultés qu'un prince plus clairvoyant n'aurait pu mieux prévoir que lui.

Il était encore à Reims, pour les cérémonies de son sacre, lorsque, ne songeant déjà qu'à de nouveaux voyages et à de nouvelles fêtes, il convoqua les états généraux de la langue d'Oïl [1] (17 octobre 1350). Dans la lettre de convocation adressée à l'évêque de Laon, il annonçait le dessein de consulter les prélats, les ducs, les comtes, les barons, les citoyens et les autres personnes sages de son royaume et de délibérer avec eux sur tout ce qui pouvait contribuer à la félicité de ses sujets. Au fond, il ne voulait que leur tirer de l'argent. La réunion de ces états eut lieu le 16 février 1351 [2]. Ils ont laissé peu de traces dans l'histoire, d'où l'on peut conclure qu'ils n'eurent pas tout l'effet que le roi Jean en attendait. Il fut impossible aux députés de s'entendre. Les uns offraient cinquante mille livres, payables dans l'année ; les autres

---

[1] La convocation des états se faisait de la manière suivante : le roi nommait par lettres patentes des commissaires à qui il donnait le pouvoir de convoquer ces assemblées et d'y assister en son nom ; il leur accordait quelquefois la faculté de nommer une autre personne pour occuper la place de l'un d'entre eux. Ces commissaires avaient aussi la liberté d'assembler les trois ordres dans un même lieu ou chaque ordre particulier dans des lieux différents, et de les convoquer tous les trois ensemble le même jour, uo chacun en particulier à des jours différents. (Voy. Secousse, t. III des Ordonnances, p. 40.)

[2] Nous donnons la date des événements d'après le calendrier moderne ; mais il ne faut pas oublier que l'année, au quatorzième siècle, commençait le samedi saint, après l'office du soir. En conséquence, les événements qui s'accomplissent entre le 1er janvier et le jour de Pâques sont rapportés par tous les auteurs du temps à l'année précédente. Ainsi les états du 16 février 1351 portent, chez les chroniqueurs, la date du 16 février 1350

préféraient frapper les marchandises d'un impôt fixe par livre. L'opposition trouva dans Charles d'Évreux, roi de Navarre, un chef puissant et un éloquent organe de ses doléances. Encouragés par l'exemple de ce prince, les députés des bonnes villes [1] marchandèrent leur vote, demandèrent des garanties, et, n'en pouvant obtenir qui leur parussent suffisantes, alléguèrent qu'ils n'avaient pas de pouvoirs pour voter définitivement l'impôt. Il fallut donc les congédier et recourir aux états provinciaux qui, cette année et les suivantes, reçurent mission de voter des subsides. Ils n'en firent pas difficulté, mais ils y mirent des conditions, et surtout ils annoncèrent qu'ils n'entendaient point, par leur vote, engager les autres provinces, même les plus voisines.

Ce qu'il y a de remarquable dans ces états de 1351, c'est que les tentatives de résistance n'y sont plus, comme auparavant, sans suite ni lendemain. A partir de ce moment, l'esprit d'opposition prend le développement régulier de tout ce qui vient à son heure; il fait, chaque jour, de sensibles progrès. Rien n'est plus propre à exciter la surprise que le silence absolu des chroniqueurs contemporains sur les origines du mouvement national qui allait éclater quelques années plus tard avec une fougue irrésistible, et dont la spontanéité n'exclut pas la lente et progressive préparation. Les griefs et les plaintes de 1351 font pressentir les réformes de 1356 et même les orages de 1358.

[1] Par ce mot de bonnes villes, il faut entendre les villes fortifiées et privilégiées qui, seules, avaient alors le droit d'envoyer leurs députés aux états. Ce ne fut que plus tard, vers la fin du quinzième siècle, que ce droit s'étendit jusqu'aux villes non murées et aux simples villages. Voy. Augustin Thierry, *Essai sur l'histoire du tiers état*, p. 34. Paris, 1853.)

CHAPITRE DEUXIÈME

États du 2 décembre 1355. — Principaux députés. — Étienne Marcel. — Séance d'ouverture. — Débats. — Aide votée. — Conditions du vote. — Restrictions apportées à l'autorité royale. — Promulgation de l'ordonnance, 28 décembre. — États du 1ᵉʳ mars 1356. — Mécontentement populaire au sujet de l'impôt. — Transformation de l'impôt en une taxe sur le revenu.

Les mêmes embarras qui avaient forcé le roi Jean à convoquer les états en 1351, le réduisirent, quatre ans après, à les appeler de nouveau. Avant de s'y résoudre, car rien ne lui semblait plus pénible, il avait cherché par quel autre moyen il pourrait se procurer les ressources pécuniaires qu'exigeaient son gouvernement et ses plaisirs. En vain, durant l'année 1355, il avait rendu dix-huit ordonnances pour remanier les monnaies; chacun, comme on l'a vu se tenant sur ses gardes, cet expédient ne faisait plus entrer dans les coffres du trésor que des sommes peu considérables et très-insuffisantes pour les besoins. Sans la différence du titre entre les anciennes monnaies et les nouvelles, ces opérations illicites seraient même restées absolument sans profit. Jean invita donc, quoique à regret, les états du pays coutumier, c'est-à-dire de la langue d'Oil, à se réunir à Paris le 2 décembre suivant (1355).

Par un vague sentiment de l'ascendant qu'ils y prendraient, plutôt que par obéissance, les députés de ces provinces s'y rendirent en grand nombre; le Poitou, l'Auvergne, le Limousin, le Périgord, le Lyonnais, suivant l'exemple des pays du nord, avaient envoyé les leurs. Ainsi cette assemblée se trouva l'une des plus importantes qu'on eût encore vues. Des hommes d'un grand mérite et d'une haute intelligence y représentaient les trois ordres. Parmi les princes de la famille royale se trouvait le roi de Navarre, dont la popularité était très-utile pour prévenir ou atténuer les dissensions intestines qui ne pouvaient manquer de s'élever entre les nobles et les bourgeois. Au premier rang des députés du clergé, l'on voyait Jean de Craon, archevêque de Reims, remarquable, à défaut de talents supérieurs, par la souplesse de son esprit, très-propre à le tirer de tous les mauvais pas. Enfin la ville de Paris avait envoyé le prévôt des marchands, Étienne Marcel, qui fut l'âme de cette grande assemblée.

Étienne Marcel [1] était issu d'une ancienne famille de bourgeois parisiens dont le nom, obscur avant lui dans notre histoire, occupait une place considérable dans les annales de la commune de Paris et de la corporation des drapiers. Cette corporation, qui était la première de toutes, par l'importance qu'elle avait prise, était aussi celle qui donnait le plus facilement accès aux fonctions municipales. Jacques Marcel, mort en 1320, et qui fut peut-être l'aïeul

---

[1] Dans les documents rédigés en latin, il porte le nom de *Stephanus Marcelli*, qu'il faudrait traduire Étienne de Marcel, c'est-à-dire fils de Marcel. On sait qu'à cette époque ce que nous appelons les noms de famille n'était guère en usage. Au nom que l'enfant recevait sur les fonts baptismaux, on ajoutait celui de son père, avec ou sans la particule *de*, pour le distinguer des autres Jean, des autres Pierre, etc. Quelquefois cependant, et il semble que ce soit ici le cas, tous les membres d'une famille portaient de père en fils le nom d'un de leurs aïeux. Telle est peut-être l'origine d'un grand nombre de noms modernes. Mais les noms dits de famille n'étaient le plus souvent, au moyen âge, que des surnoms ou sobriquets, dont la signification, reconnaissable pour quelques-uns, nous échappe pour la plupart.

d'Étienne, payait à lui seul, en 1313, plus d'impôts que le reste de la paroisse. Garnier Marcel, fils de Jacques et probablement père du célèbre prévôt, fut au nombre des échevins de Paris. Depuis un siècle environ, les membres de cette riche famille se succédaient, de père en fils, dans ces charges utiles et modestes. Il ne paraît pas, cependant, qu'aucun d'eux, avant Étienne Marcel, eût été revêtu de la première dignité bourgeoise, celle de prévôt des marchands.

Il n'y avait pas, dans toute la société du moyen âge, de magistrature qui exerçât une autorité plus réelle et moins contestée. On a vainement tenté de donner une idée de ce pouvoir électif, en le comparant à celui des maires dans nos grandes villes d'aujourd'hui : le maire administre suivant des lois et des règlements dont il ne lui est pas permis de s'écarter, et il est tenu de conformer ses moindres actes aux volontés et à la politique du gouvernement. Maître de ses résolutions, le prévôt des marchands gouvernait les corps de métiers et la ville avec une liberté inconnue de nos jours [1].

[1] Il n'est pas hors de propos d'indiquer ici l'origine de cette puissante magistrature. La municipalité de Paris, dont le prévôt des marchands était le chef, tirait son origine d'une confrérie commerciale qu'on appelait la *marchandise de l'eau*, et qui avait obtenu de Philippe Auguste, en 1192, le privilége exclusif de conduire par eau les denrées à Paris. La marchandise de l'eau possédait seule le droit de navigation sur la Seine, en amont et en aval de Paris, depuis Auxerre jusqu'à Mantes. Tous les objets de commerce qui arrivaient dans l'une de ces deux villes et qu'on voulait envoyer à Paris, devaient passer sur les bateaux de la confrérie. Les bénéfices considérables que ce monopole rapportait auraient pu donner à la royauté l'idée de se les approprier en faisant les frais de l'entreprise ; mais les bourgeois qui en profitaient conjurèrent ce danger en offrant de partager les profits ; et nos rois, recevant ainsi de grosses sommes sans s'être donné aucun mal, n'eurent garde, pour les doubler, de se mettre sur les bras tous les embarras d'un tel négoce. Cette sorte d'association avec le gouvernement eut pour effet d'accroître rapidement la puissance de la marchandise de l'eau, qui ne tarda pas à prendre la place de l'ancienne municipalité, et poussa la

Étienne Marcel occupait, en 1355, cette charge importante, où tant d'autres sont restés obscurs, mais à laquelle il avait su donner, par ses talents et son administration énergique, un éclat inaccoutumé. Les quatre échevins qui

confiance en ses forces jusqu'à se former en tribunal pour juger tous les procès auxquels donnait lieu le commerce par eau, c'est-à-dire jusqu'à se faire juge et partie.

Le chef de cette redoutable corporation portait le titre de prévôt des marchands de l'eau ou de la confrérie aux marchands. Plus tard, d'autres corps de métiers prirent le pas sur les marchands de l'eau; il y en eut bientôt six, au nombre desquels les drapiers occupaient le premier rang. Chaque corps avait son prévôt ; mais on sentit bientôt le besoin de s'unir, afin que la bourgeoisie devint une puissance, et qu'elle pût lutter sans désavantage contre ses rivaux. Les différents métiers se donnèrent, à cet effet, outre leurs magistrats particuliers, des magistrats généraux, en quelque sorte, dont la juridiction s'étendait sur toutes les corporations de la bourgeoisie. On porta à quatre le nombre de ces officiers et on les nomma échevins. Placés sous la présidence d'un cinquième, qui était le prévôt des marchands, ils avaient de veiller aux intérêts communs des marchands, et, par suite, de la ville même. Ils administraient avec le concours de deux clercs ou chefs de service, et de vingt-quatre prud'hommes pris parmi les plus anciens et les plus âgés des différents corps de métiers.

Le prévôt était choisi pour deux ans par le corps de ville sur une liste de quatre candidats présentés par les plus riches bourgeois et les chefs des métiers. Il avait à ses ordres des serviteurs ou sergents et d'autres officiers subalternes qu'il nommait lui-même et qui étaient chargés d'exécuter ou faire exécuter ses décisions et celles des échevins.

La maison où s'assemblaient, pour leurs délibérations, les échevins et le prévôt, s'appelait le parloir aux bourgeois ou maison de la marchandise. Elle fut située d'abord rue des Grès, près du couvent des Jacobins; puis, le commerce de Paris s'étendant de plus en plus vers le nord, le parloir fut établi non loin de la Seine, et, plus tard encore, aux environs du Châtelet. Étienne Marcel acheta, en 1357, pour le compte de la municipalité, et au prix de 2,880 livres, une maison qu'on appelait alors l'hôtel au dauphin, et qu'on désigna bientôt sous le nom de maison aux piliers, quoique toutes celles de la place de Grève, où elle se trouvait, eussent aussi des piliers qui faisaient régner une sorte de galerie autour de la place. Telle fut l'origine de l'Hôtel de Ville. C'est seulement en 1529 qu'on commença de bâtir celui qui existe aujourd'hui, et sur la façade duquel on regrette, selon la juste remarque de M. Henri Martin, de ne pas voir la statue d'Étienne Marcel parmi celles des hommes qui ont bien mérité de la ville de Paris. (Voy. Leroux de Lincy, *Histoire de l'Hôtel de Ville de Paris*, p. 7, Paris, 1846, — et le *Plutarque français*, t. I, Paris, 1844, article Étienne Marcel, par M. Jules Quicherat.)

l'assistaient se nommaient Pierre Boudon, Bernard Cocatrix, Jean Belot et Charles Toussac. Les trois premiers n'ont joué, dans les événements des trois années qui suivirent, qu'un rôle secondaire, mais Charles Toussac soutint un des principaux après Étienne Marcel. Il était méridional d'origine, comme son nom semble l'indiquer : la vivacité de son esprit et surtout la force de son éloquence, qui manquait rarement son effet sur le peuple, firent de lui un précieux auxiliaire pour le célèbre prévôt. On ne voit pas qu'Étienne Marcel ait eu un talent oratoire à la hauteur de sa capacité politique et de son grand caractère. Ce qu'on ne saurait, du moins, méconnaître, c'est que, dès cette époque, il inspirait aux Parisiens une confiance sans bornes, très-propre à diminuer pour lui les difficultés de l'administration.

De sa vie privée on ne sait rien. Il avait pris femme dans la famille des Essarts, qui se piquait de noblesse, et de ce mariage étaient nés six enfants. De ses trois frères, deux, Guillaume et Jean, paraissent s'être tenus à l'écart de la politique ; ils y furent sans doute forcés par le souvenir de leurs relations avec le dauphin, dont ils avaient favorisé les frivoles plaisirs, du temps que ce prince n'avait pas encore réglé sa vie. Le troisième, nommé Gilles, sans être jamais au premier rang, fut clerc de la marchandise, par l'influence du prévôt, et son dévouement à ce frère illustre lui valut plus tard d'être enveloppé dans sa ruine.

Autant qu'on en peut juger par quelques miniatures du précieux exemplaire des *Grandes Chroniques* qui appartenait à Charles V, Étienne Marcel avait une sévère et belle figure qui laisse, même sous le crayon de ses ennemis, deviner sa puissante intelligence [1]. Sa charge le désignait

[1] M. Jules Quicherat est le premier qui ait signalé cette miniature à l'attention des lecteurs curieux. Elle représente Marcel dans la ruelle du lit du dauphin, à l'instant qu'il lui remet le signe de ralliement des conjurés, tandis que ceux-ci, sur le premier plan, donnent la mort aux maréchaux (voir

naturellement pour être l'orateur et le chef des députés des bonnes villes. Quoique les chroniques ne disent que peu de chose de la part qu'il prit aux délibérations de cette assemblée, pour peu qu'on rapproche les ordonnances qui en résument les travaux et qui sont malheureusement tout ce qu'il en reste, des événements auxquels Étienne Marcel prit bientôt après une part si active, et de la révolution dont il fut la tête et le bras, il est impossible de ne pas reconnaître ses idées et la marque de son influence dans les résolutions des états de 1355, comme dans tout le reste.

La séance d'ouverture eut lieu dans la salle du parlement. Une miniature du temps nous fait voir le roi sur son trône, entouré des trois ordres, le clergé en chape épiscopale, la noblesse en manteau rouge, les députés des villes en robe brune. Pierre de Laforest, chancelier de France et archevêque de Rouen, prit la parole au nom du roi, pour exposer les embarras de la situation. Il montra que le trésor était vide, qu'on ne pouvait, sans argent, soutenir la guerre contre les Anglais, et il conclut, selon l'invariable usage, en demandant une aide. Mais, comme les temps étaient durs, et qu'un refus paraissait à craindre, à moins

pour le détail de ces faits au chap. vme de cet ouvrage). « La figure irritée et menaçante de Marcel, dit M. Quicherat, reçoit d'une épaisse chevelure et d'une longue touffe de barbe isolée sur le menton une expression terrible. » Cette vignette se trouve au f° 409 v° du manuscrit. M. Quicherat ne dit mot d'un autre portrait du prévôt qui se trouve au f° 404 v°, et qu'il eût été curieux de comparer à celui qui a attiré exclusivement son attention. Dans ce second dessin, le dauphin défend à Marcel de se mêler des affaires publiques. Le prévôt n'y a point la touffe de barbe qu'il porte cinq feuillets plus bas, dans la vignette signalée par M. Quicherat. Il semble donc que le peintre a plutôt suivi sa fantaisie qu'il n'a voulu faire un portrait. Toutefois, en y regardant avec soin, l'on finit par trouver que les traits généraux de la physionomie sont des deux parts les mêmes, ce qui est vrai surtout des différents portraits de Charles V qu'on rencontre dans ce manuscrit. En tenant compte des dimensions exiguës et de l'inexpérience de l'artiste, il est donc permis de croire que nous pouvons nous faire une idée vague des traits d'Étienne Marcel. (Voy. Bibl. imp. ms. fr. n° 8395.)

que le gouvernement ne donnât des garanties contre le retour des abus, il promettait que, si les états accordaient l'aide, le roi frapperait une forte monnaie à laquelle il ne serait plus fait de changements.

Si cette promesse eût été sincère, elle aurait soulagé le pays d'un des fléaux qu'il supportait avec le plus d'impatience, car elle engageait, dans la réalité, le pouvoir royal à renoncer au droit de remaniement qu'il avait toujours prétendu sur les monnaies. Que ce sacrifice fût nécessaire pour désarmer l'opposition naissante, cela ne saurait être contesté ; mais l'offrir avant même qu'il fût demandé, c'était soumettre la royauté aux états et par là faire naître le danger qu'on redoutait. Il eût été plus habile de se tenir sur la réserve, d'attendre et d'écouter les doléances du pays, pour accorder ensuite aux états, à titre de gracieuse concession, une partie de ce qu'ils auraient demandé. Mais tant de calcul ne pouvait entrer dans la tête de Jean ni de ses conseillers favoris. Semblable à un enfant qui donnerait tout ce qu'il a pour le peu qu'il désire, ce prince borné eût livré, comme il le fit plus tard, la moitié de son royaume pour pressurer librement l'autre. En laissant trop voir ce qu'il souhaitait, il fournit des armes à ceux précisément qu'il voulait désarmer, et leur donna la mesure de ce qu'ils pourraient oser.

Les députés n'étaient venus aux états qu'avec des idées vagues de réformes. Quand ils virent que le roi se rendait à merci, ils prirent de la hardiesse, et les principaux d'entre eux tombèrent d'accord, sans presque avoir besoin de s'entendre. Jean de Craon, archevêque de Reims, parla pour le clergé, et Gauthier de Brienne, duc d'Athènes, pour la noblesse. Étienne Marcel déclara, au nom des bonnes villes, que ceux de son ordre voulaient vivre et mourir avec le roi et qu'ils étaient déterminés à le servir de leur corps et de leur avoir. Rien, comme on voit, ne ressemblait moins à une conjuration : pour le moment, il n'y en avait pas l'ombre.

La première requête présentée par les orateurs des états fut que les trois ordres pussent délibérer ensemble, mais on ne saurait dire qui en fit la motion. La noblesse et le haut clergé ne s'y associèrent que parce qu'on ne prévoyait pas encore que l'assemblée des députés du tiers pût prétendre au gouvernement. Persuadés qu'il ne serait question d'autre chose, dans les délibérations communes, que de donner au roi les sommes qu'il demandait, les deux ordres privilégiés espéraient qu'un vote des états, solennel et unanime, aurait plus d'effet pour vaincre les résistances qu'opposaient les provinces, chaque fois qu'on leur voulait tirer de l'argent. Quant aux chefs du tiers, quels que fussent dès lors leurs projets, ils avaient tout avantage à ne pas rester dans un isolement qui les reléguait au troisième rang. Au contraire, réunis à ces nobles qui n'avaient goût qu'aux tournois, à la chasse, à la guerre, et dont l'incapacité dans toutes les matières d'administration ou de gouvernement était déjà notoire; à ces évêques, à ces prêtres qui, n'entendant rien pour la plupart qu'à la théologie, ne comptaient guère que par leur nombre dans les assemblées; à ces légistes enfin dont le savoir juridique semblait peu nécessaire pour les questions qu'il importait de résoudre, les bourgeois, exercés aux fonctions municipales, semblaient assurés de la prépondérance.

On voudrait connaître le détail de ces délibérations importantes par lesquelles, en un mois, les états mirent la main à tout et posèrent les fondements d'une administration plus sage et plus équitable. Malheureusement ni Froissart, si prolixe quand il parle des chevaliers et des dames, ni même les autres chroniqueurs, moins agréables, mais moins frivoles, n'accordent leur attention aux efforts si nouveaux de ces hardis précurseurs de la démocratie, pour introduire dans le gouvernement du royaume l'ordre et la régularité qu'ils avaient déjà mis dans le gouvernement de leurs villes et de leurs propres affaires. Il faut donc que l'histoire procède par induction, et qu'elle remonte des résultats connus aux débats qui les ont préparés.

On peut juger quelle fut la surprise de ces bourgeois, lorsqu'ils eurent entre leurs mains les comptes de l'administration publique, qu'ils avaient obtenu qu'on leur soumît. Ils y virent « que le trésor était vide, que le payement de toutes les dettes était suspendu, que les arsenaux étaient sans munitions, les troupes dispersées et découragées[1]. » Ils ne pouvaient que difficilement se reconnaître dans des registres où régnait le plus grand désordre, où l'emploi constant des chiffres romains faisait de la plus simple addition une opération compliquée et presque impossible; fussent-ils venus sans la moindre idée de réformes, la seule vue de ce chaos leur eût appris qu'il était nécessaire d'en introduire sans retard.

Les états ne purent consacrer que vingt-six jours à cette œuvre immense; il ne faut donc pas s'étonner s'ils la laissèrent incomplète. Ce qu'ils firent paraît même si considérable, eu égard au peu de temps qui leur fut accordé, qu'on serait tenté de révoquer en doute les documents les plus authentiques, si l'on ne savait que l'éloquence politique, fruit d'une civilisation plus avancée, n'était pas née encore dans cette société où la main était trop prompte pour reconnaître les droits de la langue.

Cependant la mésintelligence devait bientôt éclater dans l'assemblée des états : les députés du tiers protestaient contre le chiffre toujours croissant de l'impôt, et les deux autres ordres, ou du moins la noblesse, contre les restrictions à la prérogative royale que les bonnes villes récla-

---

[1] Sismondi, *Histoire des Français*, t. X, p. 445, chap. viii.—Paris, 1828.

maient, en échange des subsides qu'elles consentaient à voter. Mais les dangers qui menaçaient la France ne permirent pas de s'arrêter longtemps à ces débats intérieurs, et l'on dut bientôt, suivant l'usage, prier le roi ou ses délégués d'assister à une nouvelle séance, où les orateurs des trois ordres feraient connaître ce qu'ils avaient arrêté.

Le roi se rendit en personne dans l'assemblée des états, et les trois députés qui avaient déjà porté la parole, le premier jour de la session, lui annoncèrent que les états accordaient une aide pour l'entretien de trente mille hommes d'armes durant une année. La somme fut fixée à cinq millions de livres parisis (cinquante cent mil livres, disent les manuscrits). Quant au mode de perception, faute de temps pour chercher et établir un nouveau système financier, il fallut voter une gabelle sur le sel, impôt depuis longtemps odieux aux peuples, et une taxe de huit deniers par livre sur les choses vendues. C'était, sauf quelques modifications dans la forme, l'Alcavala d'Espagne, que les Valois souhaitaient tant d'introduire en France.

Le difficile n'était pas d'établir ces impôts, mais d'obtenir qu'ils fussent exactement payés. Si les états y échouèrent en partie, leurs efforts pour triompher d'une résistance prévue sont dignes de remarque, car c'est à ce sujet qu'ils firent les réformes qui donnent à cette assemblée tant d'importance dans notre histoire. Afin que personne ne pût se prévaloir d'anciens priviléges pour refuser le subside, il fut décidé que ni les princes, ni la reine, ni le roi lui-même ne seraient dispensés d'en payer leur part. C'était l'égalité en matière d'impôt qu'on introduisait ainsi, sous couleur d'assurer la perception de l'aide votée, c'est-à-dire un des principes politiques qui ont toujours été les plus chers aux bourgeois. Le roi, avide d'argent, se soumit au sacrifice qu'on exigeait de lui ; mais s'il espérait en être quitte à ce prix, il fut cruellement trompé dans son attente. L'infidélité dont ses agents avaient donné des marques, en levant l'impôt voté par les états de 1351, fit décider par ceux de 1355 qu'ils nommeraient eux-mêmes les receveurs et les trésoriers, ainsi que deux receveurs généraux pour diriger les travaux de ces employés. Les receveurs généraux devaient être soumis eux-mêmes à la haute surveillance d'une commission de neuf membres des états, désignés à l'élection et pris en nombre égal dans les trois ordres.

Cette mesure était une des plus hardies qu'il fût possible de prendre. Par la confusion si manifeste du pouvoir législatif et de l'exécutif, les députés de la bourgeoisie, dont on reconnaît la main, faisaient paraître leur secret désir de substituer, autant qu'ils le pourraient, leur autorité à celle du roi. Que restait-il du pouvoir suprême, si on lui ôtait jusqu'au droit de percevoir les subsides votés, et, par suite, d'en disposer librement? Rien ne prouvait que les fonctionnaires qui seraient nommés par les états l'emporteraient en habileté sur les officiers du roi ; on voulait surtout garantir le pays des malversations dont la rumeur publique accusait tous ceux qui, à quelque degré que ce fût, avaient le maniement de l'impôt. Pour y parvenir, il n'est point de précautions que ne prit cette vigilante assemblée. La commission des neuf surintendants qu'elle tirait de son sein ne fut pas même à l'abri de ses soupçons : elle leur interdit avec sagesse de manier personnellement les sommes dont ils devaient diriger et surveiller la perception ; mais, à part cette réserve, quelle puissance n'avaient pas ces délégués! On leur donnait le droit de requérir tous les citoyens, tous les gens du roi, de leur prêter main-forte, et même celui de désobéir au roi, s'il donnait quelque ordre contraire aux résolutions des états. Cette dernière prérogative, si extraordinaire dans une monarchie absolue, ne pouvait être accordée à la commission que du consentement du prince dont on diminuait si sensiblement l'autorité, et ce n'est pas une faible preuve de l'ascendant qu'avaient pris les états, que de l'avoir réduit à céder sur ce point. Ils ne demandèrent même pas son assentiment pour décider que les sommes perçues resteraient entre les mains des receveurs particuliers qu'ils avaient institués, et ils exigèrent que le roi s'engageât par serment, ainsi que tous ses officiers, à consacrer la totalité de l'impôt aux besoins de la guerre, sans en détourner un denier.

Si les états avaient voulu rester fidèles aux traditions des précédentes assemblées, ils auraient dû se retirer après avoir pris, comme on vient de le voir, toutes les dispositions nécessaires pour que le manque d'argent ne fût point un obstacle à une vive reprise des hostilités contre les Anglais. Mais les chefs de cette grande assemblée trouvèrent l'occasion favorable pour introduire quelques-unes des réformes qu'ils jugeaient les plus nécessaires. La principale, à leurs yeux, était de faire des états une institution régulière et permanente, au lieu d'un simple expédient aux jours de danger ; ils voulaient être en mesure de prévenir la ruine publique, tandis qu'on ne les appelait jamais que pour la réparer. Or il n'y avait pas d'apparence qu'on obtînt du roi qu'il les réunît périodiquement. Le seul moyen qu'on trouva de tourner la difficulté fut, sous divers prétextes, de multiplier les sessions, afin d'y habituer les esprits et de leur en faire comme une nécessité. C'est à quoi l'on pourvut en ne votant les subsides que pour une année, car Jean se voyait par là dans l'obligation de convoquer de nouveau les états, dès que l'époque serait arrivée où ses sujets pourraient lui refuser leur argent. Mais, comme il était à craindre que le roi, pour s'affranchir d'un contrôle incessant, n'eût recours à quelque moyen violent ou illégal de remplir les coffres du trésor, les états convinrent de se réunir de nouveau au mois de mars 1356, sous prétexte de recevoir et de vérifier les comptes de perception que leur remettraient leurs délégués, puis le 30 novembre suivant (à la Saint-André, comme on disait alors), afin, ajoutaient-ils habilement, de voter de nouveaux subsides, s'il était nécessaire. Se réunir trois fois en un an, c'était marcher rapidement vers la périodicité des états ou même vers leur permanence.

Une résolution si grave pouvait être prise d'un commun accord, car les trois ordres y étaient également intéressés; ce qui est plus surprenant et donne une haute idée de l'importance que le tiers avait déjà dans cette assemblée, c'est qu'il obtint que jamais le vote des deux autres ordres, fût-il unanime, ne dispenserait de rechercher son assentiment, et qu'il resterait toujours libre de le refuser. La noblesse et le clergé reçurent naturellement le même privilége, mais tout l'avantage en était pour la bourgeoisie, qui avait jusqu'alors été la plus exposée à ce qu'on ne tînt pas compte de ses vœux. Rien de plus juste, au fond, de plus national et de plus propre, en ce temps-là, à relever l'autorité des états généraux, que de décider que toute mesure, pour être valable, devrait avoir obtenu l'approbation des trois ordres. Il y avait bien à cela des inconvénients graves, et le droit de *veto*, concédé ainsi aux moins nombreux, pouvait devenir une cause de troubles; mais l'institution des états généraux en était encore à ses commencements, et l'on ne pouvait attendre que tous les progrès se fissent en un jour.

A côté de ces innovations sur la constitution même et le rôle des assemblées qu'il est déjà permis d'appeler nationales, il en faut placer quelques autres, destinées à améliorer le sort des sujets du roi, et dont les chroniqueurs disent à peine un mot. Une des plus considérables fut, sans contredit, de donner aux simples citoyens une organisation militaire, qui leur permît de se défendre par eux-mêmes. « Invitation fut faite à toutes gens, disent les auteurs, de s'armer selon leur état. » Dans ces temps-là, la noblesse, presque seule, allait en guerre; mais le souvenir de ses défaites et le sentiment de son insuffisance, qui naissait en elle, triomphèrent enfin de ses répugnances et de ses scrupules : elle consentit à donner des armes à des hommes qui avaient déjà prouvé qu'ils en savaient faire usage, quoiqu'elle ne se dissimulât pas qu'à défaut d'ennemis extérieurs ils pourraient bien les tourner quelque jour contre leurs ennemis au dedans. Il y avait là en germe une institution puissante, dont nos gardes nationales modernes peuvent donner l'idée.

Par une précaution qui n'était pas moins nécessaire, les états voulurent qu'il fût défendu à toute autre personne qu'au roi et à son fils aîné de convoquer l'arrière-ban, c'est-à-dire d'appeler sous les drapeaux les populations qui s'étaient rachetées du service en soldant des hommes d'armes. L'on ajoutait même que ces deux princes ne pourraient faire appel à l'arrière-ban que dans un pressant danger.

L'énumération serait longue de toutes les réformes par lesquelles les états de 1355 s'efforcèrent de réparer d'anciennes injustices et de redresser de criants abus; mais il en est qu'on ne saurait passer sous silence. Ils abolirent hardiment le droit de prise, qui est celui que s'arrogeaient les officiers royaux de prendre partout, et sans payer, les chevaux, les voitures, le blé et autres denrées dont le roi, la reine et leur famille pouvaient avoir besoin pendant leurs voyages. Cet impôt était peut-être le moins onéreux qui fût au monde; mais il était odieux parce qu'il n'avait d'autre règle que l'arbitraire et que ceux que le hasard plaçait sur la route des officiers le payaient pour tous les autres. Et, comme il était à craindre que la défense de dépouiller ainsi les pauvres gens ne fût suffisante ni pour les rassurer, ni pour imposer un frein à ces rapines qu'on exerçait la menace à la bouche et la lance au poing, les états autorisèrent ceux qui ne seraient pas assez forts pour résister d'eux-mêmes à invoquer l'appui de leurs voisins et à se réunir, comme ils l'entendraient, pour protéger leurs personnes et leurs biens. Diverses mesures furent arrêtées pour protéger les plaideurs contre tous ceux qui vivaient à leurs dépens, en multipliant les formalités et les délais de la justice, et pour empêcher les officiers royaux de se livrer au commerce, qu'ils ne faisaient pas sans causer un grand dommage à la population trafiquante du royaume; car, lorsqu'ils se mêlaient de quelque sorte de transactions, ils s'en attribuaient le monopole. Enfin, pour profiter de l'engagement que le roi offrait de prendre au sujet des monnaies, les états fixèrent à quatre livres douze sous le marc d'argent, qui était monté jusqu'à dix-huit livres, et stipulèrent expressément qu'il ne varierait plus à l'avenir.

Toutes ces résolutions ne pouvaient avoir d'effet, dans l'institution de l'ancienne monarchie, qu'autant que le roi les faisait siennes et rendait une ordonnance pour les imposer aux populations. Comme elles gênaient singulièrement l'autorité royale, Jean n'eût pas demandé mieux que de n'en point tenir compte; mais elles étaient la condition absolue du concours qu'il demandait aux états, et, pour avoir de l'argent, il n'y avait rien qu'il ne fût prêt à faire : le 28 décembre parut l'ordonnance; ainsi l'on n'avait mis que deux jours à la rédiger et à la promulguer.

Les députés de la nation durent sentir vivement leur triomphe : en moins d'un mois, ils avaient porté la main sur tous les vieux abus, et, par un heureux instinct de l'avenir, jeté quelques-uns des fondements des sociétés modernes. Ce partage du pouvoir entre le roi et les États, libres de se réunir, même sans convocation nouvelle, à des époques déterminées d'avance ; cette répartition de l'impôt qui courbe jusqu'au souverain sous la loi commune; cette administration des finances commise non à celui qui reçoit, mais aux délégués de ceux qui payent; cette milice nationale qui devait réunir sous ses drapeaux non-seulement les privilégiés, qui inspirent seuls confiance à un gouvernement oppresseur, mais tous les citoyens en état de porter les armes; toutes ces réformes si nécessaires étaient d'admirables garanties qu'une société a toujours le droit de prendre contre ceux qui la mènent, et dont le dix-neuvième siècle, si fier pourtant de ses conquêtes politiques, ne possède encore qu'une faible partie.

Le malheur du quatorzième fut de n'en pouvoir assurer la durée : son œuvre disparut, parce que la royauté, intéressée à la détruire, était forte et n'avait point de scrupules ; mais nos pères seraient-ils moins dignes d'admiration parce que leurs efforts ont été stériles? Du moins faut-il leur tenir compte d'avoir vu si clairement et de si loin par quels moyens la justice peut régner parmi les hommes, et pour avoir tenté d'introduire sans retard ces heureuses réformes dans l'administration et la législation de notre pays. S'ils échouèrent, c'est que les calamités d'une guerre interminable s'ajoutèrent à l'apathie et à l'ignorance des campagnes, à l'esprit étroit et aux jalousies municipales des provinces, pour venir en aide à la résistance désespérée de la royauté; sans les Anglais et sans les compagnies, qui portaient le désordre et la terreur dans les campagnes et forçaient les habitants des villes de vivre à l'abri de leurs hautes murailles, au lieu de répandre, par des relations de tous les jours, les premiers germes de la civilisation moderne dont ils étaient dépositaires, aucun des autres maux n'eût paru incurable, l'œuvre des états n'aurait pas manqué du concours des peuples, et elle eût peut-être supprimé plusieurs siècles de despotisme. Les Anglais, qui ne pouvaient être pour lors très-différents de nous par leur génie national, puisque l'invasion normande remontait à trois siècles à peine, ne jetaient-ils pas, dès cette époque, les fondements de leurs libertés? Et, si l'édifice n'a pas été renversé chez eux presque aussitôt qu'élevé, c'est que la noblesse y fut plus sage qu'en France et proposa des réformes devenues nécessaires, au lieu de les combattre ; c'est qu'un heureux hasard préserva nos voisins de subir ces invasions désastreuses qu'ils portaient eux-mêmes au dehors, et leur permit de régler leur organisation intérieure sans en être détournés par des soins plus pressants. Pour les mêmes raisons, les états de 1355 ne réussirent pas à défendre la petite propriété contre les envahissements continuels de la grande, ce qui était pourtant le premier besoin de cette société aux abois, puisqu'on aurait relevé par là les hommes de condition inférieure, dont les progrès sont si nécessaires à la puissance et à la gloire d'une nation ; mais comment aurait-on persuadé à ceux qui possédaient peu de s'attacher à des champs dont ils ne recueillaient pas les moissons et à des chaumières qui n'étaient jamais pour eux un asile assuré ? Ruinés par les seigneurs autant que par les ennemis, ils ne pouvaient que s'applaudir de vendre, dans l'occasion, ce qui leur restait encore et qu'on leur eût bientôt pris. Les états firent du moins, à cet égard, ce qui était immédiatement possible, en supprimant les juridictions extraordinaires, le droit de prise ou de réquisition forcée pour le service du roi ; ils pensèrent aussi au commerce en obligeant les officiers royaux à renoncer à l'odieux monopole qu'ils exerçaient à la faveur de leur titre et de leurs fonctions.

Loin d'admettre avec quelques historiens que les états de 1355 eurent peu de lumières, il faut donc louer l'intelligence politique dont ils firent preuve. Le reproche ne serait fondé que si on l'adressait seulement à la noblesse et aux membres les plus considérables du clergé ; mais alors il serait sans importance, car tout le génie de cette assemblée était dans les députés du tiers, dans ces officiers municipaux que leur vie laborieuse et leurs charges modestes avaient nourris des notions pratiques les plus propres à faire des hommes de gouvernement. Or que les saines idées de réformes et d'administration prissent naissance dans l'esprit de quelques hommes heureusement doués et assez puissants sur la pluralité de leurs collègues pour les gagner à eux, il n'en fallait pas davantage, si l'on n'avait eu à lutter contre les difficultés extérieures, pour assurer le triomphe des idées d'ordre, de justice, d'économie et de liberté. Quand le plus grand nombre, soit dans les assemblées, soit au dehors, peut comprendre et goûter des plans qu'il n'aurait pu concevoir, alors le bien est possible, et l'on ne voit pas que, dans les temps modernes, au sein même des sociétés les plus fortement constituées, il soit besoin que les lumières soient également réparties : quelques intelligences supérieures, beaucoup de médiocres, suffisent : les unes montrent la bonne voie, les autres la suivent. Les villes qui envoyaient des députés aux états mettaient en eux leur confiance et soutenaient leurs efforts : il ne manqua à ces bourgeois que les moyens de s'entendre et de s'unir plus librement ; quant aux paysans et aux serfs, jusqu'à ce que leur intelligence se fût exercée, on devait agir sans eux et dans leur intérêt, qui n'était autre pour lors que celui des bourgeois.

Ainsi rien ne manque à la gloire de cette assemblée mémorable, ni la profondeur des conceptions politiques dans l'esprit de ses chefs, ni la docilité de leurs collègues, même des deux ordres rivaux, car leurs dissensions funestes n'éclatèrent que plus tard, ni, dans une certaine mesure, le succès. Il faut garder un culte pieux pour tant de modération, de sens et d'efforts magnanimes, et saluer dans les états de 1355 la première de nos assemblées nationales.

Le 1er mars de l'année suivante était, comme on l'a vu, le jour fixé pour l'ouverture d'une nouvelle session. Les députés s'y rendirent en moindre nombre qu'à la précé-

dente. Trop peu de temps s'était écoulé pour que les plus
pauvres ne regardassent pas à la dépense, qui était considérable, et les plus timides aux dangers d'un troisième et
d'un quatrième voyage à travers des provinces infestées par
les brigands ou les ennemis. Quelques-uns, enfin, des villes
de Normandie et de Picardie furent retenus par l'opposition
de leurs commettants aux mesures financières qui avaient
été prises. Toutefois, les représentants du tiers furent encore les plus nombreux. Les absents appartenaient surtout
aux deux autres ordres : la noblesse de Normandie se montrait indignée de la nouvelle répartition de l'impôt, parce
qu'elle frappait la propriété foncière ; le clergé avait fait
parvenir au roi ses doléances par l'intermédiaire du pape
Innocent VI, et se plaignait de perdre ses immunités sé-
culaires ; il refusait de payer les subsides et suspendait tout
service divin jusqu'à ce qu'on eût fait droit à ses réclamations, ne craignant pas d'user, pour un intérêt tout
matériel, des armes spirituelles que les croyances du temps
mettaient entre ses mains[1].

Il n'y a point de changements qui excitent plus de colère
dans une nation que ceux qui modifient l'administration
des finances sans apporter un soulagement sensible aux
maux des peuples, et l'on n'y saurait regarder de trop près
avant de modifier ce qu'on appelle aujourd'hui l'assiette de
l'impôt. Les états le virent bien par l'expérience. Ceux des
députés qui étaient revenus pour assister à la session nouvelle arrivaient chargés des vives réclamations de leurs
mandataires sur la gabelle et la taxe des ventes. Plusieurs
villes refusaient de payer, d'autres se livrèrent, à ce sujet,
aux plus coupables violences. Le 6 mars, à Arras, comme
les receveurs nommés au mois de décembre voulaient
lever l'impôt, les petites gens se soulevèrent, mirent à mort

---

[1] Voy. *Raynaldi Ann. eccles.*, ann. 1356.

dix-sept de leurs concitoyens les plus notables, et, quelques jours après, quatre autres encore, parce que ces infortunés étaient d'avis qu'il fallait obéir aux états. Les meneurs condamnèrent ensuite au bannissement ceux qui leur portaient ombrage et dont ils avaient épargné les jours; ils restèrent maîtres de la ville soulevée jusqu'au 27 avril. Ce fut seulement à cette époque, sans qu'on puisse comprendre la raison d'un si long retard, qu'Arnould d'Audeneham, envoyé par le roi, se présenta devant Arras pour y rétablir l'ordre : il fit couper la tête à vingt des révoltés et retint le reste en prison, jusqu'à ce qu'il plût à Jean de prononcer sur leur sort. Dans d'autres villes, le mécontentement se réduisit à quelques manifestations inoffensives, presque aussitôt apaisées.

Dans ces révoltes, dans ces agitations, il faut voir la main de Charles d'Évreux, roi de Navarre, cousin et gendre de Jean le Bon. Soit qu'avec sa vive intelligence ce jeune prince comprît mieux que personne ce qu'il était prudent de faire ou d'éviter, soit qu'il ne cherchât qu'à se rendre populaire, il s'éleva avec force, au sein des états, contre des taxes qui n'étaient propres, disait-il, qu'à irriter les peuples. Aussitôt ses courtisans et ses flatteurs s'appuyèrent de ses paroles pour exhorter les Normands à la résistance, sans qu'il fît rien pour les en empêcher. Cette imprudence acheva d'enflammer la colère du roi : il disait, suivant Froissart, qu'il ne voulait en France d'autre maître que lui et qu'il n'aurait point de parfaite joie tant que ces traîtres seraient en vie. Il attendit trois mois le moment de la vengeance, et ne fut satisfait que lorsqu'il eut jeté son gendre dans une prison et fait périr les amis les plus dévoués de ce prince (6 avril 1356)[1].

Mais, quel que fût le courroux de Jean et la hardiesse du

---

[1] Voy. le chapitre suivant.

roi de Navarre, il faut avouer qu'en proposant l'abolition des taxes si mal accueillies Charles d'Evreux donnait un sage conseil, et que ses paroles, comme les désordres des villes, étaient un salutaire avertissement. Au danger d'irriter et de soulever les peuples s'ajoutait celui de n'obtenir d'eux, même par la force, qu'un subside insuffisant, car on devait s'attendre que, pour rendre les actes conformes aux paroles, les mécontents refuseraient de payer et ne donneraient à la violence que ce qu'ils ne pourraient lui dérober. Il était donc urgent de changer la base et le mode de l'impôt : ce fut le principal soin des états durant cette courte session. A la gabelle sur le sel, à la taxe sur les ventes, ils substituèrent une taxe personnelle ou capitation, à proportion des revenus. Par là se trahit l'insuffisance des députés du tiers, qui n'avaient pu encore réfléchir assez à l'art si difficile de gouverner les finances d'une grande nation. La proportion qu'ils établissaient était la plus singulière et la plus inique du monde. Les plus pauvres, ceux qui avaient moins de 100 livres de rente, devaient payer 5 pour 100; ceux qui avaient 100 livres de rente, 4 pour 100. Au-dessus de cette somme, on ne payait plus que 2 pour 100, excepté pour les 100 premières livres, qui étaient invariablement taxées, lorsqu'on en avait davantage, à 4 pour 100. Ainsi un pauvre mercenaire, un serviteur qui avait 100 sous de gages, en devait 10 au trésor. M. Michelet caractérise énergiquement cette taxe. Plus on avait, dit-il, moins on payait [1].

[1] M. Paulin Paris, dans ses excellentes notes aux *Grandes Chroniques* (in-f° 1er vol., p. 1418, Paris, 1856), combat cette appréciation en disant que les citoyens riches, bourgeois ou nobles, indépendamment de la taxe, payaient encore de leur personne ; qu'au nombre des trente mille hommes qu'on allait lever n'étaient pas compris sans doute les chevaliers, les nobles, les bourgeois capables de représenter eux-mêmes autant d'hommes d'armes, et qu'en conséquence, plus on avait, plus on payait. Cependant, comme personne n'avait été exempté de l'impôt, ni le roi en haut, ni en bas les mer-

Ainsi l'on retournait le malade sur son lit de douleur, et, parce qu'il changeait de souffrance, il se croyait soulagé. La joie stupide que ressentit le peuple d'être affranchi de deux taxes qui lui étaient odieuses ne lui permit pas de remarquer de quel prix il payait cette vaine satisfaction. Il ne paraît pas que les villes mêmes qui avaient résisté aux collecteurs de la gabelle et de l'impôt sur les ventes aient fait difficulté d'acquitter la taxe sur le revenu, ni qu'elles aient réclamé contre l'iniquité de la répartition.

Une ordonnance du 26 mai de la même année donne à penser qu'il y eut encore une assemblée des états le 8 de ce mois. Cette ordonnance ne fait mention que des bonnes villes, et il est peu probable, malgré l'opinion de Secousse, que les deux autres ordres fussent également représentés à cette réunion, car l'on y devait apporter de nouvelles modifications au système d'impôts qui venait d'être établi, et, ce système étant trop favorable au clergé et aux nobles pour qu'ils consentissent à y renoncer, on ne les aurait pas appelés à décider sur leur propre cause. Tout porte à croire que cette assemblée ne se composa que des députés de quelques villes, soit de celles qui s'étaient opposées jusqu'alors aux taxes votées par les états et qui voulaient racheter leur résistance par un excès de zèle, soit des autres, qui avaient, dès le premier jour, donné des marques non équivoques de leur bonne volonté. On ne peut douter que cette réunion fût peu nombreuse et composée

---

cenaires à 100 sous de gages, suit que si les trente mille hommes étaient pris pour l'armée parmi les pauvres gens, il serait au moins vrai de dire que trente mille d'entre eux payaient à la fois de leur personne et de leur bourse, comme les nobles : de leur personne autant qu'eux, et de leur bourse infiniment plus. Ajoutons que pour la noblesse le service militaire n'était pas une corvée comme pour le peuple, puisqu'elle y trouvait la satisfaction de ses goûts et la source des exactions dont elle vivait. En outre, tous les nobles et tous les bourgeois riches n'allaient pas à l'armée : c'étaient encore des privilégiés, de qui M. Michelet a pu dire avec raison que plus ils avaient, moins ils payaient.

des députés les plus zélés pour la personne et les intérêts du roi : on ne comprendrait pas, en présence des autres, la résolution extraordinaire qu'ils prirent d'ordonner qu'on lèverait simultanément ce qui était dû de l'imposition de la gabelle accordée durant la session de novembre 1555, et la taxe sur les revenus par laquelle, au mois de mars suivant, on avait remplacé cet impôt, ce qui était donner plus que le roi même ne demandait. De sérieux désordres eussent sans doute été l'effet de cette résolution et de l'ordonnance qui la fit connaître, si de grands événements n'avaient détourné l'attention publique et montré la nécessité de plus énergiques remèdes pour sauver la France. Mais, avant de suivre la révolution bourgeoise dans sa période d'agitation et de violences, il faut faire mieux connaître un jeune prince que ses malheurs et ses rancunes jetèrent dans le parti populaire, et dont la conduite n'a paru inexplicable que parce qu'on a trop négligé d'en rechercher les motifs.

CHAPITRE TROISIÈME

Charles le Mauvais, roi de Navarre. — Sa personne, sa généalogie, ses prétentions.
— Politique de Jean à son égard. — Premières difficultés entre ces deux princes.
— Meurtre du connétable d'Espagne (janvier 1354 . — Mauvaise foi de Jean. — Le
roi de Navarre s'enfuit à Avignon. — Traité de Valognes (10 septembre 1355 . —
Nouveaux dissentiments. — Arrestation et captivité du roi de Navarre.

Les défauts qui faisaient de Jean le plus déplorable des rois n'étaient pas moins sensibles dans sa vie privée que dans tous les actes de son gouvernement. Par la mobilité de ses impressions, par son manque de foi et son humeur vindicative, il tournait contre lui ses plus proches parents; il apportait jusque dans les relations domestiques cette imprudence et cette passion aveugle qui compromirent si gravement son royaume et lui-même. Sur le trône, les plus petites choses ont de grandes conséquences, et, par une juste compensation, la puissance souveraine n'a pas, même à l'intérieur des palais, cette liberté de conduite qui est l'heureux privilége d'une humble condition. Les querelles de famille ne furent pas moins funestes à Jean que ses démêlés avec le roi d'Angleterre, et il apprit par expérience ce qu'il en coûte aux rois d'oublier que la politique est intéressée à la moindre de leurs paroles ou de leurs actions.

Il y avait à la cour de France un jeune prince qui portait

CHAPITRE TROISIÈME.

le titre de roi de Navarre, mais qui eût regardé comme un exil de vivre parmi ses sujets. C'était Charles d'Évreux, fils aîné de Philippe, précédent roi de Navarre, et de Jeanne de France, fille unique de Louis le Hutin. Par son père, il était arrière-petit-fils de Philippe le Hardi, et cousin du roi Jean au deuxième degré, ce qui était pour lors une parenté très-proche, surtout en un rang où l'on n'est jamais tenté de l'oublier [1]. Par sa mère, il eût été l'héritier légitime de la couronne, si la loi salique, ou plutôt l'usage salique, n'eût prévalu et fait de la France une monarchie guerrière et féodale, peu disposée à se laisser conduire par les femmes. Telle fut, on le verra tout à l'heure, la principale cause des luttes, tantôt sourdes, tantôt déclarées, qu'il eut à soutenir contre un roi dont, par son existence seule, il troublait le repos. C'est à sa mère qu'il était redevable de la Navarre. Ce petit royaume était entré dans la maison de France par le mariage de Philippe le Bel avec Jeanne de Navarre. Quand la loi salique priva la fille de Louis le Hutin de la couronne, cette princesse conserva la Navarre, où cette loi n'avait jamais été en vigueur, et la laissa en mourant à son fils aîné, Charles

---

[1] Voici le tableau généalogique de la famille de Charles de Navarre. On y verra que ce prince était 1° arrière-petit-fils de Philippe le Hardi ; 2° petit-fils de Louis le Hutin ; 3° cousin au second degré du roi Jean ; 4° neveu de la reine Jeanne, veuve de Charles le Bel ; 5° frère de la reine Blanche, veuve de Philippe de Valois.

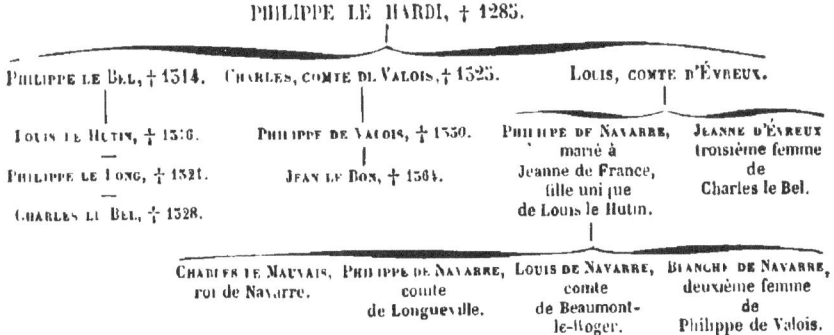

d'Évreux. A quoi tiennent les réputations dans l'histoire! Tout jeune encore, Charles d'Évreux fut appelé par ses sujets des Pyrénées Charles le Mauvais, pour avoir puni avec sévérité une conspiration qui avait éclaté contre lui avant qu'on pût le connaître, c'est-à-dire en 1350, alors qu'il était à Pampelune pour son couronnement [1], et le surnom lui en est resté. Entre Jean le Bon et Charles le Mauvais, y a-t-il donc quelque différence essentielle? et, s'il y en a, n'est-elle pas toute à l'avantage du dernier? Il ne sera pas difficile de le démontrer.

Le nouveau roi de Navarre était un petit homme, plein d'esprit et de feu, soucieux et réfléchi, à l'œil vif, à la taille bien prise, à l'éloquence persuasive. Sa figure était agréable et ses manières attrayantes; il possédait plus que personne l'art de se faire aimer. Chacun, dans la famille royale, le préférait au roi et à ses fils, et, seul de tous les princes, il jouissait en France d'une véritable popularité. Ce sont ses ennemis eux-mêmes, les historiens dévoués à la dynastie des Valois, qui le peignent sous ces couleurs séduisantes : on peut donc les en croire sur parole [2]. S'ils ajoutent qu'il cachait un naturel pervers sous ces dehors aimables et son air d'enjouement, et qu'il détourna plusieurs personnes considérables de l'obéissance et de la fidélité qu'elles devaient au roi, ils se font l'écho des accusations dont on poursuivit ce jeune prince. Assurément Charles d'Évreux ne fut point ce que, de nos jours, on appellerait un honnête homme : on peut lui reprocher d'avoir été un ambitieux et un artisan d'intrigues; sa parole n'était pas sûre, et il n'avait

---

[1] Voy. A. Favyn, *Histoire de Navarre;* Secousse, *Mémoire sur Charles le Mauvais;* Henri Martin, *Histoire de France*, l. XXX, t. V, p. 129.

[2] Voy. les *Grandes Chroniques*, le Laboureur, *Histoire de Charles VI* (l. VI, ch. xxi), et l'acte d'accusation contre Robert Lecocq (art. 15), publié par M. Douet d'Arcq. (*Bibl. de l'École des Chartes*, t. II, p. 360. — Paris, 1840-41.)

pas cette horreur du meurtre et du sang qu'une civilisation plus avancée pouvait seule inspirer. Mais c'étaient là jeux de princes, et l'on ne saurait porter un jugement équitable sur cette victime des chroniqueurs sans le comparer aux autres personnages qui ont marqué dans le même temps. Jean le Bon fut-il plus religieux observateur de ses promesses et de la foi jurée? Et, s'il fallait faire le compte des meurtres, ne trouverait-on pas que ceux qu'on lui impute sont incontestables, avoués par tous les historiens, tandis que ceux qui pèsent sur la mémoire de Charles le Mauvais sont, pour la plupart, ou douteux ou invraisemblables, et très-certainement moins nombreux?

Si le roi de France fut exempt de l'ambition dont on fait un crime au roi de Navarre, c'est que l'un occupait le trône, tandis que l'autre avait quelque droit d'y prétendre. Le roi de Navarre ne pouvait oublier que, si l'on eût respecté le droit des femmes, c'était à lui que la couronne fût échue en partage. Or, malgré trois applications successives de la loi salique, les usages, à ce sujet, n'étaient pas assez profondément enracinés pour qu'il fût défendu d'en contester la convenance et d'en préparer le renversement. Édouard III, roi d'Angleterre et petit-fils de Philippe le Bel, par sa mère Isabelle, se donnait pour l'héritier légitime de ce prince et se plaignait hautement de l'usurpation commise à son préjudice par Philippe de Valois. La loi salique passait si peu pour une règle invariable et obligatoire, que beaucoup de bons esprits, en France, tenaient ces prétentions pour sérieuses et fondées sur de solides arguments [1]. Le roi de

---

[1] Voici le fameux texte sur lequel on s'appuie pour l'exclusion des femmes : *De terra vero salica nulla portio hereditaria mulieri veniat, sed ad virilem sexum tota terræ hereditas perveniat* (*Lex salica*, tit. 62, ap. Baluz., I, col. 321). En admettant qu'il puisse s'entendre de l'hérédité dans le gouvernement comme dans la propriété, l incapacité des femmes s'étend-elle à leurs descendants mâles? Telle était la question qui partageait les esprits, et ceux qui se prononçaient pour la négative alléguaient un décret rendu par le roi

Navarre s'emparait habilement des doutes qui partageaient les esprits, et soutenait non sans raison que, si l'on en revenait au droit des femmes, il faudrait remonter jusqu'à la branche féminine la plus ancienne et la plus voisine du trône, et par conséquent à lui, puisque sa mère était fille unique de Louis le Hutin. Dans les premiers temps, avant qu'il fût en rupture ouverte avec le fils aîné du roi, il n'élevait ses prétentions que contre celles d'Édouard III : on ne voit pas qu'il ait jamais soutenu que Jean devrait descendre du trône pour l'y faire monter lui-même, et il n'essaya de s'y pousser qu'après avoir enduré les plus criantes injustices, les plus cruels outrages. A chaque avénement, la branche d'Évreux se bornait à protester, pour ne point laisser dans l'oubli ses droits méconnus, mais jamais elle n'avait entrepris de les soutenir par les armes.

Il n'y a, durant cette première période, qu'une parole de quelque gravité que les chroniqueurs attribuent à Charles de Navarre : « Si je voulais, disait-il, revendiquer le royaume de France et la couronne, je montrerais bien que j'en suis plus prochain que le roi d'Angleterre. » Il respectait donc encore la dynastie régnante, dont il évitait de mesurer les droits aux siens. Quant aux « autres propos plus hardis » que ses ennemis lui attribuent, ils ne peuvent les rapporter, et il faut croire qu'ils ne s'en fussent fait faute, si ce n'eût été une pure invention de leur malignité. Il serait trop extraordinaire qu'ils eussent répété des propos innocents dans le dessein de nuire, et qu'ils s'en fussent tenus à des insinuations pour le surplus. Les actes du Navarrais n'étaient point en opposition avec ses paroles, du moins dans les premiers temps : il ne fit pas, comme son frère Philippe, la guerre de partisans ; et si, plus tard, il passa pour le mortel ennemi

---

Hildebert en l'année 595, où il était ordonné que les petits-fils, soit par les fils, soit par les filles, seraient appelés à recueillir l'héritage de leur aïeul.

du roi Jean et de sa famille, la suite de ce récit prouvera qu'il fut irrésistiblement poussé par l'enchaînement des malheurs politiques et par les injustes rigueurs dont il fut la victime.

Il n'est pas surprenant qu'en ce temps de vives disputes sur la légitime transmission du pouvoir suprême, les droits assez soutenables du roi Charles aient inspiré à ceux qu'ils menaçaient, de la défiance, et les moindres démarches ou seulement les discours de ses amis, de continuelles alarmes. Ce prince n'était pas un rival méprisable. Maître de la Navarre, il pouvait exciter le mécontentement dans cette partie de la Guyenne qui n'avait pas cessé d'appartenir à la France, ou profiter des ferments de rébellion qu'il y découvrirait. Chef de la maison d'Évreux, il possédait, ainsi que ses frères, quantité de bonnes terres et de places importantes en Normandie, dans l'Ile de France et jusqu'aux portes de Paris. Si près et si loin, il était nécessaire de ne l'avoir pas pour ennemi, et de l'enchaîner sur les marches du trône par des liens assez étroits pour que son devoir et tout ensemble son intérêt fussent de rester fidèle. Jean paraît avoir suivi d'abord cette sage politique : malgré son âge, — il n'avait pour lors que dix-neuf ans, — Charles de Navarre fut nommé lieutenant royal en Languedoc (1351), et épousa, l'année suivante, la princesse Jeanne, fille du roi (février 1352).

Mais l'esprit de suite manquait à Jean en toutes choses. A peine Charles le Mauvais fut-il son gendre, que se croyant assuré contre ses tentatives, il n'y eut sorte de vexations dont il se fît faute à son égard. De toute la dot de sa femme il ne lui paya que cent mille deniers d'or à l'écu [1], et,

---

[1] Le denier d'or, nommé mouton à la grande et à la petite laine, remonte à Louis IX. Il valut d'abord 12 sous, puis 20 et 25 sous. Du temps de Philippe de Valois, le denier d'or à l'écu valait 45 sous. Au moyen âge, on nommait denier toutes les espèces courantes. Pour les distinguer entre elles, on ajoutait un qualificatif tiré de l'empreinte dont elles étaient marquées, et l'on disait denier d'or à l'agnel, aux fleurs de lis, à l'écu, etc. L'écu (*scutum*)

4

pour tout le reste, ferma l'oreille à ses légitimes réclamations. L'injustice dont le roi de Navarre fut victime au sujet de la succession de sa mère parut plus criante encore. On ne pouvait plus alléguer, comme pour la dot, que la cour manquait d'argent. Héritage du comte Thibaut, la Champagne et la Brie, de même que la Navarre, n'avaient appartenu qu'un moment à la couronne[1]. Après la mort de Philippe le Bel, ces provinces avaient dû faire retour à la maison d'Evreux. Mais depuis cette époque, les successeurs de ce prince tenaient sans cesse leurs yeux fixés sur ces riches contrées, et, ne pouvant en supporter la perte, ils cherchaient, par tous les moyens, à les reconquérir. L'occasion s'en était présentée durant la minorité de la reine Jeanne, mère de Charles le Mauvais. Ses tuteurs, gagnés aux convoitises royales, avaient renoncé pour elle à la Champagne et à la Brie, en échange d'une rente de quinze mille livres, assignée sur les comtés d'Angoulême et de Mortaing. C'était un marché de dupe, car cette rente était loin d'être équivalente à celle des deux provinces aliénées, et en outre elle était impossible à percevoir, les comtés d'Angoulême et de Mortaing étant exposés aux attaques des Anglais et sans cesse ruinés par eux; de sorte qu'au lieu d'apporter à ceux qui les possédaient de nouvelles ressources, ils les réduisaient à de fortes dépenses, soit pour les défendre, soit pour réparer les dégâts de l'ennemi.

Parvenu à l'âge d'homme et plus étroitement lié que jamais, par son mariage, à la famille royale, Charles de

---

était le bouclier des princes, qui en faisaient frapper l'empreinte sur les monnaies.

[1] Il s'agit ici de Thibaut VI, comte de Champagne et poëte, ami de Blanche de Castille, mère de Louis IX. Thibaut avait été appelé au trône de Navarre, en 1234, du chef de sa mère Blanche, sœur et héritière de Sanche VII, la loi salique n'étant point en usage dans ce pays. La Champagne, la Brie et la Navarre avaient été réunies aux domaines de la couronne par le mariage de Jeanne Ire de Navarre, qui descendait de Thibaut, avec Philippe le Bel.

Navarre fit entendre les plus vives plaintes; il réclama une indemnité sérieuse en échange des deux provinces que des tuteurs infidèles avaient laissé ravir à sa mère. Contre toute attente, Jean parut accueillir la demande de son gendre, et, remettant à d'autres temps le payement de l'indemnité réclamée, il s'empressa de débarrasser le jeune prince des comtés d'Angoulême et de Mortaing et de les donner au connétable d'Espagne, son favori [1]. Ce n'était là qu'un présent de médiocre valeur et dont l'avide connétable dut se montrer peu satisfait. Jean le Bon s'empressa donc d'y ajouter des provisions considérables. S'il eût fait ainsi pour son gendre, le roi de Navarre n'eût rien demandé de plus, au lieu que ce prince dut voir avec un vif déplaisir que les difficultés disparaissaient, dès qu'il était question d'un autre que de lui. Il n'en réclama qu'avec plus d'insistance l'indemnité promise; mais il ne put rien obtenir. Ces iniques refus donnèrent lieu sans doute à de violentes scènes de famille, et l'on voit encore, peu de temps après, les châteaux de Benon et de Fontenai enlevés à Charles d'Évreux et donnés, comme tout le reste, au connétable.

C'était plus que n'en pouvait supporter le jeune prince. Résolu de se venger et n'osant s'attaquer à la majesté royale, il tourna toute sa fureur contre l'odieux favori qui s'enrichissait de ses dépouilles. Tout concourait à rendre la vengeance facile. A la jalousie qu'inspirent d'ordinaire aux courtisans les faveurs dont un autre est l'objet s'ajoutait la haine qu'ils se croyaient le droit de faire paraître contre un

---

[1] Charles de Castille, dit Charles d'Espagne, était le deuxième fils de Ferdinand de la Cerda, qui, ayant fait de vains efforts pour succéder à son aïeul Alphonse X, dont il était l'héritier par la mort de son père, s'était réfugié en France (1303) devant l'usurpation de son oncle Sanche IV, et avait reçu de Charles le Bel la baronnie de Lunel. Le fils aîné de Ferdinand de la Cerda, connu sous le nom de Louis d'Espagne, fut amiral de France en 1341, et s n fils cadet, Charles d'Espagne, connétable et favori du roi Jean. C'est de ce dernier qu'il est question ici.

étranger. Charles d'Espagne ne les eût-il pas offensés par l'insolence de sa fortune, ils lui auraient reproché de ne point mettre de bornes à son ambition. Tous les mécontents étaient ses ennemis, ceux-là mêmes qui ne pouvaient aspirer aux charges qu'il occupait. Partout on se plaignait de lui, partout on le poursuivait des accusations les plus graves : on ne lui épargnait même pas celle d'avoir avec le roi des relations infâmes dont il faut dire, sans les nier absolument, que l'histoire ne fournit point la preuve. Toute la noblesse fut donc contre lui pour son rival, et il n'en eût pas été autrement, si ce dernier avait manqué des qualités séduisantes qu'on s'accorde à lui reconnaître[1]. Mais ce n'était pas en vain que le sang méridional coulait dans leurs veines : plus d'une fois ils se prirent de paroles, et les chroniqueurs parlent de vives altercations. Il est remarquable toutefois que, s'ils rapportent les injures dont Charles d'Espagne poursuivait le roi de Navarre, ils n'en peuvent répéter aucune de celui-ci, malgré leur désir manifeste de lui nuire. C'est peut-être qu'avec cette finesse d'esprit qui était un de ses dons naturels, le Navarrais se contentait d'aiguiser l'épigramme et savait cacher, sous des dehors inattaquables, ses plus noires méchancetés. Un jour, le favori l'appela *billonneur* (faux monnayeur). La réplique était trop facile pour que Charles le Mauvais se sentit blessé et prît la peine de répondre ; mais on ajoute qu'une autre fois, à Compiègne, comme son ennemi l'accusait d'être « mauvais traître et complice d'Édouard d'Angleterre, » il perdit patience et répondit par un démenti formel, qu'il accompagna de menaces de mort.

Ces menaces allumèrent l'espérance au cœur des nobles mécontents et leur parurent une promesse, qu'ils eurent

---

[1] Le second continuateur de Guillaume de Nangis, Jean de Venette, dit que le roi de Navarre était *omnibus amabilis et dilectus*.

soin de rappeler. Si le roi de Navarre n'avait parlé ainsi que dans un premier moment de colère, il put donc bientôt se croire l'instrument nécessaire de la vengeance nationale contre l'intrus étranger. De tels projets flattaient sa secrète faiblesse, et un meurtre était en ce temps-là chose trop commune pour troubler une conscience de prince. La pensée en put donc germer dans son âme, jusqu'à ce que l'occasion favorable se présentât.

On prétend sans preuves qu'il la chercha inutilement à Paris. Il est difficile de croire qu'en trois ans il ne l'y eût pas trouvée, et l'on est ainsi conduit à penser soit qu'il ne se laissait pas entraîner sans répugnance aux projets de ses amis, soit qu'il avait cette longue patience qui est la vertu des habiles non moins que des forts. C'est seulement en 1354 qu'il parut avoir pris son parti. La ville de Laigle, dans le comté d'Alençon, venait, après tant d'autres, d'être donnée au connétable. Du reste, elle faisait partie de la dot de sa femme, qui était fille du duc de Bretagne, et que le roi Jean lui avait fait épouser. Les habitants attendaient la visite de leur nouveau seigneur. Soit hasard, soit dessein prémédité, Charles de Navarre partit pour Évreux, capitale du comté de ce nom et de ses domaines en Normandie. Évreux n'étant qu'à six lieues de Laigle, il s'y trouvait en position de profiter des circonstances.

Il est hors de doute que dès lors le roi Charles rêvait d'ôter la liberté à son ennemi. Plus d'une fois il avait prié ceux de son intimité, et singulièrement Friquet, gouverneur de Caen, de lui prêter assistance contre le connétable, afin de le faire prendre et enfermer dans un des châteaux de Navarre, puisqu'il n'y avait pas d'autre moyen de lui faire rendre les terres qu'il détenait injustement[1]. On a dit

---

[1] Déposition de Friquet, gouverneur de Caen, devant le premier président Simon de Buci, le 5 mai 1356. Friquet avait été fait prisonnier à Rouen avec

depuis qu'il conjurait en même temps contre la vie de son ennemi; mais l'événement est la seule preuve dont on appuie cette accusation, et comme elle est en contradiction non-seulement avec le témoignage de Friquet, à une époque où Friquet avait tout intérêt à dire la vérité, mais encore avec l'intérêt du jeune prince, qui devait moins redouter le connétable vivant que le roi Jean après la mort de son favori, l'on peut croire que les auteurs ont trop facilement jugé des intentions par les faits. Peut-être même les faits montreront-ils que si Charles le Mauvais se consola sans peine de la mort de son ennemi, il ne l'avait pas commandée.

Lorsqu'il apprit que le jour était fixé où le connétable devait faire son entrée dans la bonne ville de Laigle (8 janvier 1354), il donna ordre au bâtard de Mareuil de s'assurer de sa personne. Mareuil partit aussitôt pour accomplir sa mission. Parmi ses compagnons d'aventure se trouvaient Philippe de Navarre, frère de Charles le Mauvais, le comte d'Harcourt, le sire de Graville, l'écuyer Doublet et le soldat Maubué de Mainemares. Persuadés que leur maître en souhaitait plus qu'il n'osait dire, et lui supposant les dispositions dont eux-mêmes étaient animés, ils résolurent, d'un commun accord, de dépasser leurs instructions. Bascon de Mareuil, suivi de ses complices, court donc à l'auberge où Charles d'Espagne était descendu, il pénètre dans sa chambre, et, malgré ses supplications, l'égorge dans son lit. Le roi de Navarre attendait aux portes de la ville avec un fort parti des siens. Tout à coup, au point du jour, il voit ac-

le roi de Navarre, dans une scène célèbre dont on verra le détail plus bas. En 1357, il parvint à s'échapper. Plus tard, il obtint des lettres de rémission pour sa participation aux complots et crimes ou prétendus crimes de son maître et protecteur. Nous ne saurions trop appeler l'attention sur cette déposition importante, qui contient des faits négligés par les historiens et les chroniqueurs, et qui permet d'apprécier avec plus d'exactitude et de justice ceux qu'ils ont rapportés. (Trésor des Chartes, layette 5, de Navarre 9. — Voy. Secousse, *Mémoires sur Charles le Mauvais*, t. II, p. 49.)

courir, au galop de son cheval, Mareuil qui lui crie de loin :
C'est fait! c'est fait! — Qu'est-ce qui est fait? demande le
roi, inquiet de voir son émissaire revenir sans le prisonnier. — Il est mort! répond le bâtard. A cette nouvelle, le
mécontentement de Charles et des plus sages d'entre ses
amis fut extrême : ils connaissaient trop l'humeur du roi
Jean et la tendresse qu'il témoignait au connétable, pour ne
pas redouter sa colère. Friquet déclare que son maître en
pleura « moult tendrement, » et qu'il fut lui-même si courroucé qu'il en jetait le sang par la bouche et les narines [1].

Il est possible que ces larmes et ce sang ne fussent qu'une
invention de Friquet pour se mieux disculper, ainsi que le
roi de Navarre, d'avoir trempé dans le meurtre du connétable. C'est un sentiment de stupeur et de crainte que ce
prince en dut éprouver, plutôt qu'un attendrissement hypocrite. Mais en homme d'esprit et de ressource, il eut vite
pris son parti. Il rassura ses gens sur les suites de cette
affaire, déclarant qu'il en prenait toute la responsabilité,
qu'il ne souffrirait pas qu'ils fussent inquiétés, et qu'il
n'accepterait de lettres de rémission qu'à la condition qu'ils
y seraient tous compris. Il faut avouer que, s'il avait donné
l'ordre de tuer son rival, il ne manqua pas du moins, lorsqu'il le fallut, de ce courage si rare qui consiste à se reconnaître hautement coupable du mal accompli, au lieu de
s'en décharger sur d'aveugles instruments; mais si, comme
tout porte à le croire, il fut innocent de ce crime, il y a
certainement quelque grandeur dans sa résolution soudaine de s'exposer lui-même au courroux du roi, plutôt
que d'abandonner des amis dont le zèle l'avait si gravement

---

[1] Déposition de Friquet, *loc. cit.* Il faut dire que l'opinion d'une partie des
contemporains fut que le roi de Navarre avait été présent au meurtre et y
avait pris une part active. Villani et le continuateur de Nangis reproduisent
cette assertion; mais l'un n'est qu'un écho du bruit public, et l'autre, favorable au parti populaire, l'est fort peu au roi de Navarre. Les plus sûres
autorités rapportent les faits comme Friquet et comme on les a vus plus haut.

compromis. Une circonstance ajoute encore à ce qu'on peut dire en sa faveur : il voyait la ville de Laigle à sa merci; mais il était si troublé qu'il ne songea pas à s'en emparer. S'il avait prémédité la mort de son ennemi, n'aurait-il pas pris à l'avance ses mesures pour en tirer tous les avantages qu'il était permis d'en espérer?

Son premier soin fut d'écrire aux principales villes de France, au conseil du roi, à l'Université de Paris, pour déclarer que c'était lui qui avait fait tuer le connétable, afin de se venger de ses méfaits et de ses injures, et l'on ne peut nier que cet aveu fournît un terrible argument contre le Navarrais, car on le croyait trop habile pour être si généreux. Ce n'est pas qu'un meurtre, accompli en de semblables circonstances, parût un crime au moyen âge ; les mœurs toléraient les vengeances privées, quand les motifs en étaient sérieux et connus; mais on ne pouvait espérer que le roi Jean, avec son caractère impétueux, admit cette excuse, dès qu'il se sentait frappé dans ses affections. Il faut donc penser, si Friquet a raison d'affirmer que le meurtre du connétable eut lieu par suite d'un malentendu ou d'un excès de zèle, que Charles de Navarre, désespéra de le persuader au roi et comprit que s'il abandonnait ses amis, il perdrait leur confiance et leur appui pour l'avenir, sans recouvrer les bonnes grâces de son beau-père. En même temps il faisait prier quelques personnes qui avaient du crédit auprès de Jean d'apaiser, s'il était possible, le profond courroux de ce prince. Ce ne fut que sur les assurances qu'il reçut qu'on parlait, à la cour, de lui déclarer la guerre, qu'il se mit en état de défense. Il se retira à Mantes et fit rapidement fortifier les principales places qu'il possédait en Normandie; puis il envoya Friquet à Bruges, pour s'assurer l'appui de la comtesse de Flandres et contracter un emprunt, en gage duquel il donnait les joyaux de sa couronne.

Toutefois, la guerre qu'il redoutait n'éclata point. La violence ordinaire de Jean avait beau être excitée, en cette occasion, par le tendre attachement qu'il portait à la victime, il lui était impossible de ne pas voir que rien ne serait moins populaire, dans les rangs de sa noblesse, qu'une guerre entreprise pour venger la mort du connétable. Les deux reines douairières, Jeanne et Blanche, veuves l'une de Charles le Bel, et l'autre de Philippe de Valois, lui représentèrent les dangers de cette lutte avec une vivacité d'autant plus persuasive qu'elle avait sa source dans leur affection pour le roi de Navarre. Le cardinal Guy de Boulogne, oncle de Jean, envoyé par le pape, pour ménager un accommodement entre la France et l'Angleterre, unit ses efforts aux leurs : il montra la noblesse prête à se partager entre le beau-père et le gendre; Édouard III, attentif à profiter de ces discordes pour avancer ses affaires; le duc de Lancaster déjà envoyé à Mantes avec ordre de se mettre à la disposition de Charles de Navarre, et ce dernier, maître de villes et de provinces importantes, réduit à se jeter dans les bras des Anglais. Si aveugle et si obstiné que fût Jean, il ne put se refuser à l'évidence. Cédant à ces sages conseils, il chargea des délégués de se rendre à Mantes et d'y conclure un traité de paix, par lequel se trouveraient réglées à la fois les difficultés survenues au sujet du meurtre du connétable et les réclamations antérieures du roi de Navarre[1]. Les historiens royalistes reprochent à Jean ce qu'il leur plaît d'appeler sa faiblesse : comment n'ont-ils pas compris qu'en renonçant, pour le moment du moins, à sa vengeance, Jean le Bon subissait l'empire de la nécessité? Et quelle preuve en veut-on plus éclatante que l'approche de cette flotte anglaise qui cinglait déjà de voiles vers les côtes de France, et qui, à la nouvelle de la réconciliation des deux princes, se hâta de rentrer dans ses ports?

[1] Au nombre des négociateurs de ce traité se trouvait Robert Lecocq, évêque de Laon.

Le 22 février (1354), le traité était conclu. Charles le Mauvais obtenait son pardon à la condition de faire amende honorable et de fonder un grand nombre de chapelles où l'on dirait des messes pour l'âme du défunt. Ce double sacrifice coûta peu à son amour-propre : il ne crut pas payer trop cher, à ce prix, les avantages qui lui étaient reconnus. Le roi s'engageait à ne rien entreprendre contre aucun de ceux qui pouvaient être soupçonnés d'avoir pris part au crime. La Champagne et la Brie, qu'il ne pouvait plus être question de distraire du domaine royal, furent évaluées à vingt-six mille livres de revenu, et le roi prit l'engagement d'y ajouter une rente de douze mille livres, pour la dot de sa fille. Ces trente-huit mille livres ne devaient pas être payées en argent, mais représentées par des terres. Charles le Mauvais reçut donc celles de Breteuil et de Conches, le comté de Beaumont-le-Roger, la vicomté de Pont-Audemer et le bailliage de Cotentin. La compensation était loin d'être suffisante ; mais tous ces pays, s'ajoutant au comté d'Évreux dont ils étaient voisins, lui donnaient une importance qui engagea le roi de Navarre à ne point élever de réclamations. Il obtenait, d'ailleurs, quelques autres avantages : le comté fut érigé en pairie ; l'échiquier ou tribunal d'Évreux fut déclaré indépendant de celui de Normandie, dont il relevait, et, pour cette partie de ses domaines, le jeune prince devenait ainsi vassal immédiat de la couronne, au lieu de l'être, comme auparavant, du duché de Normandie. Il sortait donc de ces graves difficultés avec les honneurs de la guerre, et, selon la juste remarque de M. Henri Martin, « par un crime il avait obtenu la justice refusée à des réclamations pacifiques et régulières : rien n'était plus propre à avilir le pouvoir. »

L'amende honorable, qui était la condition du pardon, consolait seule le roi Jean des sacrifices qu'il avait dû faire aux embarras de la situation. Son gendre n'était pas homme à reculer devant une vaine formalité qui n'ôtait rien à son succès; mais, par une précaution dont la suite des événements fit voir la sagesse, Charles de Navarre, avant de se rendre à Paris pour se soumettre, exigea que le duc d'Anjou, second fils du roi, se rendît à Mantes, où il resterait en otage jusqu'à son retour. Le 4 mars eut lieu, dans la salle du parlement, l'humiliante cérémonie. On en peut lire le détail minutieux dans Froissart et dans les *Grandes Chroniques*. Charles le Mauvais protesta qu'il n'avait rien fait par mépris de l'autorité royale, mais qu'il avait eu de bonnes raisons d'agir et qu'il était prêt à les dire, à l'instant même ou en tout autre moment. Le roi Jean continuait de garder un sombre silence. Le cardinal Guy de Boulogne prit la parole en son nom, et, après une courte allocution, dit que, pour l'amour de mesdames les reines, le roi pardonnait de bon cœur et de bonne volonté; mais il ajouta aussitôt des menaces qui trahissaient un vif ressentiment : « Que personne, dit-il, ne s'aventure désormais à commettre de semblables méfaits, car le coupable, fût-il fils du roi, et la victime le dernier officier de la couronne, il en sera fait justice. »

Il est probable, comme le remarque Sismondi, que si l'usage défendait aux rois de prendre la parole en de telles circonstances, ils s'applaudirent souvent d'être contraints par l'étiquette à garder le silence : ils se croyaient moins engagés par leurs promesses, quand ils les avaient faites par la bouche d'un de leurs serviteurs, que s'ils eussent eux-mêmes pris la parole devant tant de témoins.

La mauvaise foi de Jean parut bientôt à tous les yeux. Loin d'oublier le passé, comme il l'avait promis, il mit tout en œuvre pour connaître les intrigues qui avaient précédé la mort du connétable; il gagna le comte d'Harcourt et son frère Louis, et apprit d'eux que Charles de Navarre entretenait des intelligences jusqu'au sein du grand conseil, qui assistait le roi dans le gouvernement des affaires de l'État. En même temps il assemblait des troupes sur plusieurs points. Ses intentions paraissaient si menaçantes, que Robert de Lorris, l'un de ses chambellans, et le cardinal de Boulogne, accusés d'avoir eu vent du complot, jugèrent prudent d'assurer leur salut par la fuite. Il n'en fallait pas tant pour inspirer au principal coupable de sérieuses alarmes. En voyant le danger que couraient à cause de lui des hommes dont l'un vivait dans l'intimité du roi, et l'autre, comme oncle de Jean et légat du pape, semblait doublement inviolable, il sentit qu'il n'avait plus qu'à s'éloigner au plus tôt. C'est pourquoi, après avoir pris un faux nom, il partit furtivement pour Avignon, sans laisser connaître la route qu'il allait prendre. En voyant sa victime lui échapper, Jean le Bon, transporté de fureur, commanda qu'on saisît aussitôt tous les fiefs de la maison d'Évreux en Normandie. Cet ordre fut exécuté : il n'y eut guère que les gouverneurs d'Évreux, de Pont-Audemer, de Cherbourg, de Gavray, d'Avranches et de Mortaing, qui osèrent résister.

Les historiens royalistes ne veulent voir dans cette nouvelle injustice que des représailles, et ils accusent le roi de Navarre de ne s'être rendu auprès du pape que pour conspirer. Outre qu'ils renversent l'ordre des faits, puisque Charles le Mauvais ne s'était enfui que pour échapper à de nouvelles rigueurs, tout concourt à prouver avec quelle légèreté ils ont écrit cette histoire, ou plutôt avec quel parti pris de donner tort à ceux que le roi Jean poursuivait de sa haine. Les avantages obtenus par le Navarrais au traité de Mantes, et dont ce prince commençait à peine de jouir, permettent-ils de croire qu'il se serait enfui avec tant de précipitation et de mystère, s'il n'eût couru de nouveaux et redoutables dangers? Or pouvait-il conserver la moindre sécurité en voyant le roi s'attaquer aux intermédiaires, et même à celui qu'il avait chargé de porter la parole en son nom ? Quant à la vraisemblance des griefs dont Jean poursuivait la satisfaction, au mépris de la parole jurée, quel autre qu'un prince si dépourvu de sens aurait pu croire que son oncle, envoyé par le souverain pontife pour ménager une réconciliation entre la France et l'Angleterre, aurait encouragé des complots qui n'étaient propres qu'à rendre le succès plus difficile ?

Ainsi les fureurs de Jean le Bon étaient, pour son royaume et pour lui-même, une cause permanente de terribles dangers. Une fois en sûreté à Avignon, qu'y pouvait faire le roi de Navarre, que de saisir toutes les occasions de rentrer en possession de son bien ? Il se rencontrait, dans la résidence pontificale, avec le duc de Lancaster et le duc de Bourbon, chargés de conduire à bonne fin, sous les auspices du pape, l'œuvre de paix que le cardinal de Boulogne était venu poursuivre à Paris. Presque aussitôt toutes les négociations furent rompues. L'aimable mais superficiel Froissart voit dans les affaires de Bretagne la cause de cette rupture. Combien n'est-il pas plus probable qu'elles n'en furent que le prétexte, et qu'en voyant la discorde régner de nouveau entre le roi de France et le roi de Navarre, Édouard III comprit quel puissant auxiliaire lui envoyait la colère imprévoyante de son ennemi ! Rien ne lui pouvait être plus avantageux que de débarquer librement sur nos côtes, dans les ports de Normandie, et de conduire son armée, sans combats, par les terres d'un allié jusqu'à Évreux, Mantes et Pontoise, c'est-à-dire presque aux portes de Paris. Des négociations furent immédiatement ouvertes entre le duc de Lancaster et le prince fugitif. Elles avaient lieu toutes les nuits, et l'on peut voir ce qui y fut arrêté par ce que fit, peu après le roi Charles : d'Avignon il passe en Navarre et y lève des soldats, s'embarque pour Cherbourg, et descend dans ce port avec dix mille hommes.

Ces événements ouvrirent les yeux au roi. Il vit l'instinct

national, qui tenait lieu pour lors d'opinion publique, si fortement opposé à une guerre entre lui et son gendre, qu'il finit par sentir quel danger il y avait de soulever le mécontentement de sa noblesse et de pousser à bout un homme si fécond en ressources. Il chargea donc son fils aîné, le dauphin, qui avait pour son beau-frère des sentiments d'amitié, d'ouvrir avec lui de nouvelles négociations, et il lui donna, pour venir en aide à son inexpérience des affaires politiques, le nouveau connétable, duc de Bourbon, et le duc d'Athènes. Si le premier de ces deux auxiliaires n'avait pas plus d'habileté que le second, connu par son triste gouvernement à Florence, on ne peut voir sans surprise soit l'aveuglement d'un monarque qui faisait choix de tels mandataires pour défendre les intérêts de sa couronne, soit l'abaissement d'une noblesse qui ne lui en fournissait pas de plus capables.

Les conséquences auraient pu être graves avec un adversaire d'un esprit si délié; heureusement, le roi de Navarre sentit qu'il était dans son intérêt de rechercher plutôt l'amitié de la France que celle de l'Angleterre. Peut-être la haine héréditaire de l'Anglais, qu'il avait sucée avec le lait, et dont il ne pouvait se défendre, contribua-t-elle à le disposer, malgré ses déceptions précédentes, à un nouvel accommodement. Il sacrifia le plaisir de la vengeance ; il voulut oublier qu'avec le roi Jean aucune promesse n'était sûre, et quoiqu'il eût sous la main des forces plus considérables qu'à l'époque du traité de Mantes, quoique la crainte qu'on avait de son alliance avec l'ennemi lui permît de dicter des lois, il ne fut point plus exigeant que par le passé. Cette fois encore, il avait su mettre de son côté la justice et la modération. Un nouveau traité, conclu à Valognes (10 septembre 1355), ne fit guère que confirmer les précédents. Charles de Navarre consentit à recevoir dans ses places de Normandie les châtelains royaux, jusqu'à ce qu'il eût porté ses soumissions au pied du trône. A ces conditions, Jean consentait à lui pardonner, ainsi qu'à ses adhérents, au nombre desquels il rangeait jusqu'aux négociateurs du traité de Mantes, coupables, à ses yeux, d'avoir accordé trop d'avantages au meurtrier de son favori. Il ne comprenait pas que la partialité de la noblesse n'avait pas permis à ses délégués de poursuivre une réparation sérieuse; qu'ayant librement accepté celle qu'ils avaient proposée, il s'était ôté tout droit de revenir sur ses griefs, et qu'enfin, en faisant l'aveu public de son mécontentement, à l'heure même où le nouveau traité en renouvelait les motifs, il donnait une éclatante marque de faiblesse et d'impuissance[1].

Quand tout fut réglé, Charles de Navarre revint à Paris, et, accompagné du dauphin, se rendit au Louvre pour s'y réconcilier avec le roi (24 septembre 1355). Ce n'était pas de se jurer une amitié réciproque qui était difficile, mais

---

[1] A cet endroit, Secousse (*Mém. sur Charles le Mauvais*, t. I, p. 70) parle, d'après Froissart, d'une tentative d'empoisonnement dont Charles le Mauvais se serait rendu coupable envers le dauphin. « Ce prince, dit Froissart, se ressentit toute sa vie de cet attentat et finit par en mourir. Ses cheveux et ses ongles étaient tombés du coup, et il était sec comme un bâton. » — C'est sans doute pure inadvertance, si Secousse oublie d'ajouter que le chroniqueur ne parle ici de cette affaire que par anticipation. Lui-même (t. II, p. 411) la rapporte à l'année 1377, et à supposer que les accusations dont on poursuivit le roi de Navarre à ce sujet fussent fondées, c'est à cette dernière époque qu'il faudrait les placer. Alors, en effet, on fit le procès aux deux secrétaires de ce prince, Derue et Dutertre, qui payèrent pour leur maître et eurent la tête coupée. En 1377, l'accusation, quoique mal prouvée, ne manque pas de vraisemblance, si l'on tient compte des événements qui s'étaient accomplis ; mais, en 1355, les deux jeunes princes étaient unis d'une étroite et sincère amitié. Christine de Pisan, biographe de Charles V (l. II, ch. x) parle d'une « griève et très-longue maladie » qu'il eut dans sa jeunesse, et qui eut sur sa constitution tous les effets que Froissart donne à la tentative d'empoisonnement. Or Christine de Pisan dit qu'elle ne sait « à quelle cause lui vint cette maladie. » Évidemment elle n'aurait pu ignorer une tentative d'empoisonnement, et puisque les effets signalés par Froissart remontent à une maladie plus ancienne, n'y a-t-il pas de fortes raisons de douter du crime imputé au roi de Navarre?

d'en éprouver les sentiments, et surtout d'y rester fidèle. Jean le Bon et Charles le Mauvais étaient, dans le secret de leur cœur, trop irrités l'un contre l'autre pour que l'accord pût longtemps régner entre eux. Cette fois encore, le roi de France éclata le premier. Incapable d'oublier le passé, car il était sujet à ces profondes rancunes qui ne sont pas, d'ordinaire, le défaut des esprits frivoles, il envenima les vieilles querelles par d'inutiles récriminations. Il y ajoutait en outre de nouveaux griefs, et reprochait à son gendre et à ses amis, au comte d'Harcourt, entre autres, d'avoir fomenté l'opposition dans la précédente session des états[1]: rare imprudence, par laquelle, en les chargeant de la responsabilité des décisions qui l'avaient contrarié, et, entre autres, du refus de la gabelle, il leur en laissait tout l'honneur et les rendait extrêmement populaires parmi ses sujets. Mais comme ce résultat ne parut point tout d'abord, le roi de Navarre ne vit que l'intention de lui nuire, et, perdant patience, il résolut de rendre le mal pour le mal. C'est à cette époque qu'il commence d'avoir des torts envers le roi son beau-père. Qu'il se fût déclaré ouvertement contre lui, après tant d'injustices, Jean n'aurait pas eu le droit de s'en plaindre, au lieu que les menées souterraines et sans franchise du roi de Navarre firent bientôt oublier l'origine de la querelle, et n'en laissèrent voir que les fâcheuses complications.

Charles le Mauvais crut qu'il serait de bonne guerre de profiter de ses liaisons avec le dauphin pour jeter le trouble dans la famille royale. Le fils aîné du roi n'avait que dix-neuf ans. D'une complexion naturellement délicate, une grave et longue maladie avait achevé de l'affaiblir[2]. Il en était devenu pâle et maigre, sujet à la fièvre et aux maux

---

[1] Celle de 1355, dont il a été question au chapitre précédent.
[2] Voy. la note de la page précédente.

d'estomac, et sa main droite, constamment enflée, ne pouvait manier aucun objet pesant. Ces cruelles infirmités avaient eu pour conséquence de lui imposer un genre de vie tout différent de celui de son père et de ses aïeux. Christine de Pisan nous assure qu'il était chaste par nécessité et par goût, car « chaud et furieux jamais n'étoit trouvé. » Mais il est permis de croire que la nécessité avait plus de part que le goût dans cette vertu qu'on ne remarquait point en lui aux années antérieures de sa jeunesse. On ne saurait douter, en effet, que Guillaume et Jean Marcel, frères d'Étienne, n'aient été, à cette époque, les ministres et les compagnons de ses débauches[1]. Quand il dut renoncer aux plaisirs, il fut jaloux de ceux des autres, au point de « faire la guerre aux séducteurs[2]. » Négligé par le roi, marié, dès l'âge de treize ans, à une enfant comme lui (Jeanne de Bourbon), hors d'état de briller dans les tournois et autres divertissements de la chevalerie, il s'était porté aux études et apprenait les sciences, le latin, la grammaire, les mathématiques, la théologie, l'astrologie, l'alchimie. Mais la culture même de son esprit n'avait pu en changer le tour : il était d'une race dont l'intelligence prenait naturellement goût à d'autres objets, et, pour faire comme ses pères, il ne lui manqua que de le pouvoir. Ce ne fut donc pas sans peine qu'il triompha de sa nature, et l'on ne vit que fort tard, par la sagesse de son âge mûr, les effets du genre de vie qu'il avait adopté. En 1355, et durant les années qui suivirent, son esprit et son caractère n'étaient pas encore formés ; il ne savait ni se conduire ni vaincre ses mauvais instincts, ni même les discipliner.

Comme il était d'un caractère faible, et, à cette époque,

[1] Voy. chap. II.
[2] Christine de Pisan, t. V, Ire part., ch. XVII, p. 280.

facile aux conseils, le roi de Navarre lui persuada sans peine
que son père le haïssait : S'il en était autrement, l'héritier du
trône resterait-il sans gouvernement, sans apanage, comme
le dernier des sujets? Il n'avait plus qu'un moyen de se
préserver des dangers qui le menaçaient : c'était de se réfugier auprès de l'empereur son oncle, et d'implorer sa
protection. Les ennemis du Navarrais, qui lui reprochent
cette perfidie, ajoutent qu'il voulait entraîner l'empereur
dans un complot, afin de s'emparer du roi Jean, de
l'enfermer dans une tour et même d'abréger sa vie. Mais
il n'y a pas d'apparence que Charles le Mauvais se fût engagé de si bonne heure dans une entreprise si téméraire,
et qui ne pouvait réussir que par la complicité d'un beau-frère et d'un fils. D'ailleurs la source de ces accusations
est trop peu sûre pour qu'on y puisse ajouter foi [1].

Il n'y a que les projets d'évasion du dauphin qui ne puissent être mis en doute : le lieu du rendez-vous était Mantes, et le Navarrais avait envoyé jusqu'à Saint-Cloud trente
ou quarante hommes d'armes pour servir d'escorte au fils
aîné du roi, lorsque ce prince lui fit savoir qu'il avait renoncé à son projet. Jean, ayant eu connaissance du dessein
de son fils, venait de lui accorder son pardon et de lui dire
que, s'il lui plaisait d'aller voir l'empereur son oncle, il le

---

[1] Les accusations dont il s'agit ne se trouvent que dans un récit de ces
événements, rédigé par un secrétaire royal, d'après un interrogatoire de
Friquet, gouverneur de Caen ; mais, l'interrogatoire même n'existant plus,
il y a lieu de craindre que le secrétaire n'ait pas été un rapporteur fidèle,
d'autant plus qu'on ne trouve trace nulle part ailleurs des projets criminels
qu'il prête en cette occasion à Charles le Mauvais. — Le même récit accuse
non moins légèrement ce prince d'avoir échoué dans une tentative pour
tuer le roi Jean, à l'occasion d'un voyage à l'abbaye de Beaupré ou Grand-
pré, en Normandie. Il est clair qu'un interrogatoire disparu, et dont il ne
reste qu'un résumé fait par les ennemis du roi de Navarre, est plus croyable
quand les faits qui y sont rapportés paraissent à la décharge de ce prince
que lorsqu'on ne les accumule que pour l'accuser. Trésor des Chartes,
layette 5, de Navarre, 9. — Secousse, t II, p. 49.

pourrait faire en grande pompe, pourvu qu'il voulût seulement en demander la permission. Le dauphin sentit tomber ses soupçons et ses craintes. Il se réconcilia sans arrière-pensée avec son père, et parvint même à lui arracher le pardon de son cousin de Navarre, qui était son principal conseiller, et des seigneurs qui devaient l'accompagner dans sa fuite, entre autres les comtes de Foix, d'Harcourt, de Namur, de Montfort, et Maubué de Mainemares. Cette grâce fut solennellement promulguée, quelques mois après, sous la forme ordinaire d'une lettre de rémission[1].

Jean pardonnait à son fils du fond du cœur, car il n'était pas un méchant père, mais à son gendre, du bout des lèvres, car il n'avait pas cessé de le craindre. Il lui promettait pour la troisième fois de tout oublier et de lui rendre ses bonnes grâces, et cependant il ne songeait qu'à se venger. Loin de calmer sa colère, le temps ne faisait que l'accroître, et les délais qu'il avait dû subir ne lui avaient appris qu'à se conduire avec plus de patience et d'adresse. Il commença donc par s'assurer du dauphin, en lui donnant la grande et belle province de Normandie, qu'à son âge et après la faute récemment commise, ce prince ne pouvait espérer. Pour apaiser le mécontentement public, il transforma ensuite la gabelle en une taxe sur les revenus, et, sans plus de retard, tourna ses efforts contre Charles le Mauvais.

Le dauphin, heureux de sa dignité nouvelle et flatté de s'entendre appeler duc de Normandie, s'était hâté de prendre possession de son gouvernement et d'aller au-devant des hommages de ses vassaux. Il résidait à Rouen, et y

---

[1] Lettres du 6 et du 25 janvier 1356. — Voy. la déposition de Friquet, à la date du 5 mai 1356.

On sait que les *lettres de rémission* contenaient, comme le mot l'indique, remise des peines encourues par les particuliers, en même temps que le pardon royal pour les actes qui pouvaient les leur faire redouter. Quand il s'agissait d'une ville, on disait *lettres d'abolition*.

menait joyeuse vie, entouré d'une brillante jeunesse, qu'il avait invitée à ses fêtes. Dans le nombre étaient le roi de Navarre et le comte d'Harcourt. Plusieurs, craignant un piége, s'étaient abstenus; entre autres Philippe de Longueville et Godefroy d'Harcourt, l'un frère, l'autre oncle du Navarrais. Le mardi 6 avril 1356[1], le dauphin et ses amis étaient à table, lorsque tout à coup s'ouvre une porte latérale, et le roi Jean paraît à la tête d'un grand nombre d'hommes armés. D'Orléans, où il se trouvait, il était accouru en toute hâte, dès qu'il avait appris que ses ennemis se trouvaient réunis à Rouen, et que d'un seul coup il pourrait s'emparer de tous. Précédé du maréchal d'Audeneham, il entre dans la salle du festin, l'épée haute, se dirige rapidement vers son gendre, le saisit par la queue de son chaperon, et, l'attirant à lui, il s'écrie : « Or sus, traître, tu n'es pas digne de seoir à la table de mon fils. Par l'âme de mon père, que je ne boive ni ne mange tant que tu vivras! » Colinet Doublet, écuyer tranchant de Charles le Mauvais, s'élance aussitôt sur le roi pour le frapper de son couteau à la gorge; mais il est saisi et désarmé. L'assemblée était stupéfaite et chacun redoutait trop d'être au nombre des victimes pour remarquer que le personnage de sergent d'armes convenait mal à un roi.

Le duc de Normandie, éperdu, se jeta aux pieds de son père, le suppliant à genoux de ne point faire en sorte qu'on pût croire que son hospitalité cachait un piége, et de ne pas le déshonorer par une trahison. — « Laissez, répondit Jean, ils sont mauvais traîtres, vous ne savez pas tout ce que je sais. » — Quelques-uns veulent qu'ils fussent d'accord, et que les supplications du jeune prince ne fussent qu'une comédie. L'histoire ne peut prouver une accusation aussi

---

[1] Froissart dit le 16, et M. Henri Martin donne cette date après lui. L'exactitude ordinaire des *Grandes Chroniques* nous détermine à préférer celle du 6.

grave, mais il faut avouer qu'elle n'est pas invraisemblable. Le caractère du dauphin inspirait déjà si peu de confiance, que plusieurs amis du Navarrais avaient refusé, comme on l'a vu, de se rendre à Rouen. Il ne serait pas extraordinaire que le duc de Normandie eût consenti à payer de ce prix la province que son père venait de lui donner; enfin ceux qui veulent qu'il fût innocent devraient expliquer comment la bonne intelligence entre le roi et lui ne fut point altérée, et surtout pourquoi, lorsqu'il fut investi de l'autorité royale, il ne rendit point la liberté à Charles de Navarre, ce qui était le seul moyen qu'il eût de prouver qu'il n'avait pas trempé dans ce guet-apens. Or il laissa un beau-frère, un ami, gémir dans sa prison, il refusa même formellement sa délivrance aux états qui la lui demandaient, et les força, par sa résistance, d'accomplir eux-mêmes cet acte réparateur [1].

Cependant le roi de Navarre ne se laissa pas emmener sans protester contre tant d'audace et de violence. Il prenait le ciel à témoin que depuis le meurtre du connétable d'Espagne, au sujet duquel il avait fait amende honorable et reçu son pardon, il ne s'était rendu coupable de rien qui pût déplaire au roi de France. Tout fut inutile; Jean le mit sous bonne garde: puis, montant à cheval avec les siens, il fit placer sur deux charrettes le comte d'Harcourt, le seigneur de Graville, Maubué de Mainemares et Colinet Doublet. En voyant quelles étaient les victimes, le peuple de Rouen vit bien de quel crime le roi tirait vengeance; de tous les meurtriers du connétable, il ne manquait que le bâtard de Mareuil, uniquement sans doute parce qu'il n'était pas venu à Rouen.

Quand on apprit que Jean, après avoir conduit ces malheureux hors de la ville, leur avait fait couper la tête et

[1] Voy. le récit de ces faits au chapitre IV.

avait ordonné de suspendre les corps au gibet, la foule, émue et irritée, s'assembla sur les places publiques, et l'on parlait déjà de mettre en pièces les exécuteurs de la sentence, car le comte d'Harcourt et ses compagnons d'infortune étaient en grande faveur à Rouen. Pour conjurer l'orage, le roi se vit contraint de s'avancer au milieu des mécontents et de se faire reconnaître en levant la visière de son casque. Comme le respect de la majesté royale ne suffisait plus pour imposer au peuple ameuté, il dut descendre jusqu'à donner l'explication de sa conduite. Il montra donc un parchemin qui établissait, disait-il, que ces traîtres s'étaient engagés auprès du roi d'Angleterre à faire périr le roi de France et son fils aîné, afin de placer la couronne sur la tête du roi de Navarre, sous la condition que celui-ci livrerait la Gascogne et la Normandie à Édouard III. Mais personne ne crut que Jean disait la vérité : on resta persuadé qu'il avait voulu venger le meurtre du connétable d'Espagne, quoiqu'il eût juré de l'oublier, et que ce traité avec l'Angleterre n'était qu'une invention pour désarmer les nombreux partisans du principal prisonnier.

Par là le peuple faisait paraître autant de bon sens et de clairvoyance que le roi avait montré d'entêtement et de colère. Pouvait-on croire, en effet, qu'après avoir renoncé, peu de temps auparavant, à une alliance avantageuse avec l'Angleterre, pour ne pas se brouiller avec la France, Charles de Navarre fût si empressé d'en négocier une autre, dans de plus mauvaises conditions? Une lettre d'Édouard III, adressée, le 4 mai, au souverain pontife, et rendue publique, vint confirmer l'opinion populaire, en soutenant que le traité par lequel Jean le Bon justifiait ses violences n'avait jamais existé. Ce démenti, venant d'un rival, n'aurait pas par lui-même une grande valeur; mais si l'on considère qu'il est d'accord avec l'opinion du plus grand nombre des hommes de ce temps-là, étrangers ou Français, et qu'enfin toutes les apparences sont pour que Jean ait voulu, par un mensonge, détourner la colère d'un peuple furieux, on avouera que la lettre du roi d'Angleterre mérite quelque attention ¹.

Le peuple de Rouen manqua de force ou d'audace pour exercer des représailles, punir les hommes qui avaient aidé le roi dans son entreprise, et délivrer les prisonniers. A la fin, les mécontents se retirèrent, mais d'un air si menaçant que Jean comprit qu'il y aurait imprudence à les pousser à bout. Le lendemain il fit relâcher ceux des convives de la veille dont il n'avait pas encore décidé la mort, à la réserve du roi de Navarre, de Friquet, gouverneur de Caen, et de l'écuyer Bantalù. Il avait d'abord conçu le dessein de faire un exemple terrible, en ordonnant le supplice de son gendre, mais il céda aux pressantes sollicitations de ses plus sages conseillers qui l'en détournaient, et surtout à la crainte de provoquer une émeute. Il se vengea de cette contrainte en infligeant à son prisonnier les plus durs traitements. Il le fit conduire d'abord au Louvre, puis au Châtelet, où Charles de Navarre retrouva ses deux compagnons d'infortune, et un peu plus tard au château d'Arleux en Cambrésis. C'est surtout durant son séjour au Châ-

---

¹ Nous avons, à ce sujet, l'assertion de Villani. L'historien florentin accueille trop facilement tous les bruits, et il est trop éloigné du théâtre des événements pour qu'il soit prudent de s'en rapporter à lui, quand on veut savoir l'exacte vérité sur les faits. Mais comme il vivait dans un pays où les peuples comptaient pour quelque chose, il est un fidèle écho de l'opinion, dont il s'inquiète infiniment plus que les autres auteurs de son temps. Or, sur le point qui nous occupe, il déclare que le sentiment général fut que la captivité du roi de Navarre n'était qu'une vengeance de la mort du connétable, et qu'on douta fort de l'authenticité du traité que Jean tenait à la main *o vero o simulato che fosse*); il affirme de plus que les Français se prononcèrent ouvertement pour la victime, qu'ils déclaraient incapable d'une pareille infamie, — sans doute celle d'avoir voulu tuer le roi et livrer deux des plus belles provinces du royaume aux Anglais (*parendo a molti ch'egli e gli altri ch'erano stati decapitati fossono senza colpa di quella infamia*). (Matteo Villani, *Istorie*, p. 357. Firenze, Giunti, 1581.)

telet qu'on se fit un jeu de son malheur. Tantôt on lui envoyait des sicaires qui prétendaient avoir mission de le décapiter sur-le-champ, et lorsqu'il avait passé par les angoisses cruelles de l'homme qui se prépare à mourir, d'autres émissaires arrivaient pour enjoindre aux premiers de surseoir à l'exécution. Tantôt on feignait de vouloir l'enfermer dans un sac et le jeter à la Seine. Qu'espérait-on de ces lâches et ridicules tortures, uniquement propres à exaspérer le prince qui en était victime, et à faire de lui, s'il recouvrait sa liberté, un ennemi que rien n'apaiserait? Charles le Mauvais serait sans doute fort excusable, si, dans cette circonstance, il s'était montré, par ses paroles, digne de son surnom ; mais à tous les outrages il opposa un calme inaltérable, et, sans oublier la dignité de son rang, une douceur qui désarma geôliers et bourreaux.

Le récit de ses souffrances noblement supportées ne put être tenu si secret qu'il ne se répandit dans tout le pays. Il y excita une vive indignation. On se demandait s'il était juste que le plus aimable des princes fût puni si sévèrement d'un meurtre que tout le monde approuvait et qui lui avait été deux fois pardonné; on ajoutait que son véritable crime était sans doute d'avoir voulu alléger les impôts qui pesaient sur les pauvres gens, et l'on se rappelait que le roi lui-même le lui avait amèrement reproché. Le mécontentement public ne s'arrêta point à des paroles : quand le roi Jean entreprit de confisquer les biens du roi de Navarre, il rencontra partout la plus vive résistance. Non-seulement le duc de Lancaster, profitant de l'occasion pour faire une guerre juste, s'empressa de défendre les villes attaquées, mais les habitants mêmes de celles qu'il ne secourait pas se firent honneur par leur fidélité à un maître malheureux. Évreux résista sept semaines, et les citoyens, plutôt que de se rendre, mirent le feu à la ville et se retirèrent à Pont-Audemer. Ce courageux exemple fut suivi par les principales cités de Normandie; le roi ne s'en empara qu'après beaucoup d'efforts. Il était devant Breteuil, qui refusait de lui ouvrir ses portes, quoiqu'elle n'appartînt au roi de Navarre que depuis le traité de Mantes, quand il apprit que le prince de Galles venait d'envahir les provinces de l'Ouest. Pour s'opposer à ses progrès, il dut lever le siége et s'estimer heureux d'accorder aux défenseurs de Breteuil une capitulation avantageuse autant qu'honorable.

Il se peut que la conduite du roi Jean envers son gendre fût conforme à la politique séculaire des rois de France, qui était d'écraser tour à tour ceux de leurs sujets qui pouvaient leur porter ombrage; mais en cette circonstance, pour employer un mot célèbre, Jean commettait plus qu'un crime, il commettait une faute, en suscitant comme à plaisir contre sa dynastie et contre lui-même le plus dangereux ennemi qu'il pût redouter.

Les détails de cette querelle domestique devaient être rapportés ici pour mieux expliquer les événements qui suivirent et la part qu'y prit le roi de Navarre. On pourra juger maintenant dans quelle mesure il convient de faire remonter jusqu'à lui la responsabilité des malheurs qui allaient peser sur la France.

CHAPITRE QUATRIÈME

Bataille de Poitiers, 19 septembre 1356. — Ses effets sur les esprits. — Marcel fortifie Paris. — Retour du duc de Normandie à Paris. — Nouvelle assemblée des états (15 octobre). — Robert Lecocq. — Commission des Quatre-Vingts. — Aide et réformes proposées par la commission. — Poursuites contre les officiers royaux. — Réforme du grand conseil. — La séance de clôture est ajournée. — Réunion au Louvre. — Assemblée des états aux Cordeliers (3 novembre). — Efforts du duc de Normandie pour avoir de l'argent. — Refus de Marcel. — États provinciaux d'Auvergne et de Languedoc.

Le prince Noir, solidement établi dans nos provinces méridionales, ne rêvait que d'étendre la domination de l'Angleterre [1]. La captivité du roi de Navarre et le mécontentement qu'elle avait soulevé en Normandie lui donnaient une occasion favorable et un prétexte suffisant pour envahir cette riche contrée, sous couleur de la défendre. Son projet était de s'y rendre en passant par le Berry, la Touraine et le Maine. Déjà il se trouvait aux environs de Bourges, dont il avait brûlé les faubourgs, lorsqu'il apprit que le roi était à Chartres, et qu'il faisait garder tous les passages de la Loire. Il sentit donc que son coup de main était manqué,

---

[1] Il n'entre pas dans le plan de cette étude d'exposer en détail l'histoire des guerres; mais il faut en dire tout ce qui est nécessaire pour montrer l'influence qu'eut la bataille de Poitiers sur l'esprit public en France, et, par suite, sur les destinées de notre pays pendant les deux années qui suivirent.

car, par un dédain exagéré de son adversaire, il n'avait pris avec lui que huit mille hommes, tandis que Jean en conduisait au moins cinquante mille, cavaliers pour la plupart et revêtus d'armures de fer.

Du côté des Français, il n'était personne qui ne désirât une rencontre : la victoire paraissait si assurée, qu'on riait à l'avance de la déconfiture de cette poignée d'Anglais. C'est pourquoi nos téméraires aïeux ne prirent aucune des précautions que commandait la prudence : ils laissèrent le prince de Galles s'enfermer dans la position qu'il voulut, quoique rien ne fût plus facile que de s'y opposer. Puisqu'on avait fait cette faute, il eût fallu du moins la réparer en profitant du nombre pour cerner l'ennemi et le forcer, par la famine, à mettre bas les armes. Jean voulut absolument livrer bataille, quoiqu'il se trouvât au milieu des vignes, où la cavalerie, qui faisait presque toute sa force, ne pouvait se mouvoir, et parmi tant de gentilshommes qui l'entouraient, il ne s'en trouva pas un qui lui représentât qu'il perdait et son royaume et lui-même : s'en remettre au temps du soin de la victoire était indigne de la chevalerie française, elle devait à sa gloire de braver tous les obstacles.

Si elle avait conservé du moins son ancienne bravoure, elle aurait pu, en se dévouant, réparer une faute si grave ; car combien de défaites que l'impéritie des chefs rendait probables et que la valeur des soldats a changées en victoires ! Mais on ne saurait douter que la dégradation de la noblesse française, loin de se borner à l'esprit, n'eût déjà gagné jusqu'au cœur. Froissart, qui lui est pourtant si favorable, dit, en parlant de la bataille de Poitiers, que « le roy Jehan de son costé fut très bon chevalier, » et que « si la quarte partie de ses gens luy eussent ressemblé, la journée eust esté pour eux. » Une complainte du temps, récemment publiée, accuse même la noblesse de trahison, ce qui est la consolation ordinaire des vaincus après la défaite;

mais elle nous révèle un fait ignoré auparavant, et qui montre que si les nobles ne trahissaient pas, ils avaient cependant moins de souci de la gloire de nos armes que des profits de la guerre. Outre qu'au milieu de la misère publique ils affichaient un luxe insolent, chacun d'eux s'assurait une triple ou quadruple solde, en faisant passer ses valets et ses pages pour autant d'hommes d'armes. Valets et pages montaient tour à tour les mêmes chevaux, comme dans une pompe de théâtre, et donnaient ainsi le change aux maréchaux chargés de les compter et de les payer. Cette supercherie n'avait pas seulement pour effet de vider les caisses publiques, elle trompait encore le roi sur ses forces réelles, et lui faisait prendre des goujats sans instruction militaire ni bravoure pour des soldats exercés [1].

C'est avec une telle armée que Jean engagea la bataille dans les champs de Maupertuis, aux portes de Poitiers

---

[1]
>   La très grant traïson qu'ils ont lonc-temps covéc
>   Fut en l'ost dessus dit très clerement prouvée.
>   . . . .
>   Quant euls auls mareschaus pour passer se montroient,
>   Garçons armez, chevaulz l'un de l'autre empruntoient;
>   Leurs soillars et leurs pages pour gens d'arme contoient,
>   Ainsi un seul pour quatre du roy gages prenoient.

Voici maintenant comment l'auteur de cette curieuse complainte parle du luxe de la noblesse :

>   Bonbanz et vaine gloire, vesture deshoneste,
>   Les ceintures dorées, la plume sur la teste,
>   La grant barbe de bouc, qui est une orde beste,
>   Les vous font estordiz comme fouldre et tempeste.

Et ce n'est pas un ennemi qui accuse ainsi la noblesse ; c'est un fidèle sujet du roi Jean, qui est pour lui

>   Li très plus noble de toute creature.

Il étend sa tendresse jusqu'au fils du roi :

>   Dieu veuille conforter et garder nostre roy,
>   Et son petit enfent qu'est demoré o soy!

Ainsi l'on ne saurait mettre en doute ce témoignage d'un ami, qui cherche

CHAPITRE QUATRIÈME.

(19 sept.). Il commandait le troisième corps et avait mis à la tête des deux autres le duc d'Orléans, son frère, âgé de vingt ans, et le duc de Normandie, son fils aîné, qui n'en avait que dix-neuf. Ses autres enfants devaient aussi payer de leur personne; mais l'encouragement qu'ils pouvaient donner ne balançait pas les embarras que causait leur présence. Comme il arrive en pareil cas, toute l'attention se portait sur ces princes : c'était moins pour triompher qu'on disputait le terrain pied à pied que pour protéger des existences si précieuses. Quand la victoire parut incliner vers les Anglais, on persuada facilement aux frères et aux fils du roi de prendre la fuite, et on leur donna une escorte de huit cents lances [1]. Les deux premiers corps, malgré cette délivrance, furent bientôt en pleine déroute.

Restait le troisième, qui était encore, à lui seul, deux fois plus nombreux que toute l'armée ennemie, et dont

---

peut-être un peu trop, par excès d'amour-propre national, à expliquer une honteuse défaite, mais qui n'aurait pu inventer les détails qu'il nous fait connaître.

Il faut ajouter que s'il est royaliste, il semble appartenir au parti de ceux qu'on appellerait aujourd'hui royalistes démocrates, car il conseille au roi de s'appuyer à l'avenir sur le peuple, qui, du moins, ne s'enfuira pas pour sauver ses jours :

> S'il est ben conseillé, il n'obliera mie
> Mener Jaque Bonhome en sa grant compagnie :
> Guerres ne s'enfuira pour ne perdre la vie!

Complainte publiée par M. Ch. de Beaurepaire dans la *Bibliothèque de l'École des Chartes*, t. II, p. 257. — 3ᵉ série, Paris, 1851.

[1] Une lettre du comte d'Armagnac, récemment publiée par M. Lacabane, tendrait à établir que les jeunes princes ne quittèrent le champ de bataille que par l'ordre exprès du roi. Mais si Jean donna réellement cet ordre, ce dont il est permis de douter, il tenait médiocrement à être obéi, puisqu'il permit à son troisième fils, Philippe, de rester à ses côtés jusqu'à la fin. On ne saurait donc laver les fugitifs de leur facile obéissance en un pareil moment. Quant à leur père, quelle plus grave accusation peut-on porter contre lui, que de dire qu'après avoir commis la faute de confier les deux tiers de l'armée à deux enfants, il ne sut pas la réparer en les laissant combattre et mourir même, pour sauver l'honneur de leur nom?

faisaient partie les plus brillants chevaliers, jaloux de combattre auprès du roi. Suivi de son troisième fils, Philippe, qui n'avait pas voulu l'abandonner, Jean multipliait les marques d'un courage réel, mais que son impéritie rendit inutile. Tout pouvait encore être sauvé : ce fut lui qui perdit tout. Au commencement de l'action, tandis que les Anglais étaient encore retranchés dans les vignes, on lui avait conseillé, avec raison, d'ordonner aux siens de mettre pied à terre, puisque les chevaux étaient un obstacle: il n'en avait voulu rien faire; puis, quand le prince Noir, enhardi par la défaite de ses premiers ennemis, s'aventurait à combattre dans la plaine, le roi, ne comprenant pas que des circonstances différentes demandaient une tactique nouvelle, donna l'ordre trop tardif d'abandonner les montures, et, forçant ainsi ses chevaliers de combattre à pied sous le poids accablant de leurs armures, il rendit tous leurs efforts stériles. Lui-même, avec son fils Philippe et les seigneurs qui n'avaient pas péri dans le combat, il paya ses fautes de sa liberté. Par une singulière méprise, les fuyards cherchaient un refuge sous les murs de Poitiers, qui était aux ennemis; ceux-ci eurent donc bientôt des prisonniers plus nombreux qu'ils n'étaient eux-mêmes, entre autres l'archevêque de Sens, dix-sept comtes, soixante-dix barons et baronnets, deux mille chevaliers et écuyers. Ne pouvant les garder, car le moindre accord entre les captifs aurait pu compromettre les résultats de la victoire, ils les mirent, pour la plupart, en liberté sur parole, sans leur imposer d'autre obligation que de se rendre à Bordeaux pour les fêtes de Noël, afin d'y payer leur rançon, ou, à défaut d'argent, de se constituer prisonniers.

A la nouvelle de ce désastre, l'émotion fut profonde en France. Ce n'était pas la perte de dix ou douze mille hommes qu'on déplorait, car depuis longtemps on ne s'étonnait plus des calamités de la guerre, et, sur le nombre, il n'y avait pas moins de deux à trois mille barons, dont la mort permettait à leurs misérables vassaux de respirer. Mais un patriotisme naissant rendait bourgeois et manants sensibles à ce cruel échec de nos armes; quant aux pauvres paysans, en voyant revenir leurs maîtres plus avides d'argent que jamais, à cause de leur rançon qu'il fallait payer, ils prévoyaient bien que c'étaient eux qui supporteraient cette charge nouvelle. Ruinés par des prodigalités folles, les vaincus de Poitiers n'espéraient trouver de l'argent que chez leurs vassaux, plus ruinés qu'eux-mêmes, mais humblement soumis à leurs moindres volontés. Or quel plus spécieux prétexte, pour redoubler d'exactions, que d'acquitter une dette dont leur honneur était le gage! Les serfs et les villains se laissèrent arracher un argent qu'en l'absence de toute armée française ils n'auraient pu dérober longtemps aux recherches des compagnies et des Anglais.

Mais à la haine qu'ils nourrissaient depuis tant d'années venait enfin s'ajouter un sentiment plus redoutable, je veux dire le mépris, qui jetait les semences de prochaines et terribles agitations. Quand ils apprirent qu'une puissante armée avait fui devant une poignée d'hommes, ils commencèrent à ne plus craindre ceux qui les faisaient trembler naguère, et, sentant leur propre courage, ils pensèrent vaguement à résister. Pour que le joug soit durable, il faut que la supériorité de celui qui l'impose soit reconnue. Or quel plus honteux spectacle que de voir ces hobereaux rentrant de nuit dans leurs domaines et chargeant les ministres ordinaires de leurs rapines d'enlever le prix de tant de sueurs à ces vassaux qu'ils ne savaient plus protéger! On payait encore, mais déjà l'on murmurait contre ces exactions nouvelles et contre les violences dont elles étaient accompagnées. On allait jusqu'à dire que les seigneurs dépensaient pour leurs plaisirs l'argent qu'ils amassaient sous prétexte de se racheter des Anglais.

La captivité même d'un roi incapable et qui avait fait tant de maux à son royaume parut une calamité. La France se sentait réduite à pourvoir à son propre salut sans rien attendre de personne, et, ne sachant qu'obéir, elle cherchait qui lui sût commander. Il lui fallait une image sensible de l'autorité suprême. Seuls, les bourgeois des bonnes villes avaient plus de confiance dans leurs forces. Paris surtout, se croyant prêt pour des épreuves si nouvelles, les avait attendues avec calme et s'y trouvait préparé. Étienne Marcel, prévôt des marchands, continuait d'exercer sa charge avec une vigueur et une prudence qui lui conciliaient tous les esprits. On comprenait qu'on pourrait compter sur lui dans les circonstances les plus graves. Depuis le jour qu'il avait paru aux états, il s'était placé au premier rang et n'avait cessé de défendre les intérêts de la bourgeoisie et du peuple. Il était un des trois surintendants nommés pour empêcher qu'on ne fît un mauvais emploi des taxes votées. Quand il vit le roi prisonnier, les princes fugitifs, la noblesse vaincue et déshonorée, il pensa que c'était à la France de se défendre, et, ne pouvant donner des ordres hors de la ville dont il était le premier magistrat, il fit voir du moins, par son exemple, ce qu'il fallait faire.

Un mois ne s'était pas encore écoulé depuis la bataille, qu'il mettait Paris en état de défense (18 octobre). Comme il méditait des travaux considérables, il voulut d'abord se procurer des ressources et frappa les boissons d'un droit d'octroi; puis il mit à l'œuvre trois cents terrassiers et maçons, sans compter les hommes de bonne volonté, pour refaire les murs de Paris, car l'enceinte de Philippe Auguste étant trop étroite, une partie de la population s'était répandue au dehors. La ville se composait pour lors de la Cité et de deux autres quartiers, l'un au nord, au delà du Grand-Pont, sur la rive droite de la Seine, l'autre sur la rive gauche, au midi du Petit-Pont. De ce côté, les progrès de la population n'ayant guère été sensibles, il n'y eut qu'à réparer les murailles et à les reculer de deux ou trois cents pas. Mais sur la rive droite, où les Parisiens se portaient de préférence, Marcel dut ordonner qu'on construisit une muraille flanquée de tours. Cette muraille, partant de la porte Barbette, sur le quai des Ormes, passait par l'Arsenal, les rues Saint-Antoine, du Temple, Saint-Martin, Saint-Denis, Montmartre, des Fossés-Montmartre, la place des Victoires, l'hôtel de Toulouse (la Banque actuelle), le jardin du Palais-Royal, la rue Richelieu, et arrivait à la porte Saint-Honoré par la rue de ce nom, et jusqu'au bord de la Seine. Sur les deux rives du fleuve, des bastilles furent construites pour protéger les portes, et l'on fortifia d'un fossé l'île Saint-Louis, qu'on appelait en ce temps-là l'île Notre-Dame, afin qu'elle pût, dans le besoin, devenir un lieu de refuge pour les habitants de Paris. Sur les murs furent établies sept cent cinquante guérites en bois, solidement attachées aux créneaux par de forts crochets en fer. Des chaînes furent forgées pour fermer la Seine et barricader les rues pendant la nuit.

Ces travaux, poussés avec une activité extrême, se continuèrent durant quatre années, et coûtèrent cent quatre-vingt-deux mille cinq cent vingt livres parisis, qui font huit cent mille francs de notre monnaie, somme énorme pour ce temps-là. Tout l'honneur en revient à Étienne Marcel; à une époque où Paris était si souvent menacé, personne, avant lui, n'avait pensé qu'il fût nécessaire de le mettre en état de défense. Après sa mort, sous la régence du duc de Normandie, Hugues Aubryot, prévôt de Paris, présida à l'exécution des travaux peu importants qu'il restait à faire, et l'ingrate histoire a rapporté tout le mérite de cette entreprise patriotique au prince qui n'eut qu'à achever l'œuvre d'un adversaire dont il avait voulu la mort.

Après avoir garanti ses concitoyens contre les surprises du dehors, Etienne Marcel voulut qu'ils fussent eux-mêmes les instruments de leur salut. Les états de 1355 avaient, comme on l'a vu, conçu le hardi projet d'armer la nation entière et de lui donner partout les moyens de se défendre; pour montrer qu'il n'y avait rien de chimérique dans cette idée, et quels services on peut attendre d'une garde civique ou nationale pour la défense de ses foyers, si elle est sérieusement exercée au métier des armes, il ordonna l'armement immédiat de toute la population virile et partagea la ville en quartiers, cinquantaines et dizaines, dont les chefs recevaient les ordres de l'autorité municipale, et les transmettaient à leurs subalternes. Ceux-ci pouvaient à leur tour assembler les hommes auxquels ils commandaient. Et comme il ne fallait pas que cette organisation fût une formalité vaine, le prévôt des marchands voulut que tous les citoyens enrôlés reçussent l'instruction et fissent tous les exercices de l'état militaire, comme de monter la garde sur les murs, le jour et la nuit, et faire dans la ville les rondes du guet. Ainsi, il se trouva bientôt à la tête de vingt mille hommes en état de porter les armes et prêts à prouver quel dommage la noblesse avait fait à la France, en les reléguant jusque-là dans les soins obscurs de la vie privée et du négoce.

Pendant qu'Étienne Marcel préparait l'exécution de ses patriotiques projets, le duc de Normandie rentrait en toute hâte à Paris. Par son caractère froid et peu sympathique, il avait fait haïr sa jeunesse, dont la naïveté des peuples eût fait volontiers le fondement de tant d'espérances. Christine de Pisan, qui a écrit son panégyrique plutôt que son histoire, nous apprend « qu'il avoit eu une jeunesse par propre volonté plus perverse qu'à un tel prince n'appartient, et que les sages hommes du royaume ne prévoyoient que méchefs et calamités. » Sa fuite honteuse à Poitiers acheva de lui aliéner les esprits. Comme il aurait pu rallier ses troupes et tenter une dernière fois la fortune, on ne peut voir, dans sa précipitation à se réfugier derrière les murs de Paris qu'une marque nouvelle de ce faible courage, ou plutôt de cette lâcheté que ses contemporains lui reprochaient[1]. La nécessité de pourvoir à l'administration du royaume n'était donc pour lui qu'un beau prétexte qui ne trompa personne. Il se vit bientôt abandonné de tout le monde. La noblesse même, qui, si faible et si impuissante qu'elle fût alors, devait être son plus ferme appui, n'oubliait pas qu'il avait conspiré contre son père, ni les partisans du roi de Navarre que c'était chez lui, en sa présence, peut-être de son consentement, qu'avait eu lieu la trahison de Rouen. Mais tel est le désir des hommes d'avoir un maître, que l'arrivée d'un prince si impopulaire fut un sujet de joie parmi le peuple, et les chefs de la bourgeoisie durent rendre au royal fugitif les plus grands honneurs. Comme le sénat romain, qui félicitait Varron vaincu de n'avoir pas désespéré de la république, ils vinrent en grande pompe à la rencontre du dauphin, pour relever dans sa personne, à défaut d'un plus digne, le prestige tombé du pouvoir royal. Cet acte de fidélité monarchique fait bien voir que si des projets de réformes germaient dans la tête des chefs de la bourgeoisie parisienne, les plus hardis d'entre eux n'avaient pas pensé jusqu'alors qu'on pût les exécuter sans le concours de la royauté. Ils attendaient le duc de Normandie à l'œuvre, sentant qu'au fond ils étaient les maîtres, et certains qu'on ne pourrait se passer d'eux.

Telle était, en effet, la force des choses, que ce prince ne

[1] Villani, qui répète ce qu'on disait de son temps, l'appelle lâche, ainsi que les cinq mille hommes qu'il eut bientôt auprès de lui. Il met même de la différence entre le chef et les soldats. Il dit du dauphin qu'il était *vilissimo* (très-lâche), et il flétrit ceux qui le suivaient du mot d'*inviliti* (avilis, rendus lâches), ce qui signifie, à prendre les mots à la rigueur, que l'exemple du chef aurait été cause de la lâcheté des soldats. (Villani, *Stor. fior.*, chap. 11, p. 400. — Florence, 1581.)

put rien faire que constater son impuissance. Après avoir pris, à l'exemple de son père, le titre de fils aîné et lieutenant du roi de France (ordonnance du 2 octobre 1356), il lui fallut recourir au remède héroïque des temps difficiles : les états s'étaient ajournés à la Saint-André (30 novembre); il avança d'urgence le jour de leur réunion, et les convoqua pour le 15 octobre. La situation du royaume était trop grave pour que les députés de la nation ou plutôt des provinces de la langue d'Oïl ne répondissent pas à cet appel. Il en vint à Paris plus de huit cents, dont la moitié au moins pour les bonnes villes. Le procès-verbal de ces états désigne seulement quelques-unes de celles qui les avaient envoyés : Amiens, Tournai, Douai, Lille, Arras, Troyes, Auxerre et Sens[1]. Assurément elles étaient loin d'être les seules, et le manque de renseignements ne permet pas de croire qu'un si petit nombre de villes eût nommé plus de quatre cents députés. Plusieurs de ces bourgeois étaient l'objet de la curiosité ou de l'attention de leurs collègues : Étienne Marcel, d'abord, que ses fonctions de prévôt et le rôle qu'il avait soutenu dans la précédente assemblée mettaient au premier rang ; puis l'éloquent Charles Toussac, échevin de Paris ; Robert de Corbie, député d'Amiens, prêtre et professeur illustre de l'Université. Ces hommes éminents, que la bourgeoisie reconnaissait pour chefs, étaient prêts à se faire les interprètes du mécontentement général ; et l'ordre qu'ils représentaient tenant, cette fois, la première place dans l'assemblée des états, leur importance personnelle s'en trouvait augmentée.

Les députés de la noblesse étaient, pour la plupart, des fuyards de Poitiers, ou des jeunes gens que leur âge avait tenus loin des champs de bataille, et qui semblaient, par là

---

[1] Biblioth. impér., fonds Dupuy, ms. 646. — Secousse, t. III des Ordonnances, p. 48.

même, moins bien placés encore dans les conseils de la nation. Ni les uns ni les autres ne pouvaient prétendre à y faire écouter leur voix. Le comte d'Alençon, oncle du roi, le duc d'Orléans, son frère, le comte d'Étampes, de la maison d'Évreux, étaient présents. Mais, en l'absence du roi de Navarre, prisonnier au château d'Arleux, en Picardie[1], le seul de tous ces princes qui jouit de quelque considération était Charles de Blois, duc de Bretagne, quoiqu'il eût été, comme les autres, mis à rançon par les Anglais. Il fut choisi pour être président de son ordre, ce qui était une cruelle injure aux princes du sang les plus rapprochés du trône. Ainsi la noblesse avait pour ses chefs le même mépris qu'elle inspirait aux bourgeois.

Le clergé, moins nombreux que le tiers, l'était beaucoup plus que la noblesse : les Anglais ne l'avaient point décimé. On voyait dans ses rangs presque tous les archevêques, les évêques et les abbés mitrés. Ceux qui n'avaient pu venir s'étaient fait représenter, ainsi que les chapitres. Un seul, parmi les membres de cet ordre, devait marquer à l'égal des principaux bourgeois : c'était Robert Lecocq, évêque de Laon.

Né à Montdidier, d'une famille bourgeoise et sans fortune, Robert Lecocq avait obtenu de Philippe de Valois la même bienveillance qui avait élevé son père aux fonctions importantes de bailli de Rouen. Après avoir fait à Orléans de solides études, il se rendit à Paris, se fit avocat au parlement et y exerça la charge d'avocat du roi, jusqu'à la mort du chef de la maison de Valois. Loin de perdre à l'avénement de Jean le Bon, il y gagna d'être nommé maître des requêtes, puis conseiller-clerc. Il dut faire preuve d'un talent rare, car on le voit s'avancer continuel-

---

[1] Le roi de Navarre avait été enfermé dans cette place après quelque jours de captivité au Châtelet

lement dans la faveur du nouveau roi. Dans une seule année, en 1351, il était successivement nommé trésorier de l'église de Rouen, préchantre [1] de l'église d'Amiens, évêque de Térouanne, évêque et duc de Laon, enfin pair de France et membre du conseil. Il n'y a presque plus, dès lors, une affaire de conséquence où il ne figure en qualité de négociateur. Il représente le roi au traité conclu le 27 octobre 1351, à Villeneuve-lez-Avignon, avec Amédée VI, comte de Savoie. En 1353, il est au nombre des cinq commissaires chargés de recevoir l'hommage lige de la comtesse de Hainaut pour sa terre d'Ostrevent. En 1354, le roi lui donne mission de traiter, à Mantes, avec Charles de Navarre, après le meurtre du connétable d'Espagne. Il est remarquable que les trois autres commissaires, dans cette négociation importante, étaient trois princes du sang [2].

Cette mission fut au nombre des plus considérables événements de sa vie, par les suites qu'elle devait avoir. C'est dans le séjour qu'il fit à Mantes qu'il prit pour la personne du roi de Navarre un goût qu'expliquent l'intelligence déliée, l'esprit cultivé et les séduisantes qualités de ce prince. Le commerce qu'il avait depuis longtemps avec Jean, ses fils et ses frères, ne lui laissait point d'illusions sur ce qu'il était permis d'attendre de ces têtes folles, qui n'avaient d'autre but que le plaisir et les fêtes, d'autres moyens que la violence ou la perfidie. Quelle ne fut pas sa surprise en trouvant, dans un prince que la cour poursuivait de sa haine, le plus aimable des hommes, et, selon toute apparence, le plus capable de supporter le poids du gouvernement !

[1] Chanoine qui, dans quelques églises, remplissait les fonctions de grand chantre et en avait la prébende.

[2] Le cardinal Guy de Boulogne, oncle du roi ; Pierre I*er*, duc de Bourbon, et Jean VI, comte de Vendôme.

On a voulu voir dans les rapports qu'ils eurent ensemble à cette occasion l'origine d'une conjuration, dont le but aurait été de mettre la couronne de France sur la tête du roi de Navarre ; mais il n'est guère croyable que l'évêque de Laon songeât pour lors à détrôner le maître de qui il tenait tout, et de qui, s'il était ambitieux, il pouvait espérer encore. Ce n'était pas Charles le Mauvais, dans sa position précaire, qui aurait pu rivaliser de générosité avec son beau-père, et l'on ne voit pas, fût-il devenu roi de France, ce qu'il aurait donné de plus que Jean le Bon. Quelques-uns, pour soutenir leurs accusations, prétendent que Robert Lecocq se tournait contre son bienfaiteur parce qu'il désespérait d'arracher à sa faiblesse le titre de chancelier de France, objet de son ambition ; mais après tant de faveurs conquises en si peu d'années, comment eût-il désespéré de vaincre, pour une dernière, de passagères résistances ? Et quelle n'est pas la malveillance des écrivains qui cherchent de si petits motifs pour expliquer de si grandes choses !

La vérité sur ce caractère obscurci par la calomnie est que l'évêque de Laon connaissait, depuis bien des années, les défauts de son maître, et que les relations suivies qu'il fut forcé d'avoir avec le Navarrais lui firent faire une comparaison qui n'était pas à l'avantage du roi de France. Il paraît, en outre, que Robert Lecocq était d'une grande hardiesse dans ses paroles, et qu'il ne sut jamais dissimuler ses sentiments. Il n'est donc pas impossible qu'il ait dit, comme on l'en accuse, que ce serait un roi comme Charles de Navarre qu'il faudrait à la France, sans qu'on puisse, sur cette simple parole, l'accuser de complot ; son caractère de prêtre, la pureté de ses mœurs, que ses ennemis mêmes n'ont pu mettre en doute, expliquent assez qu'il ait pu dire, en parlant du roi Jean, que ce prince était « de très-mauvais sang et pourri, qu'il ne valait rien, qu'il n'était pas digne d'être roi, et qu'il avait fait mourir sa femme[1]. » On avouera que parler ainsi n'était pas le meilleur moyen de faire sa cour au roi ni d'en obtenir l'objet de son ambition. Les paroles de l'évêque de Laon témoignent de son indignation généreuse. Permettent-elles de l'accuser d'ingratitude? Cette reconnaissance, dont on ne peut donner des marques qu'en fermant ses oreilles à la voix de la raison et en manquant à tous les devoirs du citoyen, est une vertu servile, dont les anciens eussent fait un crime. Robert Lecocq n'eut pas de plus ardent désir que de supprimer les abus qui s'étaient glissés dans le gouvernement. Lorsqu'il vit qu'on n'obtiendrait rien à ce sujet ni du roi ni de ses fils, il dut penser qu'il aurait été heureux pour la France que les droits que Charles de Navarre tenait de sa mère l'eussent porté sur le trône; mais, n'étant pas homme à perdre le temps en regrets superflus, il se tourna tout de suite du côté où il voyait la volonté et la force d'entreprendre les réformes : dans les années qui suivirent, Étienne Marcel n'eut pas de plus zélé partisan, de plus ferme soutien que lui.

Ce secours inattendu d'un homme qui siégeait aux conseils du roi, d'un évêque qui parlait au nom du clergé, acheva d'encourager le prévôt des marchands. Au moment d'engager la lutte et d'entrer dans des voies si nouvelles, il avait eu quelques hésitations; car il redoutait de manquer le but et d'agiter inutilement le royaume. La confiance que

---

[1] Acte d'accusation contre Robert Lecocq, publié par M. Douet d'Arcq, dans la *Bibliothèque de l'École des Chartes* (t. II, p. 360.—Paris 1840-41). Cet acte d'accusation, dont on verra plus bas le détail (chap. x), est un curieux monument des exagérations, des mensonges, des calomnies où l'intérêt personnel entraîne les hommes. Pour les officiers royaux qui veulent le perdre, l'évêque de Laon est l'auteur ou le promoteur de tout ce qui s'est dit et fait de mal, en France, durant les six dernières années du règne de Jean. Peu s'en faut que ce ne soit ce prélat qui ait perdu la bataille de Poitiers.

les ouvertures de Robert Lecocq lui inspirèrent fut peut-être exagérée; il ne songea pas que le clergé, quoiqu'il avouât encore ce prélat pour chef politique, pouvait bien ne pas connaître ses secrètes pensées et l'abandonner quand il les connaîtrait. Cette réflexion, s'il l'eût faite, aurait pu l'arrêter dans l'orageuse carrière où il allait entrer; mais il était dans sa destinée de la parcourir jusqu'au bout.

Le caractère étrange de cette révolution, c'est qu'elle fut l'œuvre d'hommes qui devaient en redouter les conséquences plutôt que les désirer, et que la haute position qu'ils occupaient dans la bourgeoisie parisienne ne permet pas d'appeler révolutionnaires. Étienne Marcel, Charles Toussac et tous ceux qui marquèrent dans cette terrible suite d'événements étaient riches; ils avaient exercé les premières fonctions de leur classe; ils avaient tout à perdre dans une lutte dont l'issue était douteuse. S'ils risquèrent leur fortune et leur vie, c'est qu'il leur paraissait impossible que la France continuât d'être gouvernée comme elle l'avait été sous les derniers Capétiens, comme elle continuait de l'être sous les premiers Valois, et qu'ils avaient le noble instinct d'une tâche que ni la royauté ni les grands ne voulaient accomplir.

Il est douteux qu'à cette époque leurs plans fussent bien arrêtés, et plus douteux encore que ceux qui ont prétendu nous les faire connaître les aient pris ailleurs que dans leur imagination. Ce n'était pas tout que de demander des réformes : le duc de Normandie se rendrait-il au vœu public? Et s'il se refusait à confirmer les résolutions des états en promulguant une ordonnance, quel moyen aurait-on de l'y contraindre? Les événements firent voir que les chefs de la bourgeoisie ne s'étaient point arrêtés à cette difficulté, et qu'ils pensaient ne pas trouver moins de docilité chez le fils que chez le père, les circonstances étant bien plus tristes qu'en 1355, et la situation bien plus critique pour la royauté.

Quant à la nature même des réformes qu'il fallait conquérir, quelques-uns pensent qu'Étienne Marcel voulait former une confédération des communes françaises sur le modèle des communes de Flandre. Que le régime bourgeois par lequel se gouvernaient les Flandres et la prospérité qui en était le résultat eût ouvert les yeux de Marcel sur les avantages du gouvernement des villes, et, comme conséquence, des nations par elles-mêmes, c'est ce qu'on ne saurait sérieusement contester; mais il ne s'ensuit pas qu'il n'ait eu qu'un projet d'imitation. Les idées d'unité ont toujours charmé les esprits en France; elles durent inspirer, dès ce moment, quelque défiance d'une fédération comme celle des Flamands : l'autorité presque despotique qu'Étienne Marcel voulut donner aux états généraux fait bien voir que le génie national n'eut pas, dans son siècle, de plus fidèle représentant que lui, et que s'il essaya de donner aux députés de la France les prérogatives dont l'héritier de la couronne n'entendait pas être privé, il ne fut pas moins zélé que le dauphin Charles ou le roi son père pour cette unité du pouvoir que nous appelons aujourd'hui la centralisation.

Le 17 octobre (1356) les états s'ouvrirent avec les formalités et les cérémonies ordinaires. Pierre de Laforest, archevêque de Rouen et chancelier de France, ouvrit l'assemblée, en présence du duc de Normandie, par un discours sur les mesures qu'il convenait de prendre pour délivrer le roi et continuer la guerre. Jean de Craon, archevêque de Reims, pour le clergé, Philippe d'Orléans, frère du roi, pour a noblesse [1], Étienne Marcel, pour le tiers, répondirent,

---

[1] Il faut remarquer ce retour de la noblesse à ses chefs naturels qu'elle avait abandonnés en 1355. Pressentait-elle déjà qu'un grand danger la menaçait, ou voulut-elle donner aux princes du sang, déshonorés comme elle depuis Poitiers, une marque de sympathie et de solidarité dans le malheur comme dans la défaite?

probablement après s'être concertés, qu'ils priaient monseigneur le duc de leur accorder du temps pour délibérer et l'autorisation de se réunir aux Cordeliers[1]. Ces demandes, qu'ils ne faisaient que pour la forme, ne pouvaient être refusées; les états entendirent donc la messe du Saint-Esprit dans la chapelle de ce vieux couvent, et commencèrent aussitôt leurs travaux.

Ils reconnurent d'abord qu'il était impossible de conduire aucune discussion approfondie dans une assemblée aussi nombreuse, et nommèrent quatre-vingts d'entre eux pour délibérer ensemble et proposer ultérieurement, en assemblée générale, les mesures qu'ils auraient arrêtées dans leurs réunions particulières. Les principaux membres de cette commission, à laquelle se trouvaient remises les destinées de la France, étaient les archevêques de Reims et de Lyon, les évêques de Paris et de Laon, des professeurs de l'Université, le prévôt des marchands et des officiers du corps municipal. On ne voit pas qu'aucun noble y ait marqué sa place par la force de son éloquence, les ressources de son esprit, ou l'obstination de son dévouement à la royauté. Les délibérations durèrent quinze jours. S'il fallait en croire les *Grandes Chroniques,* ce temps aurait paru long à la plupart des commissaires; mais il ne faut pas oublier que ce précieux manuscrit fut rédigé par Pierre d'Ormesson, pour ainsi dire sous la dictée de Charles V; ce prince avait gardé une trop profonde rancune des embarras que les Quatre-vingts lui avaient suscités et des restrictions qu'ils avaient mises à son pouvoir, pour n'avoir pas essayé de persuader à la postérité que la pluralité des délégués aurait voulu abréger, faire moins de réformes, et que, par conséquent, le nouveau système de gouvernement n'était l'œuvre que d'un petit nombre de factieux. Mais pour tout juge

---

[1] Ce couvent était situé dans la rue de l'École-de-Médecine.

impartial, il n'y a rien de plus admirable, dans l'histoire de ce temps, que l'activité de ces prétendus factieux, qui paraît avec tant d'éclat dans le résultat de leurs travaux.

Le premier soin de la commission fut d'assurer son indépendance, et, du même coup, celle des états. Le duc de Normandie avait envoyé plusieurs personnes de son conseil pour assister aux délibérations, et, sans doute, pour empêcher, par leurs avis ou leurs menaces, qu'on tentât de réduire l'autorité royale. Les délégués des états prièrent ceux du prince de se retirer, et, sur leur refus, déclarèrent que la commission s'abstiendrait de délibérer en leur présence. Le lieutenant du roi dut s'avouer vaincu et donner à ses conseillers l'ordre de la retraite. Ce premier succès en promettait d'autres, et surtout il fournit la preuve qu'aucun ferment de discorde ne s'était encore élevé ni dans la commission ni dans les états.

Combien n'est-il pas regrettable que l'absence de toute publicité, dans ces temps-là, ne permette pas de suivre, jour par jour, les progrès de la pensée nationale ! Tout ce qu'on sait de cette mémorable commission des Quatre-vingts, c'est ce qu'elle fit, grâce à l'ordonnance qui résume ses travaux et qui nous a été conservée ; mais comment elle le fit, quels défenseurs la royauté amoindrie trouva parmi ces évêques et ces bourgeois, puisque aucun noble ne dit mot ; quels arguments donnèrent, quelles plaintes firent entendre ces officiers municipaux, fatigués de voir le désordre dans l'administration de l'État, tandis qu'un ordre si parfait régnait déjà dans l'administration de la cité ; jusqu'à quel point le clergé se montra oublieux de ses intérêts de caste privilégiée pour faire cause commune avec le tiers, c'est-à-dire avec la nation, ce sont autant de questions qu'on ne saurait résoudre. Il faut se hâter vers la fin : c'est là seulement qu'on trouve les traces de la vie.

Quand les membres de la commission furent d'accord sur ce qu'il convenait de concéder au dauphin et de lui demander en retour, ils revinrent, chacun dans l'assemblée particulière de l'ordre qui l'avait délégué, rendre compte des résolutions prises et réclamer qu'elles fussent approuvées avant d'être soumises à monseigneur le duc. Cette approbation ne pouvait être refusée, puisque les véritables chefs des trois ordres faisaient partie de la commission. Les états sollicitèrent ensuite du jeune prince une entrevue secrète, afin de se mettre d'accord avec lui avant la séance publique, où il était d'usage de faire connaître au roi ou au dépositaire de l'autorité royale, les conditions, les vœux et les volontés de l'assemblée. Selon toute apparence, la séance publique n'était qu'une cérémonie purement officielle, et l'on n'attendait pas jusqu'à ce moment pour communiquer au souverain les combinaisons financières et les réformes proposées, afin qu'il y pût, en temps utile, demander les changements qui lui paraissaient convenables. S'il fallait croire, au contraire, comme semble l'indiquer le procès-verbal de cette session des états[1], que la séance secrète n'était pas dans les usages parlementaires de la France, et que le duc de Normandie la demanda par défiance ou pour toute autre cause, il faudrait voir, dans l'empressement des députés à la lui accorder, une preuve que, s'ils voulaient assurer le bien du pays, trop négligé par la royauté, ils ne pensaient pas à se séparer d'elle, et qu'ils espéraient en obtenir à l'amiable les réformes proposées par la commission des Quatre-vingts. Quelques auteurs, qui paraissent s'être mis, comme à plaisir, un bandeau sur les yeux, veulent que cette entrevue ne fût qu'un piége tendu au dauphin. Mais quel

---

[1] Biblioth. impér., fonds Dupuy, ms. 646. — Secousse, t. III des Ordon., p. 50.

piége, qui ne fût éventé d'avance, pouvait tendre à ce prince une assemblée assez peu curieuse de plaire pour interdire aux conseillers royaux d'assister à ses délibérations? Cette mesure, d'un caractère ouvertement hostile, n'était-elle pas, en même temps qu'une marque d'indépendance, un avertissement manifeste que le duc devait se tenir sur ses gardes, loin de mettre sa confiance en des hommes qui avaient voulu se cacher de lui?

Quoi qu'il en soit, le dauphin Charles se rendit aux Cordeliers, accompagné du duc de Bretagne et de cinq autres personnes. L'archevêque de Reims fut chargé de porter la parole au nom des trois ordres. Il commença par déclarer qu'ils étaient tous d'accord, et pria monseigneur le duc de garder provisoirement le secret sur tout ce qui allait lui être communiqué. Ce prince savait peut-être, par des indiscrétions, ce qu'on allait lui dire; s'il l'ignorait encore, il pensa qu'un tel début ne promettait rien de bon, et il refusa de s'engager au silence. Les états, mécontents, auraient pu rompre immédiatement l'entrevue et renvoyer leurs explications à la séance publique, où leur adversaire se fût trouvé sans armes et sans force contre eux, puisqu'il n'était point d'usage qu'aucune discussion y fût engagée; mais ils voulurent faire preuve de modération, et malgré la résistance qu'ils éprouvaient au premier mot, ils prièrent l'archevêque de Reims de poursuivre.

Certains historiens soutiennent que ces communications ne furent pas complètes et que l'orateur des états multiplia les réticences. Cette assertion fût-elle prouvée, on ne saurait faire un crime à l'assemblée des états d'avoir pris des mesures contre les indiscrétions du dauphin, puisque le secret était nécessaire pour quelques-unes des réformes poursuivies, et singulièrement pour la destitution des officiers royaux. Mais de quelle valeur sont ces affirmations partiales, et celles même d'un procès-verbal rédigé dans le premier moment de colère, presque sous la dictée du prince, au prix du silence que gardent à ce sujet les *Grandes Chroniques*, qui contiennent pourtant le récit le plus détaillé de cette entrevue et qui sont un acte d'accusation continuel contre le parti populaire?

L'archevêque de Reims commença fort habilement d'exposer les résolutions des états, en faisant d'abord connaître au duc de Normandie ce qu'il avait le plus à cœur, à savoir qu'ils lui accordaient le subside demandé, et que, malgré l'opposition des nobles, qui estimaient que vingt-quatre mille hommes suffiraient, ils en entretiendraient trente mille, à raison d'un demi-florin d'écu par jour et pour chacun. Le dauphin, satisfait à cet égard, car trente mille hommes formaient, pour le temps, une armée considérable, tenait peu à connaître comment se ferait la répartition de ce subside; mais il put se convaincre que les états l'avaient réglée dans un grand esprit de justice. Le clergé et les hôpitaux n'étaient point exempts de cette contribution patriotique; ils devaient payer un dixième et demi de leurs bénéfices ou héritages, et se voyaient ainsi frappés d'un impôt de 15 pour 100. La part des nobles était établie dans la même proportion. Quant aux bonnes villes et au plat pays, comme on disait, dans la langue d'Oïl, pour désigner la campagne et ses habitants, chaque centaine de feux devait équiper et soudoyer un homme d'armes, à raison d'un demi-florin d'écu. Mais comme le souvenir était encore dans toutes les mémoires des difficultés et des troubles qu'avait soulevés la perception du précédent subside, les représentants des trois ordres parurent ne pas se reconnaître le droit d'engager leurs commettants, et ils ajoutaient : « Au cas que lesdites aides plairaient aux gens des trois états, par lesquels ils avaient été envoyés. »

Cette sorte d'appel à la nation révèle les inquiétudes

que concevaient les chefs de l'assemblée sur l'obéissance des provinces; il était donc nécessaire d'offrir des garanties sérieuses pour le sage emploi des sommes votées, et d'assurer tant de pauvres gens, qui allaient faire un nouveau sacrifice, contre le retour des graves abus qui avaient soulevé leur indignation.

Le seul moyen de supprimer ces abus était de remonter à la source, et, par conséquent, d'introduire de profondes réformes dans l'administration et le gouvernement du royaume. Celle dont les états demandèrent d'abord l'exécution immédiate au dauphin, ce fut de renvoyer les officiers qui jouissaient de sa confiance, et de permettre qu'ils fussent mis en jugement devant une commission composée de membres des états. Les états eux-mêmes se chargeaient de fournir les chefs d'accusation. C'était surtout pour cette mesure qu'ils auraient voulu obtenir le secret, car il était à craindre qu'avertis du danger qui les menaçait, la plupart de ces officiers ne s'y dérobassent par la fuite, et n'eussent plus d'autre souci que de reconquérir leurs dignités et de satisfaire leur vengeance. Ainsi par un instinct précoce, et bien confus encore, des formes et des fictions d'un gouvernement libre, les états admettaient, en fait, que le roi n'est pas responsable, et ils faisaient peser toute la responsabilité des abus et des fautes sur ses conseillers. On accusait ceux-ci d'être vains, cupides, incapables, indifférents au bien public; on leur reprochait de vouloir pour eux tous les avantages, de ne point donner les ordres les plus indispensables pour l'expédition des affaires, de violer toutes les promesses de leur maître, de se jouer des engagements les plus sacrés, en un mot, de dégoûter les honnêtes gens du service du roi, et d'être cause que beaucoup « de Français étaient devenus Anglais. »

Ces coupables officiers, contre lesquels les états demandaient des poursuites immédiates, furent nominativement désignés, avec une entière franchise. Les députés en poursuivaient sept : il leur eût été facile d'augmenter indéfiniment ce nombre ; mais avec une modération dont il est juste de leur tenir compte, ils ne s'en prenaient qu'à ceux dont la culpabilité était la plus manifeste, la plus scandaleuse et la plus redoutable par les conséquences. C'étaient le chancelier Pierre de Laforest, archevêque de Rouen, qu'on a vu ouvrir deux fois les sessions des états, et qui occupait la principale charge du royaume ; le premier président du parlement, Simon de Buci, qu'on rendait responsable de la mauvaise administration de la justice ; Robert de Lorris, grand chambellan, accusé de s'être fait rendre par le roi Jean cinquante mille chaires[1] d'or que Pierre des Essarts, père de sa femme, avait dû payer autrefois à Philippe de Valois, pour des malversations et des délits qui l'avaient fait condamner à cette amende ; Nicolas Braque, maître de l'hôtel du roi, auparavant trésorier et maître des comptes ; Enguerrand du Petit-Cellier, bourgeois de Paris et trésorier de France ; Jean Chauveau, de Chartres, trésorier des guerres ; Jean Poillevilain, bourgeois de Paris, maître des comptes du roi et principal instrument de ce prince dans toutes les falsifications des monnaies. Les six premiers, à des degrés divers, avaient trempé aussi dans les malversations financières qui étaient le grand grief de ce temps-là. Les juger et les condamner était une satisfaction que réclamait depuis longtemps la conscience publique ; mais comme, en attendant un jugement tardif, ils auraient pu persévérer dans les mêmes scandales, les états demandaient qu'ils fussent destitués sur-le-champ et vissent leurs biens confisqués, mesure nécessaire, peut-être, mais qui s'accorde mal avec l'idée que

---

[1] Chaires, autrefois chaères ; pièces de monnaie ainsi nommées parce que le roi y était représenté sur une chaire, c'est-à-dire sur un trône

nous nous faisons de la justice. L'archevêque de Reims dut ajouter, pour calmer les inquiétudes que ces poursuites devaient soulever, que tous les autres conseillers du roi, fonctionnaires de la couronne, membres du parlement, etc., seraient respectés, et que les états attaquaient seulement « ceux qui sont les racines dont dépendent tant de mauvaises branches. » Il semble que la crainte de passer pour animés de l'esprit de persécution tourmentât les chefs du clergé et du tiers, car il n'y a pas de précautions qu'ils n'aient prises pour s'en défendre. Ils se déclaraient prêts à perdre eux-mêmes leurs biens, et à être proclamés incapables d'exercer jamais aucune charge publique, si les officiers poursuivis étaient reconnus innocents.

Pour que le bien fût possible, il fallait que ceux qui faisaient le mal fussent réduits à l'impuissance. C'est ainsi que les états firent de la destitution et du procès des officiers royaux leur première condition. Par la seconde, ils demandèrent que le roi de Navarre fût remis en liberté. La nation entière avait vu avec indignation le guet-apens de Rouen, et personne n'eût compris que les députés ne fissent pas justice eux-mêmes, puisque le duc de Normandie ne voyait pas ce que le soin de son honneur exigeait de lui. Il ne faut donc pas supposer que personne eût pour lors le dessein de faire du roi de Navarre un roi de France ; la suite des événements fera voir que Marcel était bien éloigné de ce projet, et Robert Lecocq lui-même, que les écrivains les plus favorables au prévôt laissent sous le poids de cette accusation, ne la mérite pas davantage, car on n'a pu l'appuyer d'aucune preuve ; et comme il vivait dans un parfait accord avec l'illustre chef de la bourgeoisie parisienne, on ne saurait admettre tant de différence dans leurs desseins. Il est seulement permis de croire que les politiques des états espéraient se servir du roi de Navarre, soit pour obtenir son appui dans des circonstances difficiles, soit pour tenir en échec le duc de Normandie, et triompher avec moins de peine de ses résistances aux vœux de la nation.

Ces vœux, en effet, devaient paraître exorbitants à un prince qui ne trouvait dans les traditions de sa famille que le gouvernement du bon plaisir. Les courtisans, les officiers, les conseillers dont il s'entourait flattaient sa faiblesse et lui persuadaient que rien n'était plus sacré que ses caprices. Tant qu'on n'aurait pas renouvelé cette cour pernicieuse, il ne fallait pas attendre que le dauphin comprît mieux la limite de ses droits et l'étendue de ses devoirs.

Le roi était assisté, pour les soins du gouvernement, d'un grand conseil qu'il formait, à sa volonté, au sein du parlement et de la chambre des comptes, parmi les trésoriers de France et les gentilshommes qui vivaient dans sa familiarité. Le nombre de ces conseillers n'était pas fixé, mais ils devaient être trois, au moins, pour que les résolutions prises avec leur concours fussent valables. Comme il était impossible à un homme seul de suffire au gouvernement du royaume, même en un temps où les ressorts en étaient plus simples qu'aujourd'hui, ce conseil avait pris rapidement une grande importance. C'était sur son avis que le roi expédiait la plupart des affaires, la nomination aux emplois, les ordonnances de diverse nature, les règlements administratifs.

Pour que l'intervention constante d'un semblable conseil ne devînt pas un obstacle à l'exercice du pouvoir absolu, nos rois s'étaient réservé d'en nommer et d'en renvoyer les membres, sans faire connaître les motifs de la faveur ou de la disgrâce : ils obtinrent par là ce qu'ils voulaient, c'est-à-dire qu'ils furent entourés d'hommes qui n'avaient d'autre attention qu'à ne pas leur déplaire pour se maintenir en place, et qui ne servaient qu'à donner aux caprices du maître les apparences d'une délibération prise en commun.

Le duc de Normandie, n'ayant eu sous les yeux que les exemples de son père, n'imaginait pas qu'un roi pût faire autrement que de dresser ses conseillers à ne connaître d'autre règle que ses caprices et à se plaire dans la confusion. Il ressentit donc une profonde surprise quand les orateurs des états le prièrent de permettre qu'à l'avenir son conseil fût nommé par l'assemblée des trois ordres, et composé de quatre prélats, douze nobles et douze bourgeois [1]. Un peu plus tard, ces nombres furent changés : le clergé obtint d'être représenté à ce conseil par onze prélats, les nobles par six des leurs, le tiers par dix-sept bourgeois [2].

---

[1] Les auteurs varient beaucoup sur le nombre des membres dont ce nouveau grand conseil devait être composé. Villani parle de trois par ordre, ce qui ne ferait que neuf en tout ; Froissart, de douze par ordre, et, par conséquent, des trente-six membres qu'admettaient les anciens historiens sur la foi de ce brillant chroniqueur. Mais, depuis qu'on a reconnu que l'exactitude se trouve plutôt dans les *Grandes Chroniques*, on a admis le chiffre de vingt-huit membres, qui est celui que donnent MM. Rathery et Quicherat, et que nous adoptons après eux.

[2] Cette modification résulte d'un précieux document publié par M. Douet d'Arcq, à la suite de l'acte d'accusation contre Robert Lecocq (*Biblioth. de l'École des Chartes*, t. II, p. 360 et suiv.); on y lit non-seulement le nombre des membres dont se compose le grand conseil, mais jusqu'à leurs noms, qui doivent trouver place ici :

CLERGÉ :

Jean de Craon, archevêque de Reims ;
Raymond Saquet, archevêque de Lyon ;
Guillaume de Poitiers, évêque de Langres ;
Robert de Brucour, évêque d'Évreux ;
Robert Lecocq, évêque de Laon ;
Jean de Sartenai, abbé de Ferrières ;
Pierre de Aloengiis, abbé de Saint-Riquier ;
Aleaume Bristel, abbé de Saint-Omer ;
Louis Thézart, plus tard évêque de Bayeux ;
Jean de Gonnelieu ;
Pierre Dangeraut.

NOBLES :

Waleran de Lucembourc ;
Jean de Conflans, maréchal de Champagne ;

Cette modification nous révèle un nouveau succès de la bourgeoisie. Par le premier arrangement, le tiers et le clergé devaient se mettre d'accord, s'ils voulaient vaincre les résistances de la noblesse ; par le second, le tiers pouvait seul tenir tête aux deux autres ordres réunis. A supposer que l'on continuât de voter par ordre, il est clair que le nombre commençait à être quelque chose et à produire au moins un effet moral, car on ne voit pas, autrement, l'intérêt qu'auraient pu avoir les bourgeois de s'assurer la pluralité des membres dans ce conseil. Si, sur les trente-

Jean de Picquigny ;
Regnaud de Trie, dit Patouillart, qui avait demandé grâce pour le roi de Navarre, en plein parlement, après le meurtre du connétable d'Espagne ;
Mathieu de Trie de Moncy ;
Philippe de Troismons, récompensé plus tard de ses bons services par Charles V.

TIERS ÉTAT :

Paris : Étienne Marcel, prévôt des marchands ;
    Charles Toussac, échevin ;
    Giles Marcel ;
Rouen et Normandie : Grimer, maître en théologie ;
    Jamin Dariot, avocat du roi en Normandie ;
Vermandois : Colart de Courliegis, de Laon, décapité en 1358 dans cette ville, comme complice d'Étienne Marcel ;
    Jean de Beaulieu, maire de Noyon ;
Amiens : Robert de Corbie, maître en divinité ;
    Guillaume de La Quarrière, d'Amiens, qui obtint des lettres de rémission ;
    Colart le chaucetour, d'Abbeville, avocat, anobli en 1356, décapité à Abbeville en 1358 ;
Champagne et Brie : Maître Guillaume de Marchières, de Meaux ;
Orléans : Guillaume d'Avalon ;
Bourges : Maître Guillaume de Mons ;
La Rochelle : Maître Élie Baugis ;
Senlis : Jean Louvet ;
    Maître Regnaut Mariavale ;
Sens : Jean de Sainte-Haude, avocat, gouverneur des subsides, nommé par les états. Il prit la fuite en 1358, et obtint des lettres de rémission en 1361.

quatre personnes dont il se trouva définitivement composé, les nobles en obtinrent moins que le clergé ou la bourgeoisie, c'est qu'ils étaient peu nombreux aux états : les uns avaient péri à Poitiers, et les autres se retiraient insensiblement d'une assemblée plus jalouse du bien de la France que de conserver ou d'accroître les prérogatives de la couronne et d'une caste privilégiée. On peut s'étonner de trouver, dans un conseil formé par les chefs de la bourgeoisie, deux nobles au moins sur six, dont le dévouement à la cause royale n'est pas douteux : le maréchal de Champagne, qui fut frappé plus tard dans la chambre même du dauphin, et Philippe de Troismons, qui fut récompensé par le roi Charles V ; mais leur présence y était sans danger, car les états se réservaient le droit de révoquer les membres d'un conseil qu'ils nommaient eux-mêmes.

Il fallait bien que les députés de la bourgeoisie eussent dans leurs délégués une confiance entière, ou qu'ils pussent les changer à leur gré, puisqu'ils leur commettaient le soin de gouverner le royaume. C'était moins un conseil qu'ils donnaient au dauphin qu'une tutelle et des maîtres. Le conseil devait diriger l'administration des provinces, confiée à des commissaires qu'il aurait choisis ; il recevait, de son institution, le droit d'agir et de prononcer sur toutes les matières administratives, et tout ce qui restait à la royauté de son ancien pouvoir se réduisait presque au droit d'approbation et de *veto*. Ainsi la nation prenait possession d'elle-même et s'essayait au gouvernement de ses propres affaires. Elle ne conservait guère de la monarchie que le nom. En plein moyen âge, elle avait imaginé le système constitutionnel des temps modernes, auquel il ne manquait qu'une plus juste pondération des pouvoirs[1]. Toutefois,

---

[1] S'il fallait en croire le continuateur de Nangis, les états auraient stipulé que le duc de Normandie se rendrait en Angleterre pour y demander que son père fût mis en liberté. Le silence de tous les autres chroniqueurs

par un concours de circonstances qu'on s'explique mal, la plupart des bourgeois nommés au conseil s'abstinrent le plus souvent d'y prendre séance, soit que le temps leur manquât pour y venir, soit qu'ils ne fussent, en quelque sorte, que des conseillers honoraires ou extraordinaires. Ils se contentaient, en général, d'être représentés par les évêques de Laon et de Paris, et lorsqu'ils se rendaient au palais, ce n'était que sur une convocation spéciale, ou par suite d'une résolution populaire, et plutôt comme délégués de la bourgeoisie et des états que comme conseillers du roi.

Suivant un vieux manuscrit, le duc de Normandie « avala les remontrances des états comme le malade fait les pilules qui lui sont ordonnées par le médecin [1]. » Également embarrassé d'accorder ou de refuser, il ajourna sa réponse à la séance publique, et se retira sans s'expliquer. Il assembla aussitôt ses conseillers ordinaires, espérant qu'ils lui suggéreraient quelque bon expédient; mais il ne les trouva pas moins empêchés et abattus qu'il n'était lui-même. Ce qui faisait surtout leur stupeur et leur désespoir, c'est que les résolutions les plus hardies des états eussent été prises à l'unanimité, et que les princes, le duc de Bretagne entre autres, après avoir défendu les droits de la royauté et soutenu qu'on lui faisait des conditions trop dures, se fussent rangés à l'avis des bonnes villes et du clergé. Avaient-ils cédé à l'intimidation, ou les preuves fournies de la culpabilité des principaux officiers et de la déplorable administration du royaume leur avaient-elles fait perdre tout espoir

---

permet de révoquer en doute cette assertion, d'ailleurs fort invraisemblable. Au fond, les états devaient peu souhaiter le retour du roi, qui n'aurait pu être qu'un obstacle aux projets de réforme. L'eussent-ils souhaité, il n'était pas nécessaire d'envoyer le dauphin à Londres; il n'y avait qu'à subir les conditions des Anglais.

[1] Ms. de Baluze, n° 312, Reg. 5243³, remontant, d'après Secousse, à l'année 1550.

de défendre une si mauvaise cause? Quoi qu'il en soit, l'abandon qu'ils en avaient fait ne pouvait que semer partout la défiance. Comme les conseillers du jeune prince se trouvaient inégalement menacés, ils se partagèrent. Ceux que la commission ne poursuivait point furent d'avis de céder à ses exigences; les autres, se voyant à la veille de perdre leurs charges et leurs biens, et peut-être de ne trouver de salut que dans la fuite, voulaient qu'on résistât avec énergie. L'ardeur intéressée qu'ils mettaient à soutenir leur opinion la fit prévaloir : il fut résolu qu'on renverrait les députés sans écouter leurs représentations.

Cette sorte de coup d'État offrant quelques dangers, il parut sage de tourner la difficulté plutôt que de l'aborder de front. Les politiques du conseil imaginèrent d'ajourner, sous un prétexte quelconque, la séance officielle de clôture. Ils espéraient lasser ainsi la plupart des députés, pour qui le séjour de Paris était ruineux, et les renvoyer à leurs affaires, qui restaient en souffrance. Quand les plus impatients seraient partis, quelle autorité resterait-il aux autres pour s'élever avec succès contre les changements que le duc de Normandie apporterait aux résolutions des états? Ce plan fut donc suivi, au risque d'aigrir des mécontentements déjà manifestes. Le jour avait été fixé pour la séance de clôture. A l'heure convenue, les députés des trois ordres se trouvèrent réunis dans la grande salle du parlement; autour d'eux se pressait une foule de bourgeois, non moins avides, cette fois, de connaître ce qu'avaient décidé les élus de la nation, que de repaître leurs yeux du spectacle d'une telle cérémonie. Tout à coup les portes s'ouvrent, et, à la place du prince qu'on attendait, on voit paraître le sieur de Hangest, chargé d'annoncer que la clôture était différée jusqu'au jeudi d'après la Toussaint (3 novembre). Un murmure s'éleva aussitôt dans l'assemblée : les députés se plaignaient d'un ajournement si imprévu, si peu nécessaire, si nuisible à leurs intérêts; l'assistance s'étonnait d'un pareil manque d'égards. L'étonnement fut plus grand encore que la colère : il ôta toute présence d'esprit aux meneurs des états. Il aurait fallu sur-le-champ passer outre et prendre des mesures propres à déjouer les artifices du dauphin; mais on négligea de saisir le moment opportun : le sieur de Hangest eut le temps de se retirer, ce qu'il fit en toute hâte, pour ne point entendre les récriminations des mécontents, et n'avoir point à y répondre; les plus timides d'entre les députés, fatigués d'attendre, ou craignant quelque conflit sérieux, ne tardèrent pas à quitter Paris.

C'était ce qu'avait prévu et ce que souhaitait le duc de Normandie. Il pensait qu'Étienne Marcel et ses amis, abandonnés de leurs collègues, n'auraient plus ni la force ni le courage de résister. Pour rendre leur isolement plus sensible, il prépara un nouveau coup de théâtre. Le 2 novembre, veille du jour définitivement fixé pour la séance de clôture, il fit appeler au Louvre plusieurs personnages considérables de son conseil et des états. L'archevêque de Lyon, l'évêque de Laon, Étienne Marcel et Charles Toussac étaient du nombre, encore qu'ils eussent proposé les mesures dont la cour se montrait le plus irritée; mais ils étaient comme perdus dans la foule des amis du prince, dont se composait cette réunion officieuse. Lorsqu'ils furent tous assemblés, le duc de Normandie déclara, avec une bonhomie apparente, qu'il ne les avait point convoqués comme membres des états ou de son conseil, mais parce qu'il comptait sur leur dévouement à sa personne et sur leurs bons avis dans une circonstance difficile. Il leur dit alors qu'il venait de recevoir des dépêches de l'empereur, son oncle, qui l'appelaient à Metz, et il demanda modestement s'il n'était pas convenable d'attendre, pour recevoir communication des vœux et des conditions des états, qu'il eût recueilli de vive voix ou par lettres les conseils du roi son père, de l'empereur son oncle, et du comte de Savoie son cousin [1].

Si les complaisants du dauphin, qui étaient de beaucoup les plus nombreux dans cette assemblée, n'y eussent fait la loi, les autres auraient énergiquement protesté contre la prétention singulière que témoignait un prince français, le lieutenant du roi, de n'agir que sur l'avis d'un monarque captif, de princes étrangers, et de parents plus ou moins éloignés, dont les intérêts pouvaient être opposés à ceux de la France. Ils auraient fait voir qu'ils n'étaient pas dupes de ces scrupules, qui n'avaient d'autre cause que le désir de ne pas se rendre à la volonté des états; qu'un nouvel ajournement de la séance de clôture serait un outrage à la majesté nationale, et que, selon toute apparence, les députés ainsi humiliés et congédiés ne reviendraient pas, si, plus tard, il devenait nécessaire de les rappeler. Certains d'une défaite, et peu accoutumés à parler en présence d'un prince, ils n'essayèrent point de protester contre les acclamations qui accueillirent les paroles du dauphin, et ils se retirèrent irrités, mais silencieux.

A peine hors du Louvre, ils revinrent de leur stupeur et donnèrent un libre cours à leur colère. Il leur suffit de la nuit pour s'entendre et concerter leur plan de conduite. Le lendemain, 3 novembre, les Quatre-vingts et les autres députés, malheureusement en petit nombre, qui n'avaient pas encore quitté Paris, se réunirent aux Cordeliers, sans aucune convocation officielle. Cette réunion était irrégulière, illégale, car les états, ayant été ajournés en vertu de la prérogative royale, ne pouvaient s'assembler de nouveau que sur une ordonnance du roi ou de son lieutenant. Mais

---

[1] L'empereur Charles IV était frère de Bonne de Luxembourg, femme de Jean le Bon et mère du duc de Normandie. Le comte de Savoie était alors Amédée VI, surnommé le comte Vert, et qui avait épousé Bonne de Bourbon, cousine du roi Jean.

quelle mesure révolutionnaire fut jamais plus légitime? Le duc de Normandie avait outragé les états dans la forme, en attendant, pour les avertir de sa résolution d'ajourner la séance de clôture, le moment où elle devait avoir lieu, et dans le fond, en imaginant à deux reprises les plus futiles prétextes pour s'affranchir de leur surveillance. Il devenait évident que s'il renonçait à se procurer par les voies légales l'argent et les hommes dont il avait besoin, c'est qu'il comptait recourir à mille expédients vexatoires, et que la France allait subir de nouveau les violences odieuses des officiers royaux, que les états avaient eu précisément mission d'empêcher.

Ce fut l'évêque de Laon qu'Étienne Marcel et ses amis chargèrent de porter la parole et d'apprendre à leurs collègues, réunis aux Cordeliers, ce qui s'était passé au Louvre. Le choix de ce prélat était peut-être impolitique, car on le savait facile à s'emporter et peu capable de mesure dans l'expression de ses sentiments; mais on pensa sans doute que les membres présents ajouteraient plus facilement foi aux assertions d'un homme d'église et d'un conseiller du roi. Robert Lecocq ne se borna point à exposer les faits; il prononça tout un discours pour prouver que les réformes demandées par les états étaient nécessaires. Au sujet de la destitution des officiers royaux, qui excitait plus que tout le reste le mécontentement de la cour et du dauphin lui-même, il allégua, pour justifier cette mesure, s'il faut en croire un document où il est peint sous les plus noires couleurs [1], qu'elle était parfaitement légitime, puisqu'on avait déjà vu déposer des rois de France. A ces paroles, l'orateur sentit, dit-on encore, qu'un député assis à ses côtés lui

---

[1] L'acte d'accusation publiée par M. Douet d'Arcq et dont il a été question plus haut. Les officiers royaux étaient d'autant plus irrités contre Robert Lecocq, qu'ils l'avaient tenu pour un des leurs, à cause de la place qu'il occupait dans les conseils du roi.

marchait vivement sur le pied, pour l'avertir de son imprudence. Il se reprit alors, et expliqua qu'il avait seulement voulu dire, en manière d'exemple, qu'un roi de France avait été déposé par le pape à la requête des états. Poursuivant ensuite son discours, il proposa de donner lecture des représentations que les trois ordres auraient voulu adresser à monseigneur le duc, afin qu'il fût bien établi que si rien n'avait été fait pour soulager les maux dont souffrait la nation, la faute en était à ceux qui, après avoir demandé aide et assistance, refusaient la main qu'on leur tendait. Une telle motion était déjà bien menaçante; Robert Lecocq la rendit plus hostile encore, en ajoutant qu'il serait bon que chaque député prît copie des résolutions arrêtées, afin de les faire connaître à leurs commettants.

Les députés accueillirent avec enthousiasme la proposition qui leur était faite : ils n'y virent pas seulement une machine de guerre contre le prince qui s'était si indignement joué d'eux, mais aussi un moyen de donner à leurs idées cette publicité sans laquelle on n'en pouvait espérer le succès. L'événement fit voir que de telles précautions n'étaient pas inutiles. Dans plusieurs provinces, les députés, à leur retour de Paris, avaient reçu de leurs concitoyens le plus mauvais accueil. Ceux de Soissons, par exemple le cabaretier Regnaud, qui était en même temps bailli du chapitre, et le drapier Jean Tatini furent maltraités, en punition des paroles injurieuses qu'ils avaient prononcées, au sein des états, contre les conseillers du roi [1]. Si la ville de Soissons eût été mieux informée de ce qui s'était passé à Paris, elle aurait rendu justice au courage de ses mandataires. D'autre part, dans des lettres royaux de cette époque

---

[1] Lettres de rémission obtenues en juin 1359 par Jean Legueus, un de ceux qui les maltraitèrent. — Trésor des Chartes, Reg. 90, pièce 185. — Secousse, t. III des Ordonnances, p. 49. On trouvera dans les notes de ce travail les documents du trésor des Chartes indiqués tantôt par le numéro de la

même (novembre 1356) le duc de Normandie osait accuser les états de n'avoir « rien conclu ni parfait de ce qui leur avait été proposé. » Ce prince savait bien le contraire, puisqu'il n'avait pas eu d'autre motif d'ajourner indéfiniment la séance de clôture, que sa répugnance à couvrir de sa sanction les réformes proposées. Donner une grande publicité aux résolutions des états parut le seul moyen de répondre à ce perfide mensonge, qu'on répandait partout de vive voix, avant de l'insinuer dans des documents officiels.

Le châtiment ne se fit pas longtemps attendre. En se donnant le plaisir puéril de congédier une assemblée qui le gênait, le dauphin avait renoncé aux hommes d'armes et à l'argent qu'elle lui offrait. Il était d'un caractère trop froid pour qu'on puisse croire qu'il avait cédé à un mouvement de colère; il se flattait d'obtenir directement du pays et par une simple demande ce que les états ne lui accordaient que sous conditions. S'il n'eut point cette illusion, toute sa conduite dans cette affaire atteste son incapacité et celle de ses conseillers. Que s'il croyait, au contraire, que sa voix serait entendue dans les provinces, pourquoi se résigna-t-il bientôt à une démarche humiliante dont l'insuccès était certain? Si tous les témoignages ne s'accordaient, on ne pourrait se persuader qu'il s'adressa presque en suppliant à Étienne Marcel et aux échevins de Paris, pour obtenir d'eux de l'argent et une armée. Leur réponse fut, comme il aurait dû s'y attendre, qu'ils n'avaient point le droit de se substituer aux états et qu'ils lui conseillaient humblement d'en rappeler l'assemblée. Plutôt que d'y consentir, le duc préféra se tourner vers la nation elle-même, au risque

---

pièce, tantôt par celui du feuillet où ils se trouvent. L'emploi du premier mode, déjà adopté par mes devanciers, indique qu'ils avaient fait usage du document que je cite après eux ; je renvoie au feuillet du registre toutes les fois que je crois être le premier à avoir eu connaissance d'une pièce, ou du moins à m'en servir

d'apprendre à ses dépens que tant de fautes et d'injustices avaient fait perdre son prestige à la royauté.

Il imagina ou plutôt on lui suggéra, car toute cette politique n'était guère le fait de son âge, d'envoyer dans les bonnes villes et dans les bailliages, des conseillers du roi en qualité de commissaires, chargés de demander une aide. L'accueil que ces fonctionnaires reçurent partout l'éclaira ou du moins aurait dû l'éclairer sur la valeur des conseils qui lui étaient donnés. On n'a pas le détail de ce qui se passa à ce sujet dans toutes les provinces; mais par la conduite de celles d'Auvergne et de Languedoc, qui étaient pourtant les plus éloignées et, par suite, les moins irritées, on peut juger quelle fut la réponse des malheureux pays qui semblaient une proie toujours prête pour les ennemis de l'intérieur comme pour ceux de l'extérieur.

En Auvergne, les conseillers du roi demandèrent un double subside et de doubles décimes. Les comptes de Robert de Riom, receveur général de la province, nous apprennent que les états provinciaux, jugeant la demande exorbitante, accordèrent seulement une levée de quatre cents glaives et un subside de 15 pour 100 sur les revenus, ou, comme on disait en ce temps-là, d'un dixième et demi. Ce n'était pas assurément peu de chose : des conditions et des précautions minutieuses firent voir que les Auvergnats sentaient l'importance de ce sacrifice et que l'esprit des états généraux avait pénétré jusque dans les provinces les plus reculées.

D'abord ils décidèrent que le subside voté serait levé tous les trois mois, pendant un an, sans qu'on pût en augmenter le chiffre, ou appeler au service un plus grand nombre d'hommes, avant d'avoir consulté les états. Puis, afin de pourvoir eux-mêmes à la sûreté de la province, ils voulurent que le produit de la gabelle et de l'aide de huit deniers par livre, établie par les états généraux à Paris le

28 décembre de l'année précédente (1355), restât en Auvergne, pour la défense et les besoins du pays. Enfin les représentations que les états généraux n'avaient pu faire entendre au dauphin furent reproduites exactement par les états d'Auvergne. Sans doute ceux des députés de cette contrée qui avaient pris part aux délibérations de Paris se trouvaient à cette nouvelle assemblée et n'y furent pas étrangers à la réponse ferme et patriotique que leurs collègues firent aux demandes du dauphin. Ainsi, ce prince subit à Clermont les conditions qu'il avait repoussées à Paris, et n'obtint qu'à ce prix un peu de cet argent qu'on lui refusait partout.

Dans la province de Languedoc les exigences ne furent pas moindres, mais la finesse méridionale sut les faire oublier par les marques d'un dévouement extraordinaire à la cause royale. Les états, assemblés dès le mois d'octobre (1356) par le comte d'Armagnac, lieutenant du roi dans ce pays, votèrent sans difficulté une levée de treize mille chevaux et de deux mille fantassins, avec un subside suffisant pour les entretenir. Afin de montrer la douleur qu'ils éprouvaient de la captivité du roi, ils décidèrent que, pendant une année, si le bon roi Jean n'avait auparavant recouvré sa liberté, les hommes et les femmes, ne porteraient ni or, ni argent, ni perles, ni robes ou chaperons découpés ; et que les ménétriers et les jongleurs s'abstiendraient pendant tout ce temps d'exercer leur métier. Le *Rosier historial* ajoute qu'il fut défendu en outre de se servir de vaisselle d'or ou d'argent, et même de s'habiller de drap de couleur claire jusqu'à la délivrance du roi. Ces marques éclatantes de sympathie s'expliquent en partie par la distance considérable où les Languedociens étaient du pouvoir central, dont les fautes, les injustices et les crimes ne leur faisaient que peu de dommage ; mais, pour bien pénétrer le sens de ces ordonnances provinciales qui prescrivaient si bruyamment un deuil public, il faut regarder au fond des choses. Ce n'était qu'un moyen assez habile de prendre, sans offenser personne, des mesures efficaces pour prévenir les malversations qu'on redoutait toujours de la royauté. Les députés de la province voulaient que l'argent restât entre les mains des trésoriers qu'ils auraient nommés; que ces officiers payassent eux-mêmes les gens de guerre; que leurs comptes fussent contrôlés par douze commissaires spéciaux, nommés aussi par les états; que toutes les impositions autres que le subside fussent suspendues, et qu'on cessât de payer le subside même, si le roi ou son lieutenant faisait subir aux monnaies la moindre altération; que tous les ordres, sans exception pour personne, en acquitteraient leur part, et qu'enfin les états de la province pourraient se réunir, sans convocation nouvelle, quand ils le jugeraient à propos.

Et comme si ce n'était assez de ces précautions, sages à la vérité, mais blessantes, les états de Languedoc tinrent mal leur promesse, ou du moins l'on ne put arracher aux habitants du pays le subside voté. Quelques mois plus tard (1er mars 1357), le comte d'Armagnac était réduit à convoquer de nouveau l'assemblée provinciale à Béziers, pour en obtenir l'exécution des engagements contractés à Toulouse. Les députés répondirent qu'il serait impossible aux habitants de payer, si l'on ne diminuait d'abord le prix des espèces, et le lieutenant du roi y dut consentir (ordonnance du 19 mars 1357).

Ainsi, la campagne imprudente du dauphin manqua partout son effet. Battu dans tout le royaume comme à Paris, et par les mêmes armes, le duc de Normandie ne pouvait fermer longtemps les yeux à l'évidence et ne pas voir qu'il n'aurait d'hommes et d'argent qu'au prix que la nation y mettait. S'il essaya de lutter encore, sa défaite était prévue, et toute la politique des chefs de la bourgeoisie était d'attendre qu'il vînt se rendre à merci.

CHAPITRE CINQUIÈME

Voyage du duc de Normandie à Metz (5 décembre 1356). — Nouveau remaniement des monnaies. — Retour du duc à Paris (14 janvier 1357). — Entrevue à Saint-Germain-l'Auxerrois 19 janvier). — Concessions du dauphin. — Situation du royaume. — Réunion des états (5 février). — Leurs travaux. — Séance publique (3 mars). — Réformes demandées. — La grande ordonnance. — Réformes accomplies par la commission des Trente-Quatre. — Trêve conclue à Bordeaux (25 mars) et défense faite par le roi d'obéir aux états. — Soulèvement à Paris (6 avril). — Défection des provinces. — Travaux et administration de Marcel.

Le voyage que le duc de Normandie avait le projet de faire, et dont il venait de parler dans la conférence du Louvre, pouvait se couvrir de prétextes plausibles. L'empereur Charles IV et le pape Innocent VI avaient offert leur médiation pour terminer le différend qui tenait depuis si longtemps la France et l'Angleterre en armes. Des conférences étaient sur le point de s'ouvrir à Metz : il paraissait donc convenable que le dauphin y assistât, et même qu'il y déployât un faste vraiment royal; ne fallait-il pas faire croire aux ennemis que la France n'était pas ruinée, comme on le disait partout, et qu'elle pouvait toujours leur tenir tête? Mais, à supposer que le jeune prince ne cherchât pas une distraction aux embarras du gouvernement et aux ennuis de sa cour, qu'était l'avantage douteux de tromper un adversaire clairvoyant, au prix du danger qu'il y avait, pour l'autorité royale, à laisser dans Paris celle d'Étienne Marcel et de ses amis sans contre-poids? Courir à des fêtes dont la pompe ne pouvait être qu'un grief de plus pour ceux qui les payeraient; s'entourer d'un somptueux cortége tandis que le peuple souffrait des maux extrêmes, c'était provoquer comme à plaisir l'indignation publique. Elle éclata surtout dans toute sa force quand on vit la reine Jeanne de Boulogne, belle-mère du dauphin, quitter en même temps Paris, sous couleur de marier son fils. Philippe, duc de Bourgogne, n'était âgé que de onze ans, et la fiancée, Marguerite de Flandres, n'en avait que sept. Pour un mariage si pressé, des contributions extraordinaires furent levées, qui n'empêchaient ni les percepteurs de réclamer les subsides, ni les seigneurs d'exiger le prix de leur rançon, et l'on ne saurait croire tout ce qui fut dépensé, à cette occasion, en fêtes, présents, achats de terres et de maisons [1].

Le 5 décembre 1356, le duc de Normandie partait pour Metz, laissant ses pouvoirs au comte d'Anjou, son second frère. Pour se procurer l'argent que venaient de lui refuser Marcel et les états des provinces, il avait eu recours, au mépris des engagements contractés par son père, à l'expédient des anciens jours, et porté à douze livres tournois la valeur du marc d'argent, qui, d'après l'ordonnance de décembre 1355, n'en devait plus valoir que six. La refonte que ce remaniement rendait nécessaire devait, comme toujours, lui donner un profit considérable.

A ce manque de foi il ajouta bientôt un manque de courage qu'on n'aurait pas attendu, même de lui, et qui était, en outre, la plus grave imprudence qu'un politique pût commettre. Persuadé que les Parisiens ne se soumettraient pas sans résistance à un décret si propre à porter le trouble

---

[1] Ce mariage eut lieu, en effet, au mois d'avril 1357.

dans toutes les relations commerciales, il crut faire un coup de maître en laissant l'embarras des désordres qu'il prévoyait à son frère, encore plus jeune et plus inexpérimenté que lui. Son ordonnance, signée le 25 novembre, ne fut promulguée que le 10 décembre, alors qu'il était déjà trop loin pour que le bruit du mécontentement populaire pût le distraire de ses plaisirs. Ne serait-ce pas assez de cette lâcheté pour déshonorer Charles V, si l'histoire n'avait parfois pour les plus mauvais princes des trésors d'indulgence?

Il n'y a donc pas lieu de s'étonner si, suivant le témoignage du *Rosier historial*, le comte d'Anjou « eut la teste moult tempestée par l'impétuosité du prévost des marchands et des échevins de Paris. » Pour noircir la conduite d'Étienne Marcel, on a prétendu qu'il ne fit opposition à cette ordonnance qu'afin de forcer le duc de Normandie à s'adresser à lui, s'il voulait de l'argent; c'est oublier un peu vite que ce prince ne s'était décidé à altérer de nouveau les monnaies que sur les refus qu'il venait d'essuyer, et, par conséquent, que Marcel l'avait vu tout récemment dans la position où l'on soutient qu'il voulait le mettre.

Les motifs de son opposition sont trop évidents pour qu'il soit possible de les méconnaître avec bonne foi. Avait-il tort de dire que des mutations si fréquentes et si fortes nuisaient à la circulation de l'argent français et portaient le trouble dans les relations privées? Qu'il espérât tirer de cette faute et de cette nouvelle cause de ruine tout l'avantage qu'on en pouvait attendre, je veux dire une prochaine convocation des états, c'était assurément la plus légitime des revanches et la meilleure politique qui fût au monde.

Pour le moment, et en l'absence du dauphin, il ne demandait que la suspension provisoire de l'ordonnance. Les délégués qu'il envoya au comte d'Anjou avaient mission d'obtenir que la nouvelle monnaie cessât d'avoir cours. Sur le refus de ce prince, il pensa qu'une démarche qu'il ferait lui-même, entouré de ses échevins, aurait peut-être plus d'effet. Mais il s'aperçut bientôt qu'Anjou ne cherchait qu'à gagner du temps, car, sous divers prétextes, il renvoyait de jour en jour sa réponse ; en conséquence, Marcel prit sur lui de décider ce qu'il sollicitait en vain, et il interdit aux commerçants, ses administrés, d'accepter les nouvelles monnaies dans leur négoce. Cette précaution lui permettait d'attendre ; il continua donc de se rendre presque journellement au Louvre, accompagné d'une foule de citoyens, mais il ne pressait plus la conclusion de l'affaire. De son côté, le comte d'Anjou voyant l'effet de l'ordonnance manqué en partie, n'avait plus d'intérêt à traîner en longueur : il suspendit la fabrication des espèces remaniées, jusqu'à ce que le duc de Normandie eût fait connaître sa volonté.

Le duc de Normandie n'en pouvait avoir d'autre que de se soumettre. En peu de jours il eut épuisé ses premières ressources, et comme, par la suspension ordonnée, son frère se voyait hors d'état de lui envoyer de l'argent, il dut revenir sans délai. Il avait peine à contenir son dépit, et il roulait dans son esprit mille projets de vengeance. Le 14 janvier (1357) il fit solennellement sa rentrée à Paris. Le corps municipal se rendit au-devant de lui jusqu'à l'abbaye Saint-Antoine. Il était d'une sage politique de marquer les mêmes respects que par le passé à la majesté royale, et de faire voir par là que ce n'était pas le pouvoir suprême qui était l'objet de tant d'attaques, mais l'usage qu'on en faisait. Suivant la coutume, un très-grand nombre de Parisiens s'étaient joints au cortége. Cette fois même, on y vit figurer les ordres ecclésiastiques et les colléges de Paris, car le chancelier Laforest, qui revenait avec son maître, ayant été nommé cardinal, pouvait prétendre, comme prince de l'Église, aux mêmes honneurs qu'un prince temporel. Mais telle était la disposition des esprits, que la popularité d'Étienne Marcel put faire tourner à son profit toute cette pompe; de l'aveu des contemporains, ce fut lui qui parut le véritable triomphateur, et le déplaisir mortel qu'en ressentit le duc de Normandie ne pouvait qu'ajouter aux difficultés que présentait déjà tout accord entre eux.

Cinq jours après son arrivée (19 janvier), ce prince fit prier le prévôt des marchands de se rendre aux environs de Saint-Germain-l'Auxerrois, où il trouverait des personnes chargées de l'entretenir. Si extraordinaire que pût paraître cette entrevue en plein air, Étienne Marcel ne crut pas devoir s'y refuser; mais, animé d'une juste défiance, il s'y rendit en compagnie d'un grand nombre d'hommes armés. On a voulu voir dans cette précaution, qu'expliquent et les habitudes violentes du temps et les apparences de guet-apens qu'avait la singulière invitation du dauphin, la preuve d'une rébellion préméditée. Ce qui se passa dans cette entrevue permet au contraire de croire que c'en était fait de la liberté du prévôt, et peut-être de sa vie, s'il eût été seul. Il trouva aux abords de Saint-Germain-l'Auxerrois, c'est-à-dire sous la protection des gardes du Louvre, et entourés d'une bonne escorte, plusieurs conseillers du duc de Normandie, qui le sommèrent, au nom de leur maître, de ne plus s'opposer à la circulation des monnaies nouvellement fabriquées. La résistance de Marcel fit naître une querelle terrible, et des deux parts on éleva les plus vives récriminations. Les conseillers royaux firent entendre des menaces redoutables et d'une exécution prochaine, qui réduisirent le prévôt à en appeler au dévouement de ses amis. Il se retira fièrement avec eux, et sur leur avis, pour protéger sa personne et sa cause, qui était celle de tout le peuple, il donna ordre aux gens des métiers de se mettre en grève et à tous les Parisiens de s'armer.

Le peuple obéit à la voix de ses chefs. Les gens des métiers, ayant quitté leur travail, n'avaient plus qu'à promener leur oisiveté dans les rues : ils y parurent en armes et bannières en tête. Il eût suffi du moindre incident pour pousser toute cette foule aux dernières violences. Le duc de Normandie le comprit, ou son conseil le lui fit comprendre, et il en éprouva une frayeur qui le mit à la merci de ses adversaires.

Dès le lendemain (vendredi, 20 janvier), il en fit prier les principaux de se réunir au palais, dans la chambre du parlement, où il ne tarda pas à les rejoindre. Il leur dit, avec une bonne grâce empruntée, qu'il n'était pas mécontent d'eux, qu'il leur pardonnait tout, qu'il assemblerait les états quand ils le voudraient, qu'il mettrait hors de son conseil les officiers qui lui avaient été désignés, qu'il donnerait même des ordres pour les faire arrêter, et qu'il les retiendrait en prison jusqu'au retour du roi, qui prononcerait sur leur sort. Il ajouta que, quoique le droit de fabriquer la monnaie et d'en changer le prix appartînt à la royauté, il permettait que celle qu'il avait ordonné de frapper n'eût point cours, et que les états, quand ils seraient réunis, en établissent une nouvelle.

De telles paroles soumettaient l'autorité souveraine à l'émeute, et montraient la force de l'une par l'impuissance de l'autre. Elles font voir en outre que tout génie politique était absent des conseils du dauphin. Puisqu'il semblait impossible de résister à la bourgeoisie de Paris et de rien faire sans le concours des états, il n'eût fallu ni soulever les passions pour leur céder si vite, ni congédier les députés pour les rappeler deux mois après.

Étienne Marcel répondit au nom du corps municipal. Il demanda que les états fussent convoqués pour le 5 février suivant. Quinze jours au moins semblaient nécessaires, si l'on voulait que l'avis de la convocation pénétrât dans les provinces, et que les députés eussent le temps de se rendre à Paris. Comme un changement de résolution était à craindre d'un prince si mobile et qui ne cédait qu'à la peur, le prévôt des marchands exigea que des lettres royaux fissent foi d'un engagement dont dépendaient toutes ses espérances pour l'avenir.

Le duc de Normandie fut prié, en outre, de retirer leurs pouvoirs au chancelier Laforest et au président Buci, qui négociaient à Bordeaux avec le prince Noir. On redoutait qu'ils n'acceptassent des conditions peu honorables ou ruineuses pour la France, et, plutôt que de subir ces conditions, on préférait que la France essayât de se gouverner elle-même. Le dauphin céda sur ce point comme sur tout le reste, du moins en apparence; mais, en envoyant aux deux négociateurs l'avis officiel de leur destitution, il y joignit l'ordre secret de n'en pas tenir compte. Laforest et Buci restèrent donc à Bordeaux et y signèrent, le 23 mars suivant, une trêve qui permettait au dauphin de ne songer, pour un temps, qu'aux embarras de l'intérieur. Ils n'eurent garde ensuite de revenir à Paris, car ils savaient le sort qui les y attendait. Dès le 25 janvier, cinq jours à peine après l'entrevue dont on vient de parler, Etienne Marcel ordonnait que des perquisitions fussent faites chez Simon de Buci, premier président, Nicolas Braque, maître d'hôtel du roi, Enguerrand du Petit-Cellier, trésorier de France, et Jean Poillevilain, maître de la chambre des comptes, qui lui étaient particulièrement suspects et dont il voulait prévenir les complots.

Le même jour, le duc de Normandie annonçait par un mandement que, sa monnaie n'ayant point été acceptée, il se voyait forcé, pour payer les troupes qui défendaient le royaume, d'ordonner la fabrication de trois mille marcs d'argent. Ainsi, en même temps qu'il se soumettait à la volonté populaire, il trouvait moyen de faire entendre une timide protestation.

Il est regrettable sans doute que l'émeute ait emporté, dans cette occasion, ce que les états n'avaient pu obtenir; mais sur qui retombe la responsabilité de ces événements ? Sur le prince qui refusait même de prendre communication des projets de réformes reconnus nécessaires, ou sur le peuple qui triomphait de ce mauvais vouloir par une résistance qui d'ailleurs ne fut pas violente, et qui n'était que le rigoureux exercice d'un droit?

Jamais la misère publique n'avait réclamé de plus prompts et de plus énergiques remèdes. Cette courte période de trois mois, durant laquelle le duc de Normandie essaya de gouverner seul, sans le concours ou la tutelle des états, est certainement l'une des plus désastreuses de notre histoire. Les auteurs s'accordent sur les effets, s'ils diffèrent sur les causes : quelques-uns nous montrent le lieutenant du roi faible, incapable, à la merci de l'émeute; tout le pays livré sans défense à des maux innombrables que l'esprit le plus actif et la main la plus ferme auraient eu peine à conjurer; les seigneurs, revenus de Poitiers, s'abattant sur leurs infortunés vassaux pour leur ravir, sous prétexte de payer une rançon exorbitante, ce que l'ennemi, les brigands et les mauvaises récoltes avaient pu leur laisser; les soldats débandés, achevant, pour assurer leur subsistance, l'œuvre de ruine que leurs chefs avaient commencée, pillant et brûlant les chaumières que les Anglais et les compagnies avaient laissées debout; les voleurs de grandes routes remplaçant, au besoin, les ennemis ou les soldats fatigués; dans les villes, mieux disposées pour la défense, la cherté et la rareté des vivres provoquant d'abord les sourds mécontentements, puis les discordes ouvertes, et même les rébellions contre l'autorité publique; au milieu de ce désordre, les officiers royaux et les employés qui vivaient des abus s'opposant aux moindres réformes; les maîtres accablant leurs esclaves et les esclaves commençant de menacer leurs maîtres; enfin, les souffrances du présent augmentées encore des craintes de l'avenir, tel est le sombre tableau que nous retracent les chroniqueurs, et qui arrache au plus sincère d'entre eux, témoin ému de tant de misères, cette douloureuse parole : « que la France, qui l'emportait auparavant par les richesses et par la gloire, était devenue un objet de mépris et de dérision pour les autres nations [1]. »

Telle était l'étendue du mal, qu'elle fit désespérer du remède. Le 5 février, il ne se trouva à Paris qu'un petit nombre de députés pour la nouvelle session des états. On remarqua surtout l'absence des nobles : le duc de Bourgogne, le comte de Flandres, le comte d'Alençon, tous les principaux seigneurs étaient restés dans leurs manoirs, et ceux qui s'associaient à leur fortune s'étaient empressés de les imiter. Seul ou presque seul, le duc de Bretagne, plus ardent ou plus aveugle, était revenu prendre sa place. Les nobles n'avaient aidé à soumettre la royauté que parce qu'ils espéraient en recueillir les priviléges; mais, quand ils virent que tout l'avantage de cette lutte était pour la bourgeoisie, ils commencèrent de se tenir à l'écart, et les rapides progrès du tiers état devaient bientôt les rapprocher du dauphin.

Plusieurs causes d'une autre nature détournèrent la plupart des députés des villes de revenir à Paris. L'insuccès de leurs efforts, durant les sessions précédentes, n'était pas d'un bon augure pour celle qui allait s'ouvrir, et pour n'apporter aucun soulagement aux misères publiques, ils jugeaient inutile d'abandonner leurs affaires, d'entreprendre un voyage ruineux et plein de dangers, d'épuiser enfin à Paris leurs dernières ressources. D'autres ressentaient déjà le funeste effet des jalousies municipales; ils ne comprenaient pas que la bourgeoisie parisienne, en proposant de

---

[1] Second continuateur de Nangis, p. 244.

grandes réformes, usait du droit que lui donnaient des lumières supérieures, et cherchait moins à s'assurer des avantages particuliers qu'à répandre dans tout le royaume la prospérité dont elle jouissait et à se faire le centre d'un grand parti national.

Étienne Marcel déplorait amèrement ces jalousies, car l'absence de nombreux députés ne pouvait qu'ôter aux réformes qu'il rêvait d'accomplir le caractère de généralité qu'il aurait voulu leur donner; mais du moins il pouvait se dire que l'assemblée des états, débarrassée des esprits ombrageux ou timides qui auraient entravé sa marche, trouverait plus de force pour faire le bien, et même pour l'imposer, si elle ne parvenait à le persuader.

La première mesure qu'adoptèrent les états marque bien l'esprit de suite et la fermeté de cette assemblée. Ils décidèrent de donner pour fondement à leurs délibérations les réclamations mêmes que le duc de Normandie avait refusé d'entendre. Ils les firent donc mettre par écrit : chaque député s'obligea d'en envoyer copie à ses commettants, afin de connaître leurs sentiments à ce sujet, et, s'il était possible, d'obtenir leur approbation. Les provinces firent preuve d'une grande docilité. Partout, dans la langue d'Oïl, les états provinciaux se réunirent pour examiner les cahiers, et les renvoyèrent ensuite à Paris, après avoir approuvé ce qu'ils contenaient. Ainsi les chefs de la bourgeoisie faisaient voir qu'ils sauraient rester fermes dans leurs desseins, malgré l'opposition du prince, et qu'ils seraient soutenus par cette partie de la nation qui prenait intérêt à ses propres affaires. C'était avertir la cour qu'elle ferait sagement de ne plus mettre obstacle à l'action légitime des états.

Pour cette session, de même que pour les précédentes, le détail des délibérations nous manque. Mais, si l'on considère qu'il fallut trois semaines pour recevoir la réponse des provinces, et qu'en moins d'un mois un nombre incroyable de réformes furent préparées, proposées, étudiées, décidées, il faut bien reconnaitre qu'un accord parfait devait unir les membres de cette assemblée et qu'ils étaient trop pressés d'agir pour perdre le temps en longs discours. Comme il n'y avait, à cette époque, d'autre publicité que celle que faisaient les rois dans leurs ordonnances; comme les chroniqueurs ne prenaient pas garde aux travaux qui s'accomplissaient sous leurs yeux et ne nous font connaître que les séances d'apparat, il restera éternellement dans l'histoire de nos états généraux, durant les siècles du moyen âge, une lacune que l'esprit moderne regrette de ne pouvoir combler.

On mit au vendredi, 3 mars, la séance publique où le duc de Normandie devait recevoir communication des vœux, ou, pour parler plus exactement, des volontés des états. On ne voit pas qu'il eût été proposé, cette fois, aucune réunion secrète et préparatoire avec ce prince : instruits par l'expérience, les chefs du parti populaire ne voulurent plus avoir avec lui que des rapports officiels. Le dauphin se rendit à la séance, accompagné des comtes d'Anjou et de Poitiers, ses frères. Robert Lecocq, chargé de porter la parole, commença par exposer les souffrances et les griefs du peuple : il rappela les promesses violées, les monnaies altérées, les largesses prodiguées, dont les sujets du roi faisaient les frais, enfin les dilapidations que les états constataient et condamnaient sans pouvoir les empêcher. Il déclara qu'il était temps de mettre fin à tous ces désordres, et il fit avec un grand détail le dénombrement des réformes qui paraissaient les plus propres à soulager tant de maux.

Quoique l'évêque de Laon eût parlé au nom de l'assemblée entière, en même temps que du clergé, dont il était l'orateur, les deux autres ordres chargèrent un des leurs d'adhérer publiquement aux vœux qu'il venait d'exprimer. Jean de Picquigny, gouverneur de l'Artois, pour la noblesse,

Colart le chauceteur [1] pour les bonnes villes, répétèrent les mêmes choses en d'autres termes; et, ce qui semble plus extraordinaire, Étienne Marcel suivit leur exemple, au nom de la bourgeoisie de Paris, encore qu'elle fût au nombre des bonnes villes et qu'elle fît partie du tiers état.

On verra plus loin le détail des réformes que proposait cette mémorable assemblée : elles ne laissaient rien de l'administration publique qui ne fût amélioré. Mais il faut signaler particulièrement les principales, ou celles du moins qui étaient de nature à irriter le dauphin et à changer la face du royaume.

Les chefs des états, comme on disait à cette époque, n'avaient de pensées que pour le bien public. Ils souhaitaient ardemment de se mettre d'accord avec le duc de Normandie, parce qu'ils voyaient dans son concours un moyen assuré de faire triompher leurs réformes, et ils firent, dans cette session même, un sacrifice notable à leur dessein. Quoiqu'il y allât de leur amour-propre d'obtenir la délivrance du roi de Navarre, qu'ils avaient précédemment demandée, voyant la répugnance qu'éprouvait le duc à leur céder sur ce point, ils évitèrent d'y revenir. Les amis du prince captif faisaient pourtant la loi dans cette assemblée, car Jean de Picquigny et Robert Lecocq sont ceux que les historiens accusent surtout d'avoir conjuré avec Étienne Marcel pour poser la couronne de France sur la tête du Navarrais.

Mais, si les états sacrifiaient leur amour-propre et même la justice au désir de la concorde, ils restèrent inflexibles dès qu'ils crurent que de nouvelles concessions compromettraient leur œuvre. Ainsi, sans crainte d'exaspérer le dauphin, ils persistèrent à demander que les sept officiers

---

[1] Le même qu'on appelle, dans la plupart des ouvrages modernes, Nicolas le Chanteur

royaux désignés durant la session précédente, fussent privés à perpétuité de leurs offices et de leurs biens. Ils en ajoutèrent même quinze autres, dont ils donnèrent publiquement les noms, au lieu de tenter, comme ils l'auraient pu, de les frapper en secret[1]. Enfin, par une mesure plus radicale et qui marque assez l'étendue de leurs soupçons, ils voulurent que tous les officiers du royaume fussent provisoirement suspendus, jusqu'à ce que des réformateurs

[1] Il n'est pas sans intérêt de donner ici ces noms, que nous ont conservés les documents officiels, mais qui, ayant moins d'importance que ceux des sept conseillers destitués auparavant, n'ont pu trouver place dans les auteurs :

>
> Jean Chamelart ;
> Pierre d'Orgemont, président au parlement et rédacteur de la partie des *Grandes Chroniques* qui se rapporte à cette époque ;
> Bernard de Freman, trésorier de France ;
> Jacques Lempereur, trésorier des guerres ;
> Étienne de Paris,
> Pierre de la Charité, } maîtres des requêtes de l'hôtel du roi ;
> Ancel Chocquart,
> Jean Turpin, de la chambre des requêtes ;
> Robert de Préaux, notaire du roi ;
> Regnaud d'Acy, avocat du roi au parlement ;
> Jean d'Auxerre, maître de la chambre des comptes ;
> Jean de Brehaigne, valet de chambre du duc de Normandie ;
> Leborgne de Beausse, maître de l'écurie du duc ;
> L'abbé de Faloise, président de la chambre des enquêtes ;
> Geoffroy le Masurier, échanson du duc.

En ajoutant à ces quinze noms ceux du chancelier Laforest, du président de Buci, de Nicolas Braque, de Jean Poillevilain, d'Enguerrand du Petit-Cellier, de Robert de Lorris et de Jean Chauveau, précédemment accusés par les états, on a bien les vingt-deux officiers que l'évêque de Laon désigna nominativement dans son discours.

Secousse dit (t. III des Ordonnances, p. 63) qu'il faudrait ajouter encore « quelques maîtres des requêtes de l'hôtel du roi et d'autres officiers du duc. » Mais ceux-là, sans doute, il ne s'agissait que de les suspendre provisoirement jusqu'à plus ample informé.

On sait que les maîtres des requêtes examinaient les requêtes adressées au roi et en proposaient l'admission ou le rejet. — On appelait notaires les secrétaires du roi aux différentes chambres du parlement et en son conseil. Voy. Secousse, t. III des Ordonnances, préf., p. 4.)

nommés par l'assemblée eussent fait un examen minutieux de la manière dont ils avaient exercé leur charge, afin d'exclure les mauvais et de ne conserver que les bons.

Il n'y a pas de réformes qui nuisent plus à ceux qui les font que celles qui touchent aux personnes. On peut douter qu'il fût sage de semer l'inquiétude dans le corps déjà si considérable des employés publics et surtout d'annoncer à l'avance un examen qu'il était si malaisé de faire sérieusement. Quant aux grands officiers de la couronne, qui avaient mérité leur sort par des malversations trop bien prouvées, il y eut au moins imprudence, puisqu'on leur faisait un procès régulier, de leur ôter leurs charges et leurs biens sans attendre le jugement. Mais la modération dans les rigueurs politiques est un fruit tardif des révolutions, qu'on ne connaissait point au moyen âge.

D'ailleurs, si la sévérité dont les états firent preuve ressemble à l'injustice, l'indulgence des chroniqueurs contemporains ne touche-t-elle pas à la complicité? Dans les *Grandes Chroniques*, Pierre d'Orgemont, qui tient la plume, et qui était un des officiers poursuivis, se plaint que les accusations fussent vagues et que les accusés n'eussent pas été entendus. Il était difficile de les entendre, puisque, au lieu de demander justice, ils se cachaient dans Paris, et se sauvaient à la hâte, quand ils en pouvaient sortir, pour chercher un plus sûr abri. Imagine-t-on, par exemple, une accusation plus précise que celle dont on poursuivait Robert de Lorris [1]? Enfin ces officiers n'étaient-ils pas responsables, au moins pour une partie, des folies et des prévarications que le roi n'eût peut-être point osé commettre, s'il n'avait compté sur leur complaisance ou même cédé à leurs exhortations?

C'était peu d'écarter les dangereux conseillers qui per-

---

[1] Voy. chap. IV, p. 97.

daient la France, si l'on ne prenait des sûretés contre leurs vengeances et surtout contre leur retour. Les états trouvèrent dans cette nécessité un nouveau motif de se réunir périodiquement et à des époques plus rapprochées. A qui, en effet, auraient-ils pu commettre le soin de poursuivre cette épuration rigoureuse, si ce n'est à eux-mêmes ? Quelle eût été l'autorité des réformateurs qu'ils auraient nommés, s'ils n'avaient été là pour les défendre? Mais les assemblées périodiques des députés de la nation étaient encore une chose trop extraordinaire pour qu'on les pût réclamer comme un droit. Il fallait s'y prendre avec adresse et y accoutumer peu à peu les esprits. C'est pourquoi les états demandèrent simplement l'autorisation de se réunir à la quinzaine de Pâques suivante, afin de s'assurer si l'aide votée suffisait aux besoins de l'administration, et de l'augmenter si elle ne suffisait pas. Sous ce prétexte, ils espéraient gagner le duc de Normandie à leur dessein, et obtenir de s'assembler deux fois encore, sans convocation spéciale, entre la session de la quinzaine de Pâques et une autre qu'ils attendaient pour le 15 février de l'année suivante. Ainsi, les députés se seraient réunis quatre fois en moins d'un an ; par là ils auraient habitué le gouvernement à ne rien faire sans leur concours ou leur contrôle, et les citoyens à placer leur confiance dans le zèle et l'activité de leurs représentants. Il serait temps alors de réclamer que les états généraux fussent périodiquement réunis. A ces conditions, si elles étaient acceptées, le duc de Normandie obtiendrait trente mille hommes d'armes, avec le subside nécessaire pour les mettre sur pied et les entretenir.

D'un tempérament plus généreux, ce prince eût rejeté des offres dont il se sentait blessé ju qu'au fond de l'âme; mais il n'y vit qu'une grosse somme d'argent dont il avait besoin, ou plutôt il était dans son caractère d'attendre les occasions, pour se venger, et de plier plutôt que de rompre.

Il ne pouvait prévoir d'ailleurs que, trois semaines plus tard, une trêve conclue avec l'Angleterre lui rendrait un peu de liberté.

A la séance solennelle de clôture, une ordonnance fut promulguée, suivant l'usage. Elle résumait en soixante articles les travaux des états et reproduisait à peu près les demandes contenues dans les cahiers du mois d'octobre précédent. Le duc de Normandie convoqua de nouveau les députés à Paris pour le lundi de la Quasimodo, en leur recommandant d'être exacts, s'ils ne voulaient que des mesures, prises sans leur participation, fussent obligatoires pour eux et pour leurs provinces. C'est la première fois qu'on voit paraître dans l'histoire de France ce principe juste dans le fond, mais si fécond en discordes et en violences, par lequel la volonté du plus grand nombre fait loi dans les assemblées. Afin que les absents ne pussent alléguer, pour ne se point soumettre, qu'ils n'avaient pas été avertis, le dauphin promit d'écrire aux principaux d'entre les nobles, au duc de Bourgogne, au comte et à la comtesse de Flandres, au comte et à la comtesse d'Alençon et aux principales villes, pour les informer des résolutions prises à ce sujet.

La grande ordonnance, car tel est le nom qu'elle a reçu et qu'elle gardera dans l'histoire, n'est donc que le résumé des travaux des états pendant cette courte et laborieuse session. Le défaut d'ordre et de méthode y est sensible, c'est le signe du temps ; mais on y voit une sûreté de jugement et une profondeur de vues qui arrachent des éloges aux historiens les plus hostiles. Il suffira de rapporter les principaux articles de ce règlement remarquable pour qu'on en puisse juger l'importance :

Art. 2. — Les deniers des subsides seront entièrement employés pour la guerre et levés par les députés. La peine de la prison sera infligée à ceux d'entre eux qui détourneraient la moindre somme à leur usage. — Ainsi la précaution prise contre le gouvernement n'était point injurieuse, puisque, par un scrupule honorable, les états la prenaient aussi contre eux-mêmes, je veux dire contre leurs délégués.

Art. 4. — L'aide votée dispense les citoyens de toute autre imposition. Ils ne sont plus tenus de prêter au roi.

Art. 6. — On n'accordera plus de pardon ni de rémission aux coupables de meurtre ou de guet apens, aux incendiaires, à ceux qui auront violé filles ou femmes, etc.

Art. 7. — Tous les juges rendront prompte et bonne justice. Comme il y a des procès instruits, dont la solution n'a été retardée que par la faute des présidents, le parlement et la chambre des enquêtes s'assembleront tous les jours à l'heure du soleil levant, jusqu'à ce que les procès soient tous jugés.

Art. 8. — Les offices de justice ne seront plus vendus ni affermés, mais donnés en garde, et nul ne pourra être juge dans le pays où il est né ni dans celui où il demeure.

Art. 10. — Les procès seront jugés suivant le rôle des présentations. — C'est un commencement d'égalité devant la loi.

Art. 12. — Les commissaires du parlement ne pourront prendre que quarante sous par jour pour eux et leurs clercs. — Sage précaution pour obtenir la justice à bon marché.

Art. 15. — Des règlements seront rendus pour éviter les mutations monétaires. Le modèle des monnaies adoptées sera remis au prévôt des marchands. Des commissaires seront chargés de surveiller l'exécution de ces règlements et prêteront serment devant les états.

Art. 16 et 17. — Défense est faite à qui que ce soit de faire des prises de vivres (c'est-à-dire de lever l'impôt arbitrairement et en nature). Si l'on essayait d'enfreindre cette défense, les personnes lésées auraient le droit de résister et d'appeler les voisins à leur secours.

Art. 23. — Toutes les juridictions seront laissées aux juges ordinaires. — Protestation et précaution très-utiles contre le retour des juridictions exceptionnelles.

Art. 26. — Nul ne pourra posséder deux offices en même temps. — Ainsi le cumul est un des plus anciens fléaux de la société française.

Art. 28. — Règlement pour empêcher les commissaires et sergents de prendre plus du prix d'une journée pour avoir fait, dans le même jour, plusieurs commissions.

Art. 29. — Défense est faite aux officiers publics de se faire remplacer dans leurs fonctions.

Art. 30. — Des tarifs sont imposés aux huissiers au parlement, aux sergents à cheval, etc., pour leurs émoluments et honoraires. Les baillis et prévôts exigeront d'eux une caution, pour indemniser, au besoin, ceux que ces officiers subalternes auraient indûment vexés. S'ils négligent ce soin, ou si la caution est jugée insuffisante, baillis et prévôts seront tenus de payer de leur bourse.

Art. 31. — Les officiers du roi ne pourront faire aucun commerce de marchandise ou de change, ni par eux-mêmes, ni par des personnes interposées.

Art. 32. — Le roi pardonne à ceux qui ne sont pas venus à l'arrière-ban. S'il le convoque désormais, ce ne pourra être qu'en cas d'absolue nécessité, c'est-à-dire après une bataille, et sur l'avis des états ou de leurs délégués. — Cette mesure était nécessaire pour donner quelque sécurité aux cultivateurs, constamment menacés d'être enlevés à la charrue, et, par conséquent, découragés de cultiver.

Art. 33. — Il est défendu aux nobles et autres gens d'armes, sous peine d'amende et de prison, d'abandonner le royaume durant la guerre, pour quelque cause ou voyage que ce soit, à moins qu'ils aient encouru une condamnation ou obtenu un congé du souverain. — Il était arrivé, en effet, à plus d'un seigneur, d'abandonner sa province et ses vassaux aux dévastations et aux cruautés des ennemis.

Art. 34. — Il est défendu aux nobles de se faire la guerre entre eux, tant que durera la guerre contre les Anglais.

Art. 35. — Le droit au pillage sur l'ennemi commun est le même pour tous; les officiers ne pourront réclamer leur part du butin, à moins d'avoir assisté à l'action, et, même en ce cas, ils partageront au sol et à la livre avec les autres.

Art. 37. — Les soudoyers (mercenaires) français ou étrangers ne pilleront pas, sous peine d'être pendus. Il sera permis de leur résister par voies de fait. — Ainsi l'on avait contesté jusque là aux pauvres gens le droit de défendre leur bien, sous prétexte qu'il fallait que les hommes d'armes assurassent leur nourriture, celle de leurs gens et de leurs chevaux.

Art. 38. — Les soudoyers ou gens d'armes n'auront le droit de rester en cette qualité dans les hôtelleries que pendant un jour. Le lendemain on devra les mettre dehors, et ils seront tenus d'aller à la guerre. — Par où l'on voit que ces aventuriers, n'exerçant le métier des armes que pour les avantages qu'ils en retiraient, n'étaient jamais pressés de se remettre en campagne; ils s'imposaient aux hôteliers et ne renonçaient au repos que lorsque l'approche de l'ennemi les y contraignait.

Art. 39. — On ne fera de trêve avec les ennemis que par le conseil des états. — Preuve manifeste que les états soupçonnaient le duc de

Normandie d'être prêt à sacrifier au besoin les intérêts du royaume, pour rendre la liberté à son père.

Art. 40. — Tous les Français sont tenus d'être armés, et ils peuvent y être contraints par la force. — Depuis longtemps déjà les communes étaient armées ; ce qui donne un caractère particulier à cet article, c'est l'obligation imposée à tous les citoyens de prendre les armes, soit dans certains cas déterminés, soit quand ils en seraient requis.

Art. 42. — Ceux qui composent le grand conseil s'assembleront au soleil levant pour travailler aux affaires du gouvernement. Ils commenceront par les plus importantes, et, jusqu'à ce qu'ils les aient achevées, ils ne les laisseront point pour en commencer de nouvelles, si ce n'est en cas d'urgence.

Art. 43. — Les membres du conseil qui n'arriveront pas aux séances à l'heure marquée perdront leurs gages (*sic*) de la journée. Si leurs absences sont fréquentes, ils seront exclus du conseil, à moins d'excuses légitimes. Ils auront des gages suffisants pour soutenir cette charge. — Sans doute l'insuffisance des émoluments était l'excuse que les membres du conseil donnaient pour n'y point venir et vaquer à d'autre affaires plus lucratives.

Art. 47. — Le chancelier et les autres officiers jureront de ne demander pour eux ni pour leurs amis aucun argent tiré des coffres du roi et s'engageront à solliciter en plein conseil les grâces qu'ils voudront obtenir. Ils jureront aussi de ne proposer en particulier, ni au roi, ni à son lieutenant, les personnes qu'ils jugeront aptes à exercer les offices vacants, mais de désigner publiquement ceux à qui ils portent intérêt, afin qu'on puisse s'enquérir de leur mérite. — Cet article, par lequel les états essayaient de mettre un terme à des faveurs scandaleuses, se termine par ces remarquables paroles : « Car c'est notre intention de pourvoir aux offices et non pas aux personnes. »

Art. 49. — Les dépenses de la maison du duc de Normandie et de celle de la duchesse sa femme seront modérées, et leurs maîtres d'hôtel payeront exactement ce qu'ils achètent. — Quel luxe ruineux et que d'abus ces mots font entrevoir !

Art. 52. — Les députés sont mis sous la sauvegarde du roi et du duc ; et, afin qu'ils puissent résister aux violences qu'ils ont à craindre des anciens officiers de la couronne, il leur est permis d'aller partout le royaume, accompagnés d'hommes armés. — C'est l'inviolabilité parlementaire, comme on dirait aujourd'hui, sous la seule forme qu'elle pût prendre, en un temps de désordres et de violences.

Art. 53. — Les juges seront tenus de prononcer leur sentence au plus tard à la troisième de leurs séances après celle où les parties auront produit leurs moyens. Si cette sentence vient à être cassée, ils payeront tous ensemble une amende de soixante livres. S'ils sont convaincus de corruption, ils seront punis beaucoup plus sévèrement, suivant la gravité du cas.

Cette admirable ordonnance était trop supérieure aux idées du temps pour trouver, dans ceux qu'elle essayait de protéger, de justes appréciateurs. A la réserve des députés qui l'avaient faite et de la bourgeoisie parisienne qui la comprenait et l'approuvait, elle ne rencontra que des indifférents parmi le peuple, tandis qu'elle soulevait l'ardente colère de la noblesse. Le dauphin surtout, comme dépositaire de l'autorité royale, ne put voir sans envie celle que prenaient les états. Il ne promulgua leur ordonnance que parce qu'il y était forcé par les embarras de sa position; mais son ressentiment en fut si profond, que ni la victoire ni le temps ne purent le calmer. En 1359, il parlait encore des principaux chefs des états et de leur œuvre avec une acrimonie singulière. « Ceux qui avaient, dit-il, le plus de crédit et d'autorité étaient des hypocrites et cachaient une ambition effrénée sous les dehors du bien public. Ils avaient trompé les autres députés, hommes d'intentions pures et droites, mais faibles de caractère et d'esprit. Ils ne s'étaient attaqués aux principaux officiers du roi que parce que ces fonctionnaires vigilants et dévoués étaient un obstacle insurmontable à leurs mauvais desseins. » Le duc de Normandie ajoutait naïvement qu'il n'avait cédé que parce qu'il avait besoin d'argent, et en se réservant, au fond du cœur, de revenir sur toutes ces concessions, et de les annuler dès qu'il le pourrait [1].

Il est remarquable, du reste, que les mesures dont il conçut le plus de dépit ne figurent pas dans la grande ordonnance, je veux dire la suspension des officiers royaux et

---

[1] Lettre du 28 mai 1359. — Secousse, t. III des Ordonnances, p. 345.

les poursuites ordonnées contre les plus coupables, le maintien ou la réorganisation de la commission des Trente-Quatre et quelques autres encore qui furent arrêtées par des ordonnances spéciales [1].

Cette commission, qui inspirait la terreur par son énergie, ne tarda pas à se mettre à l'œuvre. Elle renouvela presque entièrement le conseil du roi, et les opinions de la plupart des nouveaux membres y assurèrent à Robert Lecocq une prépondérance incontestée. Ils étaient, pour la plupart, des trente-quatre réformateurs, et par conséquent fort odieux au duc de Normandie. Il y avait quelque danger sans doute à irriter ce prince en le séparant des conseillers de son choix; mais il y en aurait eu davantage à l'abandonner plus longtemps à leurs secrètes instigations, et dans tous les gouvernements il paraît nécessaire de changer les hommes quand on change le système.

Si les états firent une faute, ce fut de ne pas distinguer l'administration de la politique, et de remplacer, dans tout le royaume, des employés que l'expérience qu'ils avaient acquise rendait nécessaires, par des hommes plus honnêtes peut-être et plus dévoués, mais incapables, pour le moment, de soutenir leur charge. Ce qui se passa au parlement et à la chambre des comptes fait bien voir à quelle limite il aurait fallu s'arrêter.

Non contents de suspendre tous ceux qui faisaient partie de ces deux corps, les réformateurs, jaloux de procurer des économies, avaient réduit le nombre des places : il n'y eut plus au parlement que seize membres, présidents ou autres, et à la chambre des comptes que quatre, dont deux clercs

---

[1] Lettres du 27 avril 1357. — Mémorial C de la chambre des comptes. — Secousse, t. III des Ordonnances, p. 65.

On a vu que la plupart des auteurs portent à trente-six le nombre des membres de cette commission (chap. IV). Il n'est pas impossible que deux nouveaux membres soient venus par la suite compléter ce nombre.

et deux laïs, au lieu de quinze maîtres qu'il y avait auparavant. Comme ils étaient tous nouveaux, ils ne surent ce qu'ils avaient à faire, ni comment ils devaient s'y prendre. Ceux de la chambre des comptes étaient à peine en fonctions depuis vingt-quatre heures, qu'ayant déjà le sentiment de leur insuffisance, ils demandaient l'adjonction et le secours d'anciens officiers de cette chambre. La requête reçut un accueil favorable et quatre des membres destitués reprirent leur charge. La chambre se trouva ainsi composée de huit personnes dont les unes étaient rompues aux difficultés et aux détails de l'administration, tandis que les autres représentaient le système politique qu'on établissait.

Une autre faute, moins grave en apparence et surtout plus naturelle, mais dont les suites devaient être funestes, fut de charger plusieurs membres des états de présider à la perception du subside, ou de souffrir, du moins, qu'ils en fussent chargés par les états provinciaux. Il était sans doute d'un grand intérêt de ne pas permettre que les deniers publics enrichissent quelques traitants, mais l'intérêt était plus grand encore de ne pas s'attirer la haine de ceux qui devaient payer, car, dans les temps de détresse, l'ennemi le plus haïssable est toujours celui qui demande de l'argent. Si l'on avait laissé le duc de Normandie faire ce personnage, il s'en fût montré fort satisfait, les états auraient rejeté sur lui la responsabilité des mesures pécuniaires, et ils auraient eu quelque chance de prévenir les discordes qui allaient séparer Paris des provinces et rendre tous leurs efforts infructueux.

Il fallait que l'imprudence commise fût bien sensible, pour que Jean l'aperçût et songeât à en tirer parti. Elle lui fournit l'occasion d'un acte habile que les folies de son règne ne permettaient guère d'attendre de lui. Le 23 mars, une trêve ayant été conclue à Bordeaux avec les Anglais, les comtes d'Eu et de Tancarville venaient d'être chargés, avec l'archevêque de Sens, de la promulguer à Paris.

En même temps le roi voulut qu'ils défendissent en son nom d'exécuter les ordres des états; il recommanda surtout que l'assemblée ne fût point réunie de nouveau, et qu'on s'abstînt de lever le subside. C'était avouer qu'on repoussait pour le pouvoir royal toute limite et tout contrôle, et que le subside même, s'il ne devait être employé qu'aux besoins de la guerre, n'avait pas pour le roi et sa cour le même prix que si on leur en eût laissé la libre disposition. Mais où éclate l'habileté fort inattendue de Jean ou de quelqu'un de ses familiers, peut-être d'un Anglais, c'est dans la pensée qu'il pouvait impunément résister aux états, s'il renonçait au subside, et que le peuple resterait insensible à la défaite de ses députés, s'il pouvait espérer de garder son argent. Comme il y avait apparence que Paris soutiendrait les représentants de la nation, fût-ce par les armes, on pouvait espérer, en outre, de le brouiller avec le reste du royaume.

Tous ces calculs étaient justes, même celui d'un soulèvement à Paris. Le 6 avril, la trêve et les volontés du roi y furent proclamées : aussitôt dans tous les quartiers les têtes s'échauffèrent, on s'assemblait dans les rues, on criait à la trahison. L'archevêque de Sens, les comtes d'Eu et de Tancarville, insultés, menacés, se virent contraints de prendre la fuite. Cette population intelligente sentait qu'une nation ne recouvre ses droits qu'au prix des plus grands sacrifices, et que son premier devoir était de résister au roi pour obéir aux états.

Quand Étienne Marcel fut assuré qu'il ne manquerait pas d'être soutenu, il se rendit avec l'évêque de Laon chez le duc de Normandie, pour lui représenter le danger qu'il y aurait à opposer la volonté d'un roi captif aux résolutions du seul pouvoir qui pût obtenir de l'argent et sauver la France. Le 8 avril, veille du jour de Pâques, il arracha au dauphin la révocation des défenses de son père. Robert Lecocq, que les auteurs du temps appellent en cet endroit le principal gouverneur des états, reçut mission d'annoncer, dans une proclamation officielle, que, nonobstant les défenses du roi et par ordre de son lieutenant, le subside continuerait d'être levé et que les états s'assembleraient, comme il avait été convenu, le lundi de Quasimodo.

Malheureusement, tandis qu'Étienne Marcel l'emportait à Paris par son influence et son énergie, les provinces, ayant à choisir entre deux ordres contradictoires, se prononçaient presque toutes pour celui qui les dispensait de payer. On imagina mille excuses de cette faiblesse : la bourgeoisie parisienne ne songeait qu'à elle et ne voulait qu'opprimer le pays; le duc de Normandie n'avait pas été libre; quand le roi avait parlé, c'était à lui seul qu'on devait obéir. Les officiers royaux destitués ou suspendus, leurs parents, leurs amis, leurs créatures, répétaient à l'envi ces arguments de l'avarice et de la servitude, et les faisaient accepter des esprits les plus rebelles. Ils allaient annonçant partout que monseigneur le duc les avait autorisés à dire qu'il serait bien aise, malgré sa dernière décision, qu'on s'abstînt de payer le subside aux collecteurs des états. La bourgeoisie des villes et des campagnes les écouta par goût pour l'épargne, la noblesse et le clergé par jalousie des progrès et de la puissance de Paris; enfin le subside rendit à peine la dixième partie de ce qu'on en attendait.

Cet échec enhardit les mécontents timides. De toutes parts éclatèrent les désordres que le roi fomentait par ses affidés. Les châteaux s'armaient et se fermaient, le clergé fulminait l'excommunication contre les fauteurs des états, et la commission des trente-quatre réformateurs elle-même fut bientôt réduite de moitié : il n'y resta des deux ordres privilégiés que l'évêque de Laon, l'évêque de Paris et le sire de Picquigny.

Dans les environs d'Avranches et de Saint-Lô, les commissaires chargés de recevoir l'impôt furent arrachés sanglants des mains des paysans; à Montbrison, dans le Forez, ils furent reçus à coups de flèches et forcés de s'enfuir par les toits des maisons. Mais en même temps, par un singulier effet de la confusion qui régnait alors, le comte d'Armagnac, lieutenant du roi pour la langue d'Oc, se croyant tenu d'obéir aux ordres du dauphin et non à ceux de son père prisonnier, faisait pendre un certain nombre de bourgeois révoltés, pour forcer la province de payer le subside, et, afin d'y rétablir la paix, le duc de Normandie se vit contraint d'envoyer le comte de Poitiers, son propre frère, tenir la place d'Armagnac.

Ce fut un coup terrible pour les hommes généreux qui avaient rêvé d'affranchir leur pays, que de se voir abandonnés par les provinces et réduits à leurs propres forces, ou pour mieux dire à leur faiblesse, car Paris ne pourrait tenir longtemps contre tant d'indifférence chez les uns et tant d'acharnement chez les autres. Mais leurs âmes vigoureuses n'étaient pas prêtes encore pour le découragement. Comptant sur la mobilité française, ils espéraient d'heureux retours. Étienne Marcel poursuivait avec zèle l'œuvre si nécessaire des fortifications de Paris : de petites murailles s'élevaient par-dessus les grandes; sur les tours on plaçait des balistes, des garreaux, des canons et d'autres machines de guerre [1]. A l'intérieur de la ville, des chaînes étaient tendues chaque soir dans les rues et les carrefours, afin d'opposer un premier obstacle à ceux qui tenteraient un coup de main; on pouvait craindre une attaque des nobles qui habitaient encore Paris, avant que les bourgeois pussent s'armer et soutenir le combat de leurs fenêtres. Le signal de la lutte pouvait, d'un jour à l'autre, venir du de-

---

[1] Les balistes étaient des machines qui lançaient des pierres de toute forme et d'un poids énorme; les garreaux, de grosses flèches qu'on lançait avec des balistes. La baliste était employée déjà par les anciens, qui la chargeaient quelquefois avec des corps d'hommes et de chevaux.

hors : on disait que les commissaires du roi, l'archevêque de Sens, les comtes d'Eu et de Tancarville, rassemblaient des hommes d'armes contre Paris, moins pour exécuter les ordres de leur maître que pour se venger eux-mêmes.

Il fallait opposer à tant d'ennemis une résistance vigoureuse. Étienne Marcel donnait donc tous ses soins à l'organisation des milices bourgeoises qui existaient depuis longtemps, mais qui manquaient de discipline. Il donna à chaque quartier un chef militaire qui, sous le nom de quartinier, commandait aux cinquantainiers, lesquels commandaient à cinquante hommes, et aux dizainiers qui en commandaient dix. Ainsi, les ordres du prévôt des marchands, communiqués directement aux quartiniers, l'étaient par ceux-ci aux cinquantainiers et par les cinquantainiers aux dizainiers, qui pouvaient en peu de temps réunir leurs hommes et se tenir prêts à tout événement. La charge de quartinier avait pris par là une grande importance; Marcel voulut la relever encore, d'abord en la rendant élective, ensuite en donnant le droit à ceux qui en étaient revêtus, de prendre part à l'élection du prévôt, et même d'aspirer, en sortant de charge, aux fonctions de premier échevin pour l'année suivante [1].

Ces soins importants ne détournaient pas Étienne Marcel des moindres détails de l'administration municipale. On le voit, dans le même temps, enjoindre aux Parisiens, par une ordonnance, de maintenir la propreté dans les rues, chacun devant sa maison, et de ne point laisser leurs pourceaux en liberté, s'ils ne les voulaient voir tués par les sergents. Ces instruments de sa police devaient se réunir deux, trois ou quatre ensemble, suivant le besoin, et parcourir la ville trois

---

[1] M. Leroux de Lincy émet un doute sur la question de savoir si cette dernière disposition était déjà adoptée du temps d'Étienne Marcel (Voy. *Histoire de l'hôtel de ville de Paris*, p. 200. Paris, 1846). L'élection des quartiniers était faite par les cinquantainiers et les dizainiers.

ou quatre fois la semaine, afin de mettre les délinquants à l'amende. Mais il devait être facile de déjouer leur surveillance : l'itinéraire des sergents étant tracé et connu d'avance, tout se trouvait en ordre quand ils passaient [1].

L'attention que le prévôt des marchands donnait aux moindres détails était d'autant plus nécessaire, qu'à cette époque la population de Paris s'était accrue d'un grand nombre d'habitants des campagnes qui venaient y chercher un abri. Les religieux même, jusqu'alors respectés, fuyaient devant les voleurs et les compagnies, dont les exploits de grand chemin rappelaient ceux qui avaient rendu si célèbres et si redoutables, au douzième siècle, les routiers et les brabançons. On vit arriver successivement les sœurs de Poissy, de Longchamps, de Melun, de Saint-Antoine, les mineures de Saint-Marcel et jusqu'à des moines qui auraient pu se défendre. Cette subite affluence pouvait produire la famine et par suite la peste, son inséparable compagne dans ces anciens temps. Il est honorable pour la bourgeoisie parisienne de n'avoir jamais fermé ses portes aux malheureux, malgré des craintes si légitimes, et pour Étienne Marcel d'avoir préservé jusqu'au dernier moment ses concitoyens de ces deux redoutables fléaux. Ces soins minutieux de son administration se renouvelaient tous les jours, sans le détourner des affaires plus générales et plus graves dont il était accablé; mais l'heure approchait où il devrait s'applaudir de n'avoir point négligé les petites choses, car les dangers que la lutte engagée allait faire courir à la France ne lui permirent plus bientôt de s'occuper que des grandes.

[1] Secousse, t. III des Ordonnances, p. 96.

CHAPITRE SIXIÈME

États du 30 avril (1357). — Réaction à Paris en faveur du dauphin. — Voyage de ce prince dans les provinces. — Son retour. — Nouvelle assemblée des états (7 novembre). — Délivrance du roi de Navarre. — Négociations avec le dauphin à son sujet. — Il rentre à Paris 29 novembre. — Traité conclu entre les deux princes. — Cérémonie funèbre à Rouen (10 janvier 1358). — Nouvelle rupture entre le duc de Normandie et le roi de Navarre. — Situation de Paris.

Il avait été réglé par la grande ordonnance que les états s'assembleraient de nouveau pendant la quinzaine de Pâques; leur réunion n'eut lieu que le dernier jour d'avril (1357). Nous ne savons ni les causes de ce retard, ni ce qui se passa dans cette session. Toutefois l'on peut supposer que la perception du subside souffrait de grands retards et retenait dans les provinces la plupart des députés qui en étaient chargés. Quant à l'ordonnance qui devait résumer les travaux de cette nouvelle assemblée, elle manque à nos annales, et l'on sait seulement, par les comptes de Robert de Riom, receveur général en Auvergne, que ces états octroyèrent encore un subside et que la province d'Auvergne y avait envoyé cinq députés, dont un pour la noblesse, un pour le clergé et trois pour les bonnes villes. Si, comme il est probable, la proportion était la même dans les autres provinces, on en pourrait conclure que la supériorité du nombre restait acquise au tiers, et que, malgré un mécontentement déjà sensible, les deux ordres privilégiés n'avaient pas encore rompu complètement avec la bourgeoisie.

On peut croire que les travaux de cette assemblée seraient mieux connus, s'ils avaient été considérables. Ce n'est pas qu'il n'y eût plus rien à faire, car, si complète que fût la grande ordonnance, on ne pouvait se flatter d'y avoir tout prévu ; mais les mesures qu'il restait à prendre étaient trop hardies et trop violentes pour que les états n'hésitassent pas à s'engager dans cette voie. En outre, ils étaient cruellement partagés entre la nécessité de se procurer de l'argent et la défaveur qu'une pareille demande, après tant d'autres, jetterait sur leurs résolutions et sur l'institution même des états.

Rien ne peut donner l'idée de l'esprit d'opposition qui régnait dans les provinces : les habitants relevaient avec aigreur des détails sans importance, par exemple le traitement que recevaient les députés chargés de lever le subside, et qu'on trouvait excessif, quoiqu'il fût loin de l'être. On osa même accuser Marcel et les siens de ne se servir de leur pouvoir que pour piller le royaume et amasser des richesses immenses. Personne ne voulait voir que pour soutenir ses idées et fonder le gouvernement sur des principes raisonnables, la bourgeoisie parisienne n'épargnait pas les sacrifices et courait à sa ruine. Sans autorité pour rendre ces calomnies vraisemblables, Zantfliet et Villani prouvent du moins, par leur témoignage, qu'elles étaient, dès ce moment, très-répandues en France [1].

Ce fut surtout dans les campagnes qu'on y ajouta foi.

---

[1] On peut juger de l'impartialité de Secousse par ce fait, qu'après avoir dit combien Zantfliet et Villani sont peu dignes de foi, il admet aveuglément toutes leurs accusations contre Marcel et ses amis, tandis qu'il repousse sans examen tout ce qu'ils disent sur la faiblesse et la déloyauté du dauphin.

Elles y étaient apportées par les nobles qui fuyaient Paris, et qui trouvaient moins de crédulité dans les villes. Ceux qui désertaient le conseil des réformateurs en révélaient, sans être contredits, les prétendus mystères, et soulevaient l'indignation des bonnes gens qui les croyaient sur parole. A les entendre, ce conseil n'était plus libre, il s'y était formé une réunion secrète des seuls amis de Marcel, que le prévôt présidait lui-même, et les Parisiens ne connaissaient plus d'autre autorité. N'était-il pas honteux pour des gentilshommes d'ancienne maison, et quelquefois de nom illustre, d'obéir à des bourgeois qui portaient des noms nouveaux et presque ridicules, Charles Toussac, Philippe Giffart, Pierre Bourdon, Jean Belot (c'étaient les quatre échevins), Jean de Lisle, Joceran de Mâcon, Pierre Gile et Jean Prévost?

Il faut avouer que l'accusation portée contre le conseil secret ne manque pas de vraisemblance. Il était naturel que le prévôt des marchands s'appuyât sur ses amis et ne mît pas ses adversaires dans le secret de ses desseins. La passion du temps fit des conciliabules criminels d'une réunion assurément légitime, puisqu'on n'y faisait que concerter en secret les mesures qui étaient ensuite proposées au grand jour du conseil. Quoi de plus naturel que les bourgeois qui y siégeaient fussent les maîtres, puisqu'ils étaient les plus nombreux, les plus capables et les plus résolus? Mais ces conférences préparatoires n'en devinrent pas moins l'un des principaux griefs du dauphin, et quand, plus tard, ce prince accorda des lettres de rémission à la ville de Paris, il eut soin d'en excepter les membres du conseil secret, comme coupables de haute trahison.

De tous les membres du comité des réformateurs qui renoncèrent à y tenir leur place, il n'en fut point de plus remarqué que l'archevêque de Reims. Jusqu'alors Pierre de Craon s'était montré au premier rang : par son dévouement à la cause populaire, par son zèle pour les réformes, il avait mérité, comme on l'a vu, l'honneur de porter la parole au nom des états. Mais, quand il vit le mécontentement des provinces et la retraite d'un grand nombre de ses collègues, il jugea que, dans cette lutte, le triomphe resterait à la royauté, et il ne voulut pas se trouver du côté des vaincus. C'est pourquoi il suivit l'exemple des nobles et de la plupart des évêques en abandonnant le parti populaire ; mais, plus hardi ou moins scrupuleux que tous les autres, on le vit, dès le lendemain, à la tête du parti opposé. L'éclat de sa conversion fit de lui le chef du conseil royal, où les amis du dauphin reprenaient de l'assurance ; il y parla avec plus d'emportement que personne contre les idées dont il s'était fait l'interprète, et contre les hommes dont il avait eu la confiance. Ces hommes cependant n'avaient commis encore aucune des injustices, aucun des crimes qu'ils reprochaient si justement au pouvoir royal ; mais l'archevêque de Reims n'était pas libre d'être équitable ; pour se faire pardonner ses erreurs et mériter les bonnes grâces de son maître, il devait brûler ce qu'il avait adoré.

Le retour de ses anciens amis rendit quelque confiance au duc de Normandie. Quand il eut mesuré ses forces, il voulut, pour en faire l'essai, rétablir dans leurs emplois tous les officiers suspendus, à la réserve toutefois des vingt-deux dont les états avaient ordonné qu'on fît le procès. Comme ils n'avaient demandé que la suspension provisoire des autres, les réformateurs purent feindre de croire que le temps de cette épreuve était passé et que c'était se conformer à l'esprit des résolutions prises que de rétablir les employés subalternes dans leurs emplois. On le pouvait sans faiblesse, puisque les vingt-deux grands coupables restaient poursuivis.

Mais la commission n'avait pas calculé que son silence inviterait le duc de Normandie à oser davantage. Vers le milieu du mois d'août, ce prince fit appeler Étienne Marcel, son frère Gile, Charles Toussac et Jean de Lisle, qui passaient pour les chefs du conseil secret, et leur reprocha amèrement d'avoir mis obstacle à la fabrication de sa monnaie. Le courage lui manqua pour se plaindre qu'ils l'eussent privé de ses plus fidèles serviteurs, car il aurait trop tôt laissé paraître son dessein de rétablir tous les abus ; mais il leur annonça qu'il voulait à l'avenir conduire le royaume sans curateur, et qu'il ne leur permettrait pas de se mêler davantage du gouvernement.

Tant d'audace déconcerta les chefs de la bourgeoisie. Ils comprirent qu'il n'y avait d'autre moyen de résister que d'en venir à une rupture ouverte, et, malgré les complots dont on les accuse, ils n'étaient point prêts pour cette extrémité. Robert Lecocq, plus hardi peut-être que n'était Marcel, sinon pour agir, du moins pour arrêter les plans de l'action, jugea lui-même les choses si compromises, qu'il se retira volontairement dans son évêché. « Il voyait bien, disent les chroniqueurs, qu'il avait tout gâté. » Que telle ne fût pas sa pensée, c'est ce qu'il prouva par la suite, en poursuivant ses projets de réformes ; mais que tout fût gâté, même au sens des auteurs, c'est ce qu'il est difficile de soutenir, puisqu'il suffisait d'un mot du dauphin pour disperser ceux qu'il appelait ses ennemis et qui n'étaient que ses adversaires.

On ne saurait nier que, si le duc de Normandie rencontra de nouveaux obstacles, ils lui vinrent moins des hommes que des choses. Il ne servait de rien d'avoir réduit les meneurs de la bourgeoisie à l'impuissance, si la nécessité de leur tirer de l'argent le forçait à subir leurs conditions. Mais avant de s'y soumettre, et malgré une expérience récente, il voulut encore une fois tenter la fortune et voir si la réaction qui s'était faite n'avait pas rendu son prestige à la royauté. Il se flattait d'obtenir des provinces les sommes qu'elles refusaient aux états, s'il allait les réclamer lui-même.

Il pouvait être dangereux de quitter Paris le lendemain d'une victoire encore mal assurée, et, en ôtant au peuple abattu la vue de ses maîtres, de lui donner l'idée de se relever. Mais le dauphin ne vit que l'agrément d'un voyage, et l'avantage douteux de ne se point trouver au milieu des Parisiens, si leur mécontentement venait à éclater. Il se dirigea donc vers la Normandie, qui lui était doublement soumise, et comme province du royaume, et parce qu'elle faisait partie de son apanage particulier; il visita Rouen, Chartres, Pontoise, où il séjourna presque tout le mois de septembre, et revint encore à Chartres, avant de rentrer à Paris. Toutes ces villes étaient dévouées à Étienne Marcel, ou du moins peu disposées à verser dans le trésor royal les sommes qu'elles refusaient aux états.

Le désir de ne point paraître vaincu suggéra au jeune duc l'idée funeste de revenir aux abus dont profitait la royauté. Pour commencer, se trouvant à Maubuisson, le 4 septembre, il publia une ordonnance qui lui rendait le droit de vendre ou mettre à ferme les greffes, les prévôtés, les tabellionages (charges de notaires). Cet abus, qu'avaient supprimé les états, par l'art. 8 de la grande ordonnance, était singulièrement odieux au peuple, car il n'était personne qui ne vît que les officiers publics reprendraient en détail aux pauvres gens les sommes qu'ils se verraient contraints de verser au trésor pour l'achat de leurs offices. D'ailleurs, cet expédient même ne fut d'aucun secours pour les finances. Les trésoriers royaux qui en rapportaient les premiers produits étaient attendus et dépouillés sur les chemins par les voleurs et les brigands des compagnies, que l'incurie ou l'impuissance du gouvernement y laissait régner en paix.

Ce pillage audacieux de ses deniers donnait à réfléchir

au duc de Normandie. Rien ne prouvait qu'on ne l'enlèverait pas lui-même, ne fût-ce que pour lui extorquer une forte rançon. Il commença donc de se sentir mal à l'aise en province et de croire qu'il ne serait en sûreté qu'à Paris. Résolu d'y rentrer au plus tôt, il écrivit à Marcel pour savoir s'il pouvait compter sur les égards et les honneurs dus à son rang et à sa dignité.

Le prévôt des marchands ne fut point surpris de ce retour : s'il avait laissé partir le jeune duc, c'est qu'il savait bien qu'avant peu de temps la famine le lui ramènerait pieds et poings liés. Mais il n'usa de ce triomphe qu'avec une modération extrême, dont tous ses actes ultérieurs confirment la sincérité. Il répondit respectueusement, au nom des Parisiens, dans les premiers jours d'octobre, que, si monseigneur le duc voulait rentrer à Paris, il aurait de l'argent en abondance; qu'on ne lui parlerait plus ni de la destitution de ses officiers, ni de la délivrance du roi de Navarre, et que, pour toute concession, il lui serait demandé de permettre aux députés de vingt ou trente villes de s'assembler à Paris, ce qui était nécessaire pour obtenir l'argent qu'on lui promettait.

Comme la bourgeoisie parisienne ne voyait dans le dauphin qu'un adversaire, il faut démêler les raisons qu'avait Marcel de faire à ce prince des conditions si favorables. Cette tentative pour se passer de Paris venait d'échouer, mais, avec plus de patience et d'habileté, elle pouvait réussir. L'éloignement du jeune prince créait donc un danger que le prévôt des marchands n'avait pas vu tout d'abord, et qu'il fallait conjurer à tout prix. C'est ce qui lui fit écrire cette lettre dont la soumission paraîtrait exagérée, si l'on ne considérait qu'en obtenant une nouvelle réunion des députés des villes il se réservait le moyen de reconquérir tout ce que les circonstances le forçaient d'abandonner.

Le duc de Normandie se hâta de rentrer dans Paris et

d'accorder même plus qu'on ne lui demandait. Mais sa complaisance cachait un piége. Ses conseillers lui avaient fait entendre que, si Étienne Marcel ne réclamait la réunion que des députés de trente villes, au lieu de celle des états, c'est qu'il voulait n'avoir auprès de lui que des complices dont il fût le maître, et qu'on déjouerait son dessein, en convoquant les députés d'un plus grand nombre de villes. C'est pourquoi des lettres de convocation furent envoyées à soixante-dix d'entre les bonnes villes; mais les choses n'étaient pas encore si avancées, qu'il fût facile de semer la discorde dans les conseils de la bourgeoisie, tant qu'ils se tiendraient à Paris.

On pouvait bien préparer sourdement la ruine d'Étienne Marcel; il fallait, en attendant, plier sous sa volonté. Le duc de Normandie donnait son approbation à toutes les mesures de la municipalité parisienne dès qu'il en était requis, et celles qu'il prenait lui-même ne semblaient avoir de valeur que si elles étaient approuvées par ce redoutable corps de bourgeois. Ainsi les lettres de convocation qu'il adressa aux députés, dans cette circonstance, portaient le sceau du prévôt des marchands. On voit, par cette innovation, que nos pères trouvaient l'une après l'autre toutes les garanties d'un gouvernement constitutionnel et libre.

Encore que dans le nombre des députés qui se rendirent à Paris il s'en trouvât beaucoup dont Marcel n'était pas sûr, leur conduite montra qu'il ne manquait à la cause populaire, pour triompher dans les provinces, que des communications plus faciles entre elles et la capitale, et une certaine publicité. Loin de voter l'argent que le dauphin attendait d'eux, ils déclarèrent tout d'abord qu'ils ne pouvaient prendre aucune résolution sans que les états généraux fussent assemblés, et ils prièrent en conséquence le duc de Normandie de les réunir sans retard. Que cette résolution leur fût inspirée par Étienne Marcel, rien ne paraît plus vraisemblable; mais ils eurent du moins le mérite d'être dociles, et il n'est pas douteux que les provinces l'eussent été comme eux, si la noblesse n'eût réussi à les tromper sur le but qu'on poursuivait à Paris. S'il n'est point resté trace de ces perfides efforts dans notre histoire, on en trouve du moins la preuve dans un précieux document de nos archives, où l'on rencontre un de ces aveux qui échappaient quelquefois aux rédacteurs officiels [1].

L'éloignement où se tenaient les nobles, par crainte des entreprises que pourraient faire contre eux la bourgeoisie et les états, avait du moins cet avantage que le duc de Normandie ne pouvait plus céder à leurs conseils; mais Étienne Marcel ne put le réduire à un isolement si complet, qu'on ne continuât de lui dire et de lui écrire qu'il était entouré d'ennemis qui en voulaient à son pouvoir et à sa vie, et que ses vrais amis étaient hors de Paris. Ce ne fut donc que dans les premiers moments de son retour, et parce qu'il ne voyait de refuge nulle part, que le dauphin se laissa arracher des lettres de convocation pour les états et un ordre de rappel pour l'évêque de Laon [2].

Étienne Marcel croyait cet ancien allié très-nécessaire à l'exécution de ses desseins. Comme il devait diriger lui-même l'assemblée des états, sans négliger pour cela les de-

---

[1] Dans des lettres de rémission accordées à la ville d'Amiens, on trouve cette phrase : « *Pour cause desquelles assemblées les dits échevins et communauté aient encouru l'indignation d'aucuns nobles qui s'efforçoient de défaire le fait d'icelles assemblées qui faites estoient par les dites gens des trois états.* » (Trésor des Chartes, Reg. 86, f° 78 v°.) Je ne crois pas que cette curieuse déclaration eût encore vu le jour.

[2] Les chroniqueurs disent avec affectation que le duc de Normandie *permit* à Robert Lecocq de revenir à Paris. L'expression manque d'exactitude, puisque ce prélat, comme on l'a vu, était parti de son plein gré. Il serait plus juste de dire qu'il fut *prié* de revenir, et il paraît qu'il n'y consentit qu'avec beaucoup de difficulté, persuadé qu'on n'obtiendrait rien du jeune duc, et n'ayant encore, quoi qu'on en ait dit, aucun projet sur le roi de Navarre.

voirs de sa charge, il ne lui restait point de temps pour assister aux séances du conseil royal. D'ailleurs, il n'aurait pu y paraître sans y prendre la première place, et il ne craignait pas sans raison, s'il faisait tout par lui-même, d'être accusé de n'avoir d'autre pensée que d'établir sa domination. Il lui suffisait que Robert Lecocq le remplaçât : personne n'y était plus apte, par l'expérience qu'il avait acquise; ce précieux allié pourrait presque commander en maître, sans porter ombrage à ses collègues, tant il semblerait naturel qu'un évêque, un des plus anciens conseillers, qui était en même temps le plus populaire et le plus capable, prît la direction de la politique. La confiance absolue que Robert Lecocq inspirait au prévôt des marchands rendait cet arrangement très-désirable pour la cause qu'ils servaient tous les deux.

Le 7 novembre était le jour fixé pour la réunion des états. Avant de s'y retrouver au milieu des députés de la nation, Étienne Marcel voulut s'entendre avec ceux dont il connaissait les dispositions favorables. Il les invita donc à une conférence secrète où se trouvèrent, entre autres, les quatre échevins, Robert Lecocq et Jean de Picquigny, c'est-à-dire les premiers représentants de la bourgeoisie, et les deux hommes du clergé et de la noblesse qui avaient toujours marqué leur dévouement aux intérêts populaires.

On ne sait qu'une chose des délibérations de cette poignée d'hommes, qui étaient pour lors l'âme et le génie de la France; c'est qu'ils décidèrent de demander au duc de Normandie la délivrance du roi de Navarre. Il ne faut pas faire honneur de cette résolution à leurs sentiments d'équité naturelle, car ils se conduisaient surtout par les nécessités de la politique, et l'on a vu qu'après avoir, une fois, stipulé que ce prince serait remis en liberté, ils avaient renoncé, dans une autre session, à insister sur ce point, pour ne pas rompre leur accord avec le lieutenant du roi. Étienne

Marcel avait même promis au dauphin, pour le ramener à Paris, qu'il ne serait plus question de cette demande.

Tout porte à croire qu'il aurait voulu mieux tenir sa promesse; mais il arriva ce qu'on devait attendre, que les députés des bonnes villes ne pensèrent pas qu'un engagement pris sans leur concours pût les enchaîner, et avec les idées du temps, Marcel ne se crut point déshonoré pour s'être soumis à la volonté commune. Ce fut sans doute Jean de Picquigny qui parla le premier pour le roi de Navarre. Il vivait dans une étroite amitié avec ce prince, et l'histoire de sa vie n'est que celle d'un long et absolu dévouement. S'il est un homme qui puisse être accusé de n'avoir trempé dans la révolution populaire que pour servir l'ambition de Charles le Mauvais, c'est assurément ce gentilhomme, gouverneur de l'Artois, dont tous les actes ne semblent pas avoir d'autre objet. L'évêque de Laon lui vint en aide, mais dans un autre dessein. Il pensait que le Navarrais, étant très-populaire, pourrait avec avantage être opposé au duc de Normandie, non pour renverser l'un au profit de l'autre, mais pour les tenir l'un par l'autre en échec. Quel moyen paraissait plus efficace, si l'on voulait que la bourgeoisie poursuivît ses progrès, que de lui donner un chef capable, en cas de rupture avec le dauphin, de la conduire vers ses destinées? On verra plus loin que telle fut la pensée qui prévalut dans cette conférence, car, loin de brouiller entre eux ces deux jeunes princes, Étienne Marcel et ses amis firent de louables efforts pour les réconcilier.

Ce qui paraît fort extraordinaire, c'est que les députés de Champagne et de Bourgogne retournèrent dans leurs provinces, sans attendre l'ouverture des états. Crurent-ils à ces complots dont les chroniqueurs parlent toujours sans les faire connaître? De telles conjurations étaient sans doute imaginaires : le duc de Normandie n'eût pas manqué, plus tard, de mettre ce grief au nombre de ceux dont il tirait vengeance. Mais, comme la Champagne et la Bourgogne se montrèrent toujours soumises au pouvoir royal et disposées à le défendre, il est probable que le dauphin pria les amis qu'il avait dans ces provinces de ne pas paraître aux états, afin, s'il était possible, d'en rompre l'assemblée.

Les députés qui étaient restés à Paris se réunirent néanmoins le 7 novembre. Dès le lendemain, ils demandèrent officiellement la délivrance du roi de Navarre. Ils s'attendaient à de vives résistances et s'étaient préparés pour la lutte. Quelle ne fut pas leur surprise quand ils virent le dauphin céder sur-le-champ et donner l'ordre à Jean de Picquigny de partir pour Arleux et de mettre le prisonnier en liberté ! Personne ne savait qu'en même temps il faisait défendre au gouverneur du château d'en ouvrir les portes. Mais les plus avisés soupçonnèrent quelque perfidie, et le gouverneur de l'Artois prit ses mesures pour en déconcerter les effets.

Il garda soigneusement entre ses mains l'ordre qu'il avait reçu, bien décidé à n'en pas faire usage, et il disposa tout pour enlever son maître par escalade. Par là il pouvait espérer de tromper le geôlier, qui n'imaginerait pas qu'il fît à la dérobée ce qu'il avait le droit de faire ouvertement. Deux sergents de la comté d'Artois, que Picquigny avait chargés de l'entreprise, Robert de Mouchi et Pierre de Mammonnes, se rendirent chez Audry Regelet, habitant de Vy, en Artois, dont les sentiments leur étaient sans doute connus. Ils l'invitèrent à placer des échelles sur des charrettes et à les accompagner au château d'Arleux, pour délivrer secrètement le roi Charles [1]. Ce coup de main réussit à merveille, car le gouverneur d'Arleux attendait, pour redou-

---

[1] Trésor des Chartes, Reg. 90, p. 500. — Secousse, *Mém. sur Charles le Mauvais*, t. II, p. 154.

bler de surveillance, que Picquigny se fût présenté devant les portes qu'il avait ordre de lui refuser [1].

Le Navarrais fut aussitôt conduit dans la ville d'Amiens, dont il était vidame, et qui lui avait donné plus d'une fois des marques de son dévouement. Le maire, Fremin de Coquerel, les parents et les amis de ce magistrat s'étaient activement employés à bien disposer leurs concitoyens en faveur du roi. Ils disaient, pour y parvenir, que, si le duc de Normandie entrait seulement dans la ville, il ferait sans pitié couper la tête aux plus considérables d'entre les habitants [2]. Durant les quinze jours qu'y séjourna le roi de Navarre, il put donc se croire chez lui et agir en maître. Il prononça un discours

---

[1] Ces événements sont présentés ici sous un jour entièrement nouveau, car il ne paraît pas qu'on ait essayé jusqu'à présent d'en débrouiller l'obscurité. Deux faits qui semblent contradictoires, mais dont témoignent tous les documents et tous les chroniqueurs qui font autorité, je veux dire l'ordre donné à Picquigny et l'escalade, ne peuvent être contestés. Comment les concilier entre eux, si ce n'est par la persuasion qu'avait Picquigny que le duc se jouait des états? Prétendra-t-on que le gouverneur d'Arleux n'avait pas reçu secrètement contre-ordre, et que, s'il résista, ce fut, en quelque sorte, d'inspiration? Mais, dans ce cas, il eût pris ses précautions en tous sens, et se fût gardé contre une tentative secrète aussi bien que contre une attaque de vive force; or il est certain qu'il se laissa surprendre; peut-être même, partagé entre l'ordre officiel et le contre-ordre mystérieux, ne voulut-il point prendre parti, préférant laisser Picquigny agir comme il l'entendrait. Tout s'explique donc naturellement par un contre-ordre : et l'empressement du dauphin à céder, et l'escalade, et l'attitude du gouverneur d'Arleux. Otez le contre-ordre, tout n'est plus que contradiction et confusion. — Le *Rosier historial* suppose de fausses lettres remises à Picquigny. Ou cette hypothèse revient à ce qui précède, ou elle laisse toutes les difficultés sans solution.

[2] Le Trésor des Chartes fait mention encore de Fremin Germant et de Robert le Normand, l'un parent, l'autre ami de Fremin de Coquerel. Les deux premiers ne durent qu'à la mort d'échapper aux poursuites que le dauphin exerça plus tard contre les partisans de son rival. Robert le Normand, ayant survécu aux désastres de 1358, fut en effet poursuivi, et n'obtint son pardon qu'en rejetant sur les deux Fremin, qui n'avaient plus rien à craindre, la responsabilité de tout ce qui s'était passé à Amiens (Trésor des Chartes, Reg. 90, p. 81 — Secousse, *Mém. sur Charles le Mauvais*, t. II, p. 132.)

qu'il devait bientôt répéter à Paris, se fit inscrire au nombre des bourgeois de la ville, et donna l'ordre de délivrer tous les prisonniers, ce qui passait, en ces temps-là, pour un moyen de se rendre agréable aux peuples.

Cependant Étienne Marcel faisait ses efforts pour ménager une réconciliation entre les deux princes; mais le duc de Normandie lui fit une résistance qui serait incroyable, si, se sentant coupable envers son beau-frère, il n'eût pensé que toute amitié était désormais impossible entre eux. Il disait, pour repousser les prières, que les caresses du roi Charles n'étaient pas moins redoutables que ses menaces, et ni Étienne Marcel, ni Robert Lecocq, qui avait repris la direction du conseil, ne purent rien obtenir. Il fallut que les deux reines, Jeanne et Blanche, sur les sollicitations de l'évêque de Laon, se missent de la partie et suppliassent le dauphin de mettre un terme à l'exil du Navarrais. Au fond, c'était de l'amener à Paris ou de l'en tenir éloigné qu'il s'agissait; mais personne ne disait le vrai mot. Vaincu, à la fin, par les larmes des deux reines, le duc de Normandie se laissa arracher un sauf-conduit par lequel il autorisait « son cher cousin » à rentrer dans Paris avec une suite d'hommes armés ou non armés, suivant son bon plaisir.

Pour éviter toute surprise, ce sauf-conduit fut remis aux mains de l'échevin Charles Toussac et de Mathieu de Picquigny, frère du gouverneur de l'Artois, qui l'apportèrent eux-mêmes au roi de Navarre. Le 29 novembre [1], ce prince fit dans la capitale une rentrée solennelle qui parut un triomphe. Jean de Meulan, évêque de Paris, et plus de deux cents notables citoyens allèrent le chercher aux portes de la ville et le conduisirent en grande pompe à l'abbaye Saint-Germain des Prés, où il avait l'intention de descendre. Tout le monde lui fit fête sur son passage, même ceux qui

---

[1] Sismondi dit à tort le 9.

n'étaient pas dans le secret des principaux députés. Il semblait que la bourgeoisie, en voyant le dauphin s'unir à la noblesse, comprit instinctivement qu'il lui fallait mettre un prince à sa tête, et qu'elle n'en trouverait point de plus disposé à la défendre que Charles le Mauvais.

Le lendemain, le roi de Navarre fit savoir qu'il avait dessein de parler au peuple. Comme il était très-populaire et passait pour éloquent, plus de dix mille écoliers et bourgeois accoururent au pré aux clercs. Contre le mur de l'abbaye Saint-Germain était adossée une tribune où siégeaient ordinairement les juges des combats judiciaires, qui avaient lieu en cet endroit. Quand le roi Charles y parut, il fut salué par les acclamations de la foule et prononça ensuite une harangue que Froissart qualifie d'un mot fort juste en disant qu'il *prêcha*. Rien ne ressemblait moins à l'éloquence que ces discours prolixes et remplis de citations bibliques. Mais ils plaisaient alors, ou, pour mieux dire, l'auditoire ne donnait d'attention qu'à la voix harmonieuse et sonore, qu'au geste majestueux ou véhément de l'orateur.

Le roi de Navarre emprunta aux psaumes le texte suivant, qui marquait le sujet de son discours : *Le Seigneur est juste et il aime la justice, il voit l'équité devant sa face* [1]. Il expliqua ensuite longuement qu'il avait été maltraité sans motif, pris et retenu vingt mois en prison. Il fit une vive peinture des inquiétudes et des douleurs de sa captivité. Il rappela son dévouement à la France et les preuves qu'il en avait don-

---

[1] Secousse (*Mém. sur Charles le Mauvais*, t. I, p. 153) assure, d'après les auteurs du temps, qu'il parla en latin. Mais comment cela serait-il possible, puisqu'il s'adressait au peuple ? Depuis saint Bernard, les prédicateurs eux-mêmes prêchaient en français, excepté devant l'Université, c'est-à-dire devant les doctes. Il est probable que Charles le Mauvais, sacrifiant au goût de l'époque, multiplia les citations, sans raison ni mesure, ce qui permit de dire qu'il avait parlé en latin. Peut-être même son discours fut-il traduit en cette langue. C'est un honneur qu'on faisait souvent, dans ce temps-là, aux belles pièces d'éloquence.

nées, en n'élevant point de prétentions à la couronne, encore qu'il en fût plus proche que le roi d'Angleterre, qui s'en proclamait l'héritier légitime. Il finit par dire qu'il était prêt, pour l'avenir, aux mêmes sacrifices, afin de ne pas troubler la paix du royaume.

Ce discours fut si long, au rapport des chroniqueurs, qu'ayant été commencé à l'heure des vêpres, il n'était pas encore fini à l'heure où les Parisiens avaient coutume de souper. Dix mille personnes prêtèrent pourtant au royal orateur une attention soutenue, et l'on peut dire qu'avant d'ouvrir la bouche il avait déjà cause gagnée. La bourgeoisie et les écoliers, suivant une juste remarque de Sismondi, ne pouvaient qu'être flattés d'être pris pour juges dans les querelles des rois, et garder toute leur faveur pour celui des deux adversaires qui leur donnait cette marque de confiance et d'estime. Il est donc fort probable que, enhardi par ces dispositions de la foule, le roi Charles profita de l'absence du dauphin[1] pour semer son discours d'allusions méchantes qui justifiaient les faits accomplis et les difficultés que le duc de Normandie avait faites à une réconciliation universellement désirée. Il n'eut pas besoin de se compromettre par des accusations ouvertes : la finesse des Parisiens comprenait tout à demi-mot.

Une entrevue de quelques instants avait eu lieu entre les deux princes, et la froideur que le duc de Normandie y avait fait paraître ne contribua pas médiocrement, sans doute, à

---

[1] Quelques chroniqueurs veulent que le dauphin ait été présent et que, par conséquent, le roi de Navarre soit resté dans les limites d'une parfaite modération ; mais, outre qu'à leur dire on peut opposer celui d'autres auteurs, tout porte à croire que le duc de Normandie, réconcilié seulement du bout des lèvres avec son rival, ne voulut point être témoin d'un triomphe qu'il était facile de prévoir, et qu'il se borna à faire surveiller le roi de Navarre par quelques affidés. La démarche que firent, le lendemain, auprès du duc les chefs de la bourgeoisie, montre bien laquelle de ces deux affirmations contraires mérite qu'on y ajoute foi.

envenimer les discours du roi de Navarre. Dans le même temps qu'il parlait à la multitude, et durant toute cette journée, les gens de son service et de sa familiarité se plaignirent, dans toute la ville, de l'accueil fait par le dauphin à leur maître, et les Parisiens s'en montrèrent fort mécontents. Ils suivaient avec autant d'ardeur que d'intelligence la politique de leurs chefs, qui était pour lors, quoi qu'on ait pu dire, de former un seul faisceau des forces diverses que leurs propres divisions avaient jusque-là neutralisées. Entre le duc de Normandie, appuyé sur la noblesse, et le tiers état soutenu de l'Université, ils voulaient placer, pour tout concilier, le roi de Navarre qui touchait au trône par sa naissance et au peuple par sa popularité.

Le sentiment public se fit jour avec tant d'énergie, que les chefs de la bourgeoisie durent s'en faire les interprètes. Le lendemain, qui était le 1ᵉʳ décembre, Étienne Marcel, Robert de Corbie, et plusieurs autres d'entre les principaux citoyens, se rendirent auprès du dauphin pour le prier, au nom des bonnes villes, de rendre toute sa faveur au roi Charles. Le dauphin se trouvait au milieu de ses conseillers. Irrité de cette démarche, de la présence à Paris d'un rival devant qui il se sentait mal à l'aise, et plus encore du discours de la veille, il allait répondre par un refus impolitique et très-propre à augmenter le mécontentement qui déjà commençait de gronder, quand l'évêque de Laon prit soudain la parole et promit, au nom du prince, sans avoir pris ses ordres, qu'il serait fait ainsi que les bourgeois le désiraient.

Quelques auteurs disent, à ce sujet, que Robert Lecocq tenait son maître en chartre privée, et que le lieutenant du roi n'était plus libre ni dans ses actions ni dans ses paroles. Il est impossible, pour des temps si éloignés de nous, de juger des intentions autrement que par les actes; or, ce que fit Robert Lecocq, en cette circonstance, empêcha le

CHAPITRE SIXIÈME.

duc de Normandie de prononcer des paroles imprudentes et de précipiter sa ruine. Si ce prélat, si Étienne Marcel et ses amis avaient eu, dès ce moment, l'intention qu'on leur prête, de remplacer Jean sur le trône, ou son fils dans la lieutenance du royaume, par le roi de Navarre, ils n'auraient pas prévenu une réponse qui ne pouvait qu'aigrir les dissentiments et jeter les Parisiens dans les bras de Charles le Mauvais.

Du reste, la promesse de céder au vœu du peuple était trop vague pour que le conseil royal, dans ses délibérations ultérieures, ne trouvât pas moyen, s'il le voulait, de l'éluder, sous couleur d'y satisfaire. La séance du lendemain, 2 décembre, fut employée à tout régler à cet égard. Encore qu'Étienne Marcel et les autres chefs de la bourgeoisie n'y fussent point présents, il ne paraît pas que les amis du dauphin, qui y étaient en nombre, aient adressé le moindre reproche à l'évêque de Laon sur sa hardiesse de la veille. Ils exprimèrent le vœu qu'une réconciliation publique entre les deux adversaires donnât au moins une satisfaction apparente aux Parisiens[1].

---

[1] Quelques auteurs disent, il est vrai, que Robert Lecocq n'avait invité à cette réunion que les conseillers qui étaient notoirement favorables au roi Charles. Mais nous avons, par bonheur, un document qui répond sans réplique à ces calomnies systématiques et incessamment répétées. C'est une lettre conservée au Trésor des Chartes, et qui donne les noms des membres présents à cette réunion. L'on y trouve le duc d'Orléans, oncle du roi ; l'archevêque de Reims, dont on a vu la conversion éclatante ; le chancelier de Normandie, serviteur dévoué du dauphin ; les seigneurs de Meulan, de Soyecourt, de Louspy, membres de cette noblesse qui avait rompu avec la bourgeoisie ; Robert de Clermont, maréchal de Normandie, et le sire de Conflans, maréchal de Champagne, qui devaient bientôt payer de leur vie leurs funestes conseils ; le connétable de Flandres, Gérard de Thoisy, Jacques Lavache, Guillaume d'Ambreville, Philippe de Troismons, récompensé plus tard par Charles V ; enfin les évêques de Paris, de Nevers et de Lisieux, dont le premier est seul connu, avec Robert Lecocq, pour ses sentiments favorables aux Parisiens. (Trésor des Chartes, Reg 89, p. 289.— Secousse, *Mém sur Charles le Mauvais*, t. II, p. 65.) Il est donc certain que les ad-

L'agitation qui régnait dans la ville devait être bien impérieuse, car on ne put retarder cette vaine cérémonie. Elle eut lieu le soir de ce même jour. Tout y fut donné aux apparences : la raison d'état réglait seule ces embrassements. Mais c'en fut assez pour jeter la population la plus intelligente du royaume dans une joie stupide : elle se crut sauvée, parce qu'elle avait forcé deux ennemis de se caresser.

Étienne Marcel et ses principaux amis se tenaient sur leurs gardes. Ils sentaient la nécessité d'être constamment sur la brèche, et ils trouvaient toujours quelque raison d'accourir chez le duc de Normandie et de lui faire quelque nouvelle demande. Le 3 décembre, pendant que le conseil était assemblé, pour terminer, s'il était possible, l'affaire du roi de Navarre, car, après la réconciliation des personnes, il fallait faire la conciliation des intérêts, on vint annoncer qu'Étienne Marcel, Robert de Corbie, Jean de Lisle et plusieurs autres se présentaient pour parler à monseigneur le duc. Quand on les eut introduits, le prévôt des marchands annonça que les états, prêts à rendre compte de leurs actes et à se séparer, désiraient que les nobles, membres de l'assemblée, qui se trouvaient à Paris, fussent invités à venir le lendemain aux Cordeliers pour s'entendre avec leurs collègues des deux autres ordres sur les affaires communes.

On voit par là que, durant cette session, le clergé, ou du moins une grande partie de cet ordre, qui n'avait pas assisté aux premières séances, s'était ensuite réuni au tiers état, tandis que les nobles s'étaient obstinément tenus à l'écart. La démarche officielle de ceux qui dirigeaient les

---

versaires de la bourgeoisie étaient les plus nombreux dans cette réunion.

On peut juger par cette réfutation, pièces en main, des défiances que doivent inspirer les chroniqueurs dans leurs calomnies contre les chefs du parti populaire, alors même que les preuves manquent pour établir la vérité.

délibérations était un appel à la concorde et tout ensemble une mise en demeure. Le duc de Normandie avait déjà, comme on l'a vu, averti les absents que les mesures prises sans leur participation seraient obligatoires pour eux comme pour les autres. S'appuyant avec adresse de cet avertissement officiel, les chefs de la bourgeoisie constataient que les nobles seuls s'étaient dispensés d'en tenir compte, et que, si ces derniers ne venaient donner leur sanction aux résolutions de leurs collègues, ces résolutions seraient, au besoin, exécutées contre eux.

Rien n'était plus naturel, plus nécessaire même que cette démarche, à cause des raisons qu'on vient de dire, et parce que les états n'étaient plus en nombre pour délibérer. Mais Étienne Marcel arrivait fort à propos, au milieu d'une séance où les intérêts du roi de Navarre couraient risque d'être méprisés par des courtisans plus jaloux de plaire à leur maître que d'assurer la paix publique : sa démarche, selon toute apparence, avait dû être conseillée par l'évêque de Laon. Si le hasard fit seul cette rencontre, il faut avouer que Robert Lecocq le sut très-bien mettre à profit. Il proposa au duc de Normandie d'inviter les délégués des états à prendre part à la séance du conseil, et en faisant cette proposition à haute voix, devant un si grand nombre de personnes, il ne lui laissait pas la liberté de la repousser. Ainsi la discussion fut continuée en présence des bourgeois. Étienne Marcel, prié de donner son avis, le fit en ces termes que l'histoire a conservés : « Sire, faites amiablement au roi de Navarre ce qu'il vous requiert, car il convient qu'il soit ainsi. »

Il semble que le prévôt des marchands ait jeté, par ces paroles, l'épée du Gaulois dans la balance : elles n'étaient pourtant que le conseil du bon sens et de la sagesse. Refuser au roi de Navarre les satisfactions qu'il était en droit d'attendre, c'eût été faire voir que, malgré la réconciliation de la veille, on n'avait pas renoncé à le traiter en ennemi. Si la présence des bourgeois empêcha le conseil de consommer cette injustice et cette faute, il est clair que Robert Lecocq ne pouvait rien faire qui fût plus utile à la royauté. Il fut décidé : 1° que le roi de Navarre obtiendrait son pardon, ainsi que ses adhérents; 2° que ses forteresses, ses meubles et ses effets lui seraient restitués; 3° que les corps de ses amis, pendus au gibet de Rouen, par ordre du roi Jean, seraient mis en terre sainte, et leurs biens rendus à leurs enfants ou héritiers; 4° que le règlement, en argent ou en terres, des intérêts réclamés pour les sommes qui lui étaient dues serait ajourné à la prochaine réunion des états, c'est-à-dire au 13 janvier suivant; 5° que, sur la demande du roi de Navarre, tous les prisonniers seraient remis en liberté, qu'ils fussent détenus pour dettes, coups, vols, meurtres, ou pour d'autres causes encore[1].

Il faut remarquer, au sujet de cet arrangement, combien il est singulier qu'après avoir obtenu tant de fois son pardon, un prince victime de tant d'injustices, et qui sortait d'une prison où il n'avait pu faire aucun mal, parût avoir besoin d'une nouvelle assurance que le passé serait enfin oublié. Rien ne semble plus propre à établir que, si l'évêque de Laon exerçait dans le conseil une autorité légitime, il était loin d'y régner en maître; car il n'eût pas souffert qu'une réparation si nécessaire devînt l'occasion de faire entendre au roi de Navarre qu'on lui accordait une grâce qu'il ne méritait pas. Le quatrième article de cet accord semble être, au contraire, à l'avantage de ce prince, et Robert Lecocq l'obtint, sans doute, par une juste compensation du premier. Il ne pensait pas sans raison que les états feraient le règlement pécuniaire avec plus d'équité qu'on n'en pouvait at-

---

[1] Lettres des 9, 12, 15 décembre 1357. — Trésor des Chartes, Reg. 89, pièces 254, 288, 289. — Secousse, *Mém. sur Charles le Mauvais*, t. II, p. 64, 65. 68.

tendre du conseil. Quant au cinquième article, s'il parait incroyable, dans les idées modernes, qu'on en ait pu faire la demande, il ne l'est pas moins que le duc et ses amis n'aient point fait difficulté de l'accorder.

Les Parisiens approuvèrent ces arrangements, dont ils se promettaient une paix durable; mais ce qui mit surtout le comble à leur joie, ce fut de voir le duc de Normandie et le roi de Navarre se prodiguer l'un à l'autre, dans des entrevues fréquentes, les plus grandes marques d'amitié. Plus clairvoyant que la multitude, Robert Lecocq sentait bien qu'il ne fallait pas faire état de ces vaines démonstrations, commandées par les circonstances, et il craignait également, ou que ces deux princes ne rompissent par un nouvel éclat, ou même qu'il ne leur vînt à l'esprit d'unir leurs efforts contre le parti populaire. C'est pourquoi, sous couleur de remplir les devoirs de sa charge, il faisait si bien, qu'ils ne pouvaient se voir qu'en sa présence, et il assistait à leurs entretiens. Bientôt le roi de Navarre, qui était le moins dissimulé des deux, quoique le plus habile, ne put supporter la contrainte qu'il était obligé de s'imposer. A peine les lettres qui réglaient leur accord étaient-elles promulguées, qu'il se retirait à Mantes, où il était le maître (13 décembre). Le jour de Noël, il s'y trouvait encore, négociant la reprise de ses forteresses de Normandie avec les nouveaux capitaines que le dauphin y avait placés. Ces officiers, qui étaient sans doute de connivence avec leur maître, ne se croyaient pas tenus, par les lettres promulguées, de remettre les clefs qu'ils avaient dans les mains, et ils attendaient d'en recevoir l'ordre formel, que le dauphin ne se pressait pas de leur envoyer. Ainsi, cette fois encore, c'était ce prince qui manquait le premier à ses engagements.

Il ne faut donc pas s'étonner si le roi Charles n'hésita plus à exécuter un projet qu'il méditait depuis longtemps, et qui, tout conforme qu'il était à l'art. 3 du traité, ne pouvait que déplaire au duc de Normandie. Le 10 janvier, le Navarrais se trouvait à Rouen, et se rendait en grande pompe, accompagné d'une foule de personnes, au lieu où ses amis avaient été mis à mort. Les cadavres de ces malheureux étaient encore suspendus au gibet, à la réserve de celui du comte d'Harcourt, qui avait disparu. Trois cercueils reçurent les restes mortels du seigneur de Grâville, de Maubué et de l'écuyer Collinet Doublet, victimes du roi Jean à ce banquet où le roi de Navarre avait perdu sa liberté. Le quatrième resta vide, mais fut porté, comme les autres, en grand apparat à la cathédrale. Le roi suivait à pied; ses amis psalmodiaient les chants des morts et portaient des cierges, les cloches sonnaient le glas funèbre; toute la ville de Rouen était accourue sur le passage du cortège. Après le service religieux, les corps furent ensevelis dans la chapelle des Saints-Innocents, et le lendemain, s'étant placé à l'une des fenêtres de l'abbaye de Saint-Ouen, Charles de Navarre prononça, devant la foule avide de l'entendre, un *sermon*, c'est-à-dire une oraison funèbre où le soin de louer les morts ne lui fit pas oublier les vivants. Il prit pour texte ces paroles de l'Écriture : *Innocentes et recti adhæserunt mihi*. Après avoir fait de ses amis des martyrs, il justifia sa propre conduite, ce qui était encore prouver leur innocence, et, tout en parlant de ses souffrances, d'un ton pathétique qui tira des larmes à ses nombreux auditeurs, il n'oublia pas les allusions méchantes et les mots amers contre le dauphin. Son éloquence fit sur cette multitude un effet extraordinaire; mais, ce qui acheva de gagner tous les cœurs, c'est que, pour conclusion de son discours, il pria publiquement à dîner le maire de Rouen, un simple marchand de vin.

L'éclat de ces représailles acheva de troubler le repos du duc de Normandie. Ce prince avait eu le premier tort, en n'envoyant pas aux gouverneurs des forteresses l'ordre de les remettre au roi de Navarre; il se regarda néanmoins comme offensé, et, dans son dépit, il fit savoir à ces capitaines qu'ils ne devaient point tenir compte des lettres du 12 décembre, et qu'ils eussent à garder soigneusement les places qu'il leur avait confiées. Les officiers qui commandaient à Breteuil, à Paci, à Pont-Audemer, dans quelques autres places encore, et qui avaient résisté jusque-là aux sollicitations du roi Charles, n'eurent garde de désobéir; mais la plupart avaient déjà cédé, et le triomphateur de Rouen se sentait assez fort pour ne plus craindre la guerre.

Il laissa donc ses bandes de mercenaires approcher de Paris, tandis que son frère Philippe, comte de Longueville, qui n'avait point voulu être compris dans la pacification, continuait de courir la campagne avec douze mille hommes. Ces démonstrations hostiles étaient une faute grave, si le roi de Navarre avait, dès ce moment, l'intention de soutenir ses prétentions au trône. Elles pouvaient lui faire perdre les avantages qu'il avait tirés jusque-là de sa modération, car le peuple de Paris voulait la paix, pour renouveler librement ses provisions et renvoyer chez eux ces nuées de paysans, qui s'abattaient, pleins de frayeur, sur le seul refuge assuré qu'il y eût à cent lieues à la ronde, et dont la multitude faisait redouter une famine prochaine.

Ce qui sauva le Navarrais, c'est que le duc de Normandie voulait trop visiblement la guerre. La guerre favorisait les extorsions de ses ministres et de ses pourvoyeurs; elle couvrait d'un voile les dilapidations et les prodigalités, enfin, elle lui permettait d'en revenir, sans trop de scandale, à ses éternelles altérations des monnaies. Il avait plus de deux mille hommes d'armes à sa solde, sans compter un grand nombre de nobles dont il pouvait disposer; mais, au lieu de les envoyer dans les environs de Paris, pour protéger les habitants et les voyageurs, en donnant la chasse aux pillards, il les gardait autour du Louvre, où il se gardait lui-même, sous prétexte qu'ils n'étaient pas assez nombreux pour s'aventurer au dehors, et qu'Étienne Marcel ne lui donnait pas les moyens de mettre sur pied des forces respectables.

Il est certain que le prévôt des marchands redoutait trop qu'une armée ne vînt facilement à bout de la milice parisienne, pour commettre la faute de l'équiper aux frais de la ville; mais il ne l'est pas moins que le duc de Normandie, aurait-il eu à sa disposition dix fois plus d'hommes d'armes, les eût aussitôt tournés contre ses ennemis de l'intérieur, sans s'occuper des brigands ni des Anglais. Étienne Marcel tirait donc le meilleur parti d'une situation si difficile, en se tenant sur ses gardes et en défendant lui-même Paris. Il poursuivait sans relâche l'œuvre de ces fortifications qui furent, au rapport de Froissart, son plus grand bienfait, « car autrement la capitale du royaume eût été courue, gastée et robée par maintes fois. »

Les Parisiens regrettaient sans doute de dépenser en pierres de taille un argent qui leur paraissait si nécessaire pour fournir la ville de vivres; mais, à la voix de leur prévôt, ils ne reculaient devant aucun sacrifice. Ils faisaient quelques sorties contre les bandes de Philippe de Navarre, quoique sans ardeur, car ils sentaient bien que ce n'était pas cet aventurier qui mettait tout en péril. C'est à l'intérieur qu'ils se gardaient surtout avec un soin extrême; chaque soir ils barricadaient les rues, nuit et jour ils veillaient aux portes, et n'y laissaient entrer personne qui ne fût parfaitement connu.

Cette vigilance était bien nécessaire, car les partisans du dauphin commençaient de reprendre courage. Les ministres et les officiers destitués par les états n'avaient trouvé aucun tribunal qui voulût les juger; c'est pourquoi ils relevaient audacieusement la tête, rentraient l'un après l'autre dans Paris et redevenaient les vrais conseillers de la couronne, je

CHAPITRE SIXIÈME.

veux dire les seuls en qui le duc de Normandie mit sa confiance.

Ainsi les conquêtes des états, les libertés de Paris et du royaume, la vie même de ceux qui soutenaient cette noble cause, tout était remis en question. Pour sauver l'œuvre de la bourgeoisie et la France même, qu'un gouvernement inerte laissait périr, il fallait l'énergie d'un héros, l'âme d'un citoyen, la tête d'un politique. Étienne Marcel ne recula point : il était à la hauteur de sa tâche. Par quels moyens il poursuivrait le but, c'est ce qu'il ne pouvait savoir encore; mais il n'était occupé qu'à chercher les plus puissants et les plus rapides.

CHAPITRE SEPTIÈME

La révolution à Paris (janvier 1358). — Le dauphin aux halles. — Assemblée de Saint-Jacques de l'Hôpital. — Assemblée des notables au palais, et nouvelle réunion des états (13 janvier). — Affaire de Perrin-Marc. — Démarche de Picquigny au nom du roi de Navarre. — La confrérie de Notre-Dame. — L'Université au palais. — Nouvelle réunion des états (11 février). — Le duc de Normandie prend le titre de régent.

Comme les Parisiens ne pouvaient compter que sur eux-mêmes pour se défendre, rien ne semblait plus pressé que de leur rendre la confiance qu'ils commençaient à perdre. Afin de leur faire voir qu'ils étaient plus nombreux que leurs adversaires, Étienne Marcel imagina, dans les premiers jours de janvier (1358), de leur donner un signe de ralliement. C'était un chaperon [1] mi-parti rouge et pers (bleu foncé), c'est-à-dire aux couleurs de la ville de Paris. Sur les fermeilles (agrafes) d'argent ou d'un métal moins précieux qui ornaient ce chaperon étaient gravés ces mots : *En signe d'alience de vivre et morir avec le prevost contre toutes personnes.* Un héraut fut chargé de crier par les rues que tout bon citoyen eût désormais à porter ce chaperon. Comme il ar-

---

[1] Coiffure de tête autrefois commune aux hommes et aux femmes, qui avait un bourrelet sur le haut et une queue pendante par derrière. (Dictionnaire de l'Académie, 6ᵉ édition, 1835.)

rive souvent en pareille circonstance, les plus pressés d'obéir ne furent pas ceux dont le dévouement au prévôt était sincère. La faiblesse de ceux qui souhaitaient secrètement sa ruine rehausse le courage du recteur de l'Université, qui défendit formellement à toutes personnes académiques de prendre aucune marque de faction.

Etienne Marcel vit peut-être avec plaisir cet empressement hypocrite qui donnait aux plus timides et aux moins clairvoyants de ses amis une haute idée de ses forces; mais il ne s'y trompa point lui-même, et, pour réunir plus étroitement autour de lui ceux dont il connaissait le dévouement, il forma une grande confrérie sous l'invocation de Notre-Dame.

Cette nouvelle manière de se compter n'était pas inutile, car la mode des chaperons s'était répandue fort loin dans le royaume. Ce fut même, dans plusieurs villes, l'occasion ou le prétexte de mouvements populaires. A Laon, par exemple, le procureur Jean Boulengier et deux autres bourgeois, Collas de Coullienges et Robert de Lusant, en donnèrent le signal : ils firent décider qu'on porterait le chaperon, qu'on ouvrirait les portes à l'évêque et aux gens armés qu'il lui plairait de conduire avec lui, qu'on lui confierait la garde de la ville et qu'il pourrait même recevoir le roi de Navarre, s'il le jugeait à propos. Il n'en fallut pas davantage pour que ces hommes résolus fussent accusés plus tard d'avoir voulu la mort des plus considérables de leurs concitoyens[1].

Quoique ces succès de la cause populaire ne fussent pas aussi grands qu'ils auraient dû l'être, le duc de Normandie en était si troublé et si jaloux, qu'il conçut le projet d'essayer à son tour de son pouvoir sur le peuple, et, s'il était possible, de le mettre dans ses intérêts. Les applaudissements qu'avait

---

[1] Lettres de rémission pour Jehan Boulengier, octobre 1858.— Trésor des Chartes, Reg. 86, p. 446.— Secousse, *Mém. sur Charles le Mauvais*, t. II. p. 105.

enlevés le roi de Navarre en prenant les Parisiens pour juges lui faisaient bien voir que c'était par la parole et par une confiance affectée qu'il pourrait changer leurs dispositions. Le 11 janvier, pendant que le roi Charles célébrait à Rouen les funérailles de ses amis, le duc, qui avait tenu son dessein secret, afin que personne ne pût le traverser, fit annoncer tout à coup dans les rues que, le jour même, il se rendrait aux halles pour y parler au peuple.

Par le lieu qu'il avait choisi pour prononcer sa harangue, il est clair qu'il recherchait l'appui du menu peuple plutôt que de la bourgeoisie, et, pour employer les termes dont on se sert aujourd'hui, de la démagogie plutôt que de la démocratie. Si la multitude avait jusqu'alors suivi Étienne Marcel, c'est que, ne comptant pour rien dans l'État, elle s'attachait aux bourgeois, qui lui donnaient du travail et dont elle était moins éloignée; mais, le jour où la royauté descendrait jusqu'à solliciter son appui, il était à craindre qu'elle ne se laissât éblouir par la splendeur du trône. Les véritables soutiens du prévôt des marchands, c'étaient, un de nos écrivains l'a justement remarqué [1], les riches bourgeois, les professeurs de l'Université, les moines mendiants, le bas clergé, tous ceux, en un mot, qui maniaient l'argent ou la parole.

Quand le duc de Normandie se rendit aux halles, il était à cheval, et entouré seulement de cinq ou six personnes. Rien ne l'empêchait d'en prendre avec lui un plus grand nombre; s'il ne le crut point nécessaire, il faut donc penser que, malgré tant de sujets de plaintes qu'il avait donnés aux chefs de la bourgeoisie, il ne craignait d'eux aucune entreprise contre sa personne. Ne sachant quel accueil lui ferait le peuple, il fallait qu'il eût une confiance entière dans le respect des uns et des autres, ou un courage dont il n'a

---

[1] M. Jules Quicherat, dans le *Plutarque français*, art. Ét. Marcel.

jamais donné de marques, pour négliger ainsi les plus simples précautions.

Le dauphin dit aux Parisiens qu'il voulait vivre et mourir avec eux, et qu'il ne fallait pas croire ceux qui l'accusaient de n'avoir assemblé des troupes que pour s'emparer de leurs biens. Jamais il n'avait eu l'intention d'employer ses hommes d'armes à d'autres fins qu'à repousser les ennemis qui ravageaient impunément le royaume, par la faute de ceux qui s'étaient rendus maîtres du gouvernement; il aurait déjà chassé les Anglais, s'il avait eu l'administration des finances; mais il n'avait pas touché un seul denier de tout l'argent levé sur la nation, depuis que les états gouvernaient; c'est pourquoi il se proposait de demander un jour bon compte de cet argent à ceux qui l'avaient perçu et empêché de venir jusqu'à lui. Enfin il se déclara résolu à reprendre son autorité sur ceux qui l'avaient usurpée en partie, et à diriger seul les affaires publiques.

Cet habile mélange de mensonges et de promesses frappa vivement les esprits. Ignorante, peu capable de réflexion, la multitude appartenait à qui parlait le dernier, et c'est surtout à elle qu'imposait la majesté royale. D'ailleurs, en laissant aux états toute la responsabilité de la gestion financière, le duc de Normandie flattait la secrète faiblesse du peuple, qui voit d'ordinaire ses plus cruels ennemis dans ceux qui frappent ou qui lèvent l'impôt.

Étienne Marcel ne pouvait laisser le gouvernement des états sous le coup de ces accusations et de ces menaces : il convoqua pour le lendemain la population parisienne à Saint-Jacques de l'Hôpital [1]. On vit alors une chose étrange et nouvelle : pour ne rien perdre de ce qu'il avait gagné la veille, le duc de Normandie voulut se rendre encore à cette assemblée, où pouvaient se trouver des personnes qui

[1] Rue Saint-Denis, près la rue Mauconseil.

n'avaient pas entendu son discours, afin d'en reproduire les parties principales et de répondre, s'il y avait lieu, aux orateurs de la bourgeoisie. Ainsi l'héritier de la couronne comparaissait, pour en défendre les droits, devant le tribunal populaire, et il avait pour partie adverse le corps municipal de Paris, défenseur des intérêts du peuple, en même temps que de la légitime autorité des états. Quel que fût le résultat de cette lutte, le pouvoir royal ne pouvait qu'y perdre de son prestige.

Le duc de Normandie réclama le privilége de parler le premier, et personne n'entreprit de le lui disputer. Mais, afin de ne point compromettre encore sa dignité dans un débat dont nul ne pouvait prévoir le caractère, il chargea Jean de Dormans, chancelier de Normandie, de prendre la parole en son nom. Le chancelier répéta le discours de la veille : il ajouta seulement qu'il était faux que monseigneur le duc n'exécutât pas ses engagements avec le roi de Navarre, et que si quelques gouverneurs, envoyés par son père dans les places confisquées, refusaient de les restituer, il était si loin de les y encourager, qu'il les exhortait au contraire à ne plus différer cette restitution.

Ce nouveau mensonge pouvait paraître nécessaire, car le silence gardé aux halles sur ce point important avait été remarqué dans Paris, et l'on faisait déjà de nombreux commentaires. Peut-être le désir de réparer sa faute fut-il un des motifs qu'eut le dauphin de venir à Saint-Jacques de l'Hôpital et d'y parler le premier; mais il était trop tard pour persuader, par une assertion si peu vraisemblable, des esprits justement prévenus, et, dans tous les cas, c'était reconnaître que rien de ce qui touchait le roi de Navarre n'était indifférent aux Parisiens.

Étienne Marcel avait chargé l'échevin Toussac de répondre au nom du corps municipal : par ce choix il faisait preuve d'habileté et tout ensemble de modestie. L'éloquence de

CHAPITRE SEPTIÈME.

Charles Toussac était déjà célèbre : personne ne commandait comme lui l'attention des grands auditoires et ne savait présenter sous un plus beau jour la politique et les actes qu'il fallait soutenir. Il s'apprêtait à parler, quand on entendit un murmure général s'élever dans l'assemblée. Tous les regards étaient tournés vers le duc de Normandie : ce prince venait de se lever et s'éloignait avec ceux qui l'avaient accompagné. On ne pouvait comprendre qu'ayant voulu paraître dans cette réunion populaire, il n'y sût pas rester jusqu'à la fin. Il avait beau s'en retirer le premier, il n'y était pas moins venu plaider sa cause, et l'on était en droit d'attendre qu'il écoutât ses adversaires et ne dédaignât pas de leur répliquer. Par cette retraite irréfléchie, le dauphin manqua tout l'avantage qu'il s'était promis de son discours : les Parisiens prenaient au sérieux leur rôle d'arbitres et se sentaient mal disposés pour celle des deux parties qui fuyait la discussion.

Les motifs qu'eut le jeune prince sont restés fort obscurs. Pensa-t-il qu'il ne convenait pas à sa dignité d'écouter des discours blessants peut-être et d'y répondre? Il aurait dû, en ce cas, ne point descendre dans l'arène, puisqu'il n'y voulait pas soutenir le combat. Quelle plus grande imprudence que d'irriter ses adversaires par des accusations de toute sorte, et de leur laisser le champ libre pour les rétorquer? Crut-il au contraire qu'il avait fait tant d'impression sur la multitude, qu'elle n'hésiterait pas à le suivre, plutôt que d'écouter Charles Toussac? Ou enfin avait-il démêlé des intentions malveillantes dans le plus grand nombre de ces bourgeois, accourus sur l'appel de leur prévôt? Ce qu'il y a de certain, c'est que personne ne le suivit, c'est que tout le monde murmura, c'est que ceux-là mêmes qui avaient accueilli favorablement les discours du chancelier Dormans n'avaient de plus grand désir que d'entendre l'éloquent échevin.

Mais ce qui paraît surtout digne de remarque, c'est que l'évêque de Laon, qui était encore un des chefs du conseil royal, manifesta sa désapprobation de l'éclat imprudent que faisait le duc de Normandie en s'abstenant de l'accompagner dans sa retraite. Le moment semblait venu où tous les voiles allaient tomber et toutes les fictions disparaître, et c'était Robert Lecocq, dont on a voulu faire un profond hypocrite, qui, par un mouvement spontané, trahissait le premier les sentiments dont il était agité.

Quand le silence fut rétabli, Charles Toussac prit enfin la parole. Il insista principalement sur le mauvais vouloir des personnes dont le duc de Normandie aimait à s'entourer. Il rappela que ces officiers, destitués et accusés par les états, ne trouvaient dans le royaume aucun magistrat qui consentît à les juger, tant l'accord était profond entre les ennemis du peuple; il les montra fiers de cette impunité scandaleuse, reprenant pour la plupart leurs offices, assurés plus que jamais de la confiance de leur maître et conseillers des plus funestes résolutions. « Il y a tant de mauvaises herbes, dit-il, que les bonnes ne peuvent fructifier. »

Les chroniqueurs l'accusent d'avoir fait de mordantes allusions au duc de Normandie « sans le nommer; » mais cette accusation même prouve du moins qu'il ne poussa pas plus loin ses attaques; or pouvait-il donner une plus éclatante preuve de modération qu'en répondant par des allusions seulement aux reproches directs et aux violentes menaces du dauphin? Il semble que les chefs de la bourgeoisie voulussent marquer, en toute occasion, leur respect au dépositaire de l'autorité royale, et qu'avec un instinct précoce des institutions libérales, ils voulussent tenir les agents du pouvoir pour seuls responsables envers la nation. Il fallut, pour les détourner de cette voie, les entraînements d'une lutte terrible, où ils eurent bientôt à défendre non plus leur œuvre, mais leur propre vie et l'honneur de leur nom.

Après l'échevin Toussac, Étienne Marcel prit, à son tour, la parole, non pour faire un discours, mais pour donner quelques explications dont l'autorité était plus grande sortant de sa bouche. La veille, le duc de Normandie l'avait indirectement accusé de prévarication, ainsi que les mandataires des états. Il déclara, sans déclamation et sans phrases, avec la ferme simplicité d'un homme que la calomnie ne saurait atteindre, que l'argent des subsides n'avait été touché ni par lui ni par les autres députés. Rien n'était plus véritable. Les états de 1355, comme le prouve l'ordonnance de décembre, avaient décrété que les receveurs seraient choisis hors de leur sein, et qu'aucun membre de cette assemblée n'aurait, à quelque titre que ce fût, le maniement des sommes levées sur la nation. Tout le soin des « gouverneurs du subside » était d'en surveiller la perception, afin qu'on n'y mît pas trop de lenteur. Cette précaution si honorable avait été prise également par les assemblées subséquentes, de sorte que tout l'argent qu'on aurait pu arracher à la misère publique restait entre les mains des receveurs, et par conséquent à la disposition du dauphin, pourvu qu'il justifiât de l'usage qu'il en voulait faire[1]. »

Marcel n'eut besoin que de rappeler des faits si connus de ceux qui l'écoutaient pour lever tous les doutes sur son intégrité et celle de ses collègues. Ses paroles obtinrent, du reste, une confirmation éclatante de l'avocat Jean de Sainte-Maude, l'un des gouverneurs de l'aide instituée par les états. Ce député se leva spontanément pour déclarer que le prévôt des marchands n'avait rien dit qui ne fût la vérité.

[1] Que pèsent devant ces faits incontestables les affirmations contraires de Zantfliet et de Villani, deux écrivains qui, n'ayant rien vu d'eux-mêmes, ne pouvaient qu'être l'écho lointain et peu fidèle des calomnies qu'ils entendaient débiter? Comme le remarque justement M. Henri Martin, ces mêmes hommes, qui ont essayé de flétrir Étienne Marcel, ont porté également contre le duc de Normandie des accusations non moins graves et quelquefois aussi peu fondées.

Puis, portant avec hardiesse la guerre dans le camp ennemi, il ajouta qu'il avait été fait un déplorable emploi des sommes perçues, et il nomma plusieurs chevaliers qui avaient touché sur cet argent, que la France donnait pour la défense du territoire, jusqu'à cinquante mille moutons d'or. L'accusation était grave, mais elle ne manquait ni de loyauté ni de courage, car nommer les coupables, c'était soulever leur colère et provoquer leurs démentis.

A ces révélations inattendues, une émotion extrême s'empara de l'assemblée; chacun maudissait avec énergie les dilapidateurs et les traîtres. Charles Toussac profita avec habileté de cet état des esprits pour obtenir une démonstration significative. « Vous le voyez, dit-il en étendant la main vers Étienne Marcel, vous le voyez, notre prévôt est un honnête homme, ses intentions sont droites et pures, il ne fait rien qu'en vue de l'utilité commune. Si vous ne le soutenez cependant, il ne lui restera plus qu'à pourvoir de son mieux à sa sûreté. — Nous le soutiendrons et porterons contre tous! » s'écrièrent les Parisiens avec enthousiasme. Sur cette promesse, la séance fut levée, et la foule, quoique émue, se retira sans désordres.

La victoire était complète; mais elle eut presque les conséquences d'une défaite. Il n'y a pas de plus terrible coup pour un chef de parti que d'être réduit à la défensive. Des calomnies qu'il réfute il reste toujours quelque chose, et la seule nécessité de se défendre, comme un vulgaire accusé, est une marque certaine du progrès de ses ennemis. Ce qu'il a perdu d'autorité, il ne peut, dès ce moment, le regagner que par la violence, terrain glissant où les plus fermes perdent pied.

Cependant le duc de Normandie était contraint d'agir; car, ayant annoncé qu'il gouvernerait désormais par lui-même, il n'y pouvait manquer sans se couvrir de ridicule et sans se perdre aux yeux de ses partisans. Dès le lendemain, 13 janvier, il convoqua au palais ceux des notables de

Paris qu'il savait prêts à le servir, et il leur dit que, s'ils voulaient être bons sujets, il serait bon seigneur. Ce n'était pas apparemment pour leur annoncer une résolution si naturelle qu'il avait réuni ses fidèles, mais pour entendre leur réponse, qu'on leur avait dictée. Ces notables invitèrent, en effet, monseigneur le duc à prendre les rênes du gouvernement, et ils osèrent exprimer le regret qu'il ne l'eût fait plus tôt. Or il n'est rien que les princes endurent plus volontiers qu'un pareil reproche, et le dauphin ne cherchait qu'une occasion d'être docile en reprenant ce qu'il avait perdu.

La trouver n'était pas facile; mais les états allaient, en attendant, lui donner la consolation d'une revanche. Ils s'étaient réunis ce jour-là même; comme pour la précédente assemblée, les députés des villes étaient encore assez nombreux; ceux du clergé l'étaient moins, et les nobles n'avaient envoyé personne [1]. Du 13 au 25, les membres présents discutèrent sans se mettre d'accord : la difficulté qu'il y avait de prendre des résolutions à la fois efficaces et utiles fut cause que les avis, les objections, les dissentiments, se multiplièrent. La grande affaire était toujours de trouver de l'argent, et, par une récente expérience, on désespérait d'en tirer des provinces; il était à craindre d'ailleurs que les états, s'ils n'imaginaient quelque ressource, ne fussent accusés d'avoir mis obstacle à la délivrance du roi et à la défense du royaume. C'est pourquoi, faute de mieux, ils décidèrent, après de longs débats et une vive opposition, qu'on fabriquerait une monnaie plus faible que celle qu'ils avaient or-

---

[1] Les ordonnances relatives à cette session disent, il est vrai, le contraire, et parlent de la réunion des trois ordres ; mais il est clair que les rédacteurs officiels durent copier le protocole ordinaire. Comme on va le voir, le duc de Normandie avait tout intérêt à ce que cette assemblée ne parût pas avoir moins d'autorité que les précédentes. Ajoutons, d'ailleurs, que les membres présents, quoique appartenant presque tous au tiers, voulurent que les ordonnances fussent rendues au nom des trois ordres. Les absents n'avaient pas le droit de se plaindre, ayant été avertis.

donnée eux-mêmes dans leurs précédentes réunions, que le duc de Normandie aurait la cinquième partie du profit de la refonte, et que tout le reste serait employé aux dépenses de la guerre.

Cette faute causa une joie extrême au duc et à ses conseillers. Ainsi, après avoir tant protesté contre les remaniements des monnaies, les états se voyaient obligés d'y recourir à leur tour, et par là ils justifiaient tout ce qu'on avait fait avant eux. Quatre ordonnances furent aussitôt rendues (22 et 23 janvier, 7 et 21 février) par lesquelles le marc d'argent fut porté à onze livres cinq sols. Le denier d'or fin à l'agnel, dont le prix avait été fixé à trente sols tournois aux états de février 1357, devait valoir trente sols parisis à l'avenir, ce qui faisait un quart d'augmentation [1].

Les états se séparèrent ensuite et s'ajournèrent au 11 février suivant. Il serait à souhaiter qu'ils ne se fussent point réunis pour cette session, car ils avaient porté un coup terrible à la cause qu'ils étaient venus soutenir : ce n'était guère la peine de combattre le pouvoir royal et de le soumettre à la bourgeoisie, au prix d'agitations extrêmes, si l'on ne devait gouverner autrement et mieux que lui.

Il y avait cependant un bon côté dans la faute commise : c'est que le duc de Normandie, pourvu d'argent, et d'un argent qu'il pouvait toucher aussitôt, n'avait plus de raisons pour demeurer immobile. On allait savoir enfin quels étaient ses desseins. Les Anglais et les compagnies venaient de s'emparer d'Étampes, et, de là, s'étaient avancés jusqu'à Saint-Cloud. L'alarme était dans Paris et surtout aux environs. Il n'y avait rien qui fût plus urgent que de marcher contre ces pillards, pour les forcer, du moins, à ne pas porter leurs brigandages au delà des contrées qu'on leur

---

[1] Les sous frappés à Tours (d'où ce nom de tournois) valaient douze deniers, tandis que les sous frappés à Paris, ou parisis, en valaient quinze.

abandonnait depuis si longtemps. Mais le dauphin, sourd
aux réclamations et aux plaintes, continuait de vivre oisif
au fond de son palais, entouré de tous ses hommes d'armes.
Il en augmentait même le nombre, comme s'il eût cru ses
jours menacés, et la présence de tant de soldats inutiles,
qu'on appelait du dehors, avec le cri du désespoir, apprenait aux Parisiens qu'ils feraient en vain des sacrifices, si,
pour plaire à leur prince, ils ne restauraient de leurs mains
tous les abus.

Dans cet état violent des esprits, il suffisait d'une étincelle pour mettre le feu aux passions échauffées. Une querelle insignifiante qui, en d'autres temps, n'eût ému personne, souleva tout Paris. Il y avait dans la ville un jeune
clerc, nommé Perrin-Marc, qui était en même temps le
valet ou l'apprenti d'un changeur, et qui avait vendu, pour
le compte de son maître, deux chevaux au duc de Normandie. Jean Baillet, trésorier intime de ce prince, devait
payer le prix convenu : c'était du moins dans les attributions
de sa charge. On ne sait s'il en avait reçu l'ordre, ou si,
malgré la défense des états et la grande ordonnance, le
dauphin ne voulait pas remettre en vigueur le droit de
prise. Soit par avarice, soit pour plaire à son maître, il
est certain que Jean Baillet ne paya Perrin-Marc qu'en
paroles, et que celui-ci, après plusieurs tentatives, s'apercevant qu'on le jouait, éclata en menaces et jura de se
venger. Le trésorier hautain et présomptueux ne fit qu'en
rire et ne daigna pas se tenir sur ses gardes[1]. Un jour
pourtant, le 24 janvier, ces deux hommes s'étant rencon-

[1] Telle est la version de Villani, et, dans le silence absolu des autres
chroniqueurs sur l'origine de cette querelle, il y a lieu de suivre ce récit,
qui paraît très-vraisemblable. Secousse croit que ce fut une affaire de
parti ; l'un n'exclut pas l'autre. Les passions politiques s'en mêlèrent, ce
n'est pas douteux, mais à la suite d'une querelle particulière. C'est ainsi
que les grands événements, qui n'ont jamais de petites causes, éclatent,
quand ils sont préparés, à la moindre occasion.

trés dans la rúe Neuve-Saint-Merri, Perrin-Marc réclama de nouveau son argent avec violence, et Baillet, un sourire sur les lèvres, lui fit entendre qu'il ne l'aurait jamais. Aussitôt la querelle s'enflamme, et Perrin-Marc, frappant le trésorier d'un coup de couteau à l'aisselle, l'étend roide mort à ses pieds.

Aussitôt, à la faveur du tumulte, Perrin-Marc se réfugia dans l'église Saint-Merri, qui jouissait du droit d'asile. D'après les idées du temps, il devait s'y croire en sûreté; mais le dauphin, irrité, méprisa les conseils de la prudence, et envoya Robert de Clermont, maréchal de Normandie, accompagné du prévôt royal de Paris [1] et d'un grand nombre d'hommes d'armes, pour se saisir du meurtrier. Les portes de l'église avaient été fermées par le clergé; elles furent enfoncées, et, sourd aux réclamations de la foule, le maréchal fit arracher Perrin-Marc de sa retraite. Le lendemain, le meurtrier était conduit au gibet, où les bourreaux ne l'attachèrent qu'après lui avoir coupé le poing.

L'audace du dauphin souleva tous les gens d'Église. Ils se plaignirent qu'on eût mis la main sur un clerc, au pied des autels; que resterait-il de sacré dans ce monde, si le pouvoir civil violait impunément les plus anciennes et les plus saintes prérogatives? Les bourgeois, de leur côté, s'élevaient à la fois contre le supplice de Perrin-Marc et contre l'injustice criante du trésorier, que le dauphin semblait soutenir; mais, faisant paraître, jusque dans leur colère, la volonté de n'agir qu'au nom de la loi, ils s'appuyaient, pour protester, de l'ordonnance des états, qui enjoignait à tout citoyen de courir sus à quiconque entreprendrait d'exercer

---

[1] Il ne faut pas confondre le prévôt des marchands et le prévôt royal de Paris. Cette dernière magistrature, à la fois fiscale, judiciaire et militaire, paraît avoir été instituée sous Philippe Iᵉʳ, pour remplacer la magistrature des comtes et vicomtes de Paris. — Le prévôt royal résidait au grand Châtelet.

le droit de prise. Perrin-Marc, disaient-ils, n'avait fait que son devoir, et il importait peu qu'il y eût été poussé par l'intérêt qu'il avait dans l'affaire, puisque tout autre aurait dû, comme lui, défendre la loi. Il n'avait subi la mort que par une violation éclatante de ce qu'il y a de plus sacré au monde, et l'on voyait par là quel dédain le duc et ses conseillers marquaient pour les résolutions des états.

Ainsi les motifs étaient différents, mais l'indignation égale : la bourgeoisie et le clergé se mirent facilement d'accord. L'évêque de Paris, qui n'avait point abandonné, comme l'archevêque de Reims, la cause des réformes, excommunia Robert de Clermont, et exigea qu'on rendît le corps du supplicié. Des bourgeois et des clercs le ramenèrent solennellement de Montfaucon à Saint-Merri, où ils lui firent des funérailles pompeuses, en présence d'Étienne Marcel et d'un grand nombre de ses amis. Au même instant, le duc de Normandie célébrait avec un éclat semblable celles de Jean Baillet.

La victoire restait donc indécise, les deux partis se bravaient et se faisaient équilibre. Le dauphin s'était rendu doublement coupable en favorisant l'exercice du droit de prise et en se faisant justice à lui-même ; mais le parti populaire n'aurait pas dû l'irriter encore pour soutenir un meurtrier ; il devait ajouter ce grief à tant d'autres, et attendre patiemment le jour de la justice, si l'on pouvait demander à la multitude la sagesse qu'on cherche en vain chez les princes.

Ces querelles entre les deux partis achevaient de rendre la conciliation impossible ; et malheureusement il s'élevait toujours de nouveaux sujets de discorde, ou, pour mieux dire, il y en avait de permanents. De ce nombre étaient les réclamations du roi de Navarre, que les deux reines présentaient avec douceur et réserve, dans l'espoir d'amener enfin les deux princes à vivre de bonne amitié. Mais les ravages des

Navarrais, que conduisait Philippe de Longueville, n'étaient guère propres à assurer le succès de ces démarches, car on les disait autorisés par le roi Charles, et ce prince s'en défendait à peine, sous prétexte que l'inexécution de son traité le déliait de tout engagement.

Le 27 janvier, Jean de Picquigny vint demander au duc de Normandie la restitution des forteresses du roi Charles, les quarante mille florins qui lui avaient été promis, en échange de ce qu'on refusait de lui rendre, et enfin ses joyaux qu'on lui avait pris à Rouen. Encore que ces demandes n'eussent rien d'inattendu, puisqu'elles étaient fondées et que les deux reines les renouvelaient tous les jours, le jeune prince se livra devant son conseil à tous les emportements de la faiblesse : il affirma, contre l'évidence, qu'il avait tenu sa parole; il dit au sire de Picquigny qu'il lui donnerait un démenti formel, s'il n'était obligé, par le soin de sa dignité, de ne lui point répondre; et, comme les bonnes raisons lui manquaient, il fit appel au jugement de Dieu, et déclara, en terminant, que, si l'on voulait soutenir par les armes les prétentions du roi de Navarre, il trouverait bien des chevaliers prêts à combattre pour lui.

Robert Lecocq était présent. Il ne paraît pas qu'en refusant de quitter avec le dauphin l'assemblée de Saint-Jacques-de-l'Hôpital, il eût couru le risque de perdre, sinon la confiance de ce prince, qu'il n'avait jamais eue, du moins la place qu'il occupait dans son conseil. Il avait même obtenu qu'on demandât pour lui au pape le chapeau de cardinal [1],

---

[1] Au mois de février 1358, Jean d'Aubervillers, dit Toussaint, se rendit à Avignon pour porter au pape une lettre du duc de Normandie, afin d'obtenir le chapeau de cardinal pour l'évêque de Laon, son principal conseiller. (Lettres de janvier 1359. — Trésor des Chartes, Reg. 90, p. 17. — Secousse, *Mém. sur Charles le Mauvais*, t. II, p. 150.) Il paraît que la mission officielle était balancée par une mission secrète, car le pape refusa le chapeau, ce qu'il n'eût probablement pas fait s'il n'en eût été prié. Il n'y a rien qui ne soit singulier dans cette affaire. Si l'évêque de Laon avait donné cette

et il gouvernait à peu près comme ces ministres que les rois subissent dans les gouvernements constitutionnels. De nouveau, dans cette circonstance, il n'usa de son pouvoir que pour réparer une imprudence dont les suites étaient à craindre. Prenant la parole avant même que le dauphin eût terminé son invective, il annonça que monseigneur le duc délibérerait sur les demandes du roi de Navarre et qu'il ferait connaître sa réponse, dont on aurait lieu d'être content.

Par là il gagnait du temps et donnait au jeune prince le moyen de réfléchir sur sa colère. Dût-il persister dans ses refus, il n'en était que plus sage de ne point renvoyer Jean de Picquigny sous l'impression de menaces inutiles, puisqu'elles étaient impuissantes, et ne pouvaient, s'il les répétait au dehors, qu'aigrir encore le mécontentement public. Heureux les princes, s'ils avaient toujours, pour réparer leurs fautes, des serviteurs plus sages qu'eux!

La prudente réponse de l'évêque de Laon était tellement nécessaire, que c'est à peine si elle réussit, pour quelques jours, à calmer les esprits. Marcel s'occupait alors de donner une forte discipline à sa nouvelle confrérie de Notre-Dame, et d'en faire comme l'instrument de son pouvoir. Il obtint à cet effet de l'évêque de Paris l'autorisation d'ajouter des statuts politiques aux statuts religieux de cette compagnie. Ces sortes d'assemblées étaient, dans ce temps-là, le refuge de l'égalité, qu'on proscrivait ailleurs : les nobles, les prêtres, les bourgeois, les gens du peuple, les femmes même, s'y trouvaient confondus, et, par respect pour leur religion, ne se souvenaient plus que d'une chose, c'est qu'ils étaient frères.

<hr>

marque d'ambition d'exiger qu'on demandât pour lui le chapeau, comment se fait-il que les officiers royaux, dans l'acte d'accusation qu'ils dressèrent contre lui, ne lui en aient pas fait un crime? Faudrait-il croire que ce fut une flatterie trompeuse du dauphin à l'adresse d'un serviteur dans lequel il craignait de voir un maître?

Telle fut l'ardeur d'un grand nombre de citoyens qui en voulaient faire partie, que, s'ils servirent d'appui au prévôt des marchands, ils stimulaient encore son énergie et ne lui laissaient ni trêve ni relâche. Ils demandaient tous l'alliance du duc de Normandie et du roi de Navarre, comme le moyen le plus propre à réunir toutes les forces de la France; ils accusaient les conseillers royaux et en particulier les maréchaux de contrarier le vœu public, et ils exigeaient sans cesse de nouvelles démarches pour obtenir autre chose du dauphin qu'un stérile consentement. Étienne Marcel se voyait donc forcé de les envoyer souvent au palais ou de les y conduire lui-même, et ces poursuites continuelles ne faisaient qu'exaspérer le jeune prince, sans avancer les affaires.

Une de ces démarches mérite de fixer l'attention, moins pour ses effets, car elle n'en pouvait avoir de fort grands, que parce qu'elle fait voir de quel côté se rangeait, à la longue, ce qu'il y avait de plus respectable dans la société française. L'Université n'avait point pris parti dans la querelle; elle en était même si éloignée, qu'elle avait refusé, comme on l'a vu, de porter le chaperon rouge et pers. Mais, quand il lui parut bien évident que toute la résistance venait du dauphin et de ses conseillers, elle résolut d'unir ses efforts à ceux d'Étienne Marcel. Une députation considérable, dont faisaient partie quelques personnes du corps municipal et du clergé diocésain, mais où l'Université l'emportait par le nombre, se rendit au palais de la Cité. Quand on l'eut introduite auprès du prince, le frère Simon de Langres, général des Jacobins (frères mineurs cordeliers), prit la parole au nom des autres députés, et mit dans ses discours cette âpreté de langage dont les ordres religieux avaient l'habitude. Il dit au jeune prince que les trois corps représentés par la députation s'étaient réunis en conseil et avaient *décidé* que le roi de Navarre présenterait une fois encore ses réclamations; qu'aussitôt ses forteresses lui seraient rendues, et qu'on prendrait du temps pour délibérer sur le reste.

Les chroniqueurs prétendent même qu'il ne sut pas s'abstenir de l'injure; mais il faut croire que c'est là une de leurs exagérations habituelles, et que Simon de Langres usa encore de quelques ménagements, car à peine avait-il fini de parler, qu'un maître en théologie, le prieur d'Essonne, se tournant vers lui, s'écria : « Vous n'avez pas tout dit. » — Puis, s'adressant au duc, il l'informa que l'Université, le clergé et le corps municipal avaient résolu de se déclarer contre celui des deux adversaires qui refuserait de faire ce qu'ils avaient arrêté pour rétablir la concorde.

L'histoire ne nous apprend pas ce que répondit le duc de Normandie; mais, comme elle rapporte avec soin toutes celles de ses paroles où paraît quelque énergie, il y a apparence qu'il consentit en termes vagues à tout ce qu'on voulait de lui. Il avait appris, sans doute, qu'en lui montrant à plier à propos l'évêque de Laon lui donnait le meilleur conseil. Toutefois, s'il cédait, ce n'était qu'en paroles, car il ne fit rien pour satisfaire le peuple de Paris et l'Université. Loin de là; il dut accomplir, à cette occasion, une révolution de palais, que les chroniqueurs n'ont pas connue, ou dont ils ne veulent point parler, car c'est à partir de ce moment qu'il cesse d'écouter Robert Lecocq, pour ne suivre l'avis que de ses funestes conseillers.

Contre tant de difficultés, que pouvaient les états? Ils s'assemblèrent pourtant le 11 février, jour fixé pour cette nouvelle réunion. Les députés étaient en petit nombre; mais ce qui est digne de remarque, c'est que les nobles, qui s'étaient abstenus de paraître à la précédente session, envoyèrent à celle-ci quelques-uns des leurs : ils jugeaient le moment venu de parler hautement en faveur de leur maître.

Les états apportèrent d'abord quelques modifications au

système adopté pour le recrutement des troupes et pour le subside : il fut décidé que le clergé payerait « un demi-dixième » de son revenu pendant un an; que, dans les villes fermées, soixante-cinq feux entretiendraient un homme d'armes, et que, dans le plat pays, c'est-à-dire dans les campagnes, la même charge serait supportée par cent feux. En s'abstenant de marquer la part qui pèserait sur la noblesse dans cette contribution nouvelle, les états faisaient bien voir qu'ils ne se trompaient pas sur ses intentions. Il était clair, à leurs yeux, que les nobles présents n'avaient d'autre objet que de protester au nom de cet ordre contre toutes les réformes adoptées et qu'il n'y avait à attendre d'eux ni adhésion ni concours.

Ces faits donnent à la session du 11 février une importance que les historiens et les chroniqueurs ne semblent pas avoir aperçue : on en peut conclure que les nobles, si abattus auparavant, reprenaient courage, et qu'en voyant les provinces mécontentes, le duc de Normandie entouré d'hommes d'armes, Paris impuissant à étendre son autorité au dehors, ils se croyaient en état de résister aux bourgeois et même de prendre heureusement l'offensive.

Quant aux actes mêmes de cette assemblée, il y en a un qui jette sur la situation quelque lumière, je veux dire la résolution qui fut arrêtée d'engager le dauphin à prendre le titre de régent. La proposition en était venue de la maison aux piliers, où Étienne Marcel tenait avec ses amis des réunions secrètes, et, comme le jeune prince venait d'accomplir sa vingt et unième année, cette mesure sembla très-opportune. Mais elle mériterait à peine d'être remarquée, s'il n'y fallait voir qu'un changement dans les mots.

Lieutenant du roi, le duc de Normandie était tenu d'obtenir, pour ses actes principaux, l'agrément de son père, et de ne rien faire de ce qui pouvait sans inconvénient être ajourné; il prenait plus d'indépendance, et, s'il continuait de gouverner au nom du roi, il n'avait plus à prendre conseil que de sa conscience et des intérêts du royaume. Ainsi tomberaient tous les prétextes qu'opposait le jeune prince à ceux qui le pressaient d'agir, et, du même coup, en constituant un pouvoir qui pût marcher de lui même, la bourgeoisie parisienne signifiait aux Anglais que, s'il leur plaisait d'exiger, pour la liberté du roi Jean, une rançon exorbitante, ils pourraient le garder prisonnier sans qu'on s'en occupât davantage [1].

Il est probable que, si les états donnaient au dauphin de l'autorité pour gouverner sérieusement la France, c'est qu'ils espéraient le gouverner lui-même. Mais ils ne pouvaient ignorer qu'ils lui donnaient une force nouvelle et par conséquent le moyen de leur résister. On ne saurait donc nier leurs intentions conciliantes, si souvent et si injustement contestées. En travaillant avec ardeur à rétablir la paix entre le duc de Normandie et le roi de Navarre, qu'ils auraient pu diviser encore, pour profiter de leurs discordes; en donnant au fils du roi Jean plus de pouvoir qu'il n'aurait osé leur en demander, ils faisaient paraître un zèle sincère pour le bien du royaume et une confiance imprudente dans un prince qui leur donnait tant de motifs de se défier de ses desseins. Étienne Marcel, peut-être, cédait à la nécessité, plutôt qu'il ne suivait son penchant: mais il faut avouer alors qu'il mérite peu le reproche d'avoir voulu changer la dynastie et faire un roi de France du roi de Navarre. S'il y consentit plus tard, ce ne fut, comme on le verra, qu'après une longue résistance, et parce qu'il y était forcé par les événements.

[1] Le premier document où le duc de Normandie prend le titre de régent est du 18 mars 1358.

CHAPITRE HUITIÈME

État des esprits.— Assemblée à Saint-Éloi. — Meurtre des maréchaux (22 janvier).— Agitation et négociations qui en sont la suite. — Assemblée aux Augustins (23 février). — Le régent en présence du parlement (24 février). — Les bourgeois au conseil. — Retour du roi de Navarre à Paris (26 février). — Agitation fomentée par la noblesse dans les provinces. — Le roi de Navarre et le régent quittent Paris. — Mesures prises par Marcel.

Si les chefs du parti populaire avaient espéré qu'en donnant plus de force au pouvoir du dauphin, ou en l'exerçant eux-mêmes, ils porteraient remède aux souffrances du royaume, le succès répondit mal à leur espoir. Dans l'intérieur de Paris, il n'y avait plus de trêve aux misères du peuple : la multitude, chaque jour plus considérable, des pauvres gens qui venaient y chercher un refuge, rendait plus sensible la rareté des subsistances, et les incursions continuelles des pillards ajoutaient encore à la difficulté des approvisionnements. Tant de maux faisaient naître ou propageaient les discordes. Dans les provinces, la dévastation impunie des campagnes avait porté à ce point le mépris de l'autorité royale, qu'on recherchait les sauf-conduits du roi de Navarre, qui paraissaient plus sûrs que ceux du régent.

Ce prince s'obstinait dans son lâche repos, et ses nombreux soldats n'avaient d'autre emploi que de garder sa personne, ce qui rendait insupportable aux Parisiens l'obligation de les payer. En vain Étienne Marcel et les autres chefs de la bourgeoisie firent démarches sur démarches pour obtenir qu'on risquât une expédition contre les compagnies : ils n'essuyèrent que des refus, et l'indignation devint bientôt si générale, qu'on vit des officiers de la couronne s'y associer. L'argentier du roi, entre autres, Étienne Lafontaine, et son fils Denisort, se rangèrent ouvertement, à cette occasion, parmi les défenseurs du prévôt[1].

Toutefois, un reste de respect pour la majesté royale empêchait la multitude de se répandre en invectives contre le régent; elle ne l'accusait que de préférer aux conseils de l'évêque de Laon ceux de perfides amis, et singulièrement des maréchaux, qui le retenaient dans l'inaction. Comme il faut toujours aux peuples une image sensible des maux qu'ils endurent, et quelques personnes qu'ils en puissent rendre responsables, le nom des maréchaux de Champagne et de Normandie était dans toutes les bouches : sans eux tout aurait été bien, ils étaient le seul obstacle à la félicité publique. Ces accusations, nécessairement un peu vagues, s'appuyaient cependant sur des faits; ainsi l'on rappelait que le maréchal de Normandie n'avait pas craint de faire le personnage d'officier de police, pour servir la vengeance de son maître, violer l'asile sacré où Perrin-Marc s'était réfugié, et conduire ce malheureux à la mort. On pressait le prévôt des marchands de prendre des mesures, et l'on accusait hautement sa faiblesse.

Quand un parti considérable exige impérieusement de tels sacrifices, il faut ou céder à sa volonté, ou renoncer à

---

[1] Lettres de rémission accordées à Étienne Lafontaine, argentier du roi, et à son fils Denisort. (Trésor des Chartes, Reg. 86, f° 92 v°.)

le conduire. D'ailleurs, dans ces temps d'énergie sauvage, on n'avait point cette horreur du meurtre qui est l'heureux fruit d'une civilisation plus avancée; enfin, Étienne Marcel lui-même croyait, comme les Parisiens, que les maréchaux étaient les vrais coupables, ou, pour mieux dire, qu'il ne resterait plus au régent, privé de leurs conseils, qu'à se jeter dans les bras de la bourgeoisie. C'était lui, c'étaient Charles Toussac, Jean de Lisle, Robert de Corbie, et quelques autres, qui avaient répandu dans la ville ce qu'ils avaient vu au palais, et révélé l'autorité tyrannique qu'y exerçaient les maréchaux. Ils ne pouvaient que se faire les ministres d'une colère qu'ils avaient soulevée. C'est pourquoi Marcel et ses amis durent ordonner que les métiers se réunissent en armes à Saint-Éloi, près du palais. Là eut lieu entre les chefs une conférence mystérieuse. On sait par l'événement ce qu'ils y décidèrent; mais à qui revient l'initiative des résolutions extrêmes? Le prévôt des marchands est-il responsable de la pensée comme de l'exécution? Cette circonstance, qu'il serait si important de connaître, restera sans doute dans une obscurité impénétrable. Mais ce qui est certain, c'est qu'une terrible sentence fut prononcée, et qu'on ne voulut point surseoir à l'exécution. Le continuateur de Nangis, favorable au parti populaire, dit expressément que le prévôt des marchands et ses amis avouèrent devant lui et devant beaucoup d'autres, que la mort des maréchaux fut résolue dans cette assemblée[1].

---

[1] M. Michelet croit que le meurtre de ces deux officiers fut imposé à Marcel par le roi de Navarre. Comme il ne donne ni ses preuves ni ses auteurs, il faut croire que ce n'est de sa part qu'une conjecture, et j'avoue que j'y trouve peu de vraisemblance. Le roi de Navarre n'était pas à Paris, il ne savait qu'à moitié ce qui s'y passait, au lieu que Marcel et les autres chefs de la bourgeoisie, voyant de leurs yeux les deux maréchaux à l'œuvre, et leur opposition constante à l'autorité des états, avaient de plus pressantes raisons de se venger.

On a peine à comprendre qu'une résolution si violente et prise entre tant de personnes ait pu rester un seul instant secrète; mais il paraît que le régent et ses amis demeurèrent dans l'ignorance, et que rien ne vint troubler leur sécurité. Tout à coup, le jeudi, 22 février, on entendit retentir le tocsin de Notre-Dame. A ce signal, trois mille hommes au moins prennent les armes, se réunissent sous les ordres de Marcel, et marchent avec lui sur le palais. Quand ils y furent arrivés, ils demandèrent à être introduits auprès du régent; comme on n'était pas en force pour résister, les portes furent ouvertes, et il entra de cette multitude tout ce que les appartements et les cours en purent contenir. Le prince était entouré de quelques-uns de ses conseillers, et, dans le nombre, les amis du prévôt virent avec indignation plusieurs des officiers mis en jugement par les états. Ils étaient là, occupant leur place avec une insolence qui n'avait d'égale que leur fortune; on ne pouvait douter, à les voir, qu'ils ne gouvernassent leur maître, et qu'on ne leur dût tous les maux du royaume.

Étienne Marcel prit la parole. Avec une aigreur mal contenue, il invita le régent à veiller sur la France et sur un peuple malheureux que pressaient et qu'accablaient ses ennemis. Il montra les Anglais et les compagnies aux portes de Paris, n'épargnant rien dans leurs ravages; et, pour terminer sa brève harangue, il ajouta que le salut de tous dépendait d'une prompte et virile résolution.

Le régent, pâle et irrité, s'abstint d'abord de répondre. Il se tourna vers les deux maréchaux, qui se tenaient auprès de lui, et parut prendre leurs conseils. Cette marque de déférence ou de faiblesse n'était propre qu'à exaspérer la fureur populaire et à confirmer les chefs de la bourgeoisie dans leur cruel dessein. Le jeune prince mit le comble à son imprudence quand, après s'être assuré de l'approbation de ses amis, il répondit à Étienne Marcel que « c'était à ceux qui recevaient les profits de pourvoir à la défense du royaume. » Ces paroles ne restèrent point sans réplique, et il se fit entre les deux interlocuteurs un échange de récriminations inutiles : ni l'un ni l'autre n'avaient plus le désir de s'entendre, ou plutôt ils en avaient tous les deux perdu l'espérance.

Pressé d'en finir, le prévôt dit tout à coup au régent : « Ne vous étonnez, sire, car il est ordonné, et il convient qu'il soit fait. » Puis, se tournant vers ceux qu'il avait amenés : « Faites en bref, leur dit-il, ce pour quoi vous êtes venus ici. » Aussitôt les conjurés qui étaient dans la chambre s'élancent sur le maréchal de Champagne, et le tuent auprès de son maître, qui en eut sa robe couverte de sang. Le maréchal de Normandie, que d'autres voulaient saisir, s'échappa de leurs mains et s'enfuit dans un cabinet : ils l'y poursuivent et le mettent à mort, presque sans résistance, car leur victime n'avait point d'armes.

Parmi les autres personnes dont le régent était entouré, quelques-uns des officiers, que poursuivait la haine publique, crurent leurs jours menacés. L'un d'eux, Regnaud d'Acy, avocat général, s'enfuit à la hâte; et, sans penser que les abords du palais étaient occupés par la foule, il crut pourvoir à sa sûreté en se précipitant au dehors. Son empressement et son désordre attirent l'attention. On le poursuit; il se jette dans la rue de la Juiverie, et se réfugie au fond d'une boutique, qui était celle d'un pâtissier. Le peuple s'y précipite après lui et l'y massacre sans pitié[1].

---

[1] Les *Grandes Chroniques* racontent autrement le meurtre de Regnaud d'Acy. Elles disent qu'il fut poursuivi et frappé avant que Marcel fût entré chez le régent; et presque tous les auteurs le répètent sans examen. Mais il y a d'excellentes raisons de suivre plutôt le récit de Froissart et du continuateur de Nangis, qui sont d'accord sur ce point. D'abord, ce dernier n'a guère moins d'autorité historique que les *Grandes Chroniques*, car, outre qu'il était également contemporain, il avait des relations suivies avec Étienne Marcel et les autres chefs de la bourgeoisie; et, à l'heure de l'évé-

Les autres officiers du régent auraient eu sans doute le même sort, s'ils avaient cherché la même voie de salut ; mais ils se réfugièrent dans les coins les plus reculés du palais, et la vengeance populaire, assouvie par la mort des maréchaux, ne les y poursuivit point. Uniquement occupés d'eux-mêmes, ils avaient laissé leur maître entre les mains des agresseurs : on reconnaissait en eux les fuyards de Poitiers. Resté seul, sans que personne fit même appel à ses gardes, le duc de Normandie, qui, devant le danger, n'était guère plus ferme que ses amis, supplia humblement

nement, il se trouvait sur les lieux — Ensuite, si l'on admet que Regnaud d'Acy fut frappé avant que le prévôt eût pénétré chez le régent, rien ne semble plus difficile que d'accorder les circonstances. Selon toute apparence, la nouvelle de ce meurtre eût devancé l'arrivée du prévôt auprès du régent, et l'on ne s'expliquerait pas que les maréchaux n'eussent pas pourvu à leur sûreté, ni qu'une conversation quelconque, même violente, eût pu avoir lieu entre le régent et Marcel, déjà souillé du sang d'un des officiers de la couronne. Marcel n'eût point présenté de requête, ni perdu le temps en discussions qui auraient pu permettre aux victimes désignées de s'échapper : Regnaud mort, il eût fait tuer aussitôt et sans phrases les deux maréchaux. — Rien ne s'explique donc, si le meurtre de l'avocat général est antérieur à la scène du palais ; au contraire, on comprend tout s'il est postérieur.

Au reste, Froissart et le continuateur de Nangis ne sont pas les seules autorités qu'on puisse invoquer ; il y a au Trésor des Chartes (Reg. 86, f° 66 v°) des lettres de rémission (à la date du 8 août 1358) pour Gile Gargouille, accusé d'avoir pris part à ce meurtre; le régent y parle aussi de celui des maréchaux, mais Regnaud d'Acy ne vient qu'en dernier lieu : *Homicidio nuper perpetrato in personis defunctorum Roberti de Claromonte et marescalli Campanie, consiliariorum nostrorum in nostra camera et nobis præsentibus, et Reginaldus d'Acy quondam advocati carissimi domini et genitoris nostri in parlamento parisiensi*, etc. Ce texte, que j'ai trouvé aux archives, et qui n'a jamais été publié, que je sache, semble concluant, car on ne comprendrait pas que le régent eût renversé l'ordre des faits, ayant tout intérêt à observer une gradation naturelle, puisque le meurtre des maréchaux était pour lui le plus grand crime. — Secousse cite une chronique de la Bibliothèque impériale (Mss. n° 9656) où il est dit. « En présence du régent et de Jean de France, son frère, le 22° jour de février, au palais royal et sur le lit de parement, en la chambre du galetas, entrèrent en chaperons blancs de livrée, et là occirent les maréchaux. *A l'issue du dit palais, rencontrèrent et occirent celle gent maître Regnaud d'Acy.* »

Marcel de lui donner la vie. Le prévôt l'assura qu'il ne courait aucun péril; et, pour le mieux protéger, ou peut-être pour mieux marquer sa nouvelle servitude, il lui donna son chaperon aux couleurs nationales; puis, ayant pris lui-même celui du régent, qui était de brunette noire à franges d'or, il le porta toute la journée, en signe d'alliance avec le prince dont il venait de punir les plus perfides conseillers [1].

Les corps des deux maréchaux furent traînés dans la cour du palais, devant le perron de marbre; ils y demeurèrent jusqu'au soir, sans que personne osât les enlever. Quand la nuit vint, on les porta à Sainte-Catherine-du-Val-des-Écoliers, dans la rue Saint-Antoine. Le sire de Conflans fut inhumé en terre sainte; mais l'évêque de Paris refusa cet honneur aux restes de Robert de Clermont, qui était sacrilège et excommunié pour avoir violé l'asile de Saint-Merri et arraché Perrin-Marc des marches de l'autel. La fureur populaire avait frappé l'homme, l'Église s'acharnait sur le cadavre. Étienne Marcel le fit enterrer secrètement.

Ce double meurtre est, aux yeux de la postérité, le crime de cet homme extraordinaire, et l'on ne saurait nier qu'il ternit sa gloire. Supérieur par ses talents à la plupart de ses contemporains, il ne fut, dans cette circonstance, que leur égal par le caractère. Sujet aux violentes passions de son

---

[1] Il faut voir dans l'exemplaire des *Grandes Chroniques* qui appartenait à Charles V, la curieuse miniature où cette scène est représentée. Marcel s'avance vers le régent, qui s'est réfugié dans la ruelle de son lit, et lui met à la main le signe de ralliement qui doit le protéger; sur le premier plan, les conjurés donnent la mort au maréchal de Champagne. La figure irritée et menaçante de Marcel, dit M. Quicherat, qui a signalé le premier ce dessin, reçoit d'une épaisse chevelure ainsi que d'une longue touffe de barbe isolée sur le menton une expression plus terrible encore. Toutefois la hauteur du front et la régularité du profil dénotent une intelligence supérieure. Il ne faut pas oublier, d'ailleurs, que ce sont des ennemis qui ont représenté ainsi le célèbre prévôt.

temps, il ne comprit pas quelle force il donnerait à sa cause, si l'on ne pouvait rejeter sur lui le sang de ses ennemis. Mais, dans ces siècles du moyen âge, quel homme, parmi ceux qui exercèrent le pouvoir, sut marquer quelque respect de la vie humaine? Ni Jean le Bon, ni Charles le Mauvais, ni Charles le Sage, pour ne parler que des contemporains de Marcel, n'épargnèrent ceux qui leur faisaient obstacle, et, quand ils en venaient à ces extrémités, c'était pour satisfaire d'injustes ou de frivoles rancunes, quelquefois pour venger d'imaginaires outrages. On peut dire du moins qu'Étienne Marcel n'avait d'autre objet que d'assurer le salut public et de se défendre lui-même contre les entreprises du dauphin. Dans une lettre qu'il écrivait, le 11 juillet suivant, aux bonnes villes, il affirme, pour justifier sa conduite, que ce prince voulait le faire périr et soulever le peuple de Paris; il accuse les maréchaux d'avoir été, dans cette circonstance comme dans les précédentes, les coupables instigateurs des complots ourdis au palais[1]. Rien n'est plus vraisemblable que ces machinations d'une âme faible et ouverte à la haine, contre le seul homme qui tint le pouvoir royal en échec. L'histoire peut donc condamner avec énergie les coupables moyens qu'employa

---

[1] « Par maintes voies procuroit (le régent) et faisoit procurer nostre destruction et se estudioit faire en la bonne cité de Paris des menus contre nous grant commocion. » (Voy. à l'Appendice, n° 16, le texte de la lettre écrite par Marcel aux bonnes villes le 11 juillet 1358.)

Il faut avouer que le continuateur de Nangis, généralement favorable à Marcel, ne parle pas de ces tentatives du régent; mais il se peut qu'il n'en ait rien su, puisque le prévôt put les déjouer avant l'exécution. Du reste, cet honnête et pacifique religieux a trop d'horreur du meurtre pour en jamais chercher l'excuse. Il ne parle de celui des maréchaux que les larmes aux yeux. Son silence sur ce point n'est donc guère plus concluant que le silence des autres chroniqueurs, qui n'avaient garde de rien dire dont on pût se faire une arme contre leur prince. Dans toutes les autres occasions, le continuateur de Nangis parle du régent de manière à confirmer les accusations de Marcel.

Marcel pour défendre sa cause et lui-même, mais à la condition de reconnaître que Charles le Sage se montra bien plus cruel, quand il n'eut plus rien à craindre, et de n'être pas moins sévère pour les vengeances royales que pour les vengeances populaires.

Étienne Marcel sortit du palais pour se rendre à la maison aux piliers. Il traversa la place de Grève qu'occupaient une foule de gens armés, car c'était là que se réunissaient les Parisiens dans les circonstances extraordinaires, et, du haut d'une fenêtre, il prononça une courte harangue dans le dessein d'expliquer sa conduite. Il déclara qu'il avait agi pour le bien commun, que ceux qu'on avait tués étaient faux, mauvais et traîtres, et il invita le peuple à le soutenir. Les auditeurs accueillirent ses paroles avec acclamations : « Nous avouons le fait et nous le soutiendrons ! » s'écrièrent-ils de toutes parts.

Certain, dès ce moment, de ne pas rester sans appui, le prévôt revint au palais avec un grand nombre d'hommes armés qui en occupèrent la cour ; il se rendit auprès du régent, qu'il trouva dans un abattement extrême, et lui affirma de nouveau que la mort des maréchaux avait eu lieu par la volonté du peuple, et qu'elle était nécessaire pour éviter de plus grands malheurs ; il alla même jusqu'à le prier de ratifier ce qui avait été fait.

Cette précaution cruelle fait voir que Marcel n'était pas sans inquiétudes soit sur la légitimité du meurtre qu'il avait commis, soit sur les conséquences. Le jeune prince était, pour le moment, hors d'état de résister : la scène sanglante dont il venait d'être témoin, l'isolement où il se trouvait, car, dans son danger, tous ses amis l'avaient abandonné, les piques nombreuses qu'il voyait briller dans la cour du palais, tout lui faisait une loi de la soumission. S'adressant donc aux bourgeois qui avaient accompagné le prévôt, il les pria d'être ses amis, et promit de faire cause commune avec eux et d'approuver les événements accomplis. Ces engagements, arrachés par la peur, donnèrent satisfaction à la multitude, qui se retira sans exiger davantage. Étienne Marcel quitta en même temps le palais, mais il envoya bientôt au régent deux pièces de drap, l'une rouge, l'autre bleue, afin qu'il en fît faire des chaperons pour lui et pour les siens. Tous en portèrent, les gens de sa maison, les officiers publics et jusqu'au parlement. C'était l'aveu de leur défaite et la livrée de leur servitude.

Cette terrible journée touchait à sa fin, et pourtant Étienne Marcel ne croyait point encore qu'il lui fût permis de prendre quelque repos. Il payait cher, par les graves inquiétudes dont il était assiégé, un triomphe qu'il ne devait qu'à des moyens criminels. Le soir, à une heure fort avancée, il se rendit chez la reine Jeanne, tante du roi de Navarre, et eut avec elle une longue conférence. Quoique les chroniqueurs n'aient rien su des arrangements qui y furent conclus ou préparés, il n'est pas difficile de comprendre quel fut le sujet de l'entretien. Certain que le régent chercherait à se venger, le prévôt devait naturellement souhaiter l'appui du roi Charles. Il voulait mettre à la tête des Parisiens un chef de sang royal, qui leur donnât du courage et les fit paraître plus redoutables. Le calcul était juste, mais la ressource dangereuse : dans le succès, le roi de Navarre n'eût guère donné moins d'embarras que le régent lui-même. Aussi ambitieux de pouvoir, mais infiniment plus habile, il eût peu à peu tiré à lui toute l'autorité, et le peuple de Paris, après s'être épuisé pour l'aider à la conquérir, n'aurait pu de sitôt le combattre pour lui en retirer une partie. Ainsi le châtiment du crime devait sortir du crime même : pour échapper à la vengeance qu'il avait provoquée, Étienne Marcel se voyait forcé de livrer à d'autres mains le pouvoir dont il venait de se saisir.

Le lendemain, 23 février, il réunissait au couvent des Augustins, non plus la foule armée, mais les bourgeois et les députés des villes qui se trouvaient encore à Paris. Robert de Corbie, qui connaissait, comme théologien et comme membre de l'Université, toutes les ressources de la parole, fut chargé de soutenir, devant cette assemblée, la terrible exécution de la veille. Il ne s'enferma point dans des généralités, comme avait fait Marcel, en parlant à la multitude, mais il exposa qu'il y avait quatre personnes qui empêchaient tout l'effet des bons conseils qu'on donnait au duc de Normandie [1]; que c'était leur faute, si le roi Jean n'était pas encore délivré; que l'Université, le clergé, les échevins de Paris avaient été convoqués pour délibérer sur les mesures à prendre; que tous les membres de cette réunion s'étaient trouvés d'accord sur la direction qu'il fallait donner au gouvernement et sur les meilleurs moyens de rendre au roi sa liberté; que quarante-quatre conseillers royaux partageaient l'opinion de l'assemblée dont il venait de parler, mais que les quatre personnes précédemment indiquées avaient mis obstacle à tout. Il conclut en requérant les députés des bonnes villes de ratifier ce qui avait été fait et de rester fermes dans leur alliance avec Paris.

Un murmure d'approbation accueillit ces paroles : ceux qui regrettaient qu'on perdît une cause juste par l'emploi des moyens violents ne crurent pas que le moment fût opportun pour marquer leur blâme; ils ne pensaient pas, d'ailleurs, que la mort de trois hommes, dont deux au moins étaient de grands coupables, dût les détacher de la cause qu'ils avaient soutenue jusqu'alors.

[1] Sur les quatre personnes que désigne Robert de Corbie, les deux premières sont évidemment les maréchaux de Normandie et de Champagne; il est au moins douteux que le troisième fût Regnaud d'Acy, à moins qu'il eût paru nécessaire de le mettre du nombre, pour ôter la pensée qu'on avait mis à mort un innocent ; quant au quatrième, rien ne laisse entendre qui l'orateur voulait désigner.

CHAPITRE HUITIÈME.

Puisque les députés de la bourgeoisie ne désavouaient pas l'acte le plus funeste qui eût encore été commis, pour la défense des intérêts populaires, Étienne Marcel se trouvait armé d'une sorte de dictature, et il se hâta d'en user. Dès le lendemain, 24 février, il fit prier le régent de se rendre au parlement. Ce prince y vint avec quelques personnes de son conseil, et le prévôt le requit publiquement de veiller à l'exécution des ordonnances des états, de souffrir que les états continuassent de gouverner, comme ils avaient fait précédemment, et que trois ou quatre gentilshommes, suspects au peuple, fussent remplacés dans son conseil par le même nombre de bourgeois. En ce moment-là, toute résistance était impossible : Étienne Marcel entra donc sans difficulté au conseil, avec Robert de Corbie et les deux échevins Charles Toussac et Jean de Lisle [1]. En même temps, le conseil des trente-six réformateurs, formé par les états et qu'avait rompu la retraite des nobles, fut rétabli et rentra dans l'exercice de ses fonctions. Ceux des commissaires nommés pour veiller à la perception du subside dans les provinces, et qui appartenaient à l'ordre de la noblesse, furent remplacés par des clercs ou des bourgeois. Les

[1] On a vu au chap. IV, que les états avaient imposé au dauphin, en 1356, la présence de plusieurs bourgeois dans le conseil royal. Mais, soit négligence de la part de ces bourgeois, soit plutôt que ce prince s'obstinât à ne pas les convoquer, ce conseil était resté le conseil des états sans devenir celui du dauphin. Il y avait donc le grand conseil du roi, composé des membres désignés par les états et que le duc de Normandie évitait d'assembler, puis le conseil du duc lui-même, qui était d'ordinaire le seul qu'il consultât. De là, probablement, la nécessité de stipuler que quatre bourgeois feraient réellement partie de ces réunions où l'on avait pris si souvent des résolutions contraires à celles des états. Les chefs de la bourgeoisie n'y assistaient pour ainsi dire que par surprise ; on l'a vu, si quelques délibérations avaient été prises devant eux et avec eux, c'est qu'ils étaient venus sans être attendus, ou que la gravité des circonstances n'avait pas permis de se passer de leur concours. La preuve de cette distinction des deux conseils royaux résulte d'un passage d'une lettre du régent, en date du 18 mars 1358. — Voy. même chap., p. 199 et 200.

nobles se refusant à l'exercice de cette charge, il avait bien fallu pourvoir à leur remplacement, et cette mesure était d'autant plus nécessaire que l'embarras des finances n'avait jamais été plus grand.

Depuis la captivité du roi, la bourgeoisie parisienne avait pris une grande part au gouvernement du royaume; mais elle n'avait pas encore vu le dépositaire du pouvoir royal à sa merci. Ce n'est qu'à partir du 24 février 1358 qu'elle semble avoir triomphé du plus grand des obstacles en soumettant le dauphin; encore ce prince n'attendait-il que l'occasion de se soustraire à une domination si pesante. Cette tentative pour conduire la France au nom du régent est l'honneur d'Étienne Marcel. Le prévôt se rendait un compte exact de sa situation : il voyait bien que, dans l'isolement où était Paris, le nom seul du pouvoir royal avait encore quelque autorité sur les provinces, et qu'on ne pouvait s'en passer pour les gouverner. C'est pourquoi, tandis qu'il effrayait le régent par la crainte d'un rival qu'on pourrait lui préférer, il voulait se servir du pouvoir établi pour conjurer l'anarchie et couvrir ses propres projets.

Il fallait une rare intelligence politique pour comprendre les avantages d'un gouvernement populaire protégé par la majesté royale et tel qu'on l'a voulu pratiquer de nos jours, selon cette fameuse maxime : le roi règne et ne gouverne pas. Il est vrai que, si Étienne Marcel voulait assembler périodiquement les états, c'était moins pour exécuter leurs volontés que pour leur faire adopter les siennes; mais, outre que l'autorité du talent sur le nombre n'a rien que la raison ne puisse avouer, à la mort de ce magistrat dominateur, la France eût joui librement des institutions qu'il voulait fonder, et la nation aurait marché d'elle-même, sans qu'il fût désormais besoin d'une main puissante pour la conduire; car c'est l'avantage des gouvernements libres qu'ils dispensent d'attendre du ciel ces hommes extraordinaires qui ne sont, le plus souvent, que les fléaux de Dieu.

C'est pour avoir prêté d'autres vues au prévôt des marchands que la plupart des historiens se sont trompés sur les chances de succès qu'offrait son entreprise. Avec une dynastie de princes incapables et une noblesse qui avait compromis son antique gloire par ses folies, ses exactions, ses cruautés et tant de batailles perdues, il n'eût pas été surprenant que la bourgeoisie, dont les lumières et les richesses s'augmentaient chaque jour, et qui donna les hommes véritablement supérieurs de ce temps-là, devînt le soutien et même le guide de la royauté. La France, accoutumée à suivre les volontés de ses rois, n'eût pas demandé qui les leur inspirait. Il n'y aurait eu d'obstacle que dans la répugnance du souverain à sacrifier une partie de ses priviléges et à prendre conseil de ses sujets; mais, en faisant affluer l'argent dans son trésor, en multipliant les marques de respect, il était permis d'espérer son consentement à une réforme qui aurait tout changé sans rien compromettre.

En donnant l'ordre de mettre à mort les maréchaux, Marcel s'était pour la première fois écarté de son habile et sage politique. Comme il y revint aussitôt, il faut croire qu'il avait cédé, en cette circonstance, soit à sa propre colère, soit aux exigences de ses amis. Mais, à partir de ce moment, le duc de Normandie ne se croit plus en sûreté au milieu des Parisiens; il médite de leur échapper, et, par tous les moyens en son pouvoir, il proteste, quoique timidement et à demi-mot, contre la tutelle qu'il subit. S'il prend le titre de régent, il ne veut point en paraître redevable à ses *ennemis*, qui le lui avaient offert, et il écrit (lettres du 18 mars) « qu'il s'est conformé par là aux délibérations du grand conseil du roi, du sien même et de plusieurs autres prélats, barons et bourgeois. » S'il est forcé d'admettre dans ses conseils Étienne Marcel, Charles Toussac, Jean de Lisle et Robert de Corbie, il affecte de ne pas écouter leurs avis et ne s'y rend que lorsqu'ils parlent avec menaces. Un peu plus tard, il écrivait à leur sujet : « Aucuns qui lors se disoient de nostre conseil[1]. » Le prévôt des marchands perdit bientôt toute espérance d'obtenir l'oubli du passé.

Le moment était donc venu d'appeler le roi de Navarre, afin d'obtenir du régent, par la crainte d'un rival prêt à prendre sa place, tout ce qu'il refusait à la persuasion. Charles le Mauvais reçut des lettres d'Étienne Marcel, de Robert Lecocq et des deux reines, qui l'invitaient à revenir sur-le-champ à Paris. Il y arriva, le 26 février, suivi d'un grand nombre d'hommes armés. Les Parisiens allèrent en foule à sa rencontre : c'était un honneur qu'on ne manquait pas d'accorder aux princes; on y mit, cette fois, un peu d'affectation. Ils le conduisirent près des Augustins, à l'hôtel de Nesle, que le dauphin avait mis à sa disposition sur la demande du prévôt.

Étienne Marcel ne tarda point à se rendre auprès du roi de Navarre; mais, loin de se mettre à sa discrétion, il lui fit voir que la bourgeoisie était libre de tout accorder ou de tout refuser. Il lui dit que les Parisiens ne formaient pas de vœu plus ardent que d'établir une paix durable et générale; qu'en conséquence il devait approuver et reconnaître la mort des maréchaux, et se réconcilier sincèrement avec le régent; qu'à ce prix, on lui ferait obtenir justice. Il prépara, en effet, un traité par lequel le duc de Normandie, au nom du roi, cédait à son beau-frère le comté de Bigorre, la viguerie de Rivière et celle de Reux. Ces deux vigueries, situées dans la sénéchaussée de Toulouse, représentaient les dix mille livres tournois de rente perpétuelle qui lui avaient été

---

[1] Lettres d'abolition pour la ville d'Amiens, septembre 1358. — Trésor des Chartes, Reg. 86, f° 78 v°. (Voir à l'Appendice, n° IV.)

promises et qu'il n'avait jamais reçues. Il fit donner, en outre, l'hôtel de Nesle au roi de Navarre, qui n'en avait pas à lui, où il pût loger dans Paris. Enfin, sur la demande de ce prince, qui n'oubliait pas ses amis, il fit accorder des lettres de rémission à Friquet, l'ancien gouverneur de Caen, et à six autres personnes qui obtinrent, comme lui, la restitution de leurs biens[1].

Les clauses de ce traité jettent une vive lumière sur les événements antérieurs et sur la politique de Marcel. On y voit d'abord que le régent ne disait pas la vérité, lorsqu'il jurait, en présence de Picquigny, qu'il avait fidèlement exécuté ses promesses. Rien n'était plus faux, puisque tout restait à faire. Mais ce qu'il convient surtout de remarquer, c'est qu'au lieu de faire des sacrifices déraisonnables pour s'assurer le concours du roi de Navarre, Étienne Marcel mettait à néant les dangereuses prétentions de ce prince sur la Champagne et sur la Normandie. Il aurait dû les soutenir, au contraire, s'il voulait, comme on l'en accuse, établir le Navarrais sur le trône de France.

Charles le Mauvais fut mécontent de ces conditions; toutefois, espérant que l'avenir les rendrait meilleures, il dissimula ses sentiments et se prêta de bonne grâce, du moins en apparence, à une réconciliation nouvelle avec le dauphin. On les vit dîner ensemble et se prodiguer de nouveau, par intérêt ou par crainte, les marques d'une amitié qui n'était pas dans leur cœur. Mais la noblesse avait trop vu de ces accords, aussitôt rompus qu'établis, pour s'y laisser prendre; ou, si elle y crut un moment, elle ne négligea rien pour en abréger la durée. Le meurtre des maréchaux lui avait fourni un prétexte pour murmurer, s'agiter et recommencer ses intrigues. Destitué par les états, et retiré

[1] Une de ses maisons fut même donnée par la municipalité à Jean de Lisle, pour le récompenser des services qu'il rendait aux deux princes. (Trésor des Chartes, Reg. 86, f° 14 r°.)

à Courtrai, le premier président Simon de Buci travaillait, du fond de sa province, à brouiller les deux cousins. Marcel eut beau faire un exemple et confisquer ses biens[1] : cette rigueur n'arrêta personne. Les intrigues des nobles devinrent même si manifestes, que les Parisiens, courroucés, s'assemblaient souvent en armes et proféraient des menaces contre les officiers royaux qui étaient rentrés en charge malgré les états. Comme la mort des maréchaux faisait voir ce qu'on pouvait attendre d'une multitude en furie, ces officiers s'éloignèrent précipitamment de Paris.

Ils n'étaient guère moins à craindre au dehors. Plus libres dans leurs paroles et dans leurs actions, ils entraînèrent la noblesse des provinces et parvinrent même, dans plusieurs villes, à tromper la bourgeoisie sur ses véritables intérêts. Elle aurait dû partout s'unir aux Parisiens, et on ne lui eût point donné le change, s'il lui avait été possible d'entretenir avec Paris des relations régulières. Afin d'éclairer les esprits sur le véritable état des choses, Étienne Marcel obtint du roi Charles qu'il écrivit aux bonnes villes, en même temps qu'aux nobles de ses vastes domaines, pour leur expliquer les causes du meurtre des maréchaux. La lettre du Navarrais, éloquente autant que longue, disent les auteurs, invitait surtout les provinces à porter, en signe d'alliance avec Paris, le chaperon rouge et pers que portaient déjà tous les princes du sang, le duc de Normandie, le roi de Navarre, le duc d'Orléans et le comte d'Étampes.

Plusieurs villes adhérèrent à la révolution parisienne, entre autres Amiens, Rouen, Beauvais, Laon et Senlis. Mais d'autres, en plus grand nombre peut-être, subissant l'influence des officiers royaux, rompirent avec Paris, ou refu-

---

[1] Trésor des Chartes, Reg. 86, p. 51, 87. — Reg. 89, p. 324. — Secousse, *Mém. sur Charles le Mauvais*, t. II, p. 71, 76.

sèrent du moins de répondre avec netteté. Comment auraient-elles résisté aux accusations passionnées dont on poursuivait le prévôt des marchands, dans le dessein d'égarer l'opinion à son sujet, et qu'il ne pouvait réfuter en détail? Ses ennemis lui reprochaient amèrement de n'avoir reculé, pour ramener le roi de Navarre à Paris, ni devant la violence, ni devant la trahison. L'on a vu pourtant qu'il n'avait eu besoin ni de l'une ni de l'autre, et que, par conséquent, ce n'était là, comme on dit aujourd'hui, qu'un procès de tendance. Ils ajoutaient que Marcel imputait, à tort, au régent tous les maux du royaume, et que le but de ces perfides accusations était de s'emparer du prince, de le jeter en prison, de le mettre à mort, ainsi que ses serviteurs, ses officiers et tout ce qu'il y avait d'honnêtes gens dans le royaume; enfin, pour intéresser Paris à leur cause, ils accusaient le prévôt de vouloir piller, voler, abandonner, détruire même la capitale, si elle ne se rendait à sa merci. Quoiqu'il n'y eût ni fondement ni vraisemblance à toutes ces récriminations, le régent les répétait après ses officiers, si même il ne les leur avait suggérées, et on les trouve reproduites dans une foule de lettres de rémission, accordées plus tard aux personnes compromises par la révolution[1].

Le plus grand obstacle au progrès de la cause populaire, c'est que le succès en paraissait désespéré à ceux-là même dont l'intérêt était de la soutenir. Le roi de Navarre, voyant qu'on ne songeait pas à le rendre maître de toutes choses, s'empressa de quitter Paris, quand il eut entre les mains ce que l'on consentait à lui donner : il ne s'y sentait pas chez lui, et il ne savait s'il devait servir ou trahir ces bourgeois qui voulaient un allié, non pas un seigneur. Tous ses préjugés

---

[1] Voyez, par exemple, les lettres de rémission accordées à Pierre Moret, en novembre 1358. Trésor des Chartes, Reg. 90, p. 25. — Secousse, *Mém. sur Charles le Mauvais*, t. II, p. 104.

de caste le ramenaient secrètement vers la noblesse, et il était partagé entre le mépris de ses partisans et le soin de sa popularité. Le régent, de son côté, voyait tous ses amis s'éloigner l'un après l'autre. La cour se reformait hors de Paris, dans toute la liberté de ses passions et de ses intrigues; il n'y manquait plus que le prince lui-même : comment n'aurait-il pas fait tous ses efforts pour se retrouver au milieu des siens? Or ce départ, que tout faisait craindre, ne pouvait qu'être funeste : non-seulement Étienne Marcel devait perdre par là le dernier moyen d'imposer ses volontés aux provinces, qui n'écoutaient guère que la voix du régent, mais encore, dans Paris même, un grand nombre de citoyens abandonneraient la cause de la révolution, quand ils verraient que le dépositaire du pouvoir royal cessait d'y présider. Il fallait donc empêcher, s'il était possible, le départ du dauphin; mais, ce qui rendait l'entreprise presque impossible, c'est qu'il ne fallait pas, du moins en apparence, gêner sa liberté.

Le régent s'aperçut bientôt qu'on surveillait ses moindres démarches, et son désir de quitter Paris ne fit que s'en accroître. Il comprit seulement qu'il ne pourrait exécuter ce dessein que dans le plus grand mystère, et s'adressa à Thomas Fougnant, son maître des œuvres[1], homme d'un

---

[1] Le maître des œuvres était un magistrat chargé de l'entretien des rues de la ville; on l'appelait auparavant juré maçon ou maître charpentier. C'est sous ce dernier titre qu'il est désigné dans plusieurs chroniques. Quant au nom même de Fougnant, quelques-uns disent Métret, et l'on aurait peine à s'expliquer une si grande différence, si l'on ne savait l'inexactitude qui règne dans tous les documents de l'époque au sujet des noms propres. Métret, d'ailleurs, n'est peut-être qu'un sobriquet qui signifie maître, et sous lequel Fougnant était surtout connu. Secousse reconnaît (*Mém. sur Charles le Mauvais*, t. I, p. 242) que les lettres d'abolition portent Fougnant pour Métret. — De même, Jean Perret, maître des eaux, dont il est question quelques lignes plus bas, et qui se trouve ainsi nommé dans le même document, est appelé Poret par la plupart des chroniqueurs. (Voy. lettre du 7 juin 1358, datée de Montereau-fault-Yonne, par laquelle le régent donne les biens de Fougnant à sa veuve. Trésor des Chartes, Reg. 86, f° 46 r°.)

dévouement éprouvé, pour qu'il préparât en secret les moyens d'évasion. Thomas Fougnant, persuadé qu'on ne pouvait s'échapper de Paris que par la Seine, à cause de l'étroite surveillance que les bourgeois faisaient aux portes de la ville, gagna aux intérêts du prince Jean Perret, maître de l'arche du grand pont, ou maître des eaux, et obtint qu'il recevrait le régent dans sa barque et le conduirait, de nuit, hors de Paris. Cette entreprise réussit, parce que Marcel ne soupçonnait pas que Jean Perret, qui disposait seul des passages du fleuve, fût disposé à trahir; le duc de Normandie, heureux de se sentir libre, se rendit à Saint-Ouen, et bientôt à Meaux [1].

Le lendemain, à la nouvelle de la fuite du régent, la colère d'Étienne Marcel fut d'autant plus profonde, qu'il se voyait contraint de la dissimuler. Il sentit, en effet, quel danger il y aurait de laisser croire que cet événement avait eu lieu malgré lui, et il fit dire partout dans la ville que monseigneur le duc n'en était sorti que de l'aveu du corps municipal. C'était le parti le plus sage, car la rigueur ne lui avait pas réussi. Le 19 mars, il avait fait mettre à mort aux halles un homme assez obscur, Philippot de Repenti, arrêté deux jours auparavant à Saint-Cloud, sous prévention de complot. Cette justice expéditive n'avait fait qu'effrayer le régent et hâter son départ. Le prévôt des marchands feignit donc d'entretenir avec ce prince des relations aussi fréquentes et non moins amicales qu'auparavant; il parut même s'associer à tous ses projets. Le duc de Normandie ayant fait connaître son intention de présider les états de Provins, il n'osa s'y opposer, quoiqu'une pareille assemblée, hors de Paris et sous l'influence de ses

---

[1] Quelques chroniques disent à Meaux sans parler de Saint-Ouen. Meaux fut en effet la résidence que choisit le régent, et il ne fit à Saint-Ouen qu'un séjour passager. C'est sans doute ce qui explique pourquoi il n'en est pas question dans les chroniques.

ennemis, dût être fatale à sa cause; il alla jusqu'à promettre d'y envoyer les députés de la bourgeoisie parisienne et obtint, en échange, que la convocation se ferait au nom du régent et du roi de Navarre[1].

On ne pouvait mieux réparer un malheur irréparable et tirer meilleur parti d'une situation si difficile. En envoyant des députés à Provins, Étienne Marcel faisait voir que, s'il voulait donner aux états généraux une grande part dans le gouvernement du royaume, c'était parce qu'il le croyait juste et nécessaire, et non parce qu'il se flattait de commander. Mais, comme tout était à craindre des officiers royaux et des amis du régent, depuis que, par leur éloignement, ils ne craignaient plus rien pour eux-mêmes, Marcel eut soin de charger des membres du clergé de représenter les Parisiens. Dans les idées du temps, les clercs étaient inviolables; ils pouvaient donc se présenter en toute sûreté devant la noblesse et le régent, et affronter sans danger les colères qui eussent coûté la vie à d'autres.

---

[1] M. Henri Martin raconte autrement les faits. Il croit que ce fut, en réalité, de l'aveu de Marcel que le régent quitta Paris, et il en reprend le prévôt comme d'une faute. Il aurait raison si cette faute avait été commise, mais tout porte à croire qu'elle ne le fut pas. D'abord elle serait si grossière, qu'il y a peu de vraisemblance à en accuser un homme si avisé. Ensuite, le supplice de Philippot de Repenti, qui avait eu lieu peu de jours auparavant, et pour la même cause, montre combien Marcel était peu disposé à permettre le départ du régent. Enfin, on ne s'expliquerait pas, avec cette hypothèse, le supplice de Thomas Fougnant et de Jean Perret, qui payèrent bientôt de leur vie l'assistance qu'ils avaient prêtée au fils du roi. — Qu'on admette au contraire que l'évasion eut lieu secrètement, tous les faits s'expliquent à merveille, ceux qui précèdent comme ceux qui suivent. Envoyer des députés à l'assemblée de Provins était un mal nécessaire et un acte de sagesse, puisque le régent se trouvait hors de Paris; mais prêter la main à ce qui devait amener la convocation de cette assemblée eût été une insigne folie, contraire à tous les projets de Marcel. Le seul motif qu'il pouvait avoir de laisser partir librement le prince qu'il avait tant d'intérêt à garder auprès de lui était de ne point lui faire violence en le retenant. Mais cet avantage était de trop peu de prix pour qu'il s'exposât, afin de se l'assurer, au danger de livrer le jeune prince à ses détestables conseillers.

Robert de Corbie, théologien, et Pierre de Rosny, archidiacre de Brie en l'église de Paris [1], partirent, comme députés de cette ville, pour les états de Provins. L'évêque de Laon les accompagna : le régent, qui lui témoignait chaque jour plus d'aversion, s'était caché de lui pour préparer sa fuite, et Robert Lecocq n'avait pas voulu l'aller rejoindre à Saint-Ouen. C'est sur la prière d'Étienne Marcel qu'il alla reprendre sa place au conseil royal.

Cependant le prévôt, quoiqu'il eût dissimulé sa colère, avait fait rechercher par sa police les hommes qui avaient aidé le régent dans sa fuite. Quand il les connut par leurs noms, il les fit surveiller de près, n'osant encore, pour ne pas se trahir, se rendre maître de leurs personnes; mais il ne tarda pas à les jeter en prison et il les y garda quelque temps, attendant, pour décider sur leur sort, de savoir si le régent se prêterait ou non aux tentatives d'accommodement qu'on allait encore faire auprès de lui.

[1] Secousse dit par confusion Robert de Roussi.

CHAPITRE NEUVIÈME

États de Senlis (25 mars). — États de Provins 9 avril). — Prise du Marché de Meaux par le régent. — Mesures de Marcel pour défendre Paris. — Prise de l'artillerie du Louvre. — Lettre de Marcel au régent (18 avril). — États de Vertus (29 avril. — Entrevue du régent et du roi de Navarre (2 mai). — États de Compiègne (4 mai). — Acte d'accusation contre Robert Lecocq et mesures prises par ces états. — — Relations du régent avec Paris. — Démarche de l'Université. — Nouveaux préparatifs de Marcel.

Les états généraux avaient été, depuis quelque temps, trop contraires aux intérêts de la royauté pour que le régent eût conçu le projet de les réunir, fût-ce hors de Paris. C'était aux états provinciaux qu'il faisait appel, je veux dire à de petites assemblées qui avaient trop peu d'importance pour n'être pas humbles devant lui, et qui se sentaient trop flattées de l'attention qu'il leur donnait, pour ne pas lui accorder tout ce qu'il demanderait. Telle était du moins son espérance, et il faut avouer qu'elle n'était pas sans quelque fondement. Avant d'aller à Provins, où les états de Champagne devaient se rassembler le 9 avril, il se rendit à Senlis, pour y présider ceux de Picardie et de Beauvaisis. Les nobles ne s'y trouvaient qu'en petit nombre, et il n'y avait presque personne des deux autres ordres. Le roi de Navarre, quoiqu'il eût été de moitié dans la convocation, avait trop de prudence pour se mettre, hors de Paris ou de ses domaines, dans les mains d'un parent dont il avait appris à se défier. Il envoya son fidèle Jean de Picquigny l'excuser sous quelque prétexte. L'ouverture de ces états eut lieu le 25 mars; tout s'y passa en paroles : quelle influence pouvaient exercer les nobles de deux provinces sur les destinées du royaume? Le régent n'avait eu d'autre but que de leur arracher quelque argent, et il s'aperçut bien vite que ni les villes ni les campagnes ne se croiraient engagées par le vote de quelques hobereaux qu'elles détestaient.

Le jeune prince espérait mieux des états de Champagne. Le sire de Conflans, l'un des deux maréchaux tués auprès de lui, était de cette province, et l'on y avait conservé pour sa mémoire l'affection qu'on portait à sa personne. Rien n'égalait, croyait-on, la fureur des Champenois contre Paris, il paraissait facile de les engager dans une lutte décisive dont le dessein était déjà formé. Le 9 avril, les députés des trois ordres s'assemblèrent à Provins, mais en si petit nombre, disent les auteurs du temps, que le régent put les inviter tous ensemble à dîner. Cette fois encore, le roi de Navarre était absent. Le lendemain, le duc de Normandie prit la parole. Soit qu'il fût confus de ne voir autour de lui que si peu de fidèles, soit qu'il jugeât inutile de discourir longuement devant des hommes dont il connaissait le zèle, il se borna à demander une aide et à recommander l'union aux députés présents. Sur le meurtre des maréchaux, il ne dit rien que par allusion : sans doute la présence des députés de Paris le gênait, et, quoiqu'il ne voulût point retourner dans cette ville, tant qu'elle serait au pouvoir des bourgeois, la crainte d'y être ramené trop tôt l'engageait à ménager encore Marcel et ses amis. S'il avait soif de vengeance, il ne voulait pas, pour se satisfaire, s'exposer au moindre danger. La patience était sa seule force, et elle servait bien sa pusillanimité. Robert de Corbie et Pierre de Rosny parlèrent après lui. Au nom de Paris, ils demandèrent aux Champenois leur alliance et les invitèrent à ne point s'étonner du meurtre des maréchaux; ils se laissèrent entraîner jusqu'à justifier cet acte de rigueur. Des clercs pouvaient seuls faire paraître tant de hardiesse au milieu de leurs ennemis et en présence du régent.

Avant de répondre officiellement aux demandes qui leur avaient été faites, les principaux députés aux états de Champagne firent savoir au duc de Normandie qu'ils désiraient avoir un entretien particulier avec lui. Leur dessein était sans doute de ne rien dire en public qui n'eût été préalablement concerté. La conférence eut lieu dans un jardin. Lorsque tout y eut été convenu, le régent, le duc d'Orléans, le comte d'Étampes et d'autres seigneurs de la cour furent invités à se rendre dans l'assemblée des états. Là, en présence des délégués de Paris, les nobles Champenois firent connaître leur résolution de ne plus rentrer dans cette ville; et, comme la plupart des députés de la province n'avaient pu assister à cette session, ils demandèrent qu'il leur fût permis de s'assembler de nouveau. Le régent s'empressa de répondre qu'ils le pourraient faire à Vertus, le 29 du même mois.

Il se passa alors une scène singulière. Au nom des députés de la noblesse et du pays tout entier, Simon de Roussi, comte de Braine en Laonnois, pria le régent de dire si le sire de Conflans, maréchal de Champagne, avait mérité la mort. Cette question était-elle au nombre des choses concertées dans l'entrevue du jardin? On serait d'abord tenté de le croire; mais ce qui permet d'en douter, c'est l'embarras où elle parut mettre le prince qui devait y répondre. Quoique les deux représentants de Paris fussent comme perdus dans cette assemblée, il tremblait devant eux; le souvenir du terrible prévôt lui ôtant tout courage, il balbutia, par une misérable équivoque, que le maréchal l'avait bien et fidèlement servi. Les seigneurs champenois, ne pouvant obtenir rien de plus, feignirent d'être satisfaits et de voir dans la réponse du régent la condamnation de Marcel, qu'il n'avait osé y mettre. Le comte de Braine, ayant plié le génou devant son maître, le remercia humblement de ce qu'il venait de dire; il ajouta que tous les députés présents comptaient sur la punition des meurtriers, et que monseigneur le duc pouvait disposer de sa noblesse pour tirer vengeance de cet outrage. Le régent n'en avait pas un moindre désir qu'eux, mais il savait attendre, et c'était l'impatience de ses amis qui pressait le dénoûment. Les délégués de Paris ne pouvaient plus que se retirer devant ces menaces : ils revinrent en toute hâte et dirent à Marcel qu'il n'y avait plus qu'à prendre les armes.

Entraîné par ses conseillers, le régent allait, en effet, prendre une résolution énergique. Ils lui avaient fait comprendre que, pour attaquer Paris, il fallait se rendre maître de quelque position importante, et qu'il n'y en avait point d'où il pût faire plus de tort à ses ennemis que la forteresse ou *marché* de Meaux. Cette forteresse, située dans une île de la Marne, avait la rivière pour fossé extérieur; garnie de tours, de bastions, en un mot de tout ce qui rendait alors les places de guerre presque imprenables, elle mesurait deux mille cinq cents mètres de circonférence, et commandait au cours de la Seine. Celui qui l'occupait pouvait, à son gré, affamer Paris, et l'on trouvait encore, à la tenir, cet avantage de priver le roi de Navarre d'une des villes sur lesquelles il comptait le plus. Le duc de Normandie entra dans ce projet avec plus d'ardeur qu'il n'avait accoutumé; deux jours avant de quitter Provins, il donna soixante hommes d'armes au comte de Joigny, et lui commit le soin de prendre le Marché, par surprise ou autrement. Joigny s'introduisit dans la ville sous couleur de quelque entreprise plus éloignée, et le maire Jean Soulas l'y reçut sans défiance. Les émissaires du régent purent donc s'emparer de la forteresse sans coup férir; mais cette trahison souleva contre eux les habitants de Meaux. Le maire fit entendre de vives protestations et dit que s'il avait su que le régent voulait s'emparer du Marché, il n'aurait permis à personne de pénétrer dans la ville. Comme ni le roi de Navarre ni Étienne Marcel n'étaient à portée pour venir au secours du maire avec un nombre respectable de lances, Joigny resta maître de la forteresse, et, par suite, mit la ville de Meaux dans l'impuissance de se soulever. Un peu plus tard, quand le duc de Normandie y vint fixer sa résidence, Jean Soulas fut vertement réprimandé pour son opposition, et condamné à une forte amende.

L'occupation du marché de Meaux était un grave échec pour Marcel, et il y dut être d'autant plus sensible qu'il aurait pu la prévenir. S'il avait pris possession de cette forteresse, dont le maire et les habitants de la ville lui eussent ouvert les portes avec enthousiasme, il aurait assuré les approvisionnements de Paris et privé le régent d'un redoutable point d'appui. Faute d'y avoir pensé à temps, il ne put que conjurer les dangers qui pouvaient venir de ce côté-là, en complétant l'armement, les fortifications et les défenses de la capitale du royaume. Il fit fermer plusieurs portes, il barra la Seine avec de fortes chaînes de fer, il abattit les maisons qui touchaient aux remparts, et transforma en fossés les chemins de ronde : par tous ces moyens il devenait plus facile de repousser les agresseurs.

Les ordres religieux, dont les couvents étaient situés sur la rive gauche, donnèrent, en cette occasion, une preuve de leur dévouement à la cause populaire. Les Frères Prêcheurs ou Jacobins, de la rue des Grès; les Mineurs ou Cordeliers, qui occupaient l'emplacement de la rue actuelle et de la place de l'École-de-Médecine; les Chartreux, dont la maison s'élevait où l'on voit aujourd'hui l'allée de l'Observatoire, se trouvaient à l'extrémité méridionale de Paris; et, comme ils étaient à l'étroit dans leurs couvents, ils avaient obtenu la permission de percer les murailles de la ville, afin de s'étendre au dehors sans sortir de chez eux. Leurs jardins et même une partie de leurs bâtiments se trouvaient ainsi dans les faubourgs. Quand le prévôt des marchands ordonna de raser toutes ces dépendances, loin d'en murmurer, ils aidèrent à les détruire, et l'un d'eux, le continuateur de Nangis, nous apprend qu'ils ne se mettaient pas avec moins d'ardeur à l'œuvre que les gens des métiers. C'était le temps où le bas clergé et les moines faisaient cause commune avec les faibles : ils n'avaient pas encore embrassé le parti du plus fort.

Tous ces travaux coûtaient cher. La bourgeoisie parisienne n'y avait pas épargné son argent; mais elle subvenait à tant de dépenses diverses, elle nourrissait tant de bouches inutiles, que ses ressources allaient bientôt s'épuiser. Heureusement, Étienne Marcel inspirait encore confiance; il put emprunter mille moutons d'or au grand prieur de Saint-Jean de Jérusalem[1], et le succès de cette négociation paraît d'autant plus remarquable, que le régent ne trouvait personne qui lui voulût rien prêter. Les principaux services de l'administration municipale étant ainsi assurés pour quelques semaines, le prévôt des marchands prit ses dispositions pour regagner, s'il était possible, le terrain perdu.

Le duc de Normandie ne tarda pas à lui en donner l'occasion. Le 18 avril, Étienne Marcel fut informé que Jean de Lions, sergent d'armes qui avait la garde de l'artillerie du Louvre, avait reçu l'ordre de la conduire secrètement à Meaux, où le régent l'attendait. A tout prix il fallait empêcher ce transport et effrayer tous ceux qui, à l'exemple de

---

[1] Voy. à l'Appendice (n° 1) le traité relatif à cet emprunt.

Jean de Lions, voudraient servir la cause royale. Le prévôt ordonna donc aux hommes d'armes dont il disposait de s'emparer de cette artillerie, de la conduire à la maison aux piliers, et de mettre à mort le sergent, si l'on parvenait à se saisir de lui. Averti à temps, Jean de Lions put s'enfuir, mais l'artillerie du Louvre resta dans Paris, à la disposition des chefs populaires. Le prévôt, fidèle au système qu'il avait adopté, de rendre compte au public de ses moindres actes, donna des lettres patentes, qu'on appellerait aujourd'hui une proclamation, où il expose brièvement cette affaire. On y peut voir que, les préparatifs de Jean de Lions n'ayant pas été faits avec assez de mystère, la population les avait surpris et faisait entendre des murmures menaçants[1].

Étienne Marcel désirait encore la paix, quoiqu'il préparât la guerre; en même temps qu'il faisait tout pour inspirer au régent une vive crainte des forces de la bourgeoisie, il lui adressait, le 18 avril, une lettre pour le gagner aux idées de conciliation. Cette lettre, disent les chroniqueurs, contenait « plusieurs paroles rudes, laides et malgracieuses. » Ceux qui accusaient ainsi le prévôt ne pensaient pas, sans doute, que le texte de ce précieux document serait retrouvé quelque jour; peut-être même n'en avaient-ils pas eu connaissance. Il suffit de le lire avec attention pour se convaincre que les faits seuls y parlent contre le régent. C'est sans doute à dessein que Marcel revient jusqu'à trois fois sur les mêmes choses, sous prétexte de résumer ce que le duc de Normandie a fait, de signaler ce qu'il n'a pas fait et d'indiquer ce qu'il devrait faire.

Il commence par lui rappeler qu'ils étaient convenus réciproquement de s'avertir, s'ils recevaient des rapports

---

[1] On trouvera cette pièce à l'Appendice (n° 2). Elle a d'autant plus d'importance qu'il ne nous reste que deux ou trois documents émanés directement d'Étienne Marcel.

malveillants l'un sur l'autre, et de n'en rien croire auparavant. Il pense donc donner une marque de sa loyauté en lui communiquant les accusations que le peuple de Paris élève contre lui. 1° Les ennemis attaquent la ville de tous côtés et le régent n'apporte à tant de maux aucun remède. 2° Ses soldats font plus de mal que les ennemis : ils pillent et volent partout, quoiqu'ils aient été bien payés. Le prévôt et d'autres personnes encore ont averti monseigneur le duc de ces excès, et néanmoins il garde ces hommes d'armes auprès de lui, il les place dans les forteresses de Meaux et de Montereau, qui commandent les rivières de la Seine, de la Marne et de l'Yonne, par lesquelles seules on peut approvisionner Paris. 3° Ainsi le régent garnit de soldats non les forteresses qui défendent sa capitale, mais celles qui permettent de l'attaquer et de l'affamer. Or, ajoute Marcel, ces accusations ne sont point dénuées de fondement : on a saisi, dans le temps, aux portes de Paris, des lettres qui faisaient voir que la disposition du prince et celle de ses hommes d'armes était de ne rien épargner, lettres qui furent mises sous ses yeux en plein conseil[1]. D'ailleurs, n'a-t-il pas voulu dégarnir Paris de son artillerie et la faire transporter à Meaux? Ceux qui l'entourent ne parlent-ils pas ouvertement de « rogner les ongles à ces vilains de Paris? »

Le prévôt répond ensuite de la loyauté des Parisiens; mais, revenant presque aussitôt à l'attaque, il rappelle au régent ce que ses peuples espéraient de lui, et comment il a

---

[1] Ce fait, d'une gravité extrême, ne se trouve malheureusement indiqué que dans la lettre de Marcel ; et il est trop peu précis pour qu'il ait été possible de le mettre à sa place et à sa date dans le récit. Du reste, il n'en paraît pas moins vraisemblable ; comment le prévôt aurait-il osé produire une accusation semblable dans une lettre adressée au régent lui-même, si ce prince avait pu la démentir? — On peut juger par là combien de faits de ce genre et d'autres plus significatifs peut-être la légèreté, la partialité de nos chroniqueurs ou l'insuffisance de leurs renseignements nous laissent ignorer.

rompé toutes les espérances. Il l'invite, en conséquence, à rentrer dans Paris et à faire ce qu'on attend, ce qu'il a promis à trois reprises, non-seulement dans sa chambre, mais encore aux halles et à Saint-Jacques de l'Hôpital, où il était venu volontairement [1].

Les paroles d'Étienne Marcel se ressentent trop de la rude énergie de son temps pour paraître très-propres à la conciliation. On peut croire d'ailleurs qu'il désespérait d'atteindre ce but et qu'il s'en proposait un autre d'un succès plus facile, je veux dire de faire un appel à l'opinion publique. Ce qui donne une grande force à cette conjecture, c'est le style même de la lettre, où les prières sont presque des menaces, c'est surtout le soin qu'avait pris Marcel de la répandre, non-seulement en France, mais encore au dehors. En l'adressant au duc de Normandie, le prévôt l'envoyait aussi aux bonnes villes du royaume et jusqu'aux villes flamandes, dont il recherchait l'approbation et l'appui [2]. C'était l'apologie de la révolution, sous forme d'un avis comminatoire au dauphin.

Mais ce prince, entouré comme il l'était, devait rester sourd aux prières et aux menaces. Le 17 avril, la veille même du jour où Étienne Marcel lui adressait cette lettre, il partait de Meaux, dans le dessein de présider les états provinciaux à Vertus, où on l'attendait le 29 avril. Toutefois il n'y parut point, et l'on ne connaît pas au juste les motifs de ce brusque changement de résolution. Peut-être jugeait-il que, n'ayant aucune opposition à craindre, il pouvait s'en remettre à quelqu'un de ses fidèles du soin de présider ces états. Simon de Roussi, comte de Braine, y fit en son nom les mêmes demandes que le prince avait faites

---

[1] Voyez à l'Appendice (n° 3) le texte même de cette lettre d'Étienne Marcel.

[2] La lettre du 18 avril a été retrouvée aux archives de Bruges par M. Kervyn de Lettenhove.

à Provins. Cette session ne dura que deux jours, soit que l'absence du régent ôtât tout prétexte à l'éloquence et aux démonstrations des gentilshommes champenois, soit que leur dévouement, connu d'avance, rendît les discussions inutiles. Il fut décidé que les villes fourniraient un homme d'armes par soixante-dix feux ; que dans le plat pays les personnes libres en fourniraient un par cent feux et les serfs par deux cents feux; que les gens d'Église payeraient le dixième de leurs revenus, et les nobles cinq livres pour cent livres de revenus en terres, sans préjudice des hommes d'armes qu'ils devaient fournir comme possesseurs de fiefs; enfin que cette aide serait levée et employée par les délégués des états, à la réserve d'un dixième qui fut accordé au régent pour sa dépense. Ainsi, même une assemblée d'amis croyait nécessaire de prendre des garanties contre les dilapidations royales, et, pour obtenir de l'argent, ces nobles étaient réduits à s'imposer surtout eux-mêmes. Quelle preuve plus éclatante du chemin qu'avaient fait les idées de la bourgeoisie jusque dans les provinces les plus inféodées à ses ennemis !

Une nouvelle assemblée des états généraux devait avoir lieu à Paris le 1ᵉʳ mai; le régent, ne voulant plus reparaître dans cette ville, changea le jour et le lieu d'une réunion dont il espérait tout, s'il pouvait la soustraire à l'action des bourgeois. Il convoqua donc les députés de la nation à Compiègne pour le 4 mai, et, en attendant qu'ils y fussent arrivés, il prit la route de Clermont en Beauvaisis pour se rendre à une entrevue que le roi de Navarre lui avait demandée et qui était fixée au 2 mai. Les deux princes arrivèrent escortés d'un grand nombre d'hommes armés, nouvelle marque de leur mutuelle défiance. Sur l'avis du prévôt des marchands, qu'il avait consulté avant de partir, Charles le Mauvais engagea le duc de Normandie à se réconcilier avec les Parisiens. Le duc répondit qu'il avait de bons sujets à Paris, mais qu'il en avait aussi de séditieux, dont il devait tirer vengeance. Au point où en étaient les choses, on ne pouvait se promettre un grand succès de cette conférence; mais les Parisiens, qui rêvaient toujours d'une conciliation de plus en plus difficile, surent gré au roi de Navarre de l'avoir tentée, contre ses propres intérêts. Ils ne se demandèrent pas si, au fond, il y avait mis autant d'empressement et de bonne foi qu'en apparence; et quand, au lieu de retourner à Merlou en Beauvaisis, d'où il était venu, il se rendit à Paris, les habitants le reçurent en grande pompe et avec un enthousiasme extraordinaire.

De son côté, le régent quittait Clermont pour se rendre à Compiègne. Il éprouva une déception cruelle en ne s'y voyant entouré que d'un petit nombre de députés. On constata officiellement l'absence des archevêques, évêques et députés de trente-quatre diocèses, des nobles et députés de dix-huit bailliages, sans compter les députations du clergé et des bourgeois de Paris, également absentes. Ces abstentions nombreuses donnent à peu près la mesure du progrès que la révolution, malgré tant d'obstacles, avait fait dans la langue d'Oil. Mais, si elles ôtaient d'avance toute autorité aux résolutions des états de Compiègne, la réunion de tous les nobles livrés à eux-mêmes présentait un sérieux danger. Un furieux esprit de réaction se fit jour dans cette assemblée. Le duc de Normandie fut instamment prié de tirer une prompte et terrible vengeance du meurtre des maréchaux; et, comme il fallait à cette noblesse sans contrepoids un ennemi sur qui elle pût exercer sa colère, elle se tourna contre Robert Lecocq, qui avait repris sa place dans les conseils du régent. Elle demanda qu'il en fût exclu sans retard, en proférant contre lui les plus effroyables menaces.

L'évêque de Laon dut céder à l'orage et se retirer à Paris, le seul endroit du royaume où il fût, dès ce moment, en sûreté. A peine fut-il arrivé à Saint-Denis, qu'Étienne Marcel et le roi de Navarre l'y vinrent voir. Il leur apprit que les courtisans du duc de Normandie avaient été sur le point d'outrager l'inviolabilité dont il était couvert par sa dignité de prêtre et d'évêque; que le sort en était jeté, et qu'il n'y avait plus lieu d'espérer un accommodement. Ce fut donc la faute des officiers et des conseillers du régent, si Robert Lecocq, après avoir servi si longtemps d'intermédiaire entre les deux partis rivaux, se vit contraint d'embrasser sans réserve la cause populaire, non-seulement pour sauver le royaume, qu'il voyait sur la pente de l'abîme, mais encore pour se sauver lui-même.

Son départ n'apaisa point les furieux de Compiègne. Pour forcer le duc de Normandie de le mettre au nombre de ceux dont il voulait tirer vengeance, ils rédigèrent un acte d'accusation qui pût rester comme un instrument toujours prêt pour perdre leur ennemi. Cet acte étrange, œuvre de haine et de sottise, ne contient pas moins de quatre-vingt-onze articles. Il y est fort peu question du roi, de son fils et des intérêts de la France, mais beaucoup des officiers royaux, qui se plaignent sur tous les tons et sous toutes les formes de l'injustice criante qu'on a commise à leur égard en les privant de leurs emplois. Après avoir exposé les antécédents de Lecocq, les bienfaits qu'il avait reçus, les hautes charges qu'il avait remplies, les auteurs de l'acte d'accusation lui reprochent d'être « léger, périlleux en paroles et mauvaise langue, » et ils citent, à l'appui de cette assertion, des propos inconsidérés peut-être, mais fondés pour la plupart, et qui ne pouvaient échapper qu'à un esprit libre et sincère[1].

---

[1] L'évêque de Laon aurait dit du mal de la cour de Rome. — L'accusation ne s'explique pas davantage à ce sujet. — Il aurait dit que le connétable d'Espagne était « un bâtard qui n'avait jamais fait de bien, qui haïssait le royaume; que le roi n'avait d'autre Dieu que lui, » et « autres paroles que nous n'osons rapporter. » Ceci est évidemment une allusion à ce que Lecocq

Pour incriminer les actes les plus simples, les accusateurs y veulent voir toujours une intention mauvaise, et, d'un article à l'autre, ils tombent dans les plus choquantes contradictions. L'évêque de Laon fut joyeux de la captivité du roi, disent-ils, il fit tous ses efforts pour l'empêcher de revenir, il diffama son gouvernement. C'est l'ambition déçue qui l'a conduit à poursuivre les officiers royaux, à s'allier avec le roi de Navarre. Ce n'est pas le moindre de ses crimes d'avoir blâmé le gouvernement et fait remonter le blâme jusqu'à la personne du roi, d'avoir conseillé aux réformateurs des états le secret sur leurs actes, « car il n'est rien que le roi ne puisse et ne doive savoir; » c'est une conspiration d'avoir fait jurer aux états d'agir d'accord, puisque le gouvernement appartient au prince. Enfin, l'évêque de Laon n'est pas moins répréhensible pour avoir blâmé l'emprisonnement de Charles de Navarre, car « il savait bien que c'était le roi qui l'avait ordonné, ce que le roi n'eût jamais fait sans bonne et juste cause. » Neuf articles sont consacrés à prouver, ou plutôt à affirmer que Lecocq

---

avait pu dire sur les relations infâmes qu'entretenaient, selon le bruit public, le roi et le connétable. — On a vu (chap. iv) qu'il ajoutait que le roi était « de très-mauvais sang et pourri, qu'il ne valait rien, qu'il gouvernait très-mal, qu'il n'était digne d'être roi ni de vivre; qu'il avait fait mourir sa femme; qu'il n'avait droit au royaume, lequel devait appartenir au roi de Navarre et non à ces bbstbrdkbxs (les fils du roi). — On a vu aussi (ch. iv) que, un jour, parlant de la déposition du chancelier, qu'il aurait demandée, il dit que ce n'était pas une grande affaire, puisque autrefois les états avaient déposé le roi de France. Un de ses complices lui ayant marché sur le pied, il se reprit : « Ce que j'ai dit qu'autrefois les trois états déposèrent le roi de France, j'entendais à dire que le pape le déposa à la requête des trois états. » — En d'autres occasions, il aurait dit à Marcel que le roi lui ferait couper la tête ainsi qu'aux bourgeois, et qu'alors même qu'on leur donnerait des lettres de rémission on les mettrait à mort, ou qu'on trouverait moyen de les tourmenter. Ces propos, en supposant qu'ils aient été tenus, prouveraient que l'évêque de Laon était un esprit d'une grande clairvoyance, et qu'il n'avait peut-être d'autre tort que de parler trop ouvertement.

avait brouillé plusieurs fois le dauphin avec son père. On lui reproche d'y avoir réussi, et cependant on ajoute qu'il vit bien qu'il n'y réussirait pas [1].

Une pareille argumentation, ou plutôt ces misérables arguties font voir quelle distance il y a de ces courtisans aux bourgeois, et de quel côté, dans la lutte qu'ils soutenaient les uns contre les autres, on savait parler, raisonner et agir. Pour les premiers, il n'existe d'autre règle de gouvernement que la volonté du maître, et tout est bien quand ce maître se déclare satisfait. Lorsqu'ils en viennent à parler d'eux-mêmes, on a peine à décider s'ils sont plus odieux ou plus ridicules. Ils reprochent à l'évêque de Laon de les avoir poursuivis de sa haine uniquement parce qu'ils étaient dévoués à leurs devoirs, et par conséquent hostiles à ses projets, et d'avoir fait décider que, même s'ils étaient trouvés innocents, on ne les rétablirait jamais dans leurs places et dans leurs biens. Cette mesure de salut public qui les scandalise, ils proposent de l'appliquer à Robert Lecocq, et ils ne craignent pas de dire qu'innocents ou coupables on ne pourrait, sans crime, s'attaquer à eux, puisque c'était s'attaquer au roi qui les avait nommés (art. 56). On ne voulait les éloigner du régent qu'afin qu'il n'y eût plus auprès de ce prince personne qui lui parlât de la délivrance

---

[1] Articles 20, 30. — Quels motifs les accusateurs donnent-ils à cette haine de Robert Lecocq contre Jean le Bon? — Ce prince lui aurait préféré, pour l'évêché de Laon, qu'il lui donna ensuite, Robert Chauviau, évêque de Châlons; Simon de Buci aurait été en butte aux persécutions ultérieures de Lecocq, pour avoir soutenu à Avignon, au nom du roi, cette candidature, et pour s'être opposé, sans toutefois y réussir, à la grâce du frère de Lecocq, qui avait tué en 1350 le clerc de maître Guy de Saint-Sépulcre, sur le seuil de la maison du premier président, près la porte Saint-Germain des Prés. — Si Robert Lecocq haïssait le chancelier, c'est qu'il convoitait sa place.

Il serait superflu de s'arrêter, même dans une note, à ces misères, s'il ne convenait de montrer par un grand détail ce que valaient ces accusations et surtout ces accusateurs, qui se donnent et que les chroniqueurs présentent comme des victimes.

de son père. Ils se plaignent, en outre, qu'on leur ait reproché leur haute naissance, « qui, disaient-ils, rien ne fait au propos, car l'on ne doit pas demander où bon vin ni prudhomme croit. »

Cette excellente maxime prenait, comme on voit, dans leur bouche une application toute nouvelle, et l'on ne pouvait terminer par une plus étrange réclamation une plus pitoyable série d'arguments, ou, pour mieux dire, de commérages. Ainsi une noblesse qui dominait depuis des siècles, par le seul privilége de la naissance, osait faire un crime aux bourgeois de ne plus croire que, parce qu'un privilége de hasard l'appelait autour du trône, elle devait jouir à jamais de l'impunité. Et, s'il faut par un dernier mot caractériser ce monument de vanité et de sottise, « les états ont fait, disent ces officiers, aucunes choses bonnes et raisonnables, mais ils ne les ont mises là qu'afin que les autres choses fussent plus colorées[1]. »

On peut juger, par ce qui précède, de l'esprit de violence qui régnait aux états de Compiègne : il y fut proposé d'assiéger et d'affamer Paris, jusqu'à ce que les habitants consentissent à envoyer leurs chefs au supplice ; les réformateurs établis par les précédents états furent destitués, ce qui était une vengeance puérile, puisque dès longtemps ils n'exerçaient plus leurs fonctions ; mais cette poignée de nobles eut beau faire, elle ne put s'affranchir des idées de la bourgeoisie aussi facilement que la détester ou la poursuivre ; ces idées s'imposaient insensiblement à la nation avec une bien grande force, puisque la noblesse elle-même, dans le feu de la lutte, les subissait sans s'en apercevoir. Pour l'octroi et la levée de l'aide qu'ils accordaient, les états de Compiègne ne surent mieux faire que de suivre

---

[1] M. Douet d'Arcq a publié pour la première fois ce document (*Bibliothèque de l'École des Chartes*, t. II, p. 360). Il en a été déjà sommairement question au chap. IV de cet ouvrage.

les dispositions des précédentes assemblées. L'aide est votée pour un an, elle devra être perçue tous les trois mois ; elle est à peu près la même qu'à Vertus et à Provins, c'est-à-dire que les ecclésiastiques devront payer le dixième de leurs revenus et les nobles douze deniers par livre des leurs. Les habitants des villes et châteaux fermés entretiendront un homme d'armes par soixante-dix feux, les serfs abonnés un par cent feux, et les serfs taillables à volonté un par deux cents feux. Les pupilles, les veuves et autres personnes qui n'ont point de feux payeront douze deniers par livre de leurs revenus, et les serviteurs pareille somme de leur salaire. Les mendiants ne payeront rien[1].

En même temps, les états de Compiègne nommaient des réformateurs pour remplacer ceux qu'ils venaient de destituer, et, ce qui paraît plus extraordinaire, ils les chargeaient de poursuivre et de juger les officiers royaux qui se rendraient coupables de malversations : on ne pouvait mieux faire voir que les précédentes assemblées n'avaient pas exagéré l'étendue du mal. Ils prennent des précautions minutieuses au sujet de toutes choses et contre le régent lui-même. Ils réduisent sa puissance par deux mesures qui lui eussent été bien sensibles, venant d'autres que de ses amis : ils arrêtent d'abord un règlement sur les monnaies, puis ils décident, une fois de plus, qu'on n'y fera désormais aucun changement. Frappés des inconvénients et des dangers d'une autorité sans contrôle, ils osent lui fixer

---

[1] L'article 22 de l'Ordonnance, qui a rapport aux ecclésiastiques, mérite d'être reproduit : « Les ecclésiastiques seront contraints à payer cette aide *par leurs ordinaires*, qui pourront même se servir de l'excommunication contre eux. Mais, s'ils persistent à ne point payer, ils y seront forcés par le bras séculier, *à la requête de leurs ordinaires.* » L'intention est bonne, mais l'ineptie flagrante, ou du moins l'impuissance. Qu'arrivera-t-il si les ordinaires ne jugent pas à propos de requérir, et si, avec cet esprit de corps qui a toujours distingué l'Église, ils défendent les immunités de leurs subordonnés ?

des limites : ils veulent que le régent ait des ministres capables de guider son inexpérience ; ils décident que toutes les affaires seront examinées en conseil et que la présence de trois membres sera nécessaire pour que les lettres expédiées ne soient pas frappées de nullité. Les membres présents devront signer celles qui auront rapport aux affaires débattues dans le conseil, avant les secrétaires ou notaires, et, s'ils ont négligé cette formalité, le chancelier sera tenu de ne point sceller ces lettres et les sujets du roi devront n'y avoir aucun égard.

Ces mesures n'étaient pas nouvelles : les assemblées bourgeoises des années précédentes en avaient fait sentir la nécessité et les avaient rendues populaires ; ce qu'il y a de remarquable, c'est que les adversaires naturels de ces garanties, loin d'en affranchir le pouvoir royal, les prenaient contre lui, au moment même où ils le défendaient contre ses prétendus ennemis. On voit que les idées de la bourgeoisie n'étaient nullement prématurées, puisqu'elles s'imposaient aux esprits les plus rebelles. Si elles ne s'établirent point d'une manière définitive, c'est que le pouvoir royal, après son sanglant triomphe, eut assez de force pour les étouffer pendant quelques années : lorsqu'il se relâcha de sa rigueur, et que l'heure sembla venue de revendiquer des droits que la violence n'avait pu prescrire, les générations nouvelles en avaient perdu le souvenir. C'est ainsi qu'en 1815, à la chute de l'Empire, la France semblait avoir désappris la liberté.

Le 14 mai, les états furent clos et l'ordonnance signée; le régent partit aussitôt pour Corbie, où il allait attendre les députés d'Amiens, qu'il avait fait mander. Il voulait conclure avec eux un accord dont le premier effet eût été d'enlever au roi de Navarre la bonne ville d'Amiens, une de celles qui lui avaient toujours gardé le plus entier dévouement. Elle en donna, dans cette occasion, une nouvelle marque : au lieu d'envoyer ses députés, elle fit savoir au duc de Normandie qu'il pouvait se rendre dans ses murs, et qu'il y serait bien reçu, à la condition d'y venir sans aucune escorte de gens armés. Cette réponse de la ville prouve que le parti du régent y avait gagné peu de terrain; ce qui le prouve mieux encore, c'est qu'au seul bruit de l'approche de ce prince une émeute éclata qui le força de s'arrêter en route et de retourner à Corbie [1].

Cet échec du régent fut bientôt connu des Parisiens: mais, s'il leur causa de la joie, il n'inspira pas au politique Marcel une confiance téméraire. Le prévôt des marchands ne se faisait point d'illusion sur les chances de succès qu'il lui restait encore. Il sentait que, livré à ses propres forces, Paris ne pouvait rien; que mettre aux prises le roi de Navarre avec le régent, c'était partager la France en deux factions presque égales et fort redoutables l'une pour l'autre; que l'effet le plus certain d'une telle entreprise était de favoriser la marche des Anglais et les ravages des compagnies. C'est pourquoi il souhaitait toujours un arrangement qui, en mettant d'accord le régent, le roi de Navarre et le corps municipal de Paris, assurât à la cause nationale toutes les forces dont disposaient les deux princes, et permît, à la faveur de leur rivalité à la fois entretenue et contenue, de sauver le royaume.

Quelles que fussent, au fond, les dispositions du dauphin, il n'était pas impossible de s'adresser directement à lui et de lui faire des ouvertures, car, malgré sa fuite, il n'avait pas cessé d'entretenir des relations officielles avec le prévôt des marchands, et celui-ci, pour sauver les apparences et éviter une rupture déclarée, recevait respectueusement ses ordres. Ainsi le 14 mai, le jour même où l'ordonnance qui

---

[1] Trésor des Chartes, Reg. 86, f° 78 v°. — Lettres d'abolition pour la ville d'Amiens. On trouvera le texte de cette lettre à l'Appendice (n° 4).

suivit les états de Compiègne était promulguée, le régent écrivait à Marcel pour l'informer que messire Sohier des Voisins avait été chargé par l'état des nobles de présider à la levée de l'aide dans la ville et le diocèse de Paris; il ajoutait que, l'état de l'Église et l'état des bonnes villes et du plat pays n'ayant élu personne à cet effet, il fallait convoquer à Paris leurs députés pour qu'ils fissent cette élection. Le régent entrait dans les moindres détails, comme on fait avec un homme qui inspire une entière confiance : il autorisait Marcel à donner au nom du roi des commissions à ceux qui seraient élus, et, si les gens d'Église et les bourgeois de Paris refusaient de se réunir à cet effet ou y mettaient quelque retard, il lui ordonnait de choisir lui-même un clerc et un bourgeois pour remplir cet office avec Sohier des Voisins [1].

Dans une autre circonstance, tandis qu'il était à Compiègne, le régent avait appris que des ennemis de l'Université de Paris apportaient, pendant la nuit, des immondices dont ils infectaient la rue, la chaire du maître et les bancs des écoliers; aussitôt il avait envoyé l'autorisation de fermer pendant la nuit les deux issues de la rue du Fouarre, où se faisaient les cours [2]. Ainsi il n'était si petite affaire dans laquelle le régent ne s'empressât d'intervenir, peut-être pour mieux faire voir qu'il n'avait pas abdiqué son autorité sur cette ville, l'âme de la France. Puisqu'il avait besoin

---

[1] Cette longue lettre contient encore plusieurs prescriptions de moindre importance : Si Sohier des Voisins et les deux autres qui seront élus par les gens d'Église et les bourgeois, ou, à leur défaut, par le prévôt des marchands, refusent ou diffèrent de travailler à la levée du subside, ils y seront contraints par le prévôt de Paris, à savoir : le noble et le bourgeois, sous peine de la prison et de la saisie de leurs biens; et l'ecclésiastique, sous peine de la saisie de son temporel. Enfin les trois élus auront pouvoir d'établir un ou plusieurs receveurs de l'aide, et de leur allouer tels gages qu'ils jugeront à propos, toutefois sur le conseil des gens de leur ordre. (Tome III des Ordonnances, p. 80.)

[2] Voy., t. III des Ordonnances, p. 237, le texte de cette lettre.

de Paris, il pouvait n'être pas trop tard pour le réconcilier avec la bourgeoisie; il était du moins honorable de l'essayer.

Étienne Marcel ne pouvait mieux faire que de prier les chefs de l'Université de tenter la démarche en son nom. Le duc de Normandie, non-seulement paraissait prendre un vif intérêt aux moindres affaires de ce docte corps, mais en outre, à la réserve d'une sommation dont il a été parlé plus haut [1], l'Université était toujours restée neutre de fait, sinon d'intention, dans les querelles de la commune de Paris et du pouvoir royal. En cette conjoncture difficile, elle ne refusa point ses bons offices au prévôt des marchands. La députation qu'elle envoya au régent se composait de deux maîtres et du bedeau de chaque nation, que conduisait le recteur lui-même [2]. Au nom de la municipalité de Paris, le recteur pria le duc de Normandie de pardonner à la ville et promit que les Parisiens feraient amende honorable, s'il garantissait la vie sauve à ceux qui avaient pu l'offenser. Une concession si grave, qui mettait la révolution aux pieds du vaincu de la veille, eût été une faute, s'il avait été possible qu'au milieu de tous les dangers qui l'entouraient Paris pût encore se suffire à lui-même. Il fallait à tout prix mettre fin aux complots du dehors et ramener le régent pour gouverner sous son nom.

Malheureusement, ce prince comprit que, si l'on venait le supplier, c'est qu'on le croyait nécessaire, et, quoique fort désireux de rentrer dans son palais, il fit paraître une fermeté inattendue. Il ne voulut point prêter l'oreille aux propositions des Parisiens, qu'on ne lui eût livré d'avance dix ou douze des plus coupables. Quelques auteurs prétendent qu'il se fût contenté de cinq ou six. C'était, disait-il,

[1] Voy. chap. vi, p. 182.
[2] Duboulay, *Histoire de l'Université de Paris*, t. IV, p. 344. On sait que l'Université de Paris se divisait en nations.

un point sur lequel il ne pouvait transiger; mais il voulait bien s'engager à ne pas mettre à mort ceux qui lui seraient abandonnés.

La députation ne put obtenir d'autre réponse. Étienne Marcel comptait trop peu sur la bonne foi du régent pour accepter ses conditions et ses promesses. Fût-il sincère, ce faible prince ne saurait résister à ses courtisans et à ses officiers, s'ils le pressaient de se faire l'instrument de leurs rancunes. Le prévôt aurait pu sacrifier sa vie pour le salut de ses concitoyens, mais avait-il le droit de sacrifier aussi celle de ses amis? Rien, après tout, n'était désespéré. L'on ne voyait pas dans le peuple la moindre marque de découragement : sa confiance dans les chefs qu'il s'était donnés semblait inaltérable.

Les conditions du régent furent donc repoussées, et Marcel ne songea plus qu'à compléter les préparatifs d'une défense énergique. Il osa même prendre l'offensive. Par une attaque soudaine, il s'empara du Louvre, qui se trouvait en dehors de la ville, et l'y renferma en reculant les murailles, afin que, cessant d'être une menace, cette forteresse couvrît Paris du côté du couchant. Les portes qui conduisaient à la Seine furent fermées, ce qui acheva d'irriter le régent, car il perdait par là tout moyen d'introduire ses émissaires. Les fossés furent creusés de nouveau et devinrent deux fois plus profonds qu'ils n'étaient auparavant; les murs réparés furent garnis de balistes, de parapets; sept cent cinquante guérites y furent fixées avec des crampons en fer. Le faubourg Saint-Victor fut entièrement détruit, parce qu'il pouvait nuire à la défense de la ville.

La grande affaire du moment, c'était de créer une armée. Sur le conseil de Marcel, l'évêque de Laon, qui n'avait rien à ménager depuis sa fuite de Compiègne, venait de garnir ses châteaux de troupes, de vivres, d'armes et d'artillerie; tous les personnages considérables du parti populaire avaient reçu l'ordre d'en faire autant sur leurs domaines. Marcel, pendant ce temps, s'était procuré de fortes sommes d'argent, afin qu'une bonne paye, solidement garantie et régulièrement fournie, l'assurât de la fidélité de ses soldats. Il envoyait de toutes parts pour enrôler des hommes aguerris et pour acheter des armes. Mais presque partout il était victime des malversations de ses agents et de la mauvaise foi des mercenaires. Jean de Donat était parti pour Avignon, afin de remettre à Pierre Maloisel, agent du prévôt, deux mille florins d'or au mouton. Maloisel s'empressa d'engager Arnaud de Cervoles, ce terrible chef de bandes qu'on nommait l'archiprêtre, et qui, pendant plus de trois ans, avait ravagé la Provence sans pitié ni merci[1]. Il vivait pour lors sur le territoire d'Avignon, aux frais du pape, qui tremblait devant un tel défenseur. L'archiprêtre reçut les sommes que lui offrait Maloisel, mais il n'eut garde ensuite de quitter Avignon pour venir dans le Nord gagner péniblement un argent qu'on avait eu l'imprudence de lui avancer. Avec le reste des sommes que Donat lui avait apportées, Maloisel acheta des armes; des gens du comte de Poitiers, gouverneur de Languedoc et frère du régent, qui se trouvaient à la cour pontificale, s'en emparèrent et les gardèrent sans les payer[2].

S'il n'y avait eu là qu'une perte d'argent, le malheur, quoique grand, n'eût point paru irréparable; mais Marcel y vit, non sans raison, combien il lui serait difficile de se faire une armée, et, par suite, de quelle importance il était de gagner définitivement le roi de Navarre, qui en avait

---

[1] Arnaud de Cervoles était proche parent des Talleyrand de Périgord. On l'appelait l'*archiprêtre*, à cause d'un bénéfice d'église qu'il possédait, quoique laïque. (Voy. H. Martin, *Hist. de France*, t. V, p. 176.)

[2] Trésor des Chartes, Reg. 90, p. 132. — Secousse, *Mém. sur Charles le Mauvais*, t. II, p. 142.

une. On ne pouvait prévoir qu'un éclat effroyable allait, par une diversion puissante, apporter à la révolution bourgeoise un secours inattendu, et en même temps l'exposer à de nouveaux et terribles dangers.

CHAPITRE DIXIÈME

Misérable condition des paysans. — Abaissement de la noblesse. — Causes du soulèvement des campagnes. — Étendue et gravité de la révolte. — La Jacquerie éclate et se propage (21 mai). — Les jacques se donnent des chefs. — Guillaume Calle, capitaine général. — Ses efforts pour gagner les bonnes villes à la Jacquerie. — Étienne Marcel s'allie aux révoltés. — Expédition de Pierre Gilles. — Siége d'Ermenonville par Guillaume Calle. — Action de Marcel et des bourgeois sur la Jacquerie. — Intervention du roi de Navarre dans la lutte. — Mort de Guillaume Calle. — Expédition contre le Marché de Meaux (9 juin). — Réaction des nobles contre la Jacquerie. — Leurs excès. — Résistance de Senlis. — Excès des soldats du régent.

L'excès des maux que les habitants des campagnes enduraient depuis des siècles devait, tôt ou tard, faire éclater leur haine et leur colère. Les terribles représailles qu'ils exercèrent pèsent depuis trop longtemps sur leur mémoire pour que, avant d'en faire le récit, il ne soit juste, autant que nécessaire, de rappeler les longues souffrances d'où sortit la tempête.

Au quatorzième siècle, les paysans et les serfs n'avaient comme moyens d'existence, malgré un labeur opiniâtre, que ce qu'il plaisait aux seigneurs de leur laisser : ils étaient écrasés sous les redevances, les corvées et les charges de toute sorte. Il y en avait de régulières, qui revenaient à jour fixe; sur le moindre prétexte on en imaginait de nouvelles, qui, par leur fréquence même, cessaient d'être extraordinaires. Quand il mariait sa fille ou armait son fils chevalier, le seigneur ordonnait des réjouissances qui devenaient pour ses vassaux un sujet de douleur et de misère, car, comme il n'en pouvait ou n'en voulait pas faire les frais, c'était eux qui devaient fournir à tout. Le jeu et la débauche avaient déjà ruiné la noblesse française; les terribles progrès que faisait le goût du luxe, des parures, des ameublements somptueux, ne leur avait plus laissé d'autre moyen d'y satisfaire que de contracter des dettes dont le poids les écrasait. Pour s'en affranchir, ils n'auraient eu qu'à vendre leurs châteaux et leurs manoirs; mais c'était un sacrifice qu'ils jugeaient inutile, tant que les pauvres gens soumis à leurs caprices avaient des récoltes et de l'argent. Ceux-ci disaient, il est vrai, qu'on leur avait pris leurs dernières ressources; mais, à l'aide des prisons, du carcan, de tous les supplices corporels qui étaient pour lors en usage, ou qu'on inventait suivant l'occasion, il était rare qu'on ne découvrît pas quelque épargne amassée avec peine et soigneusement cachée pour les mauvais jours.

Aux extorsions et aux tortures physiques venaient s'ajouter d'autres violences : le paysan ne pouvait ni faire un testament, ni se marier, sans la permission de son maître; et souvent, lorsqu'une jeune épouse sortait de ces humbles chaumières ou obtenait d'y entrer, l'heure sonnait d'une honte sans pareille : il lui fallait payer le droit du seigneur. Contre tant de misères et d'outrages il n'y avait point de recours : les magistratures tutélaires n'existaient pas, et les oppresseurs formaient comme une ligue qui étouffait toutes les plaintes. L'impuissance même de les faire entendre, et l'avilissante résignation qui en résultait, provoquaient la raillerie, qui n'est qu'une lâcheté nouvelle sur les lèvres du plus fort. Partout le paysan était connu sous le nom de Jacques Bonhomme, qu'on lui donnait en dérision de sa maladresse à porter les armes et de sa patience à tout endurer[1]. Quand on parlait d'un jacques, on entendait un être ridicule, jusqu'au jour où ce nom devint terrible, et, par le contraste même, signifia une bête féroce. Plus heureux, les *gueux* de Hollande firent de leur nom un titre de gloire; les jacques ne parvinrent qu'à rendre redoutable celui dont on avait voulu les flétrir. Mais telle était la sécurité qu'inspirait leur abjection, qu'on ne voyait en eux qu'une méchanceté basse et facile à dompter : « Oignez villain, dit un proverbe du temps, il vous poindra; poignez villain, il vous oindra. »

Victimes de leurs seigneurs, les habitants des campagnes l'étaient encore du roi de France. Quand le roi ou quelqu'un de ces princes dont il y avait toujours une foule sur les marches du trône voyageait à travers le royaume, ils exerçaient partout, pour eux et pour leur suite, les droits de prise et de chevauchée, s'emparant sans façon de tout ce qui leur convenait. S'ils remaniaient les monnaies, et l'on sait qu'ils ne s'en faisaient faute, personne n'en souffrait plus que les paysans, car ils avaient si peu d'argent, que la différence du titre était pour eux particulièrement sensible.

A ces maux, qu'ils enduraient depuis plusieurs siècles, la nature venait d'en ajouter d'accidentels, comme pour consommer leur ruine et irriter encore leur désespoir. Une longue série de mauvaises années avait porté partout la détresse. La famine en avait été la conséquence : les loups entraient dans les maisons, ne trouvant rien au dehors; les

---

[1] On peut prendre une idée des erreurs que commet continuellement Froissart, par celle dont çe nom est l'objet dans sa chronique. Il en voit l'origine dans un certain Jacques Bonhomme, qui aurait été chef de la Jacquerie. Or nous voyons dans le continuateur de Nangis que ce surnom était employé bien auparavant.

pères tuaient leurs enfants et les enfants leurs pères, pour n'avoir pas de bouches inutiles; on détachait les suppliciés du gibet, pour en manger la chair putréfiée. A son tour la famine avait engendré la peste, cette terrible peste de 1348 que le génie de Boccace a rendue immortelle, et qui ne fit pas moins de ravages en France qu'en Italie. Froissart dit que « la tierce partie du monde en mourut; » le continuateur de Nangis, qui n'exagère pas d'ordinaire, ose affirmer qu'à peine deux personnes sur vingt échappaient au fléau; un vieux dicton de la Bourgogne dit plus encore :

> En mil trois cent quarante et huit,
> A Nuits de cent restèrent huit.

La France ainsi dépeuplée, le sol resta forcément en jachère, et, comme la nature continuait d'être inclémente, dix ans n'avaient pas suffi pour effacer les traces de ces désastres : en 1358, un tonnelet de harengs, si l'on en croit Froissart, se vendait encore trente écus; ne pouvant vivre à ce prix, les petites gens mouraient de faim.

C'était peu de tant de malheurs : ceux de la guerre étaient venus s'y joindre. Les villes restaient fermées ou ne s'ouvraient que pour donner asile aux paysans effrayés; les campagnes restaient à la merci de toutes sortes d'ennemis. Il s'y trouvait à la fois des nobles qui revenaient de Poitiers et qui exigeaient de leurs vassaux qu'ils leur fissent le prix de leur rançon; d'autres gentilshommes, qui, n'ayant point paru à la bataille, pressuraient pour leur plaisir et pour n'en pas perdre l'habitude; des Anglais qui, suivant les idées du temps, traitaient le royaume en pays conquis; des compagnies que le prince de Galles avait eues à sa solde, mais qu'il avait congédiées, et qui ne savaient vivre que de rapine; des bandes, enfin, qui n'étaient à personne, mais qui volaient tout le monde. Il y avait un certain chef, nommé James Pipes, qui se disait lieutenant du roi de Navarre et n'en pillait pas moins les terres de la reine Blanche, sœur de ce prince. S'il se trouvait dans l'embarras, ou si les habitants du pays lui avaient fait essuyer quelque défaite, il recevait secrètement, comme ses pareils, des secours du roi d'Angleterre, quelquefois même des recrues; d'où vient que ces brigands étaient souvent confondus avec les Anglais.

On ne voit pas que le duc de Normandie ait seulement pensé à réduire ces nuées d'ennemis. Le roi de Navarre y songeait moins encore, car ils le servaient comme s'ils eussent été à sa solde. Quant à Philippe de Longueville, son frère, qui faisait ce métier lui-même, il n'en pouvait contester l'exercice à d'autres. Pourquoi ces princes eussent-ils inquiété les brigands? ce n'était pas les nobles qui avaient rien à craindre, mais les villains, dont personne ne se souciait. Un seigneur était-il prisonnier, on ne lui faisait d'autre injure que d'en exiger une rançon : s'il ne pouvait la payer, ses vainqueurs l'enrôlaient, et il remplissait fort gaiement son office, rivalisant avec eux de brigandages, jusqu'à ce que ses nouveaux chefs jugeassent qu'il s'était acquitté. Libres de s'éloigner, souvent ils n'en voulaient rien faire. La fortune les avait faits brigands, par goût ils continuaient de l'être : rien n'était changé dans les pratiques de leur vie. Les villains, au contraire, se voyaient enlever leurs pauvres récoltes et leurs épargnes; on violait sous leurs yeux leurs femmes et leurs filles, et, s'ils ne pouvaient payer ce qu'on exigeait d'eux, ils recevaient la mort, et le brigand qui les frappait était le seigneur même qui aurait dû les protéger.

« Quand on était dans les bons jours, dit un historien, que l'on ne voulait pas tuer ou qu'on ne le voulait que par hasard et par accident, il y avait une facétie qui se reproduisait souvent et qui était devenue traditionnelle. On enfermait le mari dans la huche où l'on pétrit le pain, et, jetant la femme dessus comme sur un lit, on la violait. S'il y avait là quelque enfant dont les cris importunaient, au moyen d'un lien très-court on attachait à cet enfant un chat retenu par un de ses membres. Voyez-vous d'ici la figure de Jacques Bonhomme, sortant de sa huche, blêmissant encore de rage sous cette couche de farine qui le rend grotesque et lui ôte jusqu'à la dignité de son désespoir; le voyez-vous retrouvant sa femme et sa fille souillées, son enfant ensanglanté, dévisagé, tué quelquefois par le chat en fureur? Or tout cela « esjouissoit et esbaudissoit moult » ces pauvres brigands, comme les appelle Froissart avec une sympathie charmante : « Et toujours gagnoient povres brigands à piller vivres et châteaux [1]. »

Ces cruels traitements entretenaient une si profonde terreur dans l'âme des misérables, qu'ils abandonnaient tout, leurs maisons et leurs champs. Sur les bords de la Loire, ils passaient les nuits dans des îles ou dans des bateaux amarrés au milieu du fleuve. Dans l'Artois, en Picardie, ils plaçaient un des leurs au sommet du clocher de l'église, afin qu'il sonnât le tocsin, du plus loin qu'il apercevrait l'ennemi, et que les paysans eussent le temps de se mettre à l'abri, je veux dire de se cacher dans les entrailles de la terre, dont ils avaient fait leur refuge. « Le long de la Somme, dit M. Michelet, de Péronne à l'embouchure, on comptait encore au dernier siècle trente de ces souterrains. C'est là qu'on pouvait avoir quelque impression de l'horreur de ces temps. C'étaient de longues allées voûtées, de sept ou huit pieds de large, bordées de vingt ou trente chambres, avec un puits au centre, pour avoir à la fois de l'air et de l'eau. Autour du puits, de grandes chambres pour les bestiaux. Le soin et la solidité qu'on remarque dans ces

---

[1] Bonnemère, *Histoire des Paysans*, t. I, p. 296.

constructions indiquent assez que c'était une des demeures ordinaires de la triste population de ce temps [1]. »

Ces souffrances et ces outrages duraient depuis bien des années, sans avoir fait éclater la révolte. Pour qu'elle devînt possible, il fallait un sentiment nouveau, inconnu jusqu'alors, mais qui grandissait rapidement : le mépris de Jacques Bonhomme pour ses maîtres. Sûre de son prestige, la noblesse française n'avait rien évité de ce qui pouvait le compromettre, rien fait de ce qui pouvait le lui conserver. Elle agissait devant les serfs et les paysans comme s'ils n'eussent pas été des hommes ayant des yeux pour voir et des oreilles pour entendre. On l'avait vue, dès la bataille de Courtrai, faire preuve d'une incapacité militaire qui frappa jusqu'aux villains; le courage qu'elle avait fait paraître durant la lutte lui avait manqué devant la mort : presque tous les gentilshommes s'étaient sauvés à la hâte, de toute la vitesse de leurs chevaux, laissant leurs humbles compagnons d'armes, qui étaient à pied, mourir à leur place. La victoire de Cassel ne lava point cette honte, car tout l'honneur en resta aux arbalétriers fournis par les bonnes villes, c'est-à-dire à des bourgeois et à des paysans. Ainsi la bravoure, qui distinguait auparavant la noblesse, devenait une vertu populaire, et cette égalité toute nouvelle devant la mort faisait naître un vague sentiment d'égalité durant la vie. La bataille de Poitiers accrut encore le mépris des serfs pour leurs maîtres et précipita les événements. Les compagnies d'Anglais et de Navarrais qui se répandirent dans le royaume après le désastre en faisaient connaître les moindres détails : ils rapportaient qu'on avait vu les chevaliers vaincus prendre la fuite et tendre les mains aux ennemis, du plus loin qu'ils les aper-

---

[1] Michelet, *Histoire de France*, t. III, p. 405. — Voyez aussi *Mémoires de l'Académie des inscriptions*, t. XXVII.

cevaient, pour leur remettre leurs épées. C'est pourquoi, quand ils reparurent dans les campagnes, pleins d'orgueil et d'aveuglement, et comme insensibles à leur déshonneur, quand ils exigèrent de la nation le prix de leur lâcheté, celle-ci, ne sachant où prendre pour les satisfaire, s'irritait de sa misère nouvelle et se vengeait du moins par ses discours : « Les voilà, disait-elle, ces beaux fils qui mieux aiment porter perles et pierreries sur leurs chaperons, riches orfèvreries à leurs ceintures et plumes d'autruche au chapeau que glaives et lances au poing. Ils ont bien su dépenser en telles vanités notre argent levé sous couleur de guerre, mais pour férir sur les Anglais, ils ne le savent mie. »

Quand les Français parlent ainsi de leurs maîtres, le moment n'est pas loin où ils se lèveront contre eux avec une force irrésistible. Il ne faut pas demander s'ils ont formé des conjurations et prémédité leurs coups : l'action est chez eux la suite naturelle de la parole. C'est à tort que le continuateur de Nangis leur prête ses propres scrupules : « Voyant, dit-il, les malheurs qui les accablaient de tous les côtés, et que les seigneurs, loin de les défendre, les opprimaient et leur faisaient encore plus de mal que les ennemis, les pauvres gens crurent que les lois de la justice leur permettaient de se soulever contre les nobles de France. » Ils ne songeaient point au droit, mais à la vengeance, qui est la seule justice des esclaves. Quant à ceux qui les accusent de s'être soulevés par excès de convoitise, par le désir de partager enfin les jouissances de leurs maîtres, ils travestissent l'histoire au gré de leurs passions. Cette erreur, excusable autrefois chez des auteurs qui manquaient de documents, ne saurait l'être aujourd'hui que les renseignements abondent; mais comment n'a-t-il pas suffi, dans tous les temps, de la moindre clairvoyance pour comprendre que des hommes qui menaient la vie misérable que rapportent Froissart et le continuateur de

Nangis ne se révoltèrent pas par excès de convoitise?

Il ne serait guère plus sensé de croire qu'ils ne le firent qu'à l'instigation d'Étienne Marcel. Leur insurrection fut, dans le principe, aussi isolée qu'irréfléchie. Entre eux et les bourgeois, à cette époque, il y a un abîme. Ce ne sont pas les intérêts qui diffèrent, car l'ennemi commun, c'est la noblesse, et la population des campagnes, faisant à peine partie de la société officielle, n'est en quelque sorte que la queue du tiers état. Ce qui diffère, ce sont les idées et les tendances : les paysans ne demandent qu'à vivre à la sueur de leur visage, et contre ceux qui les en empêchent ils ne cherchent que la satisfaction bestiale de la vengeance, sans nul souci du lendemain ni des conséquences; les bourgeois, au contraire, suivent un système politique et aspirent à conduire le royaume; riches, éclairés, forts par leur association en corps de métiers, ils ont des projets et des espérances pour l'avenir. La noblesse ne s'y trompe pas; elle méprise les uns et craint les autres. Son dédain pour les bourgeois n'est qu'affecté, ou n'a d'autre fondement qu'un souvenir trop prolongé de leur infériorité passée. Jacques Bonhomme connait si peu ses intérêts véritables et ses alliés naturels, qu'il combattra longtemps par ses propres forces, sans faire appel aux bonnes villes, menacées comme lui. Il importait peu aux paysans que le régent fît ou non affamer Paris, car ils n'en souffraient pas davantage, et dans la lutte engagée entre ce prince et les Parisiens ils avaient même la chance d'être oubliés pendant quelque temps. Ce n'étaient pas quelques exactions nouvelles des officiers royaux qui pouvaient leur mettre les armes à la main. Quant à Étienne Marcel, s'il était trop politique pour ne pas profiter d'une diversion si opportune, il ne pouvait ni la prévoir, puisqu'elle ne fut pas concertée, ni la provoquer, puisque, malgré l'alliance de quelques bonnes villes, il n'exerçait directement aucune action hors de Paris. Comme on le verra, tous ses actes sont d'un homme que les événements ont surpris et qui ne songe qu'après coup à en tirer parti [1].

Les circonstances de cette guerre inouïe, qui a eu le triste honneur de donner son nom aux soulèvements les plus terribles et les plus sauvages dans les temps modernes, nous ont été rapportées d'une façon saisissante par ce Froissart qui serait le modèle des chroniqueurs, s'il suffisait de raconter avec imagination ou plutôt d'inventer avec art. Il ne s'arrête pas aux détails de la Jacquerie avec moins de complaisance qu'au récit des tournois et des batailles, et l'intérêt puissant de sa narration a jusqu'ici fermé la bouche à la critique [2]. Il faut confronter Froissart avec les autres auteurs de son temps, pour saisir la différence qu'il y a de son récit au leur, et pour voir quelle erreur il a introduite dans l'histoire, par l'importance exagérée qu'il donne à un mouvement partiel et si étroitement circonscrit [3].

Non-seulement les chroniqueurs qui embrasent toute l'histoire de France à cette époque se bornent à quelques mots sur la Jacquerie, quoiqu'ils soient tous, à la réserve du continuateur de Nangis, fort opposés à la cause populaire, mais encore les annalistes particuliers des lieux qui furent le théâtre de cette guerre n'en disent pas davantage,

---

[1] « Plaise vous sçavoir, écrivait-il le 11 juillet, que les dites choses furent en Beauvoisis commencées et faictes sans nostre sceu et volenté. » On objecte qu'il avait intérêt à nier la part qu'il venait de prendre à la Jacquerie ; mais il ne la nie que pour les premiers jours, et il prouve par là d'abord qu'il mérite d'être cru, ensuite que ce mouvement populaire ne tarda pas à se régler.

[2] Il serait injuste d'oublier que M. Bonnemère a protesté le premier, dans son *Histoire des Paysans*, avec beaucoup de véhémence, contre les exagérations de Froissart ; mais cet historien semble avoir un parti pris, et il se laisse emporter aux antipodes du brillant chroniqueur.

[3] Il parle de cent mille hommes qui auraient pris part à la Jacquerie, tandis que le continuateur de Nangis dit six mille seulement. Veut-on que ce soit trop peu de six mille ? Il est certain cependant que la plupart des chroniqueurs s'éloignent moins de ce chiffre que de celui de Froissart.

quoiqu'ils n'aient pas les mêmes raisons d'abréger. Loisel, Louvet, historiens du Beauvaisis, donnent deux lignes à cette insurrection; le Cartulaire de l'abbaye de Beauvais, écrit peu de jours après la Jacquerie, parle froidement d'une sédition insensée du populaire contre les nobles et des nobles contre le populaire; l'historien se borne à dire que les moines de l'abbaye furent contraints de se retirer, et ce qui le frappe surtout, ce sont les ravages des ennemis du royaume, qui profitaient de ces désordres pour envahir le pays et le dévaster[1].

Ce qu'on trouve, au sujet de la Jacquerie, dans les nombreuses lettres d'abolition et de rémission que contient le Trésor des chartes, n'est pas moins concluant contre les horreurs qu'entasse Froissart. Sans doute ces lettres ne concernent que les moins coupables, ou ceux à qui leur mort récente valait cette sorte d'indulgence qu'on ressent d'ordinaire pour qui ne peut plus faire de mal; sans doute la nécessité de ne point frapper toutes les têtes ennemies devait forcer le rédacteur des lettres royaux d'atténuer les griefs de son maître contre les personnes; mais il prenait sa revanche en passant du particulier au général, et s'il se montrait crédule aux protestations d'innocence de celui à

---

[1] M. Bonnemère a cité le premier ce passage du Cartulaire de l'abbaye de Beauvais, qui mérite de trouver place ici :

« A festo Sancti Sacramenti, occasione acerbæ seditionis et dolorosæ inter populares et nobiles, et statim inter nobiles et populares, dominus abbas recessit a monasterio et ivit Beluacum, et ibi continue fecit mansionem per duos annos et amplius tam occasione dictorum nobilium et popularium, quam inimicorum regni Franciæ, qui satis cito post dictum furorem seu insaniam prædictum regnum invaserunt et pene omnia mobilia in monasterio et locis omnibus cum equis et animalibus rapuerant, ecclesiam et plures domos combusserunt, ita quod per annum et amplius nullus ex nostris remanebat in dicto monasterio et locis : imo fuerunt per spatium unius anni et ultra in Beluaco cum dicto D. abbate vivendo tenue et tamen cantantes alta voce anno Domini 1358, Joanne regnante, Anglis sævientibus, Joanne de Chiriaco abbatissante ab octodecim annis. » *Cartulaire de l'abbaye de Beauvais;* Bonnemère, *Histoire des Paysans,* t. I, p. 303.

qui l'on voulait pardonner, il n'avait pas assez d'imprécations contre les autres rebelles. Or, de quels crimes parle-t-on sans cesse? de châteaux pillés, brûlés et rasés, de chevaliers morts, de *quelques* femmes « efforcées, » de *quelques* enfants méchamment tués, c'est-à-dire de ce qu'on voit dans toutes les guerres, même aux siècles les plus polis et les plus ouverts aux sentiments d'humanité.

Les jacques ne firent donc rien qu'on ne fît avant eux et qu'on n'ait fait depuis. Ce qu'il y a de plus extraordinaire dans leur soulèvement, c'est le soulèvement même; ce que les auteurs du temps ne peuvent comprendre, ce qui leur parait le comble de l'audace et comme un crime qui les résume tous, c'est que de vils paysans aient changé le personnage de victimes, qu'ils faisaient depuis des siècles, pour celui de bourreaux. Toutefois le désir légitime de réfuter les exagérations de Froissart et de supprimer par là les déclamations qui s'appuient de son autorité, ne doit pas emporter l'historien jusqu'à soutenir que la Jacquerie ne fut pas une horrible guerre. Dans une lettre qu'il adressait plus tard aux bonnes villes, alliées de Paris, Étienne Marcel déclare qu'il aimerait mieux être mort que d'avoir approuvé la manière dont la Jacquerie *a commencé,* et qu'il avait fait défendre, sous peine de mort, aux citoyens de plus de soixante villes, de tuer les femmes et les enfants des gentilshommes [1].

Ce qu'il y a de vrai dans Froissart, ce qui ne permet pas de mettre son récit au rang des fables qu'invente dans tous les temps l'esprit de parti, ce sont les circonstances et les détails qui donnent aux faits leur véritable caractère et permettent de s'en représenter une vive image : seul il a peint

[1] Lettre d'Étienne Marcel aux bonnes villes, en date du 11 juillet 1358. On en trouvera le texte à l'Appendice (n° 16) : « Mieuls ameriens estre mort que avoir apprové les faits par la maniere qu'ils furent commencié par aucun des gens du plat païs de Beauvoisis. »

ces paysans amaigris par les privations et les souffrances, nu-pieds et à peine vêtus, coupant du bois pour en faire des piques, s'armant de leurs cognées, du soc de leurs charrues, agitant par les chemins ces armes grossières ou les torches dont ils embrasaient les habitations de leurs ennemis. Seul il les montre l'œil égaré par la haine et la fureur, hurlant des chants sinistres dans les campagnes qu'ils parcouraient à l'aventure, sans même laver le sang, la boue et la poussière dont ils étaient couverts, ou bien, quand la fatigue les forçait à s'arrêter, se couchant sur la route poudreuse, sur les débris des manoirs qu'ils avaient renversés, sur les cadavres même dont ils avaient jonché la terre.

On comprend l'effroi qu'une telle armée et une telle guerre devaient inspirer à la noblesse. « Les animaux de proie, dit M. Henri Martin, ne seraient pas plus étonnés, si les troupeaux qu'ils sont accoutumés à déchirer sans résistance se retournaient tout à coup contre eux avec furie. » Rien n'arrêtait le torrent, ni les grilles ni les murailles, ni le fer ni le feu, ni la force ni la faiblesse. Comment s'étonner que les nobles et les chroniqueurs, leurs amis, aient vu une agression dans ce qui n'était qu'une revanche, et qu'au souvenir de la frayeur qu'ils avaient éprouvée, ils aient oublié des siècles d'oppression et de cruauté, pour ne flétrir que les fureurs passagères et sitôt expiées d'un peuple aux abois ?

Ce fut le 21 mai 1358[1], dans les environs de Beauvais et de Clermont-sur-Oise, qu'éclata la tempête. Après s'être excités pendant plus d'un an les uns les autres, les paysans osèrent dire tout haut que ce serait un grand bien de mettre à mort tous ces nobles lâches et traîtres; même ils vouèrent

---

[1] Froissart dit en novembre 1357, et telle est sa première erreur. Comment ne mettrait-elle pas le lecteur en défiance sur tout ce que dira dans la suite cet inventif narrateur? Comment croire qu'un homme si mal renseigné sur les temps le soit si bien sur les faits?

à l'exécration publique quiconque ferait obstacle à leur vengeance. Ceux des villages de Saint-Leu-de-Cérent (ou Essérent), de Noyetel (ou Nointel), de Cramoisi et de quelques autres du voisinage, se levèrent les premiers, et, prenant leurs bâtons ferrés, coururent sus à leurs ennemis, c'est-à-dire à leurs maîtres. Ils égorgèrent, sans pitié, des familles entières, après avoir rasé ou brûlé ces châteaux d'où l'épouvante s'était si souvent répandue dans les campagnes.

Le mouvement s'étendit avec rapidité dans le Beauvaisis, l'Amiénois, le Ponthieu, le Vermandois, le Noyonnais, la seigneurie de Coucy, le Laonnais, le Soissonnais, la Brie, le Valois, le Gâtinais, le Hurepoix et l'Ile de France tout entière. Mais le principal effort de cette guerre eut lieu dans les pays compris entre Beauvais et Melun. « Plus de soixante forteresses et bonnes maisons furent détruites en Beauvaisis, Amiénois et Santerre ; plus de cent dans les diocèses de Laon, Noyon et Soissons, sans compter celles qu'on abattit dans la Brie, dans les environs de Senlis et dans d'autres contrées de l'Ile de France et de Champagne. Tous les châteaux de la maison de Montmorency furent rasés[1]. »

Il eût suffi peut-être de ces terribles exemples pour entraîner les populations voisines dans la révolte ; mais les premiers qui avaient pris les armes, n'espérant plus ni grâce ni merci, avaient trop d'intérêt à trouver des chefs et des complices, pour s'en remettre au hasard du soin de les décider. Ils ne négligèrent ni les exhortations ni les menaces, et par les unes ou par les autres ils grossirent leurs rangs d'une foule d'hommes honnêtes et naturellement pacifiques, gens de métiers, marchands et même hommes d'armes à la solde du roi. Les lettres de rémission nous ont conservé les noms d'un certain nombre de villes qui prirent part au mou-

---

[1] Henri Martin, *Hist. de France*, t. V, p. 195. Peut-être y a-t-il quelque exagération dans ces détails, car, au même endroit, M. Henri Martin parle des cent mille villains de Froissart.

vement[1]. Cette énumération doit être bien incomplète, car nous voyons dans les *Grandes Chroniques,* « qu'il y avait peu de villes, cités ou autres en France, qui ne fussent mues contre les gentilshommes, tant en faveur de ceux de Paris que pour le mouvement du peuple. » Le chroniqueur fait, ici, une confusion évidente : il ne lui déplaît pas, dans sa partialité, de faire entendre que les défenseurs de la cause des bourgeois sont solidaires de tous les excès des paysans; toutefois on ne saurait nier qu'il y eût assez d'intelligence politique dans les villes pour comprendre que sans approuver les violences des jacques, on pouvait les tenir pour des alliés. Même en ces jours de désordre, tout sentiment de discipline n'était pas éteint : chaque village voulait avoir son chef, et au lieu de le prendre parmi les plus forcenés, ces paysans, qui paraissent dans l'histoire comme des bêtes fauves, s'adressaient de préférence au plus honorable, au plus considérable et souvent au plus modéré[2]. Dans le Valois on trouve au nombre de ces chefs Denisot Rebours, capitaine de Fresnoy[3], Lambert de Hautefontaine, frère de Pierre de Demeuille, qui était président au parlement et conseiller du duc de Normandie[4]; Jean Hullot d'Estaneguy, « homme de bonne fame et renommée, » disent les lettres

---

[1] Voici quelques-uns de ces noms : Montdidier, dans le bailliage de Vermandois (Trés. des Chartes, Reg. 86 f° 155) ; ville et paroisse de Dalancourt (f° 137) ; de Maisons, en Champagne (f° 134) ; Sougy et la Chapelle-sur-Colle, en Champagne (f° 129) ; Vitry, Strepay, Bugnicourt et Dully, dans la prévôté de Vitry (f° 122 r° v°) ; Heislemarrois, en Champagne (f° 122 ; Béthencourt et Vercil, en Pertois (f° 117 v°), etc. On pourrait continuer cette liste, mais il suffit de connaître le nom des provinces soulevées ; celui des villes ou des villages n'aurait d'intérêt que pour l'histoire locale de ces pays.

[2] « Et en ces assemblées avoit gens de labour le plus, et si y avoit de riches hommes bourgeois et autres. » (*Grandes Chroniques,* édit. Paulin Paris, p. 1472, ch. LXXVI.)

[3] Trésor des Chartes, Reg. 86, f° 152 v°.

[4] Reg. 86, f° 152 v°.

de rémission[1]; Jean Nérenget, curé de Gélicourt[2]; Colart, le meunier, gros bourgeois de la comté de Clermont[3]; la dame de Béthencourt, fille du seigneur de Saint-Martin le Guillart[4].

Il n'est pas douteux que le consentement de tels chefs ne fut pas toujours volontaire et qu'on l'arracha à plusieurs d'entre eux par la menace et l'intimidation ; mais il n'y a qu'à parcourir les registres du Trésor des chartes pour se convaincre que le plus grand nombre prirent volontairement part à la Jacquerie. Dans les lettres de rémission qu'obtinrent plus tard, l'un après l'autre, ceux qui avaient échappé aux sanglantes représailles des nobles, on ne voit point qu'ils eussent cédé à la violence ; le soin qu'avait toujours le scribe de faire paraître les raisons les plus propres à expliquer le pardon, nous force de croire, puisqu'il se tait sur celle-là, qu'il n'y en avait d'autres, pour la plupart des chefs des jacques, que la nécessité de mettre un terme à de dangereuses vengeances et de calmer le pays. Si le rédacteur des lettres royaux n'avait donné pour aucun des coupables aucune excuse, on pourrait penser qu'il avait des motifs de se taire ; mais s'il ne manque pas de dire, dans quelques-unes de ces lettres, que les personnes qui en étaient l'objet n'avaient pas été libres de refuser leur concours et qu'elles s'étaient retirées de la Jacquerie aussitôt qu'elles l'avaient pu, il n'ose, le plus souvent[5], rien avancer de semblable ; il faut donc admettre qu'un certain nombre d'hommes estimés et considérables s'étaient mis volontairement à la tête des jacques et qu'il n'y avait aucun espoir de tromper les contemporains à leur sujet.

---

[1] Reg. 86, f° 99 v°.
[2] Reg. 86, f° 133.
[3] Reg. 86, f° 116 v°.
[4] Reg. 86, f° 119 v°.
[5] Notamment pour le curé de Gélicourt. — Reg. 86, f° 133.

Ainsi la cause des paysans fut embrassée par quelques-uns des hommes riches, puissants ou éclairés qui vivaient au milieu d'eux et dont l'âme savait compatir à tant de misères. Voilà, ce semble, un fait plus important pour l'histoire que n'est le récit des monotones horreurs où se complaît Froissart.

C'était peu d'avoir choisi des chefs pour chaque village : les jacques virent bien que tous leurs efforts seraient inutiles, s'ils ne trouvaient un chef suprême qui fût vraiment capable de leur commander. Or, dans ces moments difficiles, le plus capable de commander est celui qui croit ou prétend l'être, car à tout ce qui lui manque il supplée par l'audace. Le principal chef de la Jacquerie, je veux dire le seul dont les chroniqueurs aient parlé, fut un homme obscur nommé Guillaume Calle[1], dont on ne sait rien avant le jour qu'il se mit à la tête des paysans, si ce n'est qu'il était du village de Merlot. Artisan ou paysan lui-même, il eut quelques-unes des qualités de l'emploi qu'il n'avait pas craint de prendre, et surtout le mérite de sentir qu'il n'y avait de salut pour l'insurrection que dans une étroite alliance avec les bonnes villes.

C'est Guillaume Calle qui paraît avoir enjoint aux paysans de prendre pour chefs subalternes les hommes les plus recommandables de leurs villages, et de les forcer, au besoin, de se mettre à leur tête. Il en gagnait quelques-uns lui-même, par exemple Arnoul Guénelon, de Castenoy[2], d'autres, et parmi ceux-ci, Jean-des-Hayes, de Roys-lez-

---

[1] Ce nom est écrit très-diversement par les auteurs. La forme la plus ordinaire est Callet, mais c'est une corruption évidente qu'a introduite l'habitude des terminaisons modernes. M. Luce fait observer avec raison que Calle est une variation du nom de Carle, le changement de l'*r* en *l* étant très-fréquent à cette époque. Au lieu de Calle, le continuateur de Nangis écrit Karle. Au Trésor des Chartes et dans les *Grandes Chroniques*, on trouve Cale et Calle, jamais Callet.

[2] Trés. des Chartes, Reg. 86, f° 136.

Verberie, se laissaient séduire aux conseils de ses émissaires. Nous trouvons au Trésor des chartes le curieux détail de quelques-unes des scènes qui eurent lieu, sur divers points, à cette occasion. A Granvilliers, Simon Doublet, sommé de conduire les révoltés de sa commune, ne répondit d'abord qu'en leur donnant le conseil de ne point prendre garde aux cruautés et aux pillages des habitants du Beauvaisis, lesquels ne pouvaient être licites, « puisqu'on n'avait demandé le consentement ni du roi ni du régent. » Mais les paysans de Granvilliers ne voulurent rien entendre, et Simon Doublet dut se mettre à leur tête[1]. C'est sur les ordres de Guillaume Calle que d'autres forcent Colart Dufour d'être leur capitaine, en le menaçant de brûler sa maison et de lui ôter la vie. A Montathere, ils courent chez Germain de Réveillon, et exigent qu'il remplace auprès d'eux le capitaine général, forcé de partir pour Ermenonville. Réveillon s'y refuse avec énergie ; alors, ceux qui avaient des épées les dirigent contre lui ; d'autres lèvent leurs bâtons ferrés, d'autres encore le prennent à bras-le-corps et le mettent sur son cheval. Il faut, lui dit-on, qu'il commande ; mais cette contrainte sera de courte durée, on n'a besoin de lui que pour une demi-journée et une nuit. Une plus longue résistance étant inutile, Réveillon conduit les jacques dans la direction qu'ils avaient indiquée ; tout à coup on voit paraître des hommes d'armes à la solde du roi de Navarre, qui portent le désordre dans la colonne et permettent à Germain de Réveillon de s'enfuir avec sa femme et ses enfants dans les bois.

[1] Trésor des Chartes, Reg. 86, f° 156. Il est clair que Simon Doublet ne dut point tenir les propos qu'on lui prête ; il n'y faut voir qu'un moyen de lui trouver une excuse, pour lui donner des lettres de rémission. S'ils étaient véritables, il faudrait croire qu'il ne se commettait rien de bien répréhensible dans le Beauvaisis, puisqu'il aurait suffi d'un ordre du roi ou du régent pour rendre licites les actes des paysans.

Il est rare que les paysans se soient emportés jusqu'à donner la mort à ceux qui refusaient d'être leurs chefs, soit qu'on cédât d'ordinaire à leurs menaces, soit qu'il leur répugnât de les exécuter sur des hommes qu'ils estimaient. On ne cite guère d'exemple, en ce genre, que celui de Jean Bernier, de Montathere, qui fut victime de sa résistance courageuse. Sa mort jeta l'épouvante dans le pays : l'un de ses parents, nommé aussi Jean Bernier, de Villers-Saint-Pol, n'osa quitter les meurtriers de ce malheureux tant que vécut Guillaume Calle. Ce ne fut qu'après le supplice du capitaine général de la Jacquerie, qu'il reçut du roi de Navarre des lettres qui lui donnaient commission de défendre le pays[1].

Les efforts de Guillaume Calle pour entraîner dans le mouvement les villes voisines mériteraient plus d'attention encore, car ils paraissent avoir été nombreux, et, sur plus d'un point, couronnés de succès. Mais les détails nous manquent. C'est à peine si l'on sait quelque chose de ce qui se passa à Compiègne et à Senlis. Le capitaine général avait envoyé à Compiègne Jean Rose, de la Pruelle (près Angicourt, en Beauvaisis), pour solliciter les habitants de se joindre à lui dans la guerre qu'il faisait aux nobles. Jean Rose accepta avec empressement une mission qui lui permettait de revoir sa femme et ses enfants, qu'il avait conduits dans cette ville, dès les premiers jours de la révolte, pour les mettre en sûreté[2]. Il dit aux habitants de Compiègne que Guillaume Calle demandait leur alliance et

---

[1] Trésor des Chartes, Reg. 86, p. 387. — Secousse, *Mém. sur Charles le Mauvais*, t. II, p. 95.

[2] Qui donc les menaçait? Les fureurs de la Jacquerie, disent les lettres de rémission d'où ces faits sont tirés. Mais rien n'est moins probable. Jean Rose était des jacques, et la mission que lui confia Guillaume Calle ne permet guère de croire qu'il le fût malgré lui. Il y a donc lieu de penser qu'il avait désiré soustraire sa famille aux accidents et aux fureurs aveugles de la guerre, qu'ils fussent le fait de ses amis ou de ses ennemis.

promettait, s'ils voulaient s'unir à lui, de les défendre dans l'occasion et de mourir avec eux. Selon toute apparence, la réponse ne fut pas favorable : Compiègne avait toujours marqué son dévouement à la cause royale, comme on le voit par le choix que le régent avait fait de cette ville pour y assembler les états. Si c'est le contraire qu'il faut croire, ce ne fut pour les jacques qu'un triomphe d'un instant : une révolution intérieure dut rendre promptement le pouvoir aux nobles; car, sept jours plus tard, Jean Rose étant revenu dans le dessein ou sous le prétexte de revoir sa famille, le prévôt de Compiègne s'empara de sa personne et l'accusa de trahison. La cause aurait dû être portée devant le bailli de Senlis; on préféra une justice sommaire. L'infortuné Rose, dépouillé de ses habits, se vit ôter sa couronne ou tonsure de clerc, puis on lui coupa la tête, et ses biens furent confisqués [1].

A Senlis, au contraire, les propositions de Guillaume Calle furent bien accueillies : cette ville se montra ferme et dévouée; elle ne renia point la cause des opprimés pour quelques excès déplorables. D'ailleurs, grâce aux villes et à Marcel, ces excès diminuaient chaque jour : Senlis fit bien voir par sa conduite qu'elle n'entendait ni s'y associer ni les renouveler. A quelque temps de là, quand déjà les nobles reprenaient courage, plusieurs gentilshommes essayèrent de s'emparer de cette énergique cité. Aussitôt l'autorité municipale fit publier dans les rues qu'ordre était donné à tous les citoyens qui auraient reçu chez eux des gentilshommes, de les mettre dehors. L'empressement à obéir fut extrême : aucun des habitants ne voulut conserver de relations avec des personnes de la classe proscrite. Le seigneur

---

[1] Trésor des Chartes, Reg. 86, f° 121 v°. Voyez cette lettre à l'Appendice (n° 5). — Au mois de septembre suivant, la veuve de Jean Rose obtint la restitution de tout ce qui n'avait pas encore été pillé ou dissipé des biens de son mari.

de Hardencourt était au nombre de ceux qui se virent ainsi refuser tout asile; il était accompagné de deux écuyers, qui, pour mieux s'assurer eux-mêmes contre la vengeance populaire, se précipitèrent lâchement sur leur maître et lui donnèrent la mort. A cette nouvelle, une grande agitation se répandit dans la ville; les habitants indignés coururent sus aux coupables, et si l'un d'eux parvint à s'échapper, l'autre, nommé Jean des Prés, paya son crime de sa vie[1].

Les cruautés qui signalèrent les premiers jours de la révolte avaient excité trop d'horreur parmi les Parisiens pour qu'Étienne Marcel tirât d'abord de cette diversion tout l'avantage qu'elle lui offrait; mais quand il vit les efforts intelligents de Guillaume Calle pour former un faisceau de tant de bandes dispersées, il comprit le parti qu'on pouvait tirer de cette nouvelle force en la réglant. C'est pourquoi, sur divers points, il indiqua aux jacques les chefs qu'ils devaient choisir, tandis qu'ailleurs il communiquait avec ceux qu'ils avaient élus d'eux-mêmes, et les conjurait de ne point déshonorer leur cause par le pillage et le massacre; mais en même temps il leur recommandait de raser tous les châteaux qui pouvaient nuire aux Parisiens[2]. S'il redoutait les ravages et les meurtres inutiles, il acceptait le but de cette guerre, qui devait être l'abaissement de la noblesse.

Mais bientôt il put se convaincre qu'il ne suffisait pas de diriger de loin, par ses conseils, des alliés indociles, et qu'il fallait tout ensemble leur envoyer des hommes d'armes et des chefs qui leur donnassent l'exemple. Il organisa une double expédition de Parisiens et de mercenaires à leur solde. L'une, sous les ordres de l'épicier Pierre Gilles et de

[1] Trés. des Chartes, Reg. 86, f° 147. — Voy. à l'Appendice (n° 6) le texte de cette lettre.

[2] Voy., à ce sujet, à l'Appendice (n° 7), des lettres de rémission accordées à Jaquin de Chenevière de Taverni. Reg. 86, f° 67 v° Ce document, que j'ai trouvé aux Archives, comme tous les précédents, a aussi attiré l'attention de M. Luce et figure au nombre de ses pièces justificatives.

l'orfèvre Pierre Desbarres[1], devait attaquer les châteaux, principalement au sud de Paris, et entraîner dans le mouvement cette contrée qui n'y avait pris encore qu'une très-faible part. L'autre, dirigée par Jean Vaillant, prévôt des monnaies, devait se joindre à Guillaume Calle, qui assiégeait pour lors Ermenonville.

Pierre Gilles et Pierre Desbarres se dirigèrent d'abord vers Vaugirard et Issy; les châteaux qu'y possédait le premier président, Simon de Buci, furent pillés et rasés. Après avoir reçu quelques renforts, dont quatorze hommes d'armes envoyés par la ville de Sceaux, ils marchèrent sur Choisy-le-Roi : ils furent reçus par les habitants de cette commune, qui avaient pris les armes et qui les conduisirent à l'attaque du château de Jacques de Lavache, conseiller du roi et président au parlement. Les deux chefs populaires poussèrent ensuite jusqu'à Chilly, près Longjumeau, où ils avaient sans doute quelque œuvre du même genre à accomplir, tandis qu'ils soulevaient tout le pays au nom du prévôt des marchands et des échevins de la ville de Paris. De là, par un brusque retour du côté de Versailles, ils détruisirent les châteaux de Villers, près la Ferté-Aleps, de Chevreuse, de Palaiseau, de Trappes et de Viroflay. Ce dernier appartenait encore à Simon de Buci[2].

---

[1] Sur la profession de Pierre Desbarres, voy. Trés. des Chartes, Reg. 86. f° 56 v°. Sur celle de Pierre Gilles, tous les auteurs sont d'accord; mais M. Luce nous apprend, d'après un document conservé aux Archives, dans la section judiciaire (jugés du parlement X, 14, f° 476), que la boutique de Gilles était située dans la grande rue Saint-Denis, près de l'église Sainte-Opportune. Il donne même le curieux inventaire qui fut fait des marchandises qui y étaient contenues quand eut lieu la confiscation des biens de ce bourgeois. — Les détails de cette expédition ont été rassemblés pour la première fois par M. Luce. On n'en trouvera ici que les principaux, résumés d'après son récit ; pour les autres, nous renverrons le lecteur à l'*Histoire de la Jacquerie*, que doit prochainement publier ce jeune archiviste.

[2] M. Luce nous apprend que Simon de Buci assigna plus tard les coupables à lui payer trois mille livres de dommages-intérêts.

De Versailles, l'expédition se porta vers le nord, du côté de Saint-Denis. Elle se composait d'au moins cinq cents hommes d'armes, dont le nombre s'augmentait tous les jours. Ses chefs la conduisirent à Gonesse, où Pierre d'Orgemont, conseiller du roi, président au parlement, et, plus tard, rédacteur des *Grandes Chroniques*, possédait un manoir considérable et d'autres propriétés. Le château ne fut ni rasé ni brûlé : on se contenta d'enlever la toiture, d'arracher les barreaux de fer et de briser les fenêtres. Mais les bestiaux de ce seigneur devinrent la proie des assaillants. Les documents parlent, avec une précision très-suspecte, de 392 bêtes à laine, dont Orgemont venait de refuser trois cents écus d'or.

Dans la même commune, il y avait un autre chevalier, nommé Pierre Rose, de qui les bourgeois et les paysans avaient juré la ruine; mais Pierre Rose n'avait pas, comme Orgemont, mérité la haine de ceux qui vivaient autour de lui. Ses amis l'avertirent secrètement et lui conseillèrent d'enlever tout ce que son château contenait de précieux. En même temps, les habitants du pays, sommés par Gilles et Desbarres de leur venir en aide, leur représentaient que Rose n'étant pas noble, il n'y avait pas de motifs pour raser son château et mettre ses biens au pillage. Toutefois, comme ils virent Pierre Gilles résolu à passer outre et à mettre le feu en douze endroits à la fois, ils consentirent à accomplir de leurs mains cette œuvre de destruction, afin de sauver du moins la commune, que les flammes auraient pu dévorer, et ils mirent pour condition à leur concours qu'on démolirait le château, au lieu de l'incendier. Jusque dans cette extrémité, ils conservèrent pour leur compatriote des sentiments de bienveillance, et sauvèrent une partie de ses biens, en affirmant qu'ils appartenaient à ses sœurs et à des religieuses. Il est remarquable que Pierre Gilles s'arrêta sur cette simple déclaration, dénuée de preuves, et contraire à la vérité, faisant voir par là qu'il ne méritait pas d'être confondu avec des destructeurs sauvages, et qu'une pensée politique le conduisait dans son expédition, je veux dire le dessein de punir les plus coupables d'entre les nobles, afin d'effrayer les autres.

Cependant le prévôt des monnaies, Jean Vaillant, avait rejoint Guillaume Calle, qui faisait le siége du château d'Ermenonville. Ce château appartenait à Robert de Lorris, chambellan du roi Jean, un de ceux qui s'étaient opposés avec le plus de violence aux progrès de la bourgeoisie. Ses biens furent dévastés; mais ni lui, ni sa femme, ni ses enfants ne furent un instant en danger de perdre la vie ; toute la vengeance qu'on tira de lui fut de lui faire renier « gentillesse et noblesse. » C'était trop encore : que servait-il d'humilier un ennemi vaincu et réduit, pour le moment, à l'impuissance de nuire? Il était assez puni de la perte de ses biens, et l'on ne faisait qu'irriter le désir qu'il nourrissait déjà d'une cruelle vengeance.

Ainsi, la bourgeoisie parisienne, en prenant part à la Jacquerie, avait communiqué sa modération aux hommes intrépides, mais aveugles, qui en étaient la tête et le bras. C'est un fait certain que, partout où elle parut, la vie même de ses plus cruels ennemis fut respectée : il n'y a rien à sa charge dans le volumineux recueil du Trésor des chartes, ni dans les chroniqueurs, si ce n'est la ruine de quelques châteaux qui la menaçaient incessamment. On y voit même que les colonnes bourgeoises parcouraient le pays en annonçant, au nom du prévôt des marchands, qu'il était défendu, sous peine de mort, de tuer les femmes ou les enfants des gentilshommes; elles offraient en outre un asile aux familles de leurs ennemis, lorsque ces familles ne portaient pas un nom trop notoirement odieux aux Parisiens. Si, dans quelques endroits, les chefs de la bourgeoisie ne purent prévenir les excès des paysans, ils avaient hâte de se porter sur d'autres points et de n'avoir plus rien de commun avec eux.

Cette autorité qu'Étienne Marcel avait su prendre non-seulement sur ses propres soldats, mais aussi sur ses alliés des campagnes et sur Guillaume Calle, leur principal chef, aurait assuré le triomphe de la Jacquerie, si elle avait pu triompher. Malheureusement, il y fallait plus d'esprit de suite qu'on n'en pouvait attendre de ces grossiers paysans. Au bout de trois semaines, leur ardeur belliqueuse était tombée; ils ne pensaient plus qu'à la moisson, dont l'époque approchait, et ils voulaient retourner à leurs champs.

D'autres considérations encore, et qui ne leur font pas beaucoup d'honneur, leur faisaient tomber les armes des mains. Ils ne s'étaient senti de hardiesse que tant qu'ils avaient vu leurs ennemis désarmés, séparés et saisis d'épouvante; mais en peu de jours les nobles avaient repris courage : déjà ils commençaient d'opposer une vigoureuse résistance; le régent, qui n'avait rien voulu faire pour protéger les malheureux habitants des campagnes contre les brigands et les Anglais, retrouvait son activité pour défendre ou venger ses gentilshommes. Dès la fin de mai, il envoyait le sire de Saint-Sauflieu sur les points attaqués, et, plus tard, il s'y rendait lui-même. Ce n'était pas le lieutenant du roi, le prince régent qui prenait les armes, c'était le premier noble du royaume, tant il est vrai que cette effroyable lutte n'était qu'une guerre de caste.

Le roi de Navarre lui-même, dont elle faisait les affaires, y dut prendre part. Quoiqu'il ne pût compter, pour conquérir le trône, que sur la bourgeoisie, dont l'alliance avec les campagnes, si elle était durable, lui assurait dix fois plus de partisans, il ne lui fut pas permis d'oublier qu'il était de noble naissance et qu'on traquait les compagnons de sa jeunesse ; les préjugés de race devaient lui faire perdre de vue ses intérêts, et quand il apprit la mort de Guillaume et de Testar de Picquigny, deux parents de son fidèle Jean de Picquigny, tués l'un par trahison, tandis qu'il parlementait avec les jacques, l'autre, dans une lutte ouverte, par les paysans de Ponthieu[1], ce prince, qu'on représente comme incapable d'un mouvement généreux, n'hésita plus.

Au désir de défendre la noblesse menacée et de venger des amis, s'ajouta bientôt celui de faire plus vite et mieux que tout le monde, de frapper, en un mot, un coup décisif. Le Navarrais fut-il habile ou heureux? Les habitants de Clermont lui livrèrent-ils Guillaume Calle, comme le veut Secousse, ou sut-il l'attirer à lui, sous prétexte d'une conférence, comme l'affirme le continuateur de Nangis[2]? La première opinion semble plus vraisemblable; car, en se livrant lui-même, Guillaume Calle aurait commis une faute si grossière qu'il n'y a aucune apparence à la lui imputer. Il ne pouvait ignorer que le roi de Navarre venait de battre les bandes de paysans conduites par Germain de Réveillon, et il devait bien penser que ce prince rendrait le chef des jacques responsable du meurtre des deux Picquigny. Quoi qu'il en soit, dès que Guillaume Calle était aux mains de ses ennemis, il n'y avait plus pour lui qu'à mourir, car c'était entre les paysans et les nobles une guerre sans pitié ni merci. Charles le Mauvais donna l'ordre de lui couper la tête; tout autre seigneur eût fait de même à sa place. On ajoute qu'il fit couronner sa victime d'un trépied de fer rouge : le fait, en soi, n'a rien d'incroyable; mais il est juste de reconnaître qu'il parut mal établi même aux contemporains. Par cette seule exécution, le roi de Navarre faisait plus pour

---

[1] Voy. l'*Histoire de la Jacquerie*, par M. Luce.

[2] Secousse (*Mém. sur Charles le Mauvais*, t. I, p. 256) reproche au continuateur de Nangis d'avoir dit que le roi de Navarre fit tuer Guillaume Calle par trahison. Il allègue contre ce chroniqueur des lettres de septembre 1359, qui semblent prouver, en effet, que ce furent les habitants de Clermont qui livrèrent le chef des paysans.

mettre un terme aux succès des paysans que n'avaient fait le régent et les nobles en leur disputant le terrain. Il se rendit ensuite à Montdidier, pour continuer la guerre et profiter du découragement où la mort de leur chef allait plonger les jacques. S'il fallait en croire Froissart, il en aurait tué plus de trois mille. Ce nombre est sans doute exagéré; cependant il dut y avoir un véritable massacre, car les paysans, pressés de disparaître, ne savaient même plus se défendre.

La nouvelle de ces événements fit voir à Étienne Marcel que c'en était fait de la Jacquerie, et il est probable qu'il regretta amèrement la perte si rapide de tant d'espérances. Mais cette âme de fer ne se consumait pas en plaintes inutiles; le passé n'était rien, puisqu'il n'était plus, et il importait de pourvoir à l'avenir. S'il n'était plus temps de porter secours aux jacques, il fallait profiter du moment où les plus acharnés tenaient encore et attiraient sur eux toutes les forces de la noblesse, pour dégager les abords de Paris, reprendre le marché de Meaux, dont le régent avait fait sa citadelle, et se débarrasser, s'il était possible, de ce redoutable voisinage. Les habitants de cette ville en souffraient plus que personne, et dans leurs intérêts, par les violences et les exactions dont ils étaient victimes, et dans leur sympathie, car la cause populaire n'avait nulle part de plus dévoués partisans. S'ils n'osaient se soulever, ils appelaient du moins au secours, et, depuis quelque temps, ils entretenaient des négociations secrètes avec le prévôt. Le maire Soulas, le chanoine Guillaume de Chavenoil, Jean Chandelier, drapier, Jean Rose, le jeune, étaient à la tête de ce mouvement[1]. Marcel n'attendait que le moment opportun; il lui sembla que, s'il différait davantage, l'extermination prochaine des jacques permettrait aux nobles de

[1] Voy. Trés. des Chartes, Reg. 86, f° 68 v°, et 91 v°.

venir tous au secours du régent, et il promit de faire bientôt partir une expédition. En conséquence, il rappela à Paris Pierre Gilles et tous ses hommes d'armes, et leur donna ses instructions pour l'entreprise importante qu'il confiait à leur dévouement. Au même moment, il envoyait à Jean Vaillant, qui était plus éloigné de Paris, l'ordre de rejoindre Gilles en route et de s'unir à lui pour marcher sur Meaux.

On a cru longtemps que l'entreprise contre la forteresse redoutable qui commandait la Marne et la Seine était le dernier acte d'audace de la Jacquerie : les documents contenus au Trésor des Chartes ne permettent pas de douter que ce fût une entreprise conçue par Étienne Marcel et exécutée par les Parisiens, avec les hommes d'armes qu'ils avaient à leur solde. Assurément il y eut des jacques dans leurs rangs : les uns accouraient pour tirer vengeance de leurs vainqueurs; les autres, ainsi que des paysans qui avaient déjà posé les armes, étaient sommés de se joindre à la colonne, et menacés, s'ils n'obéissaient, de voir leurs maisons et leurs villes brûlées [1]; mais on verra par le résultat que le nombre n'en dut pas être considérable, et que les hommes d'armes de Paris formèrent toujours le gros de l'expédition [2].

---

[1] Ainsi parlent des lettres de rémission accordées à Jean de Quinzy, Guillot le charpentier, Reli Dufour et Jehannin Coulon, habitants de Tramblay (Trés. des Chartes, Reg. 86, f° 95 v°). Mais il ne faut pas oublier que c'était invariablement l'excuse que donnaient tous ceux qui voulaient se faire pardonner d'avoir pris part à l'expédition contre le marché de Meaux.

[2] On peut lire à ce sujet, dans l'*Histoire des Paysans*, de M. Bonnemère, une excellente discussion du texte des chroniqueurs. Ils disent tous, à l'exception de Froissart, ou du moins laissent entendre que cette expédition fut essentiellement politique, et que ceux qui en furent chargés étaient des Parisiens ou des hommes d'armes à leur solde. La démonstration donnée par M. Bonnemère est péremptoire, et, comme il a eu l'honneur de la donner le premier, je ne puis que m'en approprier les résultats, en y renvoyant le lecteur. Tout le récit de cette expédition, du reste, est fait ici d'après le

Le 9 juin, trois cents personnes environ partirent de Paris sous la conduite de Pierre Gilles [1]. A Silly en Multien, cette colonne rencontra Jean Vaillant, qui l'attendait avec cinq cents hommes; d'après les ordres du prévôt des marchands, Gilles devint commandant en chef des deux troupes réunies, quoique Jean Vaillant fût prévôt des monnaies du roi. Même en un temps où règne l'égalité, cette autorité donnée à un épicier sur un fonctionnaire public d'un ordre assez élevé aurait de quoi surprendre, s'il n'y fallait voir tout ensemble une marque de la supériorité qu'avait Pierre Gilles par le caractère, de la considération qu'on donnait pour lors à toutes les branches du commerce, et du dédain d'Étienne Marcel pour les distinctions officielles. A supposer que ces huit cents hommes eussent doublé leur nombre par les recrues qu'ils firent en route, on serait loin encore des dix mille hommes que voit l'imagination de Froissart. Pourquoi auraient-ils voulu grossir leurs rangs d'une multitude à peine armée, sans goût ni habitude des combats? Ils savaient ou croyaient savoir que le marché de Meaux n'avait qu'une garnison insuffisante, qu'on ne s'y attendait, pour le moment, à aucune attaque, et enfin ils comptaient sur les habitants de la ville, qui se disaient prêts à combattre pour leur délivrance.

Toutefois, ce qui aurait dû les décider à ne tenter l'entreprise qu'avec des moyens de succès plus assurés, c'est que la duchesse de Normandie, femme du régent, Isabelle de France, sœur de ce prince [2], la duchesse d'Orléans, sa tante, plus de trois cents nobles dames, et un certain nombre de chevaliers dont quelques documents donnent les noms, quoiqu'ils n'eussent rien fait pour être tirés

---

Trésor des Chartes, sans tenir compte des inventions de Froissart, qui est en contradiction avec tous les textes imprimés ou manuscrits.

[1] Trés. des Chartes, Reg. 86, f° 69 v°.

[2] Isabelle de France épousa plus tard Jean-Galéas Visconti.

de leur obscurité, avaient cherché un refuge dans la forteresse. Il eût été d'une extrême conséquence de les faire tous prisonniers et de les garder comme otages, car le désir de rendre à la liberté les princesses de sa famille eût forcé le régent de prêter sérieusement l'oreille aux ouvertures de Marcel. Mais ce n'était pas de bandes indisciplinées et mal aguerries qu'on avait besoin pour surmonter les obstacles, c'était de bons et solides soldats, capables de soutenir le choc de leurs ennemis.

Avec de si faibles ressources, il parut bientôt impossible d'emporter le Marché; il fallait donc se borner à surveiller cette place redoutable et empêcher qu'on n'y introduisît des renforts; pendant ce temps les assiégeants eux-mêmes pourraient en recevoir, car ils en avaient demandé à Paris. Une circonstance inattendue déconcerta tous ces projets. Il se trouvait pour lors à Châlons deux aventuriers qui venaient de gagner leur paradis en combattant les païens de Prusse, expédition aussi méritoire et moins pénible que n'eût été une croisade en Terre Sainte. Ces deux aventuriers étaient Gaston, comte de Foix, surnommé Phébus, à cause de sa beauté, et le captal de Buch, seigneur gascon, dévoué aux Anglais. Avertis du danger que couraient tant de nobles dames, ils ne crurent pas que la chevalerie leur permît d'y rester insensibles. Ils accourent donc avec quarante lances, qui faisaient une petite troupe d'environ cent cinquante ou deux cents hommes[1] exercés aux combats et redoutables par leurs armures offensives et défensives, surtout pour des adversaires mal aguerris et mal armés.

A l'arrivée d'un si précieux renfort, les défenseurs de la

[1] M. Bonnemère admet le chiffre de quarante, sans penser qu'une lance était un homme d'armes qui traînait à sa suite plusieurs valets ou écuyers dont on utilisait les services pour les combats. D'autres renchérissent encore et parlent de vingt-cinq hommes seulement, ce qui ne les empêche pas d'admettre les neuf ou dix mille assaillants dont parle Froissart.

forteresse reprirent courage, et, avec le secours de ces volontaires, coururent à l'attaque. Même à nombre inférieur, ils étaient sûrs de la victoire; mais ils ne s'attendaient pas à la payer si cher. En se précipitant tête baissée, ils rencontrèrent les archers parisiens, qui étaient au premier rang. Ces braves gens, quoique médiocrement armés et mal soutenus, les reçurent avec une bravoure inouïe et couvrirent la terre des cadavres de leurs ennemis; mais ils s'épuisaient à cette lutte inégale, et, faute de pouvoir faire place à des troupes fraîches, à la fin ils furent écrasés. Tout le reste, une fois découvert, fut mis facilement en déroute, et l'on peut croire ce que dit Froissart, quand il parle en triomphateur de ces malheureux qu'on poursuivait et qu'on abattait par tas, comme des bêtes, ou qu'on forçait de se précipiter dans la Marne. Il n'y a exagération que dans le nombre de ces tristes victimes, qu'il porte à sept mille; pouvait-il dire moins, puisqu'il avait supposé dix mille assaillants? Puis, passant le pont à la suite des fuyards, les nobles vainqueurs et les gens du dauphin attaquèrent même les bourgeois inoffensifs; ceux qui ne tombèrent pas sous leurs coups furent jetés en prison. Le feu ayant été mis au faubourg, les malheureux habitants qui voulaient fuir étaient rejetés dans les flammes à coups de lances[1]. Le maire Soulas, bien qu'il n'eût commis d'autre crime que de défendre l'indépendance et les intérêts de la commune dont il était le chef, fut pendu avec plusieurs autres qu'on accusait d'être ses complices[2].

---

[1] « Un manuscrit des *Chroniques de Saint-Denis*, qui a appartenu à Charles V, contient une miniature qui représente le combat de Meaux : sur les tours du marché flottent des pennons blancs. C'est la première fois que le drapeau blanc figure dans un monument de notre histoire, comme l'observe l'éditeur de la nouvelle édition des *Chroniques*, M. Paulin Pàris. » (Note de M. H. Martin, *Histoire de France*, t. V, p. 198. — 4ᵉ édition.)

[2] Les *Grandes Chroniques* (édit. P. Pàris, p. 1466, ch. LXVIII) prétendent que Jean Soulas avait promis au régent de lui rester fidèle. Rien n'est moins

Parmi des hommes policés, les actes de cruauté et de barbarie n'ont d'autre excuse que l'énergie de la résistance; quand la résistance cesse, ils déshonorent ceux qui continuent de les commettre. Tel fut le crime des gentilshommes qui l'emportaient à Meaux, et l'on ne peut dire pour leur défense qu'ils fussent, comme les jacques, étrangers aux usages de la guerre. Tout était terminé, lorsque, ivres de sang et avides de pillage, ils mirent les maisons à sac et même les églises, couvrant ces horribles déprédations d'un incendie qui dura quinze jours et qui consuma la ville entière. On en profita, bientôt après, pour supprimer la commune même et en réunir le territoire à la prévôté de Paris. Ainsi la noblesse se vengeait, sur des bourgeois, des représailles que les paysans avaient exercées contre elle. L'histoire trouve ces fureurs légitimes et n'a d'indignation que pour les misérables qui avaient répondu par trois semaines de révolte à trois siècles d'oppression.

Mais le comble de la partialité n'est pas de condamner les moins coupables et d'admirer ceux qui le sont davantage; c'est de taire tous les faits qui sont à la charge de ceux dont on sert les intérêts. Ainsi fait Froissart; ainsi font les autres chroniqueurs. Ceux-là même qui par leur sincérité méritent ordinairement créance se laissent gagner à l'exemple, tant il est vrai qu'il y a dans la vie des peuples des heures où la voix de la justice et de la vérité ne peut plus se faire entendre. Raconter dans un grand détail toutes les horreurs de cette réaction sanguinaire, ce serait faire la contre-partie du récit de Froissart et donner à cette histoire un complément d'au-

---

probable, puisque le dévouement des habitants de Meaux à la cause des Parisiens est notoire et avoué par tous les documents.

Il y a un grand nombre de lettres de rémission pour l'expédition de Meaux; mais, parmi ceux qui les obtinrent, il y avait beaucoup d'innocents, car on avait plutôt fait de s'avouer coupable et de demander grâce que de nier devant des accusateurs et des juges prévenus.

tant plus nécessaire qu'on ne le trouve nulle part jusqu'à présent. Comme on ne le pourrait faire ici sans excéder les justes bornes d'une étude dont la Jacquerie n'est point le sujet principal, il faut s'en tenir à quelques traits.

La noblesse française parut d'autant plus empressée de répondre au pillage par le pillage et au meurtre par le meurtre, que c'était pour elle reprendre d'anciennes habitudes, et, cette fois, sous un prétexte plausible. Dans la lettre qu'il écrivait le 11 juillet aux bonnes villes, Étienne Marcel trace avec une sobre énergie le tableau de cette effroyable réaction. « Les nobles, dit-il, sont venus en deçà de la Somme et de l'Oise, pour tuer et voler sans faire distinction des coupables et de ceux qui ne l'étaient pas, des bons et des mauvais; et, quoique plusieurs d'entre eux n'eussent souffert aucun dommage, ils ont brûlé les villes, tué les gens, dérobé et pillé, mis à la torture femmes, enfants, prêtres, religieux, pour leur faire dire où était ce qu'ils possédaient; ils ont fait mourir dans les tourments beaucoup de ces gens-là, profané les églises, les sanctuaires, enlevé la chape et le calice au prêtre au moment où il officiait, jeté à leurs valets l'hostie consacrée, aux murailles le sang de Notre-Seigneur, mis à rançon les églises, abbayes, prieurés qu'ils ne brûlaient pas, ainsi que les prêtres, corrompu les pucelles et violé les femmes en présence de leurs maris, fait, en un mot, plus de maux que jadis les Sarrasins. Ce qu'ils ont pris, ils l'ont emporté en Flandres, en Artois, en Vermandois, et surtout à Compiègne, qui leur était dévouée et leur servait de lieu de recel. Aujourd'hui encore, ajoute Marcel, ils continuent de tuer ou rançonner les marchands, ils leur prennent leurs marchandises, ils tuent et volent tout homme qu'ils rencontrent, habitant des villes ou laboureur. » Il rappelait, pour sortir des généralités, le vol tout récent de quarante-cinq mules chargées de drap des Flandres, dont les nobles venaient de se rendre coupables; le régent, disait-il, « agrée et avoue tout ce qu'ils font [1]. »

On pourrait croire qu'Étienne Marcel est trop intéressé à exciter l'indignation des bonnes villes pour n'avoir pas exagéré les crimes de ses ennemis; mais, si le régent confesse dans le plus grand détail tout ce qu'avance le prévôt des marchands, il faudra bien se rendre et reconnaître la vérité de ces faits. Or, dans les lettres de ce prince contenues au Trésor des Chartes, où il est si souvent question des atrocités de la Jacquerie, les cruautés qu'on y reproche aux nobles sont en bien plus grand nombre que celles qu'on reproche aux paysans. C'est la vérité toute seule qui arrache ces aveux au duc de Normandie et non l'amour de la justice, car Marcel avait raison de dire que ce prince avouait et agréait toutes les vengeances de sa noblesse. Il y avait un certain Jean Deroner qui était ouvertement du parti royal, et que l'accouchement de sa femme, qu'il attendait tous les jours, avait retenu dans la ville de Melun, lorsque les « ennemis du roi » étaient venus l'occuper. Pour un si grand crime et malgré cette excuse, Deroner fut poursuivi et proscrit; trois mois après la victoire du régent, il n'avait pas encore la vie sauve, et il n'obtint qu'au mois de novembre des lettres de rémission [2].

Ces persistantes rigueurs sont surtout dignes de remar-

---

[1] On trouvera cette remarquable et précieuse lettre à l'Appendice (n° 16). C'est la seconde de celles qu'a découvertes M. Kervyn de Lettenhove.

On a remarqué sans doute combien Marcel insiste sur le tort fait par les nobles aux prêtres et aux églises. Assurément les idées d'indépendance religieuse ne s'unissaient pas, dans son esprit, aux idées de liberté politique, et il était fort zélé catholique comme ses contemporains; mais il est évident qu'il n'entre ici dans tant de détails sur les effets de la réaction contre le clergé et les églises que parce qu'il savait que rien n'était plus propre à allumer ou à attiser l'indignation de ses partisans et des bourgeois des bonnes villes.

[2] Trés. des Chartes, Reg. 86, f° 176 v°. — Voy. à l'Appendice (n° 8) le texte de cette lettre.

que, parce que Jean Deroner était un sujet fidèle : c'est ainsi que le régent traitait ses amis eux-mêmes, à la moindre apparence de partialité pour ses adversaires. Il avait, au contraire, une indulgence inépuisable pour les excès de ceux qui servaient ses passions. Jacques Diacre et Perrot de Soissons ayant voulu délivrer ou racheter à leurs frais quelques malheureux, emprisonnés sous prévention d'avoir pris part à la Jacquerie, les nobles avaient mis à mort ces deux hommes de cœur, et donné leurs biens à l'archevêque de Reims, qui s'était empressé de les accepter. Les veuves de Diacre et de Perrot, injustement réduites à la misère, ayant fait entendre des réclamations énergiques, le régent ordonna qu'on leur rendît tout ce qui restait encore des biens de leurs maris, mais il n'eut pas un mot de blâme pour les gentilshommes qui s'étaient rendus coupables de ce meurtre inique et de cette spoliation [1].

C'est encore lui qui nous apprend qu'au mois d'août les nobles continuaient « de piller, de voler, de violer dans les environs de Reims (et ailleurs), malgré les défenses par lui faites. » Les habitants de diverses villes, entre autres, Saint-Thierry, Talmersy, le Grand et le Petit Pouillon, Villers-Sainte-Anne, Chenay, Châlon-sur-Veele et Villers-Franqueux, voulurent s'opposer à ces indignes traitements; les nobles en tuèrent plus de cinquante. Il semble que la punition fût suffisante, puisque ces malheureux en avaient mérité une, pour avoir voulu défendre leurs biens, leurs personnes et leurs familles; cependant le prévôt forain de Laon se met bravement du parti du plus fort, accuse les bourgeois d'avoir attaqué des gentilshommes au service du régent et les veut condamner à l'amende. Sans doute l'amende était trop faible, ou la mort eût à peine paru le

---

[1] Reg. 86, f° 120 r°, 121 v°. — Voy. à l'Appendice (n° 9) le texte de ces deux lettres.

juste châtiment d'un si grand crime, car, ajoute le régent, les nobles revenaient chaque jour plus nombreux contre ces villes sans défense, les assaillaient, les rançonnaient, tuaient les gens et les chevaux et rendaient enfin l'existence si intolérable aux habitants, qu'ils émigrèrent tous, laissant périr leurs récoltes sur les champs [1].

Sur quelques points, heureusement, la défense, mieux conduite, eut un succès différent. La courageuse ville de Senlis donna aux bourgeois un salutaire exemple. Les nobles ravageaient la contrée et y mettaient tout à feu et à sang. Ils se présentèrent devant Senlis, et, sous couleur d'en prendre possession au nom du régent, de qui ils disaient faussement en avoir reçu l'ordre, ils demandèrent qu'on leur en ouvrît les portes. Les habitants ne voulurent point paraître rebelles, quoiqu'ils ne fissent pas mystère de leur alliance avec les Parisiens; mais, en recevant les nobles, ils se mirent en garde contre toute surprise. A l'extrémité supérieure de leurs rues montueuses, ils avaient placé de lourds chariots qui pouvaient servir pour l'attaque comme pour la défense. A peine entrés dans la ville, les prétendus émissaires du régent s'y crurent les maîtres. Ils tirèrent l'épée et donnèrent aux amis qu'ils pensaient y avoir le signal du pillage et du meurtre. Ce fut celui de leur ruine. Les chariots, précipités sur eux du haut des rues, les accablèrent, tandis qu'ils en gravissaient les rudes pentes. Les femmes, paraissant aux fenêtres, jetaient sur eux des flots d'huile et d'eau bouillantes; les hommes sortaient de leurs maisons, et, se jetant sur ceux que les chariots avaient seulement renversés, les mettaient à mort, sans leur donner le temps de se relever. Ceux, en petit nombre, qui purent échapper au massacre, se sauvèrent du côté de Meaux, où ils arrivèrent couverts de honte et de ridicule.

---

[1] Trésor des Chartes, Reg. 86, f° 130. — Voy. à l'Appendice (n° 10) le texte de cette lettre.

CHAPITRE DIXIÈME.

Il avait suffi de quelques aventures de ce genre pour inspirer à la noblesse française des craintes sérieuses sur l'issue de la lutte, quoiqu'elle eût déjà réduit les bourgeois et les paysans à la défensive. Ne se croyant plus en mesure de les vaincre par ses propres forces, elle demanda des secours aux nobles du Brabant, des Flandres, du Hainaut. Ces secours furent promptement expédiés, car c'étaient les mêmes intérêts de caste qu'il s'agissait de défendre en France et dans les Flandres. Aussitôt les massacres recommencèrent : en moins de dix jours, vingt mille paysans furent tués. Ce n'est pas seulement Froissart qui parle ainsi, mais le *Rosier historial*, plus calme et plus digne de foi.

Ce qui achève de marquer le caractère de cette réaction effrénée, c'est qu'on n'y faisait nulle différence entre les innocents et les coupables, que les représailles fournissaient un prétexte pour le pillage, et qu'il ne servait de rien d'avoir été toute sa vie dévoué à la cause royale, si quelque ennemi secret proférait la plus invraisemblable calomnie, et surtout si l'on avait intérêt à y ajouter foi. Le régent avoue, dans les lettres de rémission, que les nobles incendiaient et détruisaient des villes qui n'avaient pris aucune part à la Jacquerie : par exemple, dans la seule prévôté de Vitry, Heislemarrois, Strepey, Vitry, Bugnicourt et Dully[1].
« Les incendies qu'ils allumèrent, dit le continuateur de Nangis, font encore verser des larmes. »

Jean Morel, curé de Blaçay, avait toujours passé pour être favorable à la noblesse. On l'accusait même de lui avoir vendu ses cloches, et, plus d'une fois, ses paroissiens

---

[1] Trésor des Chartes, Reg. 86, f° 122. — Voy. à l'Appendice (n° 11) le texte de cette lettre. Le régent y avoue ne faire grâce aux villes dont il y est question que parce que les amendes auxquelles ces villes ont été condamnées ne leur permettraient pas de payer les redevances ordinaires à leur seigneur.

l'avaient menacé de mort. Il avait cependant continué de vivre au milieu d'eux, car il ne voyait dans ces menaces que la marque d'un emportement passager. Un jour même il conduisit les habitants de Blaçay à une fête des communes du voisinage, qui devait avoir lieu à Saint-Vérain. On prétendit plus tard que c'était une réunion préparatoire pour la Jacquerie; mais il est facile d'en juger par ce qui s'y passa. Le curé Morel y était venu sans armes, il n'avait à la main qu'un court bâton. Digne ancêtre de Rabelais, il prit part aux danses de ses paroissiens, consentit à les diriger, en faisant la roue avec son bâton, et exhorta tous ceux qui l'entouraient à faire bonne chère. Pendant ce temps, ceux qui n'étaient pas allés à la fête lui volaient ses grains chez lui.

Telle fut la seule assemblée à laquelle prit part ce prêtre de pacifique et joyeuse humeur. Aucun gentilhomme n'y avait été tué, aucune maison pillée ou détruite; on y avait dansé, bu et mangé sans arrière-pensée. Rien ne put, néanmoins, retenir les nobles de frapper un homme qu'on avait menacé de mort et qu'on volait parce qu'il était leur ami. Les biens, les rentes, les terres du curé Morel furent confisqués, sans égard pour son caractère; on parla même de lui ôter la vie. Il n'avait pas eu peur des menaces de ses paroissiens les plus hostiles, il s'empressa de fuir devant celles des nobles, et n'osa plus reparaître à Blaçay[1]. Par ce témoignage muet et plus éloquent que toutes les paroles, on peut juger si la frayeur qu'inspirait la Jacquerie est comparable à celle de la réaction qui suivit.

Tous ces excès, condamnés plus tard par le régent,

---

[1] Trésor des Chartes, Reg. 86, f° 89. — Voy. à l'Appendice (n° 12) le texte de cette lettre. Elle a attiré l'attention de M. Luce comme la nôtre et figure au nombre de ses pièces justificatives. Seulement cet écrivain la cite comme un des mille incidents de la Jacquerie, tandis que nous y voyons un des traits caractéristiques de la réaction nobiliaire.

quand il fallut rétablir la paix dans le royaume, lui paraissaient dans le moment légitimes, et, au fond, il ne s'en inquiétait guère. Par politique, il publiait de temps en temps quelques défenses, mais il laissait faire et même n'était pas fâché qu'on ne l'écoutât pas. Si quelque circonstance particulière le forçait de sévir, il le faisait d'une manière dérisoire; ainsi le serviteur d'un de ses nobles était coupable d'homicide sur un vilain : il le condamna à faire un pèlerinage à Notre-Dame de Roc-Amadour[1]. Ce n'était pas la réaction qu'il poursuivait, mais les souvenirs de la Jacquerie; et il avait trouvé ingénieux, pour se procurer de l'argent, de condamner à de fortes amendes les villes qu'il accusait d'avoir pris part à cette guerre. Ces exactions paraissaient si odieuses, que, plutôt que de s'y soumettre, les serfs, les paysans, les vilains, quittaient leurs champs, leurs maisons, leur province, quelquefois même le royaume, et par là non-seulement frustraient le régent dans ses espérances, mais se vengeaient de leurs maîtres en les ruinant[2]. L'indulgence de ce prince pour les nobles était si notoire, que ses propres hommes d'armes n'hésitaient pas à suivre leur exemple et couvraient mal leur goût du pillage sous le prétexte de frapper des coupables, car, le plus souvent, ils s'adressaient à des innocents.

De ce nombre était Jean Fillon, riche bourgeois de Conches-lès-Lagny-sur-Marne, contre qui il n'y avait pas même un soupçon d'avoir trempé dans la Jacquerie. Vers la Saint-Jean, au plus fort de la réaction, Jean Fillon voit arriver « en son hôtel » des hommes d'armes qui appartenaient au régent, et qui le contraignent à leur servir de son vin « tant qu'ils en veulent. » A peine rassasiés, ces brigands

---

[1] Reg. 86, f° 146 v°. — Voy. à l'Appendice (n° 13). — M. Luce cite pareillement ce fait singulier.

[2] Reg. 86, f° 117 v°. — Voy. à l'Appendice (n° 14). Voy. aussi l'ouvrage de M. Luce, qui entre, à ce sujet, dans un plus grand détail.

mettent l'hôtel à sac. L'un saisit, pour la violer, la femme de Jean Fillon, mère de cinq enfants et sur le point d'en avoir un sixième. L'infortuné est heureux de l'arracher à cet outrage en donnant une ceinture qui contenait environ quarante livres parisis, provenant de la vente de ses biens meubles, car il avait résolu, pour éviter des malheurs qu'il prévoyait, de quitter le pays avec sa famille et de s'établir en d'autres lieux. Il n'avait livré sa ceinture et son argent qu'à la condition expresse que les hommes d'armes abandonneraient aussitôt sa maison. Ceux-ci, fidèles en apparence à leur promesse, se retirent; mais ils emmènent avec eux les trois chevaux de Jean Fillon.

Dès qu'il s'en aperçoit, Fillon poursuit les voleurs, afin de leur reprendre son bien; quel n'est pas son désespoir en les voyant s'acheminer vers l'hôtel de sa fille, pour y recommencer les mêmes scènes de pillage et de déshonneur! En vain il les supplie de renoncer à leur dessein et de lui rendre au moins un de ses chevaux; sous ses yeux ils font main basse sur toutes choses et singulièrement sur le vin. Même irrités de ses prières et de son insistance, ils tournent contre le malheureux leurs épées, et ils allaient le mettre à mort, si les bonnes gens du voisinage n'étaient accourus en foule au bruit qu'ils entendaient dans l'hôtel. Au même instant, Jean Fillon, animé par la nécessité de se défendre, saisissait l'épée d'un des pillards, et, s'élançant sur lui, lui faisait une blessure dont ce misérable mourut peu de jours après.

Les compagnons du blessé eussent sur-le-champ tiré vengeance de cet excès d'audace, si la bonne contenance des bourgeois du voisinage ne les avait intimidés. Ils se retirèrent donc pleins de fureur; et, ne pouvant frapper leur ennemi, ils allèrent brûler un autre hôtel qui lui appartenait, « et qui bien valait deux cents livres ou environ. » Ils saisissent un cousin germain de Jean Fillon, lui ordonnent de mettre lui-même le feu à la maison de son parent, et, sur le refus de ce cousin, le massacrent à l'instant. Ce qui couronne dignement leur entreprise, c'est que, non contents d'avoir porté l'incendie, le déshonneur et la mort chez un homme dont tout le crime était de se défendre, ils adressèrent une plainte à l'abbé de Lagny, qui admit leurs griefs et s'empara de tous les biens que possédait leur victime [1].

Les cruautés des nobles et de leurs hommes d'armes, dont on vient de voir quelques exemples, surpassèrent celles des paysans par le nombre et la durée. La Jacquerie avait commencé le 21 mai. Le 9 juin, jour du départ de l'expédition contre Meaux, elle était déjà terminée : elle avait donc, en réalité, duré moins de trois semaines. Les représailles des nobles étaient déjà commencées le 9 juin, et l'on a vu qu'au mois d'août, quand le régent rentra dans Paris, elles duraient encore : elles avaient eu pour théâtre à peu près tout le pays de langue d'Oil. Froissart dit que la Jacquerie dura six semaines; mais, pour arriver à ce chiffre, il est obligé de compter le temps de la vengeance; en d'autres termes, il fait peser sur Jacques Bonhomme la responsabilité des massacres dont il était victime, comme de ceux dont il était l'auteur. Jamais la passion et l'injustice n'ont été poussées plus loin dans l'histoire.

Depuis ce temps, on a écrit plusieurs fois sur la Jacquerie, mais sans faire effort pour contrôler, par une critique sévère, le récit des chroniqueurs. Le seul écrivain qui ait paru, de nos jours, disposé à plus de justice, n'a pas connu sans doute tout ce que nous révèle le Trésor des Chartes sur

---

[1] Trés. des Chartes, Reg. 86, f° 81. — Voy. à l'Appendice (n° 15) le texte de cette lettre. — Il est juste de reconnaître qu'un des premiers actes du régent, rentré à Paris, fut de faire rendre ses biens à Jean Fillon et de condamner par là tant la conduite de ses hommes d'armes que la sentence de l'abbé.

les vengeances des nobles, car il n'a fait aucun usage de ces documents[1]. Pour faire une histoire complète de la Jacquerie, il faudrait réduire d'abord à de justes proportions et n'accepter qu'après un mûr examen les récits hyperboliques de Froissart; exposer ensuite la conjuration politique qui se cache sous la guerre des paysans, par les efforts de Guillaume Calle, pour s'assurer le concours de la bourgeoisie, et surtout par ceux d'Étienne Marcel, pour régler et conduire un mouvement qu'il n'avait ni désiré ni prévu, mais dont il ne lui semblait pas impossible de tirer parti; opposer, enfin, au récit des fureurs de Jacques Bonhomme, qui ont, jusqu'à ce jour, paru seules dans l'histoire, celui de la contre-jacquerie, où les nobles se vengent de ce qu'on a osé se venger d'eux.

[1] M. Bonnemère, dont il s'agit ici, parle très-bien des cruautés des nobles qui ont amené la Jacquerie, mais très-peu de celles qui l'ont suivie et en ont été le châtiment.

CHAPITRE ONZIÈME

Paris pendant et après la Jacquerie. — Supplice de Fougnant et de Perret (30 mai). — Le roi de Navarre capitaine des Parisiens (15 juin). — Effets de cette nomination. — Trahison du roi de Navarre. — Dévastations commises par le régent. — Nouvelle tentative de conciliation. — Accusations contre Étienne Marcel. — Conférences des chefs de la bourgeoisie. — Accusations contre le régent.

Le triomphe facile qu'avaient remporté les nobles sur des hommes désarmés et comme vaincus par la seule durée de la guerre portait un coup fatal à la révolution. Les campagnes ravagées, dépeuplées, épouvantées, ne pouvaient plus approvisionner Paris, toujours ouvert aux paysans qui y venaient chercher un refuge. Maîtres du pays, qu'ils parcouraient en tout sens, les gentilshommes coupaient les communications et réduisaient leurs adversaires à ne plus compter que sur eux-mêmes. Le régent retrouvait en eux une armée de cavaliers, très-propre à occuper le plat pays et à effrayer des hommes qui avaient trop peu d'expérience de la force militaire pour comprendre qu'elle réside surtout dans l'infanterie.

Ainsi, pour Marcel, la difficulté d'entrer en accommodement augmentait à proportion de la difficulté de vaincre. Le courage des plus énergiques soutiens de la cause populaire n'en était point abattu, mais il se trouvait un grand nombre d'hommes faibles qui éprouvaient l'effet contraire : quelques-uns même, pressentant le succès du lendemain, s'y convertissaient dès la veille, pour prendre rang parmi les triomphateurs et mériter les récompenses. Étienne Marcel avait tenté en vain de rassurer les uns et d'intimider les autres, en frappant les traîtres qu'il tenait entre ses mains : tout semblait tourner contre lui. Thomas Fougnant, maître des œuvres, et Jean Perret, maître des eaux, étaient convaincus d'avoir favorisé l'évasion du régent, et accusés en outre de plusieurs grands crimes [1] : l'exécuteur public reçut l'ordre de les mettre à mort (30 mai). Comme il était épileptique, au moment d'accomplir son office, il eut une attaque de sa terrible maladie. Aussitôt les amis du régent de crier au miracle et de dire que Dieu s'opposait à l'exécution. Une foule de bonnes gens, que l'ignorance et la naïveté rendaient crédules, crurent fermement au miracle, par la seule raison qu'on en parlait autour d'eux. Pour détruire l'effet de cette scène, Jean Godard, avocat au parlement, prit la parole et avertit le peuple qu'il n'y avait point de miracle, puisque le bourreau était sujet à de pareilles attaques. Malgré ces assurances, le plus grand nombre voulut voir le doigt de Dieu dans cette affaire, et, par là, tout l'effet que Marcel attendait de ce double supplice tourna contre lui.

Traversé ainsi dans ses desseins à l'intérieur de Paris, il avait porté toute son attention sur les expéditions qu'il envoyait au dehors, et, s'il avait dépendu de lui, la Jacquerie eût pris à la fois de la modération et de la durée. Mais le malheureux succès de l'affaire de Meaux ne lui laissa plus

---

[1] « Plusieurs grands cas criminels, » est-il dit dans une lettre donnée à Montereau-fault-Yonne, le 7 juin 1358, et par laquelle le régent accorde les biens de Thomas Fougnant à la veuve de ce fidèle serviteur. (Trés. des Chartes, Reg. 86, f° 46.)

de doutes sur l'impuissance des Parisiens réduits à eux-mêmes, et il pensa que le moment était venu d'appeler le roi de Navarre à leur secours. Ce prince était seul pour le régent un adversaire redoutable, car il avait à la couronne de France un droit qu'on pouvait aussi bien soutenir que contester; la faveur dont il jouissait auprès du peuple, et que lui enviait son rival, lui assurait des partisans, s'il osait quelque jour élever ses prétentions, et la crainte de l'y pousser était le meilleur frein qu'on pût imposer au duc de Normandie. Peut-être à ces considérations, dont Marcel sentait la valeur, faut-il ajouter que le roi de Navarre possédait une cavalerie qui pouvait seule, dans les idées du temps, tenir la campagne contre celle du régent et permettre aux Parisiens de renouveler leurs provisions au dehors.

Jusqu'à ce moment, l'on s'était contenté de tenir Charles le Mauvais en réserve comme un épouvantail; il fallait faire un pas en avant et le nommer capitaine des Parisiens, c'est-à-dire lui déférer sur la ville une autorité effective. C'était une concession à laquelle il dut être fort sensible; mais, quoi qu'on en ait dit, Étienne Marcel, loin de lui en faire d'autre, n'avait consenti à admettre ses prétentions au trône qu'éventuellement et au cas où le roi Jean mourrait hors du royaume. Jusque-là, Charles de Navarre ne pouvait prétendre à plus d'autorité que le régent n'en exerçait; mais quel inconvénient y avait-il à calculer les conséquences d'un événement que rien ne faisait prévoir, puisque la forte santé de Jean, le repos qu'il goûtait à Londres et la joyeuse vie qu'il y menait semblaient le préserver d'une mort qu'auraient peut-être hâtée les soucis du gouvernement? A supposer qu'il laissât le trône vacant avant d'avoir pu rentrer en France, comment les Parisiens auraient-ils balancé, pour lui donner un successeur, entre son fils, qui avait juré leur perte, et son gendre, qui l'emportait par la capacité, par le bon vouloir, par l'ascendant qu'il avait sur les peuples, et dont les droits étaient sinon supérieurs, puisqu'il fallait tenir compte de la possession, du moins antérieurs aux siens?

Mais le choix d'un tel protecteur fait bien voir à quelles extrémités la cause populaire était réduite, car la conduite de ce prince, dans les derniers temps, justifiait mal les espérances qu'on fondait sur lui. Si l'on devinait ce qu'il voulait obtenir, on ne voyait pas aussi bien ce qu'il voulait faire. La part qu'il venait de prendre à la répression de la Jacquerie avait montré ses préjugés et ses antipathies de race; il avait oublié à la fois ce qu'il devait aux Parisiens et jusqu'à ses propres intérêts. La défiance commençait à s'insinuer dans le cœur du plus grand nombre, et la moindre incertitude sur les démarches du roi de Navarre ne pouvait qu'ajouter aux soupçons.

Si Marcel se jeta dans ses bras, ce fut donc parce qu'il n'avait plus le choix de ses alliés. Il se rendit à Saint-Ouen, où se trouvait pour lors Charles le Mauvais, et il lui fit des propositions qui furent acceptées avec d'autant plus d'empressement que ce prince voyait au delà de ce qu'on lui promettait. Le jeudi, 14 juin, il fit son entrée à Paris avec une escorte nombreuse de Navarrais et même d'Anglais, qu'il avait pris à sa solde. Suivant leur habitude, les Parisiens allèrent à sa rencontre et l'accompagnèrent jusqu'à Saint-Germain des Prés, où il descendit. Le lendemain, il se rendit à la maison aux piliers, et, connaissant l'effet de sa parole sur la multitude, il voulut inaugurer sa dignité nouvelle par un discours. Il déclara qu'il aimait la France, étant issu des fleurs de lis des deux côtés, qu'il eût ceint la couronne, si sa mère eût été homme, enfin qu'il s'abstiendrait de rappeler tous les bons offices dont il était redevable aux Parisiens et aux autres soutiens de la cause populaire, mais qu'il était prêt à vivre et à mourir avec eux.

Ainsi le roi de Navarre faisait résolûment cause commune avec le peuple, et il paraissait prêt à lui dévouer sa vie. En un temps où l'on voyait si peu de sentiments généreux sur les marches du trône, c'était presque avouer ses prétentions à y monter que d'en paraître digne, et les plus clairvoyants parmi ceux qui écoutaient ce discours durent lire dans la pensée du royal orateur; mais les chefs de la bourgeoisie s'étaient trop avancés pour qu'il fût prudent de reculer : il fallait accepter pour chef un prince qui ne consentait à en prendre le titre qu'afin de devenir le maître. L'éloquent Charles Toussac fut chargé d'annoncer la résolution prise à ce sujet par la municipalité et d'en montrer l'urgence; il fit voir, par un tableau saisissant de la misère publique, que la France était dans une condition déplorable; qu'elle avait été très-mal gouvernée, qu'elle l'était encore, qu'il fallait choisir un capitaine qui la conduisît mieux, et qu'il n'y avait personne qui en fût plus capable que le roi de Navarre.

« Navarre! Navarre! » s'écrièrent aussitôt les bourgeois assemblés sur la place de Grève. Cette acclamation fut enthousiaste plutôt qu'unanime. Si les auditeurs cédaient pour la plupart à l'entraînement d'une parole éloquente et s'exaltaient au contact les uns des autres, il s'en trouva parmi eux qui restèrent silencieux et dont l'air froid et contraint était comme une protestation muette, en attendant l'heure où ils pourraient parler haut à leur tour et s'unir aux mécontents du dehors. Toutefois ils n'osèrent point s'opposer à l'élection du roi de Navarre, et l'on y put procéder sans obstacle. Quand le résultat eut été proclamé, Étienne Marcel annonça qu'il allait en donner communication aux bonnes villes et les inviter à se rallier sous la bannière du nouveau capitaine. Le roi Charles prêta serment et jura de gouverner avec loyauté; mais il fit prudemment observer à ceux qui l'écoutaient que le mal était grand, qu'il ne pouvait être guéri de sitôt, et qu'il ne fallait pas lui imputer à crime s'il n'y réussissait sur-le-champ.

La communication que le prévôt des marchands fit aux bonnes villes n'eut pas tout l'effet qu'il en attendait. Les bonnes villes reconnurent, pour la plupart, l'autorité du roi de Navarre[1]; mais, n'ayant avec Paris que des communications difficiles, et ne pouvant d'ordinaire savoir ce qui s'y passait, obligées d'ailleurs de se garder elles-mêmes, elles ne purent donner aucune marque de leur bonne volonté. De leur côté, les nobles du parti de Navarre ne restèrent point, comme on l'avait espéré, fidèles à leur chef : l'esprit de caste l'emporta sur leur attachement au jeune roi. Ils déclarèrent qu'ils ne pouvaient le suivre, puisqu'il leur faudrait combattre contre des gentilshommes : les uns se retirèrent sur leurs domaines, les autres allèrent joindre le régent. Ainsi Étienne Marcel perdit l'espérance qu'il avait nourrie de semer la division parmi les nobles, et d'attirer dans l'alliance de Paris tous ceux qu'il croyait dévoués au roi de Navarre.

Il fallait du moins mettre ce prince en demeure de rendre le service qu'on attendait de lui, je veux dire la délivrance de Paris. On aurait pu exiger qu'il terminât l'entreprise par ses propres forces, qui n'étaient guère inférieures à celles du régent; mais, afin de ne lui laisser aucun prétexte de différer, Marcel lui donna une armée de quinze mille Parisiens. Ces volontaires, réunis aux compagnies de Navarre, partirent sous la conduite du roi Charles et s'aventurèrent assez loin dans la Brie à la recherche des

---

[1] Les lettres de rémission nous ont à peine conservé les noms de quelques-unes de ces villes : Amiens, Senlis, Laon, Rouen (Meaux n'existait plus); mais il n'est pas douteux qu'il y en avait beaucoup d'autres. Il ne faut pas oublier que les *Grandes Chroniques*, comme on l'a vu plus haut, disent qu'à cette époque, il y avait peu de villes, cités ou autres qui ne fussent animées contre les gentilshommes et bien disposées pour ceux de Paris.

troupes royales. Celles qu'ils rencontrèrent étaient inférieures en nombre, et tout semblait promettre une facile victoire, lorsqu'on vit le roi s'avancer au galop et presque seul vers ses adversaires. L'armée qu'il conduisait blâmait sa témérité, non sans une secrète admiration; et déjà elle s'apprêtait à le suivre, pour le soutenir au besoin; quelle ne fut pas sa surprise, en le voyant reçu comme un ami par les chefs du parti opposé ! Une conversation s'engagea entre eux, fort pacifique, à en juger par les apparences; puis le Navarrais revint vers les siens, et, sans coup férir, donna l'ordre de la retraite. Les Parisiens obéirent et se replièrent sur Senlis et Gonesse : ils accusaient hautement leur chef de trahison.

Ces étranges nouvelles soulevèrent à Paris d'effroyables colères. Les mécontents, enhardis, s'écrièrent que ce n'était pas la peine d'inviter en quelque sorte le roi de Navarre à mettre la main sur la couronne, puisqu'il ne pouvait ou ne voulait pas donner la protection qu'on lui demandait en échange. Saisissant l'occasion pour étendre leurs accusations jusqu'à Marcel lui-même, ils lui reprochaient d'introduire dans la ville ces redoutables aventuriers qui avaient jeté la désolation et l'épouvante aux alentours. Le prévôt, en effet, pour opposer au régent des forces suffisantes, venait de traiter avec la grande compagnie cantonnée à Épernon, et de la mettre à la solde de Paris. Si l'on en était réduit à introduire l'ennemi dans la place, ne valait-il pas mieux en ouvrir les portes au duc de Normandie et aux nobles, qui, du moins, étaient Français? Ainsi chacun pensait avoir des raisons de se plaindre : les uns, de la position faite au roi de Navarre, les autres de l'introduction des brigands. C'était Marcel qui avait pris l'initiative de ces deux mesures : il devait y compromettre son autorité. Quant à Charles le Mauvais, du premier coup il avait perdu la sienne, et il voyait bien qu'il aurait à Paris beaucoup d'embarras.

C'est pourquoi il feignit la colère, et, se plaignant des dispositions que les Parisiens témoignaient à son égard, il se hâta de se retirer à Saint-Denis.

En apprenant que les Parisiens avaient mis son rival à leur tête (14 juin), le régent, de son côté, était entré dans une irritation extrême. Dès le 15 juin, il avait quitté Sens et s'était rendu successivement à Provins, à Chateau-Thierry, à Gandelus, à la Ferté-Milon, poursuivant sur son chemin les malheureux restes de la Jacquerie. Tout le pays situé entre Seine et Marne fut ravagé par ses gentilhommes, auxquels venaient se joindre ceux des pays voisins. S'il faut en croire les chroniqueurs, qui n'y voient qu'un titre de gloire pour le dauphin, du 15 au 24 juin, plus de deux mille paysans auraient été tués. Il n'y a rien de comparable à la joie de ces seigneurs, quand ils pouvaient brûler quelque maison appartenant à un partisan de Marcel. Personne n'osait plus se prononcer pour la cause populaire : la terreur régnait à trente lieues à la ronde.

Ce découragement général poussa le prévôt des marchands à faire un nouveau pas vers la conciliation. Sur sa prière, la reine Jeanne, qui ne refusait jamais ses bons offices pour rétablir la paix, se rendit du côté de Meaux, où se trouvait pour lors le régent, et le sollicita de consentir à un accommodement raisonnable; mais une pareille démarche était pour ce jeune prince comme le gage d'un prochain triomphe, et il en savourait trop d'avance les cruelles satisfactions, pour prêter l'oreille aux propositions de ses ennemis tant qu'ils ne se rendraient pas à merci.

Dans de pareilles extrémités, le plus faible ne peut proposer la paix sans trahir le secret de sa faiblesse et donner au plus fort la mesure de ce qu'il peut exiger. Il faudrait donc voir, dans la démarche du prévôt, une faute politique, si le sentiment de son impuissance finale ne l'eût condamné à cette tentative suprême. Dans tous les cas, ces efforts ré-

CHAPITRE ONZIÈME.

pétés sont une marque nouvelle de la modération de Marcel et du désir sincère qu'il éprouvait encore de ne livrer ni le royaume, ni ses amis, ni lui-même, à un prince dont il n'était pas sûr, à ce roi de Navarre qui ne cherchait en toutes choses que ce qui pouvait servir son ambition. L'histoire, qui a les documents sous les yeux, n'est guère excusable de s'y être trompée; mais les contemporains méritent plus d'indulgence, car, lorsqu'ils s'élevaient le plus violemment contre Étienne Marcel, ils n'étaient pas dans le secret de ses négociations et de ses desseins. Ils l'accusaient de s'opposer à la délivrance du roi, de préférer un gouvernement populaire à l'autorité royale et d'en vouloir être le premier ministre, de conjurer la mort du régent, ou du moins de chercher tous les moyens pour le jeter en prison et asseoir le roi de Navarre sur le trône de France.

Le vrai et le faux étaient si habilement mêlés dans ces accusations, et l'on y donnait avec tant d'assurance pour des crimes les actes et les desseins les plus avouables, que l'esprit borné du vulgaire ne pouvait plus distinguer la calomnie d'avec la vérité. Peu de personnes voyaient qu'Étienne Marcel, loin de vouloir substituer un roi à un autre, ne souhaitait que de former, à l'exemple de Jacques Artevelde, une confédération des principales villes du royaume, sous un protecteur de leur choix, à qui elles eussent imposé d'étroites conditions. L'erreur du prévôt fut d'avoir proposé un mauvais choix, ou plutôt son malheur, de n'en pouvoir proposer un autre.

Il se peut qu'il ait désiré que la captivité du roi Jean se prolongeât, soit parce qu'elle donnait du temps pour établir le gouvernement populaire, soit afin de ne pas céder aux exigences des Anglais; cependant on peut dire à cet égard, d'abord qu'il n'y a dans sa vie publique ni un acte ni un mot contre ce prince; ensuite que le roi Jean semblait trop peu pressé de revenir en France, pour que les sujets qu'il avait si mal gouvernés eussent hâte de l'y revoir[1]; enfin que le régent lui-même aima mieux, un peu plus tard, laisser son père à Londres que de signer, pour lui rendre la liberté, un traité qui eût déshonoré la France[2].

On ne saurait apparemment reprocher à Étienne Marcel d'avoir voulu que la nation conduisît ses propres affaires; ceux qui ne pensent pas qu'il pût sans crime, pour atteindre ce but, soumettre l'autorité royale à celle des états, devraient considérer que, lorsqu'il essaya de fonder quelque chose en France, il n'y avait plus rien qui fût debout, puisque ni le dauphin ni la noblesse n'étaient en état de gouverner. S'il voulut être le premier ministre d'un gouvernement monarchique, soumis à des règles certaines et réduit à de justes limites, quoi de plus naturel que la première place revînt au plus capable de la bien remplir?

Est-il besoin de disculper Marcel d'avoir conspiré la mort du régent? S'il avait cru qu'elle fût nécessaire à ses desseins, l'occasion ne s'était-elle pas bien des fois présentée de frapper ce jeune prince? Quand les deux maréchaux tombaient aux pieds de leur maître, et qu'il criait grâce et merci, qui aurait demandé compte de son sang? Il était

---

[1] A cette époque, Jean écrivait lettres sur lettres : au lieu d'y insister sur sa délivrance, il se bornait à réclamer, dans les termes les plus pressants, une aide pour l'entretien de sa maison et pour le payement des dettes qu'il avait contractées en Angleterre. (Voy. Secousse, tome III des Ordonnances, p. 81.)

[2] Il s'agit de l'indigne traité de Londres (25 mai 1359), auquel Jean avait consenti et que son fils rejeta. — C'est le premier acte qui montre le dauphin Charles animé de sentiments généreux ou simplement politiques, et, dans tous les cas, très-supérieur à son père. Il paraît que, pour faire quelque chose de louable, il attendait d'avoir une autorité sans contrôle, afin, sans doute, que l'honneur n'en pût revenir qu'à lui. Toutefois, en reconnaissant qu'il paraît pour lors supérieur à ce que nous le voyons durant la révolution, il faut avouer qu'il ne change point de caractère, car, avec une prudence froide et une dissimulation qui ne lui font jamais défaut, il rejette sur un simulacre d'états généraux la responsabilité apparente d'un refus qu'il avait auparavant résolu dans le secret de ses conseils.

bien plus facile encore de le jeter en prison. Si Étienne Marcel ne le fit point quand il le pouvait, de quel droit supposer qu'il le voulut faire alors qu'il ne le pouvait plus? Ce qu'il souhaitait avant tout, c'était de gouverner au nom du régent, dont l'autorité légitime levait tous les embarras et tous les obstacles; et, s'il fut conduit à offrir la régence au roi de Navarre, c'est que le duc de Normandie avait refusé de l'exercer lui-même, de concert avec les députés de la nation. Ce prince refusait, d'ailleurs, de rentrer à Paris, et la situation violente de cette ville ne permettait pas d'attendre. Il y avait donc un grand intérêt politique à fonder au plus tôt le gouvernement de la bourgeoisie, afin que le roi Jean, s'il revenait d'Angleterre, trouvât toutes choses constituées et n'y pût rien changer.

De là les efforts d'Étienne Marcel pour gagner le régent à la cause nationale, et, quand il désespéra d'y réussir, pour achever de le ruiner dans l'esprit des bourgeois. Des conférences secrètes avaient lieu fréquemment chez les principaux chefs du parti populaire, surtout chez Jean de Saint-Leu, curé de Sainte-Geneviève, qui était devenu un des plus considérables. Étienne Marcel, Charles Toussac, Robert de Corbie, Jean de Lisle, Joceran de Mâcon, s'y rencontraient presque tous les jours avec Jean de Picquigny, l'homme de confiance du roi de Navarre. On y arrêtait la conduite qu'il fallait tenir et les accusations dont il convenait de se faire une arme contre le régent. Il avait été, disait-on, par sa jeunesse et son inexpérience, la principale cause des malheurs du royaume; il manquait de bonne foi et ne tenait point ses promesses; il empêchait que la paix ne fût conclue avec l'Angleterre, afin de conserver le pouvoir dont il jouissait durant la captivité du roi; il avait fait piller et abattre plusieurs châteaux, forteresses ou maisons de nobles (apparemment du petit nombre de ceux qui étaient restés fidèles à la cause nationale); il voulait détruire Paris et l'avait livré à ses gens d'armes, ainsi que les autres villes et le plat pays du royaume.

Ces accusations n'étaient guère plus fondées que celles dont le duc de Normandie et ses partisans poursuivaient Étienne Marcel. On ne pouvait reprocher justement à ce jeune prince que sa mauvaise foi; tout le reste n'était que récriminations vagues. Ce qu'on y voit de plus remarquable, c'est que la captivité du roi servait d'arme aux deux partis; nobles et bourgeois se souciaient peu du retour d'un monarque dont le joug eût paru plus lourd que n'était celui de son fils, et qui n'avait d'autre but que le plaisir, d'autre moyen que la violence. Mais comme, en dépit du proverbe, les absents n'ont pas toujours tort, la multitude ignorante imputait tous ses maux à ceux qui la gouvernaient, et regrettait le roi prisonnier.

Ainsi, des deux parts, on repoussait la calomnie par la calomnie, et toujours avec succès. A Paris, Marcel devenait de jour en jour moins populaire; il voyait se former et grossir sous ses yeux le noyau d'une opposition menaçante, bien qu'entre les deux partis les forces ne fussent pas encore égales. Si ceux qui regrettaient le duc de Normandie eussent tenté quelque mouvement, on les aurait sans peine écrasés. C'est donc vers l'armée royale qu'ils portaient leurs regards et leurs vœux; c'est du succès ou de la défaite de cette armée que dépendait leur révolte ou leur obéissance. Entre une ville ainsi divisée, réduite à elle-même, et une armée qui avait toute la France pour se recruter et se ravitailler, la lutte ne pouvait être longtemps douteuse; mais il appartenait à l'opposition des Parisiens d'en hâter le dénoûment.

CHAPITRE DOUZIÈME

Le régent devant Paris. — Ravages de ses gentilshommes et du roi de Navarre. — Conférence et traité de l'abbaye Saint-Antoine (8 juillet). — Rupture du traité. — Lettre d'Étienne Marcel aux bonnes villes (11 juillet . — Expédition contre Corbeil et le pont de Charenton (14 juillet). — Conférence et traité de Vitry (19 juillet). — Mécontentement des Parisiens. — Conjuration contre le pouvoir d'Étienne Marcel. — Irritation des Parisiens contre les mercenaires de Navarre. — Massacre de plusieurs d'entre eux (21 juillet). — Marcel sauve les autres. — Incendie du bourg Saint-Laurent. — Assemblée du peuple à l'Hôtel de Ville (22 juillet). — Expédition contre les Navarrais. — Double massacre des Parisiens. — Marcel sauve les derniers Navarrais détenus à Paris (27 juillet).

On était encore au mois de juin, que le régent campait déjà devant Paris avec trois mille lances, c'est-à-dire avec trois mille gentilshommes suivis de leurs valets et de leurs écuyers, en tout, selon les auteurs du temps, trente mille hommes environ[1]. Les chroniqueurs nous apprennent que tout ce monde recevait régulièrement sa solde. Ainsi ce même prince qui n'avait pas su trouver d'argent pour combattre les ennemis du royaume, et qui faisait un crime aux états de ne lui en avoir point donné, n'était pas embarrassé de s'en procurer pour attaquer Paris. Établi aux carrières,

[1] Ce chiffre est contestable. Il supposerait dix valets ou écuyers par gentilhomme ; et les mêmes auteurs disent ailleurs, au sujet de la bataille de Poitiers, par exemple, que le nombre de ces valets était de quatre ou cinq par *lance*. Peut-être, cependant, les seigneurs faisaient-ils avec toutes leurs aises cette guerre contre les bourgeois.

vers Charenton et non loin de la porte Saint-Antoine, il bloquait la ville du côté de l'est, car il commandait le cours supérieur de la Seine, et rien ne pouvait entrer ni sortir de ce côté. Ce blocus, si rigoureux qu'il fût, laissait les communications libres, quoique fort gênées encore, du côté de l'ouest; il ne fallait donc pas se flatter de réduire les Parisiens par la famine. C'est pourquoi il paraîtrait inexplicable que le régent restât si longtemps dans l'inaction sous les murs de la ville; mais la raison de ses lenteurs, c'est qu'il comptait sur une diversion prochaine de ses partisans à l'intérieur de Paris. C'est à cette époque, en effet, que remontent les sourdes menées et les intrigues de quelques hommes que les historiens appellent « hommes de mérite et de considération, » et qui se proposaient de rétablir l'autorité royale par le meurtre et la trahison.

Le régent attendait avec patience le succès de leurs manœuvres, sans rien donner au hasard des combats. On a donc lieu de s'étonner de l'admiration complaisante de Secousse, qui le loue de n'avoir pas, dans ces circonstances, retardé d'un jour l'expédition des affaires. D'abord le prince avait des loisirs, et en outre, à en juger par les documents qui nous restent, dans une période de six semaines il aurait délivré seulement trois lettres royaux, tandis que le nombre en est bien plus considérable aux autres époques de son administration. Comme les gentilshommes dont il était entouré se résignaient moins facilement à attendre, il leur avait permis, pour occuper leur impatience, de piller et de brûler tous les villages aux environs de Paris. Cette œuvre de destruction s'accomplissait avec un zèle que la noblesse n'apportait plus, depuis longtemps, à la défense du royaume, et les moines eux-mêmes n'étaient point épargnés; pour les punir de leur dévouement à la cause populaire, on ne leur laissait rien de ce qu'ils possédaient.

Ces dévastations ruinaient les principaux citoyens de la

ville, qui avaient de riches propriétés aux environs, et c'est à peine si Marcel gardait sur eux assez d'ascendant pour les empêcher de faire des sorties et de se précipiter sur les pillards. Modéré, dans ce danger extrême, comme il le fut durant toute sa vie publique, à la réserve du jour où il fit mettre à mort les maréchaux, il ne voulait point attaquer le prince qu'il appelait encore « son seigneur. » Mais les incursions et les ravages des gentilshommes parurent à la fin intolérables ; pour surcroît de maux, le régent, ayant fait jeter un pont sur la Seine, près de Charenton, commandait le fleuve et ses deux rives; le prévôt dut alors céder quelquefois à l'ardeur des Parisiens, afin qu'elle ne se tournât pas contre lui-même, et leur permettre de sortir en ordre de bataille. L'issue de ces expéditions fit bien voir que ce n'était pas sans raison qu'il hésitait à les permettre : les bourgeois n'en obtenaient aucun résultat, et, chaque fois, ils y perdaient quelques-uns des leurs.

Le roi de Navarre, qui était toujours leur capitaine, quoiqu'il se fût retiré à Saint-Denis, ne leur était que d'un faible secours. Pour le moment, il tenait à ne se brouiller avec personne, et, tandis qu'il évitait avec soin toute rencontre de ses hommes d'armes avec ceux de son cousin, il se prévalait auprès des Parisiens du service qu'il leur rendait en occupant la plaine de Saint-Denis et les hauteurs de Saint-Cloud. Ce qu'il y avait de plus extraordinaire, c'est que ses gentilshommes rivalisaient de déprédations avec ceux du régent. La discipline qui régnait parmi eux n'était pas assez sévère pour qu'on pût les maintenir, alors surtout que, dans le secret de leur cœur, ils ne voyaient que des amis dans le camp royal et des ennemis parmi les Parisiens.

Ne pouvant plus compter sur personne, Étienne Marcel obtint de la reine Jeanne qu'elle essayât une dernière fois d'apaiser le duc de Normandie. Selon toute apparence, il ne se flattait plus de réussir; mais il voulait gagner du temps, soit qu'il eût entamé ailleurs des négociations pour se procurer l'armée qui lui manquait, soit que, n'ayant plus rien à attendre d'aucun côté, il voulût, quelques jours encore, laisser la porte ouverte aux hasards qui pouvaient seuls le sauver.

En apprenant que la reine Jeanne, qui lui était si favorable, entrait de nouveau en pourparlers avec le régent, le roi de Navarre se hâta d'accourir, car il ne voulait point être oublié. Par sa seule présence, il devait prendre le pas sur tout le monde et s'emparer, dans cette entrevue, de la première place, étant à la fois prince du sang et capitaine des Parisiens. Il fut décidé que les deux cousins se rencontreraient, le 8 juillet, dans un pavillon, près de l'abbaye Saint-Antoine. Le régent s'y rendit avec toutes ses troupes, sans doute dans le dessein d'intimider son rival, et rangea ses trente mille hommes sur quatre lignes. Le roi de Navarre, qui n'en avait amené que huit cents, les disposa tous sur une seule, dans le puéril dessein de dissimuler sa faiblesse. Combien n'eût-il pas été plus habile de venir, non comme un ennemi qui veut faire ses conditions, mais comme un ami et un parent qui marque sa confiance dans les intentions et la loyauté de celui qu'il vient trouver! Toutefois sa faute ne lui fut point nuisible, car il n'était personne avec qui le régent ne consentît à s'accorder, pour mieux assurer sa vengeance contre les Parisiens.

Un traité de paix fut conclu entre les deux princes. Pour mettre fin aux réclamations toujours renaissantes du roi de Navarre, il fut convenu qu'il recevrait douze mille livres de rentes en terres et quatre cent mille florins à l'écu, dont dix mille sur-le-champ et le reste par annuités de cinquante mille, jusqu'à l'entier payement. Ces sommes devaient être prises sur les aides que fournirait le peuple pour les dépenses de la guerre, sans que le régent fût personnellement tenu de les garantir ou de les payer à ses frais. C'était donc, comme toujours, aux dépens des misérables que se faisaient ces arrangements, et l'on n'y avait nul souci des intérêts ou des souffrances du royaume.

Le roi de Navarre s'engageait, en retour, à s'unir au duc de Normandie et à le servir contre tous, excepté contre le roi de France. Par là il abandonnait les Parisiens ; il fit plus encore. Sans avoir pris l'avis d'aucun de leurs chefs, il promit qu'ils rentreraient dans l'obéissance et donneraient en deux fois huit cent mille écus d'or (dix millions d'aujourd'hui) pour la rançon du roi, si le régent leur faisait rémission de toute peine corporelle.

Froissart ajoute que, par une clause secrète, Étienne Marcel et douze bourgeois, au choix du dauphin, devaient être exceptés de cette garantie; mais il est probable que le chroniqueur n'a imaginé cette hypothèse que pour laver le régent d'avoir manqué à sa parole quelques jours après. Par les événements qui suivirent, il est manifeste que le roi de Navarre ne croyait pas à la sincérité du duc de Normandie. Quelle apparence, s'il prévoyait des hostilités nouvelles, que, par cette perfidie, il risquât de se perdre sans retour aux yeux des Parisiens ! M. Michelet remarque avec raison que, si le duc promettait de l'argent, le prévôt seul en donnait : toutes les semaines, Charles le Mauvais en recevait deux charges pour payer ses troupes, et il n'était pas homme à renoncer, pour des espérances incertaines, à des avantages positifs.

Un autre historien [1] veut qu'il n'ait pas été, dans cette circonstance, à la hauteur de son ambition. Il est vrai qu'il n'eut pas cette audace suprême qui donne un trône ou fait perdre la vie ; mais par là il confirme ce que nous savons de son caractère. Calculateur et rusé plutôt qu'héroïque, il

---

[1] M. Henri Martin.

n'avait ni enthousiasme ni dévouement : ayant cessé de croire au triomphe final des Parisiens, il n'avait plus qu'à ajourner ses projets et à tout disposer pour que l'appui qu'il leur avait donné ne lui fît pas perdre le rang, les biens et les autres avantages qu'il possédait.

Qu'il ne voulût s'engager sans retour d'aucun côté, c'est ce qui résulte de toute sa conduite et singulièrement des circonstances qui suivirent la conclusion du traité de paix. Les deux princes assistaient à la messe, comme pour donner une sanction religieuse aux engagements qu'ils venaient de prendre. L'évêque de Lisieux officiait : il les sollicita de communier; mais le roi de Navarre refusa, sous prétexte qu'il n'était pas à jeun, et le régent, comprenant à demi-mot, déclara qu'il ne voulait pas communier seul. Ce qui achève cette comédie, c'est que ces deux princes, qui craignaient de se parjurer sur l'hostie consacrée, se parjurèrent sans difficulté sur le crucifix, par un serment qu'ils étaient résolus de ne pas tenir. Ils se retirèrent ensuite, le roi de Navarre à Saint-Denis et le régent à Charenton.

Le lendemain, 10 juillet, Charles le Mauvais, accompagné des Anglais et autres mercenaires qu'il avait à sa solde, se rendit à Paris, aux environs de la porte Saint-Denis, où il voulait avoir une entrevue avec les chefs populaires, afin de leur faire accepter le traité. Il les croyait fort découragés et ne doutait pas, sinon de leur reconnaissance, du moins de leur résignation. Quelle ne fut pas sa surprise de se voir accueilli comme un ennemi et comme un traître ! Il aurait dû, s'écriait-on de toutes parts, s'entendre avec le prévôt des marchands et ne rien conclure sans son aveu ; s'il avait fait autrement, c'est qu'il n'avait en vue que son propre intérêt. La discussion s'échauffa bientôt jusqu'à la violence, et la personne même du roi eût couru quelques dangers, si ses Anglais ne l'eussent protégé contre les Parisiens. S'apercevant alors qu'il s'était trop avancé, Charles le

Mauvais s'excusa auprès des alliés qu'il venait de trahir. Il déclara formellement qu'il pouvait, si tel était leur désir, renoncer au traité sans faire un parjure, puisqu'il n'avait pas communié. Cette proposition apaisa les ressentiments ; mais, comme le passé inspirait une juste défiance, le Navarrais dut, en retournant à Saint-Denis, laisser, pour gages de sa bonne foi, les hommes d'armes qui lui avaient servi d'escorte.

Étienne Marcel jugea qu'il fallait saisir l'occasion de faire voir au régent que le traité était rompu et de compromettre sans retour le roi de Navarre. C'est pourquoi, dès le lendemain, il fit faire une sortie contre les troupes royales. A côté des Parisiens marchaient les mercenaires de Navarre; mais, obligés de combattre contre des hommes avec qui, la veille encore, on leur disait que la paix était conclue, ils n'agirent qu'avec mollesse, et tout le poids de la lutte retomba sur les Parisiens. Ces bourgeois attaquèrent avec un grand courage : quoique mal soutenus, ils tinrent bon jusqu'à minuit, et ne se retirèrent que devant le nombre écrasant de leurs ennemis.

Cet échec était peu de chose au prix du succès qu'on venait d'obtenir, en mettant le roi de Navarre dans l'impuissance de nuire. Ce prince avait perdu toute la confiance des Parisiens et n'était plus leur capitaine que de nom, tandis que la présence de ses hommes d'armes dans les rangs des bourgeois, venait d'irriter les rancunes du régent. Pour augmenter les embarras de son cousin et le contraindre à se prononcer, le régent feignit d'ignorer l'infraction déjà faite au traité de l'avant-veille, et, dès le 12 juillet, il envoya requérir le roi Charles de lui prêter assistance, aux termes de leurs conventions. Mais le Navarrais était homme de ressource : il se tira fort adroitement de ce pas difficile. Il imagina de prendre les devants en récriminant le premier contre son beau-frère, et il l'accusa ouvertement d'avoir violé le traité, tandis qu'il était lui-même à Paris, pour l'y faire approuver. Le régent n'avait fourni d'autre prétexte que les rapines de ses gentilshommes et de ses mercenaires, et l'on a vu que le roi Charles avait moins que personne le droit de lui en faire un crime; mais le but était atteint et la rupture expliquée d'une manière qui ne pouvait qu'être agréable aux Parisiens.

Toutefois, s'ils en éprouvèrent quelque contentement, ils avaient appris à leurs dépens qu'il y aurait imprudence à trop compter sur le roi de Navarre, et c'est sans doute cette conviction, si pénible après tant de sacrifices, qui détermina Étienne Marcel à demander le concours des bonnes villes de la langue d'Oil et même des communes de Flandre, dont la prospérité lui faisait envie, et avec lesquelles il entretenait d'étroites relations. Même après tant de déceptions et de souffrances, il refusait donc de livrer Paris sans conditions au roi de Navarre; car, s'il l'eût voulu faire dès ce moment, comme il s'y résigna plus tard, il aurait pu s'abstenir de ce suprême appel. Mais avant de tout perdre pour tout sauver, il restait fidèle aux projets de ses meilleurs jours et ne voyait encore le salut de la France que dans le règne de la bourgeoisie, la confédération des bonnes villes, l'alliance avec les communes flamandes et la direction suprême des états généraux.

Le 11 juillet, à l'instant même où les Parisiens exécutaient cette sortie qui fit tant d'honneur à leur courage, Étienne Marcel écrivait aux bonnes villes de France et aux communes de Flandre une lettre admirable où il s'étendait, dans un langage supérieur à son temps, sur la loyauté de ses desseins, la mauvaise foi de ses adversaires, et résumait en quelques pages tous les événements auxquels il avait pris part. Cette lettre, ou plutôt ce manifeste, véritable appel à l'opinion, était accompagnée de pièces à l'appui, qu'il recommandait de lire à haute voix dans les assemblées communales ou populaires; il demandait même qu'après lecture elles fussent communiquées à d'autres villes.

Après avoir marqué dans quelle mesure il avait secondé la Jacquerie, et dit en peu de mots tout ce qu'il avait fait pour transformer cette lutte barbare et sans but en une guerre politique, sagement conduite et féconde en heureux résultats, il rappelait qu'il n'avait pas hésité à se séparer des paysans, partout où il n'avait trouvé en eux que la soif du meurtre, de la destruction et du pillage. Après ces déclarations qui importaient à son honneur, il faisait un rapide tableau des horreurs qui avaient signalé les vengeances des nobles contre les restes de la Jacquerie, et qui se continuaient encore. Il demandait assistance aux villes pour défendre le bon peuple, les bons marchands, les bons laboureurs, victimes, comme les mauvais, de ces atroces violences, et sans lesquels, disait-il, nous ne pourrions vivre. « Embrasser cette cause, c'est faire acte plus agréable à Dieu qu'une croisade contre les Sarrasins, car, par suite de la dévastation que les nobles ont portée partout, il est probable qu'il n'y aura point de récolte ni de vaisseaux pour recueillir le peu qu'il en restera, puisque tous ceux que possédaient les villes ont été brûlés en même temps que ces villes mêmes. »

A ces considérations, à ces exhortations générales, Etienne Marcel en ajoutait de plus particulières et de plus pratiques, en indiquant les pays où il convenait de porter les marchandises, les vivres, les blés et les vins, afin de mettre ces provisions en sûreté. « Si l'on gâtait, dit-il, le Laonnois, comme on a gâté le Beauvoisis, tout le pays au delà de l'Oise, qui fournit de vins la Flandre, le Hainaut, le Cambrésis, serait ravagé et il en résulterait des maux extrêmes.»

C'est de cette façon qu'il faut parler aux hommes quand on en veut obtenir du secours, je veux dire en leur montrant leurs intérêts menacés. Les croyant ainsi préparés à l'entendre et à le suivre, Marcel leur proposait un plan de campagne qui était le principal objet de sa lettre, et qui consistait à se saisir partout des nobles et à reprendre les richesses dont ils s'étaient injustement emparés. La tâche n'était pas toujours facile, car ils avaient, pour la plupart, caché le fruit de leurs rapines. Afin que les innocents ne fussent point frappés en même temps que les coupables, le prévôt envoyait avec sa lettre une liste de ceux qui se montraient les plus violents, et qui venaient attaquer Paris, quoique Paris ne leur eût fait aucun tort. En terminant, il s'excusait, sur la difficulté des communications, de n'avoir pu envoyer plus tôt aux bonnes villes ces explications nécessaires, et il annonçait que la capitale du royaume, abondamment pourvue de vivres, prête pour la défense, souffrirait les dernières extrémités plutôt que de tomber en servitude. « On veut, s'écriait-il avec énergie, nous mettre à la charrue avec les chevaux, mais avec l'aide du roi de Navarre qui nous soutient, nous en défions nos ennemis [1]. »

Le succès de ce plan dépendait du temps qu'on aurait pour l'exécuter; or les événements se précipitaient avec tant de rapidité, que les Parisiens avaient assez à faire de garder les portes et les murailles de la ville. Ils ne voyaient pas sans frémir les environs livrés à la merci des troupes royales; mais, faute de monde, ils devaient se résigner à ces pertes irréparables, et se réserver pour des intérêts plus généraux. Fallait-il, par exemple, approvisionner Paris? plutôt que de renvoyer les bouches inutiles, ils préparaient et faisaient des sorties avec autant d'habileté dans les dispositions que d'audace dans l'exécution.

La plus considérable dont parlent les auteurs eut lieu

---

[1] Voy. à l'Appendice (n° 16) le texte de ce précieux document.

le 14 juillet. La disette devenait menaçante, et l'on entrevoyait déjà son sinistre cortège, la famine et la peste. Corbeil, d'où le pain venait à Paris, était occupé par les troupes du régent. Pour dégager cette ville, Marcel se mit bravement à la tête des Parisiens et d'un petit nombre des mercenaires de Navarre. Il avait ordonné, en partant, que tandis qu'il marcherait sur Corbeil, on poussât une vigoureuse sortie du côté de la porte Saint-Antoine, afin d'occuper une partie des troupes du régent : ceux qui étaient chargés de cette diversion tinrent tête, durant tout le jour, à leurs adversaires, et ce ne fut qu'à la nuit qu'ils rentrèrent à Paris.

Pendant ce temps, Étienne Marcel avait conduit avec beaucoup de bonheur l'expédition principale. Arrivé devant Corbeil, il défit les hommes d'armes du régent et les força de battre en retraite; puis, revenant sur ses pas, il se dirigea vers le pont établi en face des carrières, et qui incommodait si fort les Parisiens. Comme il n'était pas attendu de ce côté-là, il put, en se mettant dans l'eau, avec sa colonne, arriver jusqu'au pont et surprendre les ennemis. Il parvint même à détruire en partie cet ouvrage; mais les troupes royales, combattant sous les yeux du prince qui les payait, firent un grand effort; après une lutte acharnée et des pertes sensibles, elles repoussèrent les bourgeois, non sans laisser entre leurs mains messire Rigaud de Fontaine, successeur de Robert de Clermont en qualité de maréchal de Normandie. Étienne Marcel n'avait au dehors aucun établissement : il ne pouvait donc prolonger la résistance; il rentra d'autant plus volontiers dans Paris qu'il avait délivré Corbeil, emporté des vivres, détruit le pont de Charenton, et fait prisonnier un de ses ennemis les plus considérables[1].

---

[1] Les chroniqueurs parlent très-confusément de cette affaire. Quelques-uns ne disent rien de l'expédition sur Corbeil, mais ils parlent de l'attaque du pont de Charenton, et ajoutent qu'elle eut lieu le 14 juillet, qui est le jour

Ces sorties, ces attaques, cette résistance opiniâtre, mettaient le régent dans une surprise dont il ne pouvait revenir. N'espérant pas, avec ses trente mille hommes, se rendre maître de Paris, il avait compté sur la famine, et trouvait qu'elle tardait trop à son gré; il s'attendait à des dissensions intestines qui permettraient à ses partisans de lui ouvrir les portes, et il voyait qu'ils n'osaient pas se soulever, même lorsque les plus redoutables soutiens de la cause populaire étaient en marche sur Corbeil. C'est pourquoi, sans renoncer encore à rentrer dans Paris par la trahison, il se montrait plus disposé à prêter l'oreille aux sollicitations de la reine Jeanne, car s'il ne parvenait, par un traité, à ses fins, qui étaient d'avoir ses ennemis à sa discrétion, il pouvait, du moins, par des négociations, endormir leur prudence et donner aux traîtres le temps de préparer leurs complots.

Fidèle à son désir de terminer cette lutte par un arrangement honorable pour toutes les parties, Étienne Marcel ne pouvait qu'accepter avec empressement la proposition que faisait la reine Jeanne d'intervenir encore, de concert avec l'archevêque de Lyon, que le pape avait expressément chargé de faire tous ses efforts pour rétablir la paix. Quant au roi de Navarre, bien qu'il n'eût confiance en personne, et que personne ne pût se fier à lui, il voulut être encore l'intermédiaire de cette négociation.

Il fut arrêté qu'une nouvelle conférence aurait lieu entre le duc de Normandie et le roi Charles, à Vitry, au bout du pont construit devant les carrières. Mais l'expérience du

---

auquel les premiers rapportent l'expédition de Corbeil; il est donc impossible de ne pas admettre que ces deux attaques eurent lieu l'une après l'autre. De même les chroniqueurs ne voient pas quel était le véritable objet de l'attaque vers la porte Saint-Antoine. Il y en a qui, sans faire mention des succès des Parisiens dans cette journée, disent simplement qu'ils furent repoussés, mais cela ne doit s'entendre que de leur retraite vers le soir. On comprend sans peine, chez des auteurs hostiles, l'omission de tout le reste.

précédent traité ne fut pas perdue : Étienne Marcel exigea
qu'à la reine Jeanne et à l'archevêque de Lyon se joignissent
l'évêque de Paris, dont on connaissait le dévouement à la
cause populaire, l'échevin Jean Belot, le prieur de Saint-
Martin des Champs, Colin le Flamant et « d'autres habitants, » pour assister à l'entrevue. Il est sensible qu'on
avait fait choix de personnes que leur caractère ou leur
obscurité protégeait contre l'inimitié du régent, et qui n'é-
taient pas au nombre de celles dont il voulait la mort.

Les personnes désignées se réunirent, le 19 juillet, sur
un des bateaux dont le pont était composé. Après de longues
délibérations, les Parisiens consentirent à se mettre à la
merci du régent. Ce n'était qu'une satisfaction d'amour-
propre qu'ils donnaient à ce prince, car ils y mettaient cette
condition, qu'il ne pourrait décider de leur sort qu'en conseil. Or on avait poussé les précautions jusqu'à déterminer
d'avance quels seraient, ce jour-là, les membres du conseil :
c'était la reine Jeanne, le roi de Navarre, le duc d'Orléans, le comte d'Étampes, tous membres de la famille
royale et peu favorables au régent; enfin, les décisions sur
le sort des Parisiens devaient être prises à l'unanimité. Les
conventions arrêtées entre Marcel et le roi de Navarre
étaient maintenues, et le duc de Normandie prenait l'engagement de faire ouvrir les passages par eau et par terre,
afin que les provisions pussent arriver sûrement à Paris.
Une seconde conférence devait avoir lieu à Lagny, cinq
jours après (24 juillet), en présence du nouveau conseil
dont ce prince acceptait le concours; un certain nombre de
députés des Parisiens étaient même appelés à y prendre
part, sans doute pour régler quelques points de détail et
pour arrêter définitivement toutes choses, selon les instructions de la bourgeoisie et de ses chefs.

A Paris, les clauses humiliantes de ce traité soulevèrent
l'opposition du plus grand nombre. On ne savait pas à quel

point la situation était désespérée. Étienne Marcel cachait avec soin que les greniers étaient vides et qu'on manquait d'argent pour les remplir. Comme on n'entendait parler du régent qu'en des termes pleins de violence ou d'amertume, personne ne pouvait se résoudre à lui faire des soumissions; personne ne comprenait qu'en échange de cette satisfaction nécessaire, les Parisiens obtiendraient la protection d'un nouveau conseil, formé tout exprès pour les sauver. On disait, d'ailleurs, qu'il fallait d'autres garanties, parce que le duc de Normandie avait accoutumé de ne point tenir ses promesses.

Ces dispositions étaient adroitement entretenues par les hommes qui s'étaient engagés à livrer Paris. Un traité conclu sans leur concours les privait des fortes récompenses qu'ils espéraient. C'est pourquoi, après avoir accusé Marcel d'envoyer tout l'argent de la ville à Saint-Denis, et d'y être toujours lui-même, sans doute pour partager avec le roi de Navarre, ils répétaient qu'il venait de faire sa paix avec le régent, en livrant le peuple à discrétion; et la multitude, sans réfléchir que ses chefs seuls, étant odieux au parti de la noblesse, couraient risque de la vie, accueillait, commentait et propageait ces calomnies. Pour ces misérables motifs, elle soutenait les plus exaltés, qui ne voulaient d'aucun accommodement. Le lendemain, 20 juillet, des soldats du régent, croyant que tout était terminé, se présentèrent aux portes pour entrer dans Paris, et furent repoussés avec colère, sans obtenir d'autre réponse que l'injonction de retourner vers leur duc. Un d'eux, qu'on nommait Macé Guette, était parvenu, malgré cette jalouse surveillance, à se glisser dans la ville : on se saisit de lui, dès qu'il fut reconnu, et on le conduisit vers le prévôt, qui, pour éviter qu'on ne se portât sur sa personne à quelque extrémité, le fit aussitôt sortir de Paris.

L'empire qu'Étienne Marcel continuait d'exercer, dans les

CHAPITRE DOUZIÈME.

petites choses comme dans les grandes, irritait l'impatience de ceux qui conjuraient contre lui; faute de pouvoir l'atteindre assez rapidement par leurs perfides mensonges, ils formèrent le dessein de le renverser en lui ôtant ses appuis. On savait quel prix il attachait au concours du roi de Navarre et surtout de ses hommes d'armes. C'était une force militaire d'une organisation incomplète sans doute, mais suffisante à la rigueur et prête en toute occasion à combattre, au lieu que les bourgeois, braves à leurs heures, je veux dire quand quelque grand objet excitait leur enthousiasme ou leurs colères, ne se soutenaient pas dans ces dispositions belliqueuses, et avaient toujours hâte de retourner à leurs foyers. Aussi, pour obtenir le dévouement des mercenaires de Navarre, Étienne Marcel les payait-il très-régulièrement, quoique les finances de la ville fussent en fort mauvais état. La population de Paris, qui voyait ses défenseurs dans l'inaction, se plaignait que leurs services ne fussent pas en proportion des sommes qu'ils coûtaient : elle ne sentait pas que la seule présence des Navarrais tenait ses ennemis en respect.

Les conjurés profitèrent de ce mécontentement et n'eurent pas de peine à persuader aux Parisiens qu'ils n'avaient pires ennemis que ces mercenaires qu'on rencontrait toujours se promenant dans la ville. Par un raffinement de perfidie, on affectait de les nommer Anglais, quoiqu'ils fussent de différentes nations, sous prétexte que quelques-uns d'entre eux avaient été à la solde du roi d'Angleterre.

Mais qu'importait que ces plaintes fussent sans fondement, pourvu qu'elles produisissent leur effet sur une population qu'égaraient la crainte et la souffrance? C'est pourtant de ces misérables inventions des partis que s'appuient quelquefois les plus graves accusations de l'histoire. Il y a cinq siècles qu'Étienne Marcel passe, aux yeux de la postérité, pour avoir traité avec les Anglais et formé le dessein de leur ouvrir les portes de Paris, et l'on est confus de voir que ce terrible reproche, qui suffirait à flétrir la mémoire du plus grand citoyen, n'a d'autre origine que l'idée, qui vint aux ennemis du prévôt, d'appeler Anglais des hommes d'armes qui ne l'étaient pas.

Malheureusement, quel que fût leur pays, ces mercenaires ne savaient point se courber sous le joug de la discipline, sans laquelle il n'y a pire fléau qu'une armée. On a vu qu'à l'exemple de leurs camarades de l'armée royale, ils dévastaient les environs de Paris, sans que la paye qu'ils recevaient régulièrement, les défenses du roi de Navarre et les prières d'Étienne Marcel pussent les en détourner. A Paris, ils étaient obligés de s'observer davantage ; mais ils portaient la peine des excès qu'ils avaient commis au dehors, et leurs moindres écarts servaient de texte aux plus menaçants commentaires. Bientôt, il y eut chaque jour des querelles entre les mercenaires et les habitants : enfin, le 21 juillet, dans l'après-midi, à la suite d'une discussion violente, les Parisiens se jetèrent sur les étrangers et en tuèrent vingt-quatre : ils parlaient même, dans l'enivrement où les mettait la vue du sang, de tuer tous les *Anglais* qui se trouvaient dans Paris.

Étienne Marcel ressentit un cruel déplaisir de cette collision : elle le privait d'hommes qui lui étaient plus nécessaires que jamais, pour faire voir que le traité de Vitry était un accord librement conclu entre deux adversaires de forces égales, et nullement une capitulation arrachée à la faiblesse. D'ailleurs, c'était en quelque sorte sous sa protection que les soldats de Navarre venaient à Paris presque sans armes; si tout était perdu, il fallait au moins sauver l'honneur en empêchant un prochain massacre. Il envoya donc en toute hâte des hommes sûrs saisir les principaux chefs des mercenaires, qui dînaient à l'hôtel de Nesle, chez le roi Charles. Sous prétexte de les jeter en prison, il les fit conduire au Louvre, et, par là, leur sauva la vie. Ce stratagème lui ayant réussi, il l'employa encore pour un certain nombre de Navarrais, cent cinquante selon Froissart, quatre cents selon les *Grandes Chroniques*. La nuit suivante, il les fit secrètement sortir de la ville et remettre sur la route de Saint-Denis[1].

Ces évènements augmentaient les embarras d'une situation déjà si difficile. Il était à craindre que, pour venger leurs camarades, les mercenaires campés dans les environs ne redoublassent de brigandages, et, en effet, ils incendièrent presque aussitôt le bourg Saint-Laurent, situé près de la bastille Saint-Martin[2]. Cette attaque audacieuse devait

[1] Nous suivons, pour ces faits, le récit de Froissart, qui nous paraît plus digne de foi que celui des *Grandes Chroniques*.

Suivant les *Grandes Chroniques*, ce seraient les Parisiens soulevés qui auraient couru à l'hôtel de Nesle, pour se saisir des *Anglais*, et qui en auraient arrêté quatre cents dans les rues ou dans les maisons de la ville. Mais comment s'expliquer que des hommes qui viennent de tremper leurs mains dans le sang, s'arrêtent tout à coup, et, de leur propre mouvement, se bornent à conduire au Louvre, c'est-à-dire à mettre sous la protection de Marcel, ces mêmes mercenaires contre qui ils proféraient des cris de mort ! Il est douteux que le peuple sût qu'il y avait un grand dîner ou une réunion de chefs chez le roi de Navarre, tandis que le prévôt des marchands en devait être informé. L'honneur et l'intérêt de ce dernier, ainsi que sa conduite ultérieure, permettent de croire que Froissart n'a pas tort de lui attribuer l'arrestation tutélaire des prétendus Anglais qui se trouvaient dans la ville, et qui n'avaient pas encore été égorgés.

Les *Grandes Chroniques* ne disent point que Marcel profita de la nuit pour faire sortir les prisonniers de Paris ; mais on peut l'inférer de leur silence, car elles parlent un peu plus bas de quarante-huit *Anglais* seulement que le prévôt fit sortir au grand jour. Il faut donc croire qu'il avait fait sortir tous les autres pendant la nuit. Peut-être convient-il d'ajouter que si Froissart, en cette circonstance, paraît plus favorable à Marcel que les *Grandes Chroniques*, c'est pur hasard, car il n'a pas un moindre désir de lui nuire auprès de la postérité.

[2] D'après les *Grandes Chroniques*, l'incendie du bourg Saint-Laurent aurait été la goutte d'eau qui fit déborder le vase et provoqué le massacre des Anglais. Mais Froissart dit au contraire que Saint-Laurent ne fut incendié qu'en punition du massacre, ce qui paraît bien plus vraisemblable, car on ne peut penser qu'après un acte pareil, des mercenaires eussent osé paraître dans les rues de Paris. D'ailleurs, ils s'étaient bornés jusque-là à des actes

exaspérer la fureur des bourgeois; comment leur faire entendre que de telles dévastations n'étaient, aux yeux des Navarrais, qu'une revanche à peine suffisante du meurtre de leurs compagnons, et que, malgré ces excès réciproques, les Parisiens ne devaient pas rompre avec les seules troupes qui pussent encore les protéger?

N'espérant pas y parvenir seul, Étienne Marcel pria le roi de Navarre de lui venir en aide. Ce prince, qui y voyait son avantage et craignait que la défaite des Parisiens ne le mît à la merci du régent, consentit à se rendre, dès le lendemain, 22 juillet, à l'Hôtel de Ville, où l'accompagnèrent le prévôt des marchands et l'évêque de Laon. Le peuple, convoqué pour cette assemblée, couvrait la place de Grève; mais il y était accouru en armes, et, de ses flots pressés, l'on entendait s'élever ce vague et sourd murmure qui annonce les orages. Le roi de Navarre parla le premier : il reprocha vivement aux Parisiens d'avoir mis à mort de braves gens qui étaient venus au milieu d'eux avec confiance, sur un sauf-conduit de lui, et qui avaient mission de défendre leur ville contre les troupes du régent. Son éloquence n'eut pas l'effet ordinaire : il avait perdu tout crédit sur cette population qu'il avait trompée. D'ailleurs, dans les rangs de la foule circulaient des hommes à qui leurs intrigues et les circonstances donnaient chaque jour plus d'autorité : ils irritaient les mécontents, et les encourageaient à la résistance. Aux paroles conciliantes du roi de Navarre, la multitude répondit par ce cri sauvage : « Il faut tuer tous les Anglais ! » Les moins exaltés accueillirent eux-mêmes cette proposition et s'enflammèrent à l'idée

---

de brigandage partiels ; ils se conduisaient en maraudeurs, non en ennemis déclarés. — Faut-il faire remarquer que le bourg Saint-Laurent était sur l'emplacement qu'occupent aujourd'hui l'église et le quartier de ce nom, près de la rue du Faubourg Saint-Martin et de la gare des chemins de fer de l'Est?

d'un nouveau massacre. Quelques-uns osèrent demander que le roi Charles et le prévôt des marchands se missent à leur tête pour donner la chasse à ces brigands vers Saint-Cloud et Saint-Denis. Rien ne pouvait être plus agréable au régent et par conséquent plus funeste à la bourgeoisie que ces cruelles divisions. C'est à ce point de vue que parla Étienne Marcel. Charles le Mauvais reprit encore la parole après lui, sans être mieux écouté que la première fois. Tous deux jugèrent, à la fin, qu'il fallait laisser son cours à la fureur populaire, s'ils ne voulaient qu'elle se tournât contre eux-mêmes. Les Parisiens demandaient à partir sur-le-champ; Marcel n'obtint qu'avec peine que l'expédition fût différée jusqu'après l'heure des vêpres.

Il fallait mettre à profit ce court délai. Le prévôt se hâta de pourvoir au salut du petit nombre de mercenaires qui pouvaient se trouver encore cachés dans la ville; il fit en outre donner avis à ceux qui tenaient la campagne d'être sur leurs gardes et d'éviter à tout prix une rencontre avec les Parisiens. Ceux-ci, pendant ce temps, s'étaient rassemblés en armes, au nombre de neuf mille six cents hommes, dont seize cents à cheval. Étienne Marcel et le roi de Navarre, contraints de diriger l'expédition, répartirent les volontaires en deux colonnes et firent sortir l'une par la porte Saint-Denis, l'autre par la porte Saint-Honoré. Tous les deux s'étaient mis à la tête de la première, qui était de beaucoup la plus considérable, et l'on ne sait qui commandait la seconde. Selon toute apparence, ils croyaient qu'une rencontre était surtout à craindre du côté de Saint-Denis, où campait le gros des mercenaires, et ils voulaient être là, afin de conjurer ou de diminuer le danger. Arrivés à Montmartre, près du moulin à vent, car il s'en trouvait un, dès cette époque, à peu près au même endroit qu'aujourd'hui, ils restèrent deux heures sans avancer, et ils envoyèrent trois hommes d'armes au bois de Saint-Cloud, aujourd'hui de Boulogne, pour recommander à un parti de Navarrais, qui s'y était embusqué, d'éviter toute collision avec les Parisiens. Les Navarrais se retirèrent, par où l'on voit qu'ils n'étaient pas très-acharnés, et la colonne sortie par la porte Saint-Honoré, n'ayant rencontré personne, se vit réduite à revenir sur ses pas.

Quoique l'heure fût assez avancée, il faisait une de ces lourdes chaleurs de juillet qui ôtent tout courage. Les Parisiens fatigués rentraient sans ordre et par petits groupes, le bassinet à la main ou sur le col, trainant l'épée ou la portant pendue en écharpe. Tout à coup, quatre cents mercenaires, qui étaient en embuscade dans un chemin creux, tombent à l'improviste sur ces hommes débandés : une terreur panique s'empare des bourgeois; ils s'enfuient de toutes parts ; mais, embarrassés de tout leur attirail de guerre, qu'ils n'avaient pas accoutumé de porter, deux cents d'entre eux sont tués sur place, et, pour ainsi dire, sans résistance; les autres, poursuivis par leurs ennemis, succombent isolément; la perte totale de la petite colonne fut d'environ six cents hommes [1].

---

[1] Les *Grandes Chroniques* font un récit très-différent. Les *Anglais*, abrités sous les arbres du bois de Saint-Cloud, n'auraient laissé paraître que cinquante des leurs, pour exciter par un si faible nombre les Parisiens à engager le combat. Cette ruse fut suivie d'effet, et le gros des mercenaires, s'étant tout à coup démasqué, tomba sur les assaillants, qui prirent honteusement la fuite et furent vivement poursuivis. — Rien de moins vraisemblable que ce récit : depuis que durait la lutte avec le régent, les Parisiens avaient donné des marques éclatantes de leur courage et s'étaient singulièrement aguerris. Parfois même ils avaient vaincu les gentilshommes. Est-il croyable que, dans l'exaspération où ils étaient pour lors, ayant demandé eux-mêmes à combattre les *Anglais*, ils se soient débandés au premier choc? Ne vaut-il pas mieux admettre avec Froissart que la déroute provint d'une embuscade dans laquelle tombèrent des hommes disséminés, fatigués par la chaleur et par une longue marche, ne comptant plus d'ailleurs trouver d'ennemis? Nous avons suivi le récit de Froissart, n'y ajoutant qu'un fait emprunté aux *Grandes Chroniques*, celui des trois hommes d'armes envoyés par Marcel aux Navarrais du bois de Saint-Cloud, pour les conjurer d'éviter

CHAPITRE DOUZIÈME.

Le lendemain, malgré le découragement qui régnait dans Paris, les habitants sortirent en assez grand nombre avec des charrettes pour recueillir leurs morts; les Navarrais, enivrés de leur succès de la veille et prévoyant cette pieuse expédition, s'étaient embusqués de nouveau : sans respect pour le devoir que les Parisiens venaient remplir, ils se jetèrent sur leurs ennemis désarmés ; plus de cent vingt de ces malheureux tombèrent sous leurs coups.

Cette barbarie, qui ne saurait trouver d'excuse, acheva d'exaspérer les Parisiens. Étienne Marcel et le roi de Navarre ressentirent un regret mortel de ces tristes événements. Le prince s'était retiré à Saint-Denis, pour ne point s'exposer à la colère des bourgeois; le prévôt, après être resté quelque temps à Montmartre, s'était vu obligé de rentrer dans la ville, à la nouvelle du désastre de la porte Saint-Honoré; il y fut accueilli par des huées : on lui reprochait d'avoir laissé lâchement égorger ses concitoyens, sans leur porter secours. Ainsi, en lui imputant le malheur des uns, on ne lui savait point gré d'avoir sauvé les autres, et, pour avoir résisté sans succès aux fureurs aveugles de la multitude, il achevait de perdre sa popularité [1].

toute rencontre. Cette circonstance est trop conforme à la conduite du prévôt et du roi dans tout le reste de cette affaire, pour être une invention du chroniqueur. Il reste seulement dans le doute si les mercenaires de l'embuscade ne reçurent pas l'avis qu'on leur envoyait ou s'ils ne voulurent pas s'y conformer. On peut admettre, toutefois, par conjecture, que puisque ceux qui étaient dans le bois obéirent à l'ordre de leur chef, ceux de l'embuscade en eussent fait autant si l'avis leur était parvenu. Apparemment on ne pensa pas à eux ou bien l'on ne put les trouver.

[1] C'est une question assez obscure de savoir si Marcel rentra en ville avant ou après le combat de la porte Saint-Honoré. M. Henri Martin dit *avant*, d'après Froissart ; or Froissart ne dit pas le mot, quoiqu'il semble résulter de son récit qu'il l'entend ainsi. Voici ses propres paroles : « Or avint que le prevost des marchands, qui étoit ennuié d'être sur les champs et qui nulle rien n'avoit fait, en tour remontée, rentra à Paris par la porte Saint-Martin. L'autre bataille se tint plus longuement sur les champs, et rien ne savoit du retour du prevost ni de sa bataille qu'ils fussent rentrés à

Il en eût fait sans trop de regret le sacrifice, s'il n'avait vu dans la défiance des siens un obstacle presque insurmontable aux mesures qu'il voulait prendre pour sauver Paris. Il avait à se préserver d'un double écueil, les soupçons de ses concitoyens et ceux du roi de Navarre. L'hostilité de ce prince lui paraissait surtout redoutable, car elle lui aurait ôté ses dernières armes; il s'estima heureux de n'avoir, pour la conjurer, qu'à accomplir un acte de justice. Il restait encore au Louvre quarante-huit Navarrais, qu'on n'avait pu faire sortir de Paris en même temps que leurs compagnons : après le double massacre de la porte Saint-Honoré, il devenait fort dangereux de les rendre à la liberté, et cépendant il fallait empêcher le peuple de Paris de venger son désastre sur des innocents. En conséquence, le 27 juillet, c'est-à-dire lorsque le calme fut revenu dans les esprits, Marcel se rendit au Louvre, accompagné d'environ deux cents hommes d'armes en qui il avait toute confiance; malgré le peuple qui murmurait sourdement, mais n'osait encore se soulever contre son chef, il fit conduire les prisonniers hors de Paris par la porte Saint-Honoré. Ceux qui formaient l'escorte avaient leurs arcs bandés, et demandaient ironiquement, le long du chemin, si l'on avait quelque chose à dire sur la délivrance des *Anglais*. Cette bravade inutile ne fut point relevée, mais elle ne pouvait avoir d'autre effet que d'irriter le mécontentement public et de compromettre sans retour Étienne Marcel auprès de ceux qui l'avaient jusque-là si fidèlement soutenu.

Paris, car s'ils l'eussent sçu, ils y fussent rentrés aussi. » (L I, part. II, éd. Buchon, p. 381. — *Panthéon littéraire*.) Il est probable que si Marcel était rentré avant le combat, il n'en eut la nouvelle que lorsque la lutte fut terminée, et, puisqu'il croyait avoir pris toutes ses mesures pour qu'aucune rencontre n'eût lieu, il lui était permis de revenir à Paris quand il jugerait à propos. Il semble donc qu'on ne peut rien inférer de ces faits contre Étienne Marcel; on oublie, d'ailleurs, qu'ils durent s'accomplir dans un laps de temps très-court, puisque la sortie n'avait eu lieu qu'après les vêpres.

CHAPITRE TREIZIÈME

Calomnies contre Marcel. — Réaction dans les esprits en faveur du régent. — Dernières négociations avec ce prince. — La couronne offerte au roi de Navarre. — Conjuration contre Marcel à l'intérieur de Paris. — Jean Maillart. — Affaire de la bastille Saint-Denis (31 juillet). — Mort d'Étienne Marcel. — Les conjurés maîtres de Paris. — Terreur à Paris. — Fermeté de quelques partisans de Marcel. — Le roi de Navarre attaque inutilement Paris. — Exigences du régent. — Sa rentrée à Paris (2 août).

Les événements qui venaient de s'accomplir étaient très-favorables à la conjuration qu'ourdissaient dans l'ombre les anciens et les nouveaux amis du régent. Pour entretenir et augmenter la colère qu'ils avaient fait naître dans le cœur des Parisiens contre leur prévôt, ils poursuivaient celui-ci de leurs injures et de leurs calomnies; ils allaient jusqu'à dire qu'il n'était pas né Français et prétendaient trouver dans ses actes la preuve de cette assertion singulière [1]. On ne voit pas que, pour se défendre, Étienne Marcel se soit déterminé du côté de la rigueur : à ces attaques, dangereuses autant qu'elles étaient perfides, il opposait le dédain d'un homme supérieur, peu occupé de ce qui ne touche que lui. Sa négligence était imprudente autant que généreuse :

[1] Les ennemis d'Étienne Marcel disaient « qu'il avait été engendré de personne étrange et ennemie du royaume, comme par ses faits assez le démontra. » (Bibl. impér. Ms. de Baluze, n° 312, reg. 5242³.)

il aurait dû se faire respecter lui-même dans l'intérêt de ses grands desseins, car la multitude ne sépare jamais une cause, fût-elle la sienne, de celui qui s'en est fait le principal représentant.

Les esprits politiques, sans en excepter ceux qui avaient fait paraître le plus de haine ou de défiance contre le régent, arrivaient aux mêmes conclusions que les conjurés et la multitude, quoique par un chemin différent. La défaite de la Jacquerie leur faisait penser que toute tentative contre la noblesse était prématurée, et si, pour assurer l'empire des états généraux, ce qui était le fond de la querelle, il fallait se mettre à la merci du roi de Navarre, ils demandaient si cette grande cause serait mieux servie par ce prince que par le régent. Le souvenir présent de la récente trahison de Charles le Mauvais leur faisait oublier les anciens torts du fils aîné du roi, et ils commençaient à voir dans le rétablissement de l'autorité légitime la fin de leurs souffrances. Cette opinion gagnait chaque jour du terrain; Étienne Marcel lui-même n'eût pas été loin de s'y rendre, s'il n'avait eu à défendre la tête de ses amis en même temps que la sienne; en attendant, il ne put refuser de retirer au roi de Navarre le titre de capitaine, dont ce prince avait fait si peu d'usage, et d'ouvrir de nouvelles négociations avec le régent. Mais toute espérance d'un arrangement honorable disparut presque aussitôt, car le régent, plus difficile à mesure qu'il voyait mieux la détresse de ses ennemis, ne se borna plus à demander, comme il avait fait auparavant, qu'un certain nombre de bourgeois, six ou douze, par exemple, lui fussent remis à discrétion; il répondit aux négociateurs qu'il ne rentrerait point dans Paris, tant que le meurtrier des maréchaux serait en vie. Pour la première fois il découvrait le fond de sa pensée, et c'était pour convier les Parisiens à l'assassinat. Étienne Marcel ne put conserver de doutes sur ces cruelles conditions, car elles furent consignées par écrit, et c'est à lui-même que les députés remirent les lettres qui les contenaient[1].

Si l'on avait pu douter jusque-là du sort que le régent réservait aux chefs du parti populaire, il n'y avait plus à s'y méprendre. Étienne Marcel avait donc à décider s'il devait se sacrifier avec ses amis, pour donner aux Parisiens la joie de se courber sous les lois d'un prince qui ne rêvait que vengeance. Ils auraient pu prendre la fuite; mais, outre que c'eût été courir à une mort presque certaine, la campagne étant au pouvoir de gens d'armes qui leur étaient hostiles, leur fierté se révoltait à la seule idée de terminer si honteusement une lutte si glorieuse, et, dans un conseil qu'ils tinrent à ce sujet, ils résolurent de livrer au roi de Navarre cette couronne de France qu'il convoitait secrètement.

Aux yeux des Parisiens, qui ne souhaitaient plus, pour la

[1] Cette demande formelle du régent est d'une gravité extrême, car elle devait déterminer Marcel à se jeter dans les bras du roi de Navarre. Il n'en est fait mention ni dans Froissart ni dans les *Grandes Chroniques*, ni même dans le continuateur de Nangis; mais deux chroniques manuscrites, citées par Secousse (*Mém. sur Charles le Mauvais*, t. I, p. 301), et celle de Jean de Novelles, abbé de Saint-Vincent de Laon, rapportée par M. Lacabane, ne permettent pas de douter du fait. Que Froissart et les *Grandes Chroniques* se taisent, cela n'a rien d'étonnant : le fait était peu honorable pour le prince qu'ils défendent avec tant de partialité. Le silence même du continuateur de Nangis ne prouve rien, ce chroniqueur ayant commis tant d'autres omissions sur les faits les plus graves. Dans tous les cas, on ne pourrait arguer de celle-ci contre l'affirmation si précise de trois narrateurs qui ne sont point des apologistes d'Étienne Marcel. — On a peine à s'expliquer qu'en appelant le premier l'attention sur ces textes importants, Secousse n'y ait pas vu la justification du prévôt; on voit, par cet exemple, pris entre tant d'autres, que la sagacité de ce savant, si grande dans la découverte des textes et des faits, disparaît complétement dès qu'il s'agit de les juger par la critique. M. Jules Quicherat pense que la lettre du régent n'était pas faite pour être communiquée à Marcel, et qu'elle fut seulement interceptée. Il est plus présumable que le régent, se croyant assez fort pour renoncer à sa prudence ordinaire, et se flattant d'avoir gagné les députés, leur confia la lettre, et que ceux-ci, au lieu de la remettre aux amis du prince, prirent sur eux de la faire tenir au prévôt des marchands.

plupart, que de faire leur paix avec le régent, ce projet pouvait passer pour une trahison : ils avaient exigé que le roi de Navarre perdît son titre de capitaine et que les portes de Paris lui fussent fermées; on allait les lui rouvrir et lui rendre bien plus qu'on ne lui avait ôté. Ils regardaient toujours le roi Jean comme leur seigneur, son fils comme le représentant légitime de l'autorité, et l'on allait les mettre tous les deux hors de cause. Dans la réalité, cependant, il n'y avait point de trahison, mais seulement une tentative prématurée. La forte intelligence des chefs de la bourgeoisie pouvait seule comprendre, en ces temps-là, que la France n'appartenait ni à Jean ni à Charles, et qu'elle devait être maîtresse d'elle-même; que ceux qui la gouvernaient mal perdaient tout droit à la gouverner, et qu'il y avait dans le refus que faisaient le roi et son fils de reconnaître les réformes introduites par les états la meilleure raison du monde de leur ôter un pouvoir dont ils ne savaient qu'abuser.

Il n'y avait donc pas d'apparence qu'une telle entreprise pût réussir, s'il fallait l'appui des peuples pour la conduire à bonne fin; mais Étienne Marcel n'ignorait pas qu'incapables, pour l'ordinaire, de prendre ces résolutions soudaines qui décident des événements, ils se soumettent aux mesures qu'on a prises sans eux ou contre eux, et que, pour les gagner ou du moins pour leur imposer silence, il n'y a qu'à ne pas leur donner le temps de se reconnaître. Il se rappelait d'ailleurs que le roi de Navarre avait été autrefois l'idole des Parisiens et de tout le royaume, et il se flattait que ce prince, n'attendant que la couronne pour agir, soutiendrait résolûment, lorsqu'on la lui aurait donnée, les intérêts qui lui étaient confiés et qu'il avait si mal défendus jusqu'alors.

Il y avait sans doute de l'inconvénient à faire cette révolution dynastique sous les yeux des Anglais, toujours prêts à profiter de nos discordes; mais l'amitié qu'ils n'avaient cessé de marquer au roi de Navarre permettait de croire qu'ils ne traverseraient pas le dessein de le porter sur le trône. A supposer que, pour ne point perdre le bénéfice de la captivité du roi Jean, ils s'opposassent à sa déchéance, mieux valait encourir leur inimitié que subir les humiliantes conditions qu'ils mettaient à la liberté du roi prisonnier.

L'entreprise pouvait donc être tentée, quand tout autre moyen de salut échappait à la cause populaire. Quel magnifique résultat et quel progrès pour la France, si le gouvernement de la nation par elle-même y eût prévalu dans le même temps qu'il s'établissait en Angleterre ! Ce fut un malheur que la disposition des esprits ne permit pas d'avouer un but si avouable, et d'y tendre au grand jour. La défiance qu'inspirait le roi de Navarre, et que Marcel avait partagée, puisqu'il n'acceptait ce prince comme chef qu'en désespoir de cause, forçait la bourgeoisie de donner à une révolution l'apparence d'un complot. Paris était gouverné par ce mystérieux conseil de ville, composé d'une douzaine d'hommes qu'on appelait les gouverneurs, et qui ne laissaient rien transpirer de leurs délibérations. Au secret et à la ruse devait prochainement succéder la violence, car les partisans du duc de Normandie, avertis par quelque pressentiment ou peut-être par les révélations d'un indiscret ou d'un traître, se tenaient aux portes de la ville, y faisant nuit et jour bonne garde. Il fallait se débarrasser des principaux meneurs, et l'on espérait y parvenir dans la lutte qu'ils ne manqueraient pas d'engager sur plusieurs points, pour s'opposer à la rentrée du roi Charles. Le Navarrais, quand il serait assis sur le trône, verrait ce qu'il devrait faire de ses autres ennemis, s'ils osaient lever la tête.

On prêta, dans la suite, d'atroces projets à Marcel : il voulait, disait-on, brûler Paris, mettre à mort tous les partisans du régent, marquer à la craie les maisons de ceux qu'il fallait massacrer, ou plutôt celles des bons citoyens qu'il fallait épargner : accusations invraisemblables, telles que, dans tous les temps et après toute victoire, les invente l'esprit de parti, et qui parurent bientôt nécessaires pour excuser les cruautés qui signalèrent la rentrée du régent[1].

Quand les propositions d'Étienne Marcel arrivèrent à Saint-Denis, le roi de Navarre, fatigué d'attendre, négociait, dit-on, avec trois chevaliers qui venaient lui offrir, au nom du roi d'Angleterre, le partage de la France. Il s'empressa de suspendre cette négociation, pour prêter l'oreille aux offres bien autrement avantageuses du prévôt des marchands. Enfin Charles le Mauvais était maître de la situation : l'on ne traitait plus avec lui en disputant pied à pied le terrain, en retirant d'une main ce qu'on donnait de l'autre; on se jetait dans ses bras, on lui livrait Paris et la France. Il fit alors, dans son intérêt, ce qu'il aurait dû faire

---

[1] Il est superflu de disculper Marcel d'avoir voulu brûler Paris, qu'il aimait comme son œuvre, et même d'avoir voulu tuer *tous* les partisans du régent. Forma-t-il du moins le projet de marquer à la craie les maisons de ses principaux adversaires pour les désigner à la mort? Ce point mérite plus d'attention. Remarquons d'abord que la manière dont le continuateur de Nangis semble révoquer ces bruits en doute est bien plus significative qu'il ne le croit lui-même : « On a du moins, dit-il, accusé *depuis* le prévôt et ses amis de toutes ces choses. » Ainsi le fait est contesté par un contemporain qui est ordinairement bien informé; et, de plus, il nous apprend, presque sans y penser, qu'on n'éleva ces accusations que plus tard, lorsqu'on s'aperçut que le supplice des principaux d'entre les vaincus soulevait l'indignation publique et qu'il fallait leur prêter quelque crime qui les rendît indignes de pitié. Mais on peut trouver d'autres raisons que ce témoignage d'ailleurs si concluant. Marcel fut tué au moment où il allait engager la lutte en ouvrant les portes de la ville, et il est clair que les maisons désignées devaient être déjà marquées à la craie. — Or, s'il en était ainsi, on connaîtrait au moins les noms des principales victimes, et il n'y a pas un chroniqueur, parmi les plus inventifs, qui en cite un seul. Quel argument pour ceux qui frappèrent Marcel, s'ils avaient pu dire et prouver que le prévôt les avait nominativement désignés à la mort! Assurément aucun d'eux n'y eût manqué. Il est donc très-probable que les *gouverneurs* ne comptaient que sur une lutte ouverte pour se défaire de leurs principaux adversaires.

auparavant dans l'intérêt de la cause populaire : pour renforcer son armée, il prit à sa solde tous les chefs de compagnies qui n'étaient pas trop éloignés; il s'entendit avec eux pour occuper Paris, ainsi qu'un certain nombre de villes et de châteaux qui pourraient servir de rempart à sa capitale. Mais il était trop tard : Marcel n'avait plus assez d'autorité ni de puissance, même pour abdiquer entre ses mains.

A Paris, en effet, tout marchait à grands pas vers le dénoûment. Ceux qui conspiraient en faveur du régent savaient ce qu'il attendait d'eux et ne cherchaient plus que l'occasion de tuer Marcel. Les chefs véritables du complot étaient Pepin des Essarts et Jean de Charny, qui s'étaient fait connaître, dès le premier jour de la lutte, pour les défenseurs dévoués du pouvoir royal; mais, par cela même, ils étaient peu propres à paraître au premier rang, car leurs premières démarches eussent éveillé les soupçons du prévôt et de ses amis. C'est pourquoi ils avaient gagné à leurs desseins un des échevins, nommé Jean Maillart, qui était en même temps garde d'une des portes de la ville et allié à la famille du prévôt. C'était une recrue de la dernière heure, car, jusqu'au mois de juillet, Jean Maillart avait passé pour très-dévoué à la cause populaire.

Ce choix fait voir avec quelle habileté les deux chevaliers conduisaient les affaires du régent : l'échevin Maillart était un homme sans valeur, que ni ses alliances de famille, ni ses opinions, ni l'amitié d'Étienne Marcel, n'avaient pu mettre au rang de Charles Toussac, de Robert de Corbie et des autres chefs du parti populaire. Il ne paraît pas qu'il eût exercé la moindre influence sur les états généraux ou dans les mystérieux conseils de la commune. Tout porte à croire que l'envie, compagne ordinaire de la médiocrité, dévorait son âme et le disposait d'avance à prêter l'oreille aux propositions des mécontents. Toutefois les liens qui l'attachaient à son passé étaient si forts, qu'il fallut l'entraîner dans le parti royal par des moyens extraordinaires. Ce fut sans doute pour lui donner un grave motif de trahir ses amis, et sur le conseil de Pepin des Essarts et de Jean de Charny, que le régent confisqua ses biens pour les donner au comte de Portien. On le soupçonnait de tenir moins à sa cause qu'à ses richesses; en effet, entraîné par le désir de les recouvrer, Maillart n'hésita plus, et il entra dans la conjuration, où l'on avait eu soin de lui réserver la première place [1].

[1] Il est très-difficile d'arriver à la certitude historique sur la part que prit Jean Maillart aux derniers événements de cette histoire ; plusieurs points sont l'objet d'une vive controverse :

1° Maillart, suivant les uns, aurait toujours été au nombre des amis du régent. Cette opinion est réfutée d'une manière très-satisfaisante par M. Luce, dans une courte note en réponse au mémoire de M. Lacabane. (Voy. *Bibl. de l'École des Chartes*, 18° année, t. III, 4° série, p. 415. — *Du rôle politique de Jean Maillart.*)

2° Suivant Secousse et M. Lacabane, les biens de Maillart n'auraient été confisqués que pour mieux tromper les Parisiens, et du consentement de Maillart lui-même. M. Luce, d'accord avec M. Henri Martin, ne peut se rendre à cette opinion, et je crois aussi qu'il faut la combattre, mais par d'autres raisons. La seule que donne M. Luce, c'est qu'il y a d'autres lettres de confiscation que celles qui frappent Maillart, et il cite celles par lesquelles le régent donne à Gilles de la Loucière les biens de Pisdoé. Sans doute, ce n'est pas assez d'un exemple; mais il serait fort extraordinaire qu'on eût confisqué sérieusement les biens d'hommes relativement obscurs, tels que Maillart et Pisdoé, tandis qu'on ne frappait de la même rigueur ni Marcel, ni Toussac, ni tant d'autres plus considérables, dont les biens ne furent saisis qu'après leur mort. Pourquoi, d'ailleurs, le régent aurait-il attendu jusqu'au mois de juillet, s'il n'avait eu un motif tout particulier ? Qu'il ait joué, d'accord avec Maillart, une simple comédie, cela paraît peu vraisemblable ; il suffisait de la position officielle de Maillart, de ses opinions connues, de ses liens de famille, pour inspirer une entière confiance aux Parisiens, et c'eût été un mauvais moyen de couvrir ses démarches que d'attirer spécialement l'attention sur lui.

3° Ce Maillart, que les historiens royalistes portent au ciel, fut-il un traître? M. Luce ne le pense pas, attendu, dit-il, que la cause nationale était perdue. — Apparemment, quand une cause est perdue, il n'y a rien de mieux à faire que de lui donner le coup de grâce, surtout si l'on doit recouvrer ses biens en se convertissant la veille au succès du lendemain. M. Henri Martin semble désirer de ne pas trouver Maillart coupable;

CHAPITRE TREIZIÈME.

L'habileté des deux gentilshommes qui avaient conduit toute cette affaire n'a d'égale que la perfidie de Jean Maillart. Tandis qu'il était d'accord avec eux, il continuait d'assister, en qualité d'échevin, aux conseils les plus secrets de la commune, et la connaissance qu'il avait des desseins de ses amis ne lui servait qu'à les déjouer. C'est parce qu'il savait que le roi de Navarre, qui se trouvait à Saint-Denis, entrerait, selon toute apparence, dans la ville par la porte de ce nom, qu'il s'en fit donner la garde, en même temps qu'à Simon, son frère, dont il avait fait le complice de sa trahison. Pour un homme aussi engagé dans le parti populaire, il n'y avait qu'un moyen de changer honorablement d'avis sur les affaires publiques, c'était de laisser à d'autres la tâche si difficile de les conduire.

Le moment était venu de frapper le grand coup : dans la nuit du 31 juillet au 1ᵉʳ août, le roi de Navarre devait entrer dans Paris. Sur le soir, Étienne Marcel se rendit à la bastille Saint-Denis, grand portail flanqué de tours qu'il avait fait construire. Il y venait dîner dans la compagnie de cinquante ou soixante de ses amis, tous en armes. Le repas n'était visiblement qu'un prétexte, afin de ne pas éveiller les soupçons. En arrivant, Marcel trouva les deux frères Maillart, à qui, comme on l'a vu, la garde de cette bastille était commise. Tout se passa d'abord paisiblement ; mais, quand le prévôt donna l'ordre à un certain nombre d'entre les

comment cela serait-il possible, puisqu'il est démontré qu'il ne fut pas toujours « de l'accord du duc de Normandie? » Il y a donc un moment où ce bourgeois a changé d'opinion et résolu de tuer un homme qui était son protecteur, son ami, son compère, son parent et son chef. Or il y eut trahison patente, puisque Marcel, ignorant les desseins de Maillart, ne lui retira ni ses fonctions d'échevin, ni la garde d'une des portes de Paris. En admettant même que la confiscation fût réelle, la trahison et le meurtre restent, le mobile seul est changé : Maillart sacrifie son honneur à l'amour de l'argent et non à l'ambition ; je ne vois pas ce que sa mémoire peut y gagner.

hommes auxquels commandait Jean Maillart de se retirer, parce qu'il n'était pas besoin de tant de monde pour garder les portes de la ville ; quand il commanda de remettre les clefs à Joceran de Mâcon, Maillart trouva l'occasion de la querelle qu'il cherchait. Il déclara nettement, quoique sans s'expliquer davantage, qu'il ne donnerait les clefs à personne. Étienne Marcel s'étant alors emporté et se plaignant qu'on lui refusât obéissance, Maillart demanda à son tour les raisons d'un acte si suspect. C'était se placer sur un bon terrain, car Marcel ne pouvait répondre sans compromettre le succès de ses desseins. Il s'éleva donc entre eux une altercation violente où les reproches et les injures prirent la place des arguments : alors Maillart, jetant le masque, saisit une bannière, et, suivi de ses amis, parcourut les rues qui conduisaient aux halles; il criait, afin de soulever les citoyens : « Montjoie et Saint-Denis, au roi et au duc ! » Soit frayeur, soit curiosité, un grand nombre accourut à sa voix; d'autres, par un dévouement à la cause royale qu'ils n'avaient pas la veille et qui naissait des circonstances ; quelques-uns enfin parce qu'ils étaient du complot ou qu'ils l'approuvaient.

De son côté, Marcel, comprenant le danger, courait avec ses hommes vers la porte Saint-Antoine; il poussait le même cri de guerre et de ralliement, pour laisser croire le plus longtemps possible que Maillart était d'accord avec lui. Quelques auteurs, cependant, semblent douter que le prévôt ait crié *au duc* en même temps qu'*au roi*, et par là font preuve d'un certain esprit de justice. Marcel pouvait être violent, intraitable dans ses volontés, mais jamais, dans sa vie publique, on n'avait vu ni fourberie ni mensonge. A la bastille Saint-Antoine, il rencontra encore des amis de Maillart qui connaissaient déjà la querelle de la porte Saint-Denis. N'ayant plus rien à ménager, ces hommes demandèrent au prévôt communication d'une lettre qu'on disait qu'il avait reçue du régent. Sur ses dénégations, ils le chargent d'injures, des injures ils passent aux menaces, et des menaces aux coups. Le premier qui succomba dans la mêlée fut Philippe Giffart, ami personnel du prévôt et échevin depuis 1356. Après lui Simon le Paumier et Étienne Marcel tombèrent frappés par des gardes obscurs de la porte Saint-Antoine. Ils étaient venus au nombre de cinquante-quatre : le continuateur de Nangis dit qu'ils y périrent tous[1].

Pendant ce temps, Pepin des Essarts avait secondé le mouvement qui éclatait. Il se trouvait aux environs de la porte Saint-Denis, accompagné de son frère Martin, de Jacques de Pontoise, huissier d'armes, de plusieurs autres personnes, et sa présence, pas plus que celle des deux Maillart, n'y pouvait être fortuite : la réunion des principaux conjurés sur le même point fait assez voir que

[1] C'est à dessein que nous laissons de côté le récit dramatique de Froissart, quoique M. Henri Martin ait cru devoir le suivre de préférence. D'après Froissart, Marcel aurait été frappé de la main même de Maillart. Or, dans un mémoire de l'Académie des inscriptions (ancienne série, t. XLIII), Dacier a très-bien prouvé qu'il n'avait pu en être ainsi. Le silence des *Grandes Chroniques*, du continuateur de Nangis et surtout du Trésor des Chartes, où il est si souvent question des récompenses accordées à Jean Maillart, ne permettent pas de croire qu'il ait tué Marcel de sa main. S'il avait eu un pareil exploit dans ses états de service, ses amis ne l'auraient pas oublié, ni même ses ennemis. M. Lacabane dit, à la vérité, qu'on pourrait voir Maillart dans ce mot si vague du continuateur de Nangis : *Unus ex illis custodibus;* mais, outre qu'on n'aurait point parlé ainsi d'un homme qui était le plus considérable du complot, ou qui en était du moins le chef apparent, il y a des textes précis qui s'opposent à cette hypothèse. — Une chronique ms. (Bibl. imp., n° 9656) dit expressément : « fut occis le dit prévôt du commun. » Une autre (n° 8392) affirme seulement la présence de Maillart ; il est vrai qu'elle commet une grave erreur en ajoutant que le meurtre eut lieu à la bastille Saint-Denis. Suivant le texte de Froissart adopté par l'éditeur Buchon, le premier qui aurait frappé Marcel serait Jean de Charny, le second Pierre Fouace, qui furent suivis aussitôt d'une foule d'autres (p. 318, t. III. Paris, 1824). — On voit qu'il n'y a guère moins de contradiction sur ces faits que sur la confiscation des biens de Maillart. La version la plus vraisemblable, en pareil cas, est ordinairement la moins dramatique.

la querelle qui s'y engagea avait été concertée d'avance. En voyant partir Jean Maillart pour se rendre aux halles, Pepin des Essarts s'était dirigé avec ses amis vers l'hôtel de Joceran de Mâcon, aux environs de Saint-Eustache, pour mettre à mort ce courageux échevin. Ne l'y trouvant pas, Pepin des Essarts conduisit sa troupe vers la maison aux piliers, où il se saisit de la bannière, et de là se dirigea vers la bastille Saint-Antoine. On ne sait s'ils y arrivèrent à temps pour prêter main-forte à ceux qui tuaient Marcel et les autres chefs du parti populaire [1].

Les conjurés occupaient, dès ce moment, les principaux points de la ville, je veux dire la porte Saint-Denis, par où le roi de Navarre devait entrer dans Paris, la porte Saint-Antoine, qu'on allait ouvrir au régent, les halles et la maison aux piliers, où le peuple s'assemblait le plus volontiers. Maillart donna l'ordre d'occuper en outre les portes Saint-Honoré, Saint-Martin et Baudoyer, qui étaient encore aux mains des partisans de Marcel [2]. C'est en défendant la porte Baudoyer que périrent Gilles Marcel, frère d'Étienne, clerc de la marchandise de Paris, c'est-à-dire greffier de la municipalité, et Jean de Lisle, nommé échevin cette année même. D'autres devaient mourir dans les supplices. Ceux qui accusaient faussement le prévôt d'avoir fait marquer à la craie les maisons de ses ennemis avaient leurs listes de proscription toutes prêtes : le même jour, Charles Toussac, Joceran de Mâcon et plus de soixante personnes

---

[1] Lettres de rémission, février 1359. (Trés. des Chartes, Reg. 99, p. 598. — Secousse, *Mém. sur Charles le Mauvais*, t. II, p. 296.)

[2] Dans le mémoire dont il a été question plus haut, Dacier entreprend de prouver que Maillart ne fit qu'un personnage secondaire dans la conjuration. M. Lacabane a répondu victorieusement sur ce point : ses meilleures preuves sont celles qu'il emprunte au Trésor des Chartes. Ce précieux recueil contient une foule de lettres de donation à Maillart en récompense de ses services. En outre, beaucoup de grâces faites à des tiers le sont « sur la demande, par amour et contemplation du dit Jean Maillart. »

considérables du parti populaire furent conduits au Châtelet, tandis qu'on traînait ignominieusement par les rues les corps d'Étienne Marcel, de Philippe Giffart, de Jean de Lisle, pour les exposer nus sur les marches de l'église de Sainte-Catherine du val des Écoliers.

Les historiens parlent de la terreur qui régnait dans Paris, durant les derniers jours qu'Étienne Marcel exerça le pouvoir. Qu'était cette terreur au prix de celle qu'inspiraient déjà les amis victorieux du régent? Comme il n'y avait personne qui n'eût protesté de son dévouement au gouvernement de la bourgeoisie, personne ne pouvait se croire en sûreté. Pour échapper au danger, il fallait donner cent fois plus de gages de soumission qu'aux plus sombres jours de la révolution. L'on vit alors un triste exemple de ces défaillances dont aucune révolution n'est exempte. Ceux qui, le matin, avaient pris les armes pour « vivre et mourir avec les chefs du peuple, » déclaraient, le soir, ne s'être armés que pour ouvrir les portes de Paris au régent. En un instant, tous les chaperons rouges et pers avaient disparu, et chacun donnait des marques bruyantes d'une joie qui n'était pas au fond des cœurs.

Ce spectacle de la faiblesse humaine rehausse le courage de ceux qui surent rester fidèles à leur cause, quand il y avait danger à l'être. Nicolas de la Courtneuve donna l'exemple de la résistance aux vainqueurs. Garde de la Monnaie de Rouen, il avait été nommé, par Étienne Marcel, aux mêmes fonctions à la Monnaie de Paris. Il resta à son poste, alors que tant d'autres abandonnaient le leur, et il sut empêcher qu'aucun des ouvriers soumis à ses ordres ne se prononçât pour Maillart et le régent. Le lendemain de la mort du prévôt, Jean le Flament, maître de la monnaie du roi, s'étant présenté à l'Hôtel des monnaies pour en prendre possession et s'en faire remettre les clefs, Nicolas de la Courtneuve refusa d'obéir, attendu, dit-il, qu'on ne savait pas encore qui était le seigneur. En vain Jean le Flament l'assura qu'il n'y avait plus de doutes sur la prochaine rentrée du régent dans Paris, Nicolas persista dans son refus. Lorsque, enfin, il se fut assuré qu'il n'y avait plus d'espérance, il consentit à céder la place; mais, par un louable sentiment de dignité, plutôt que de remettre les clefs à un officier du régent, il les donna à Pierre le maréchal, qu'Étienne Marcel avait nommé maître particulier des monnaies [1].

Quoique cet exemple soit le seul qui nous soit parvenu avec quelque détail, il n'est pas douteux que Nicolas de la Courtneuve trouva des imitateurs : un certain nombre de citoyens ne renièrent point le chef illustre qui avait mérité leur confiance, et leur ferme courage réveilla celui de plusieurs âmes timides. Il s'en trouva même qui soutinrent, après la mort de Marcel, les principes d'administration et de gouvernement dont il avait rêvé et préparé le triomphe. Les forces de cette opposition étaient sans doute considérables, quoique les auteurs n'en parlent point, puisque, avant de rentrer dans Paris, le régent crut qu'il était nécessaire de nommer une commission chargée d'admettre les turbulents à composition, moyennant finance [2]. On verra plus bas que cette opposition eut quelque durée, et que la foi des partisans de Marcel était une foi sincère, puisqu'elle sut agir au milieu des dangers.

Il n'y avait personne, parmi les vainqueurs, qui approchât d'Étienne Marcel par le talent ou le caractère; mais la

---

[1] Nicolas de la Courtneuve obtint, en 1359, des lettres de rémission; mais il n'eut pas besoin, pour cela, de sacrifier ses opinions et ses sentiments. Tout était terminé à cette époque, et sans espoir d'un heureux retour de la fortune. Il n'y avait donc plus de raison de renoncer à ses biens et d'exposer toute une famille aux vengeances d'un parti victorieux et sans pitié pour les vaincus.

[2] Trésor des Chartes, Reg. 86, p. 431. — Secousse, *Mém. sur Charles le Mauvais*, t. II, p 80.

tâche qu'ils avaient à remplir était si facile, qu'ils y suffirent. Le plus pressé parut de veiller aux portes et de placer sur les murailles de la ville des hommes disposés à les défendre. Selon toute apparence, le régent envoya ceux qui y furent employés. Ces mesures étaient déjà prises, quand le roi de Navarre, qui ne savait rien encore des événements, se présenta devant Paris, persuadé que les portes allaient s'ouvrir devant lui. Quand il vit que tout était découvert et qu'il n'y avait plus aucun espoir de succès, transporté de fureur, il attaqua la bastille Saint-Antoine. Les Parisiens et les mercenaires du régent repoussèrent cet effort suprême, et Charles le Mauvais, contraint de s'éloigner, tira une stérile vengeance de cet échec en ravageant les environs.

Cependant Jean Maillart, maître de la ville, avait chargé en toute hâte son frère Simon et deux avocats au parlement, Messire Jean Alphons et maître Jean Pastoret[1], de se rendre auprès du dauphin, pour l'informer que ses ennemis étaient morts et le supplier de rentrer dans Paris. Pendant que ces trois députés s'acquittaient de leur ambassade, le nouveau chef du peuple assemblait les Parisiens aux halles et racontait avec toutes les exagérations qui pouvaient donner du relief à la victoire l'horrible complot qu'il venait de déjouer cette nuit même. Tout l'auditoire lui marqua par des applaudissements sa joie et sa reconnaissance, les uns parce qu'ils étaient véritablement satisfaits de se remettre sous le joug, les autres parce qu'il y allait de leur vie ou de leur liberté de le paraître. Maillart, en effet, venait de faire proclamer que quiconque connaîtrait des personnes « de la secte de ceux qu'on venait de tuer » les conduisît au Châtelet. Il est juste de reconnaître qu'il avait défendu, en même temps, de toucher à leurs biens, à leurs

---

[1] Jean Pastoret fut, en 1364, avocat général au Parlement, et, en 1 79, grand maître des eaux et forêts.

femmes et à leurs enfants ; mais cette menace d'emprisonnement qu'il suspendait sur la tête de tout le monde faisait assez voir que, s'il usait encore de quelque modération, c'est qu'il y était forcé par un reste de pudeur, pour ne point paraître acharné contre ses amis de la veille.

Les inquiétudes redoublèrent quand on apprit par les envoyés de Maillart la réponse du régent. Ce prince ne se contentait pas des victimes dont on lui annonçait la mort; il refusait de rentrer dans Paris avant que certaines personnes qu'il désignait eussent perdu la vie. Mais, afin de conserver les apparences de la justice, il nommait en même temps une commission chargée de juger ceux dont il voulait être débarrassé. Cette commission était composée de Pierre Demainville et Guillaume de Bescot, présidents au parlement; Étienne de Paris, Pierre Hardy et Jean Bernier, maîtres des requêtes de l'hôtel du régent; Adam de Sens, Thomas Vannin, Aubéry Roussel, conseillers au parlement; Guillaume de Brune, bailli de Troyes et de Meaux; et Guillaume Staise, prévôt royal de Paris. Elle s'acquitta de sa tâche avec un scandaleux empressement : constituée le 1er août, dans la journée, elle avait rendu, le soir même, son simulacre de jugement, ou, pour mieux dire, sa sentence. Le lendemain, Charles Toussac et Joceran de Mâcon étaient décapités en place de Grève.

Le régent crut enfin que les Parisiens s'étaient assez humiliés devant la majesté royale, et qu'il pouvait revenir à Paris. Le 2 août, sur le soir, il y fit sa rentrée en grande pompe [1]. Il était accompagné d'Arnoul d'Audenchem, maréchal de France, du seigneur de Roye, du comte de Tan-

---

[1] Une note excellente des éditeurs du continuateur de Nangis fait voir que cette date est bien celle de la rentrée du régent dans Paris. Elle est donnée, d'ailleurs, par les *Grandes Chroniques*. Un mauvais texte de ce précieux manuscrit a pu seul induire Secousse à dire le 3 ou même le 4 août. (Voy. le continuateur de Nangis, p. 270.)

carville, de plusieurs autres chevaliers, des députés qui lui avaient apporté les soumissions de la ville, Simon Maillart, Jean Alphons et Jean Pastoret, de l'évêque de Paris, qui rendait à César ce qui appartenait à César, du clergé de la ville, de l'Université, d'un grand nombre de religieux, de notables et d'habitants de Paris, des métiers, enfin, que leurs chefs conduisaient bannière en tête. Comme la municipalité n'existait plus, Jean Maillart, Pepin des Essarts et Jean de Charny en firent l'office, et présentèrent au jeune prince les compliments d'usage.

Partout, sur son passage, éclataient des acclamations bruyantes; mais, au milieu de cette multitude en apparence si empressée, et où le zèle d'un petit nombre faisait croire aux transports de tous, on pouvait voir bien des visages sombres et des citoyens qui ne cachaient pas leur mécontentement. L'un d'eux, plus hardi que les autres, osa élever la voix au moment que le duc de Normandie passait devant lui : « Pardieu, sire, s'écria-t-il, si j'en eusse été cru, vous n'y fussiez jà entré; mais, après tout, on y fera peu pour vous! » A ces paroles, le comte de Tancarville, qui était à cheval, en avant de son maître, tira l'épée pour châtier l'insolent; le régent, calme et froid dans le triomphe, retint le bras de Tancarville et se contenta de répondre en souriant : « On ne vous en croira pas, beau sire! » — « Pensa ce prudent prince, ajoute Christine de Pisan, que si l'on tuoit cet homme, la ville se fût bien pu émouvoir. » Quelle preuve plus éclatante de la force redoutable encore du parti populaire? Pour qu'au lendemain de la défaite et dans un tel moment, un des vaincus osât parler ainsi au vainqueur; pour que le régent, qui venait de faire paraître un si impérieux désir de vengeance, subît cet outrage, sans permettre qu'il fût châtié aussitôt; pour que son panégyriste n'ait vu d'autre motif d'une clémence si imprévue que la crainte de perdre en un instant le fruit de la victoire, il faut que cette victoire parût peu assurée et qu'il fût bien dangereux de pousser à bout les partisans de Marcel.

Jean Maillart conduisait la fête. Il fit suivre au duc de Normandie une route convenue d'avance. En passant devant Sainte-Catherine du Val des Écoliers, le régent eut la joie de voir les cadavres d'Étienne Marcel, de Philippe Giffart et de Jean de Lisle, exposés sur ces marches mêmes où l'on avait vu, quelques mois auparavant, ceux de ses fidèles maréchaux. Sur la place de Grève, il trouva les corps de Charles Toussac et de Joceran de Mâcon, décapités le matin, et put s'assurer par ses yeux qu'il avait été vengé[1].

Les restes mortels de ces illustres citoyens furent ensuite jetés à la Seine. « Étienne Marcel, du moins, dit M. Henri Martin, avait accordé la sépulture à ses victimes. » On peut dire de plus, à l'honneur du prévôt, que, malgré les difficultés et les entraînements d'une lutte acharnée, il avait, en deux ans, versé moins de sang que le régent ne fit en un jour, sans parler des rigueurs impitoyables dont on verra le détail au chapitre suivant[2].

[1] M. Henri Martin suppose que ce spectacle hideux ne fut pas agréable à l'âme froide du régent, et qu'il ne lui fut imposé que par un excès de zèle. Je ne puis me rendre à cette opinion. Les âmes froides ne sont pas incapables de se complaire au spectacle de leurs ennemis morts. Vitellius, que je sache, n'était pas très-ardent. Peut-être même les âmes froides redoutent-elles moins que d'autres ce qu'il y a de pénible dans les émotions de ce genre, quand elles sont sensibles au plaisir de la vengeance. Or, que le régent fût dévoré du désir de se venger, c'est ce dont toute cette histoire ne permet pas de douter.

[2] Il faut rappeler que si le meurtre des maréchaux paraît une violence peut-être sans raison et certainement sans excuse, celui de Regnaud d'Acy ne paraît pas devoir être imputé à Marcel. Quant au supplice de Philippot de Repenti, de Thomas Fougnant et de Jean Perret, il fut ordonné, en vertu d'un jugement, sommaire il est vrai, mais justifié par la trahison dont ces trois hommes s'étaient rendus coupables. Puisque la guerre était engagée avec le régent, on ne pouvait permettre de conspirer pour lui donner la victoire. Ainsi les victimes de Marcel se réduisent à deux. Qu'on fasse le dénombrement de celles du régent au jour de sa victoire, alors qu'il était assuré contre toute tentative de ses ennemis.

CHAPITRE QUATORZIÈME

Réaction et mesures répressives. — Confiscations et récompenses. — Supplices. — Aveux arrachés aux vaincus. — Quelques-uns échappent à la vengeance des vainqueurs. — Meurtre de Thomas de Ladit 12 septembre.) — Intrigues du roi de Navarre. — Il engage la guerre avec le régent. — Misère à Paris et situation du royaume. — Altération des monnaies. — Efforts du régent pour réprimer et apaiser le mécontentement public. — Compositions pécuniaires. — Lettres de rémission. — Restitutions aux veuves.

Au lieu de rentrer dans son palais, le régent se fit conduire au Louvre, et cette précaution fait voir qu'il mettait sa confiance dans de fortes murailles plutôt que dans le dévouement et la fidélité des Parisiens. Pour dissimuler ce sentiment de défiance, il envoya aussitôt chercher la duchesse de Normandie, qui était restée à Meaux, et il voulut qu'elle habitât avec sa cour l'hôtel Saint-Pol, dans la rue Saint-Antoine. Le lendemain, il se rendit à la maison aux piliers. Conformément aux usages du gouvernement populaire, dont il n'osait encore s'affranchir, il prononça un discours dans lequel, comme on devait s'y attendre, il présenta la conjuration du prévôt des marchands sous les couleurs les plus noires. Il préparait par là le peuple de Paris aux confiscations et aux nouveaux supplices qu'il se proposait d'ordonner.

La confiscation était pour lui un moyen de gouvernement : il n'en trouvait point de plus commode ni de plus propre à restaurer ses finances. Il ne se contenta pas de dépouiller ceux dont il épargnait la vie : il prenait les biens de ceux-là même que la hache avait frappés, en sorte que personne, en mourant, ne pouvait se flatter d'avoir épuisé la vengeance royale et de laisser du moins ses enfants à l'abri du besoin.

Ce qui rendait ces violences plus intolérables encore, c'est que la raison d'État ne les commandait pas seule : le régent cédait le plus souvent par faiblesse aux instances de ses familiers et de ceux qui lui avaient rouvert les portes de Paris. Les uns voulaient réparer, aux dépens de la bourgeoisie, les pertes qu'ils avaient faites durant la Jacquerie, ou revenir sur les confiscations dont ils avaient été justement frappés par les états; les autres réclamaient des récompenses qu'ils avaient si bien méritées. Plus d'un se faisait gloire d'une trahison dont il n'était pas coupable, pour en retirer les mêmes avantages que ses voisins ou ses amis. Le régent n'avait pas même à deviner et à proposer ce qui pouvait convenir à chacun : avec une impudeur à peine croyable, ses partisans, vrais ou supposés, désignaient les vaincus dont ils convoitaient les biens, en sorte qu'un même décret pouvait statuer sur la spoliation de l'un et sur la récompense de l'autre. La rédaction de ces décrets était d'une simplicité cynique : on n'y cherchait point ces excuses dont la délicatesse moderne couvre nos faiblesses et nos injustices; une femme, des enfants en bas âge, se voyaient réduits à la plus affreuse misère, parce que leur mari ou leur père était accusé sans preuves d'avoir pris part à ce qu'on appelait les conjurations des bourgeois.

Le dénombrement des récompenses ne saurait donc être séparé de celui des confiscations. Jean Maillart, on le conçoit, eut une part considérable, qui pouvait pleinement le satisfaire, s'il n'eût été insatiable. Il entra au conseil du prince, avec Pepin des Essarts et l'évêque de Paris, qui recevait par là le prix de sa tardive conversion. Il obtint une rente viagère de cinq cents livres, somme considérable pour ce temps-là, et établie sur des terres situées au pays de Meaux, c'est-à-dire confisquées aux vaincus; il reçut à perpétuité, pour lui et ses descendants, l'hôtel de Léry, dont la valeur était aussi de cinq cents livres, avec toutes ses appartenances et dépendances; plus tard, sous le règne de Charles V, il se faisait donner le droit d'usage dans la forêt voisine du château de Léry, les fouages, le droit de haute, moyenne et basse justice, celui même de faire saisir, punir et pendre les malfaiteurs. Le nouveau roi voulut tenir de ses propres mains le fils de Maillart sur les fonts baptismaux, ce qui n'était pas une médiocre faveur à une époque où ce lien religieux n'avait guère moins de force que les liens du sang; enfin, en 1372, Maillart obtenait encore des lettres de noblesse pour lui, sa femme Isabelle, ses deux fils Jean et Charles, et sa fille, mariée, rencontre singulière! à Jean Lecocq, neveu de l'évêque de Laon.

Simon Maillart, qui n'avait fait qu'un personnage secondaire, reçut aussi des dons considérables et devint maître des eaux et forêts du roi[1]; Jean de Dormans, évêque de Lisieux et chancelier de Normandie, obtint les biens d'Étienne Marcel, qui consistaient en maisons dans la ville de Ferrières en Brie, en terres et bois sur le territoire de cette ville[2]. L'hôtel que l'infortuné prévôt occupait à Paris, dans la rue de la Vieille-Draperie, fut donné à la congrégation des Aveugles ou Quinze-Vingts, fondée par Louis IX. Ce qui

---

[1] Voy., pour ce qui concerne les donations faites aux deux Maillart, le mémoire déjà cité de M. Lacabane, p. 95, 96.

[2] Un seul de ces bois, celui de Nuilly, près Ferrières, n'avait pas moins de cent cinquante arpents. (Trés. des Chartes, Reg. 90, p. 83. — Secousse, *Mém. sur Charles le Mauvais*, t. II, p. 133.)

est surtout remarquable, c'est que cette confiscation, qu'on s'expliquerait dans le premier feu de la colère et de la vengeance, ne fut ordonnée que trois mois après la mort de Marcel[1]. Elle ne paraît point l'avoir été à la requête de Jean de Dormans, qui en devait profiter, car il s'écoula un certain temps entre la confiscation même de ces biens et la disposition qu'on en fit. Il faut donc voir dans cette mesure barbare la marque d'une haine que ni la mort d'un ennemi ni le temps n'avaient pu éteindre dans le cœur du régent.

Le maréchal de Boucicault eut pour sa part l'usufruit de tous les biens personnels de Robert Lecocq, singulièrement de sa maison, située à Paris, dans la rue Pavée, et de tous les biens dépendant de son évêché, qui se trouvaient dans la ville et la vicomté de Paris. Cet usufruit devait durer tant que Lecocq serait évêque de Laon et rebelle au roi. On ne pouvait faire davantage sans dépouiller à l'avance son successeur, car ces biens n'appartenaient pas à la personne, mais à la fonction. Le chevalier Jacques des Essarts, huissier d'armes du régent, obtint la maison de Charles Toussac, dès le 1er août, c'est-à-dire avant même l'exécution de ce malheureux et la rentrée du duc de Normandie à Paris. Plus tard, au mois d'octobre, s'apercevant qu'une maison de Toussac, située sur la place Maubert, avait été oubliée, ce prince s'empressait de la confisquer[2]. Il paraît que Jacques des Essarts était particulièrement

---

[1] Trés. des Chartes, Reg. 90, p. 101. — Secousse, *Mém. sur Charles le Mauvais*, t. II, p. 109.

[2] Trésor des Chartes, Reg. 86, f° 63 v°, 197 r°. Il est remarquable que la première de ces deux lettres, qui est du 1er août, est datée de Meaux. Voy. le texte de l'une et de l'autre à l'Append. (n° 17). On ne voit nulle part que Pepin des Essarts ait rien reçu pour lui-même. Serait-il téméraire de supposer que son parent Jacques, comblé au delà de ses mérites, prêtait son nom, recevait pour deux et partageait ensuite à l'amiable avec le principal membre de sa famille?

avide, car, à la requête de Pepin, son parent, il recevait encore les biens de Guille Lefèvre, « bourgeois de Paris et vendeur de poisson aux halles[1]. »

Il serait superflu d'insister sur ces confiscations et ces donations, qui remplissent plusieurs registres du Trésor des Chartes; il suffit d'ajouter que, loin d'être exceptionnelles, elles frappaient quiconque avait un ennemi auprès du régent, et que le régent ne pouvait se soustraire à ces exigences sans compromettre sa cause; mais, si ses confiscations trouvent ainsi un semblant d'excuse, il n'y en a point pour les cruautés inutiles dont ce prince se rendit coupable, sans que personne les lui eût demandées. Dès le lendemain de son retour à Paris, il livra au bourreau l'épicier Pierre Gilles, chef de l'expédition de Meaux, et le chevalier Gilles Caillart, châtelain du Louvre. Ce dernier était sans doute puni par là d'avoir permis à Étienne Marcel de s'emparer de l'artillerie que contenait le château. La semaine suivante, ce fut le tour de Jean Prévost, de Pierre Leblont, de maître Pierre de Puisieux, avocat au parlement, et de maître Jean Godart, avocat au Châtelet, qui, pourtant, n'avaient point paru au premier rang des bourgeois. Un autre citoyen plus obscur encore, nommé Lebonvoisin, fut mis aux oubliettes.

Ces rigueurs ne frappaient pas seulement les citoyens qui étaient suspects d'avoir pris une part active à la révolution populaire; la vengeance royale s'acharnait jusque sur les boulangers qui avaient fourni du pain, fût-ce par contrainte, à la faction vaincue[2]. Les personnes qu'on arrêtait pour les mettre à mort étaient soumises à des tortures

[1] Trés. des Chartes, Reg. 86, f° 64 v°.
[2] Trésor des Chartes, Reg. 86, f° 156 v°. Lettres de rémission pour Pierre Heppart de Saint-Brice, boulanger, qui avait été obligé, à Saint-Denis, de faire cuire du pain pour le roi de Navarre et les siens, « à son grand déplaisir. » Voy. le texte à l'Append. (n° 18).

affreuses, et on leur arrachait ainsi tous les aveux qu'on voulait, même les moins véritables. On ne leur faisait pas avouer seulement que, la nuit qui suivit la mort d'Étienne Marcel, le roi de Navarre devait s'emparer des bastilles, entrer dans Paris avec toutes ses forces, et, après s'en être rendu maître, s'y faire couronner roi de France par l'évêque de Laon; à ces détails, qui n'avaient rien qui ne fût vrai, ou du moins vraisemblable, on les forçait d'en ajouter d'autres qu'ils ne savaient pas, qui étaient même absurdes : à savoir que le roi de Navarre devait faire hommage du royaume de France au roi d'Angleterre, lui restituer les comtés d'Enghien, de Guines et d'autres pays, à la condition que le roi Édouard aiderait le roi Charles à conquérir ses nouveaux États, et que, pour le délivrer d'un dangereux rival, il ferait couper la tête au roi Jean. Ces déclarations étaient aussitôt consignées par écrit, pour servir, au besoin, de preuves contre les ennemis du duc de Normandie; mais on n'avait garde de les publier, dans la crainte qu'Édouard III n'y donnât un formel démenti, ou qu'il ne s'en vengeât sur son prisonnier. Le principal avantage qu'on tirait de ces déclarations forcées était d'en faire une pièce de conviction contre d'autres malheureux qu'on voulait perdre, et ceux à qui on les avait arrachées étaient mis à mort aussitôt, sans jugement ni publicité.

Parmi ceux qui avaient marqué dans la révolution, les prêtres seuls ne coururent aucun danger. Le respect involontaire qu'on portait à leur robe protégea même les plus compromis et les plus fidèles à leurs opinions et à leurs souvenirs. Robert Lecocq, l'homme le plus engagé dans la révolution après Marcel, put se retirer librement dans son évêché, après la mort de son ami, et y fut quelque temps en sûreté. Robert de Corbie s'était réfugié chez Jean de Saint-Leu, curé de Sainte-Geneviève, presque aussi compromis que lui, mais protégé par ses fonctions pastorales.

CHAPITRE QUATORZIÈME. 331

On le poursuivit, jusque dans cette retraite, de mille tracasseries; cependant il ne courut point risque de perdre la vie, et cette sécurité ôte toute excuse à l'éclatante et soudaine conversion de l'évêque de Paris.

De tous les laïques que leur passé ou leur nom exposait aux vengeances des vainqueurs, on ne voit guère que Guillaume et Jean Marcel, frères d'Étienne, qui y aient échappé. Ils en furent redevables peut-être au souvenir que le régent avait gardé de ses premières années de jeunesse. Ils avaient été les ministres complaisants de ses plaisirs, complicité compromettante au temps de la révolution, et qui les avait forcés de se tenir à l'écart[1]. Encore Jean Marcel n'obtint-il ses lettres de rémission qu'en 1359[2].

Plus d'un mois après le retour du régent à Paris, ces rigueurs duraient encore. La populace avait fini par y prendre goût : facile aux impressions nouvelles et crédule plus qu'on ne peut dire, elle suivait docilement ses nouveaux maîtres, habiles à tirer parti de ses dispositions. Croyait-elle qu'Étienne Marcel fût un grand criminel, c'est ce qu'on ignore; mais elle avait reporté toute sa haine sur le roi de Navarre et sur ceux qui lui étaient dévoués. Le nom seul de Navarrais était une injure. Quand les bourreaux furent lassés de frapper, ce fut la multitude qui fit leur office. Le 12 septembre, Thomas de Ladit, chancelier du roi Charles, venait d'être remis, en vertu d'une bulle du pape, aux gens de l'évêque de Paris. Tandis qu'on le conduisait de la prison du palais à la prison épiscopale, il fut assailli par le peuple, persuadé qu'on voulait soustraire à la justice un si grand coupable. Les plus furieux se jettent sur lui, le massacrent, et, dans la joie du triomphe, préci-

---

[1] Voy. la biographie d'Étienne Marcel, par M. J. Quicherat, dans le *Plutarque français*, t. I, p. 529.

[2] Trés. des Chartes, Reg. 86, p. 195. — Secousse, *Mém. sur Charles le Mauvais*, t. II, p. 139.

pitent son cadavre dans la Seine. En tuant un serviteur obscur du prince qu'ils accusaient de leurs maux, ces insensés pensaient peut-être avoir sauvé la France.

Il n'est pas étonnant que le roi de Navarre fût odieux aux Parisiens, car, en les excitant contre lui, les conseillers du régent n'étaient pas réduits à de vaines déclamations : ils pouvaient le condamner par la seule mention de ses actes, qui n'étaient propres qu'à troubler la paix du royaume. Privé du concours des bourgeois et trop faible par lui-même, il avait signé, avec les agents secrets d'Édouard III, des conventions par lesquelles il le reconnaissait pour roi de France et s'engageait à l'aider dans la conquête de nos provinces, à la condition que le roi d'Angleterre lui céderait celles de Champagne, de Brie et d'autres encore, sur lesquelles on s'entendrait ultérieurement. Puis, se mettant aussitôt à l'œuvre, il brûlait l'abbaye de Saint-Denis et les environs, allait rejoindre à Mantes son frère Philippe, et, de concert avec lui, empêchait tout navire de remonter jusqu'à Paris. En même temps, il envoyait à Melun trois cents de ses hommes d'armes, afin d'occuper cette ville et de se rendre maître du cours supérieur de la Seine, comme il l'était déjà du cours inférieur. Il suffisait d'une poignée d'hommes pour cette entreprise, si nuisible aux Parisiens, car la reine Blanche, veuve de Philippe de Valois, était prête à livrer au roi de Navarre, son frère, la forteresse de Melun, située dans l'île qui est aujourd'hui le quartier central de cette place, pour lors si importante. Le château fut livré, en effet, ainsi que la partie de la ville située du côté du Gâtinais. Quoique l'autre, du côté de la Brie, restât au régent, il n'en fallait pas davantage pour affamer Paris.

Les souffrances qu'enduraient les Parisiens expliquent leur fureur. Le bois n'arrivant plus de la Bourgogne, ils étaient réduits, pour se chauffer, à couper tous les arbres de la ville et des environs; le setier de blé, qu'on donnait auparavant pour douze sols, coûtait au moins trente livres. Il n'y avait pas même d'espoir que cette misère touchât à sa fin, car les champs étaient occupés et dévastés tour à tour par les Navarrais, les compagnies et les Anglais.

Pour conjurer tant de maux et sortir d'une situation si difficile, il aurait fallu plus d'activité et d'habileté politique que n'en avait encore le duc de Normandie. Par sa faute autant que par la faute des circonstances, le royaume était dans un état déplorable qui frappait jusqu'aux étrangers. « Après la mort du prévôt des marchands, de ses amis et de ses adhérents, dit l'historien Villani, le pays de France ne consolida point ses affaires et ne parut point en meilleure condition. Au contraire, la plus grande confusion recommença d'y régner. Le dauphin n'était pas aimé; ni le peuple ni les barons ne lui obéissaient comme à leur maître, et, quoiqu'ils le reconnussent pour chef, il ne savait être gracieux ni avec les grands ni avec les petits. Il se bornait à attendre que la fortune se changeât en mieux [1]. »

Villani se trompe : le régent agissait; mais ses actes n'étaient guère propres à rétablir la confiance et la prospérité dans le royaume. Dès le 5 août, quoiqu'il eût imaginé les confiscations, il recourait de nouveau aux expédients financiers qui avaient tant contribué à ruiner son crédit et son autorité, et rendait un édit pour la fabrication d'une nouvelle monnaie. Un marc d'argent devait fournir vingt livres. « C'était, dit M. Henri Martin, la plus faible monnaie qu'on eût jamais faite. Plusieurs des hommes courageux qui avaient tant lutté contre ces mesures spoliatrices purent entendre crier l'édit sur leur passage, en marchant à la mort. »

Ce ne fut point par exception que le régent revint à ces

---

[1] Matteo Villani, *Storie fiorentine*, ch. cvii, p. 496.

pratiques, mais par système et par obstination. Les dures leçons des années précédentes ne l'avaient nullement éclairé. Il bouleversa les monnaies seize fois en 1359 et dix-sept fois en 1360; ces altérations étaient d'autant plus graves, qu'au lieu d'être progressives, elles faisaient succéder jusqu'à onze fois la hausse à la baisse, quelquefois dans des proportions énormes : l'édit du 27 mars 1360 décuplait du jour au lendemain la valeur de l'or[1].

Cette incurie et cet entêtement, s'ajoutant à tant de rigueurs, ne pouvaient que perdre une seconde fois le régent, car les Parisiens commençaient à murmurer et à se plaindre que la paix rétablie ne leur rendît aucun des biens que la lutte leur avait fait perdre. Ce prince comprit le danger qu'il courait, et, sans renoncer à son prétendu droit de remanier les monnaies, il arrêta plusieurs mesures qui avaient pour but d'apaiser la bourgeoisie et de lui faire oublier ses regrets politiques, au moyen de quelques changements dans l'administration.

D'abord il s'efforça de réduire l'importance du prévôt des marchands, qui avait été pour lui la source de tant d'inquiétudes. Encore qu'il eût fait mettre Gentien Tristan, très-dévoué à sa cause, dans la place d'Étienne Marcel, il voulut que le prévôt royal de Paris prît une grande partie de l'autorité qu'exerçait auparavant le prévôt des marchands. Ce n'était pas une entreprise facile, car le prévôt de Paris était un magistrat de police que ses fonctions mêmes rendaient très-odieux au plus grand nombre; mais Hugues Aubryot, qui tenait cette charge, était un homme actif et intelligent; il sut répondre au désir de son maître et faire oublier Marcel en le continuant, je veux dire en apportant la même vigilance à défendre les intérêts de

---

[1] Voy. M. Chevalier, *De la baisse de l'or.* (*Revue des Deux Mondes*, 15 octobre 1857.)

CHAPITRE QUATORZIÈME.

Paris, à réparer les dommages que cette ville avait soufferts, à proposer et à faire accepter toutes les améliorations locales qu'elle pouvait désirer. Ainsi tout l'honneur des mesures de ce genre, que Marcel avait préparées dans l'ombre, revint au magistrat d'institution royale qui fut chargé de les exécuter, et par suite à la royauté elle-même.

C'est donc par des satisfactions d'un ordre inférieur, mais très-propres à charmer les âmes vulgaires, qu'on cherchait à étouffer le mécontentement que les Parisiens n'avaient que trop sujet de ressentir dans la politique. Cette manière de contenter les peuples, ou du moins de les faire taire, plaisait au dauphin, et, quand il fut entré dans cette voie, il n'eut garde d'en sortir. Dès le 14 août, le roi Jean avait écrit, de Londres, aux Parisiens, pour les féliciter d'avoir rétabli son fils dans tous ses droits, et, en même temps, pour les engager à ne pas s'abandonner sans réserve au dangereux plaisir de la vengeance. Ce sage conseil, qui ne sortait de sa bouche que parce que l'éloignement le préservait des passions de la lutte, avait été négligé par le duc de Normandie, comme, en d'autres temps, le roi Jean l'eût négligé lui-même; mais, quand le jeune prince vit enfin les dangers d'une réaction sans pudeur ni mesure, il contint le zèle de ses amis et revint à des procédés plus conformes à son esprit et à son tempérament. La commission qu'il avait nommée pour faire leur procès « aux traîtres » reçut l'autorisation ou, pour mieux dire, l'ordre de substituer aux sentences de mort des compositions pécuniaires, comme au temps des Mérovingiens. Tous ceux qui craignaient pour leurs jours, et c'était la pluralité des bourgeois, s'estimaient heureux de les sauver par le sacrifice d'une partie de leurs biens, et le gouvernement pouvait ainsi, sans exciter trop de murmures, frapper d'un impôt forcé tous les innocents. Pour ménager la transition, il avait été recommandé, dans l'ordonnance, de ne composer qu'avec les moins coupables;

à partir de ce moment, tout le monde fut au nombre des moins coupables, c'est-à-dire de ceux qui pouvaient et devaient se racheter. L'adoucissement de la peine avait eu cet effet qu'on craignit moins de multiplier les accusations, et l'on obtint par là des sommes si considérables, qu'il fallut bientôt nommer des commissaires pour administrer le produit de ces confiscations. Telle était la terreur qui régnait parmi les Parisiens, qu'ils s'applaudirent d'une ordonnance qui consommait leur ruine.

Cette joie ne pouvait qu'être de courte durée. Quand ils n'eurent plus à craindre pour leur vie, les bourgeois commencèrent à regretter le sacrifice de leurs biens. Il fallut donc renoncer à une source si féconde de revenus, et accorder aux bonnes villes, dont le mécontentement pouvait être redoutable, leur pardon sans réserve ni conditions. Déjà, dans les premiers jours, le nouveau prévôt, Gentien Tristan, pour se faire pardonner de succéder à Marcel, recommandait la conciliation; il avait même obtenu du régent des lettres d'abolition pour la ville de Paris[1]. Mais, les temps de colère n'étant point encore écoulés, cette grâce fut dérisoire, car on en exceptait « ceux qui étaient coupables de haute trahison, c'est-à-dire qui avaient été du conseil secret d'Étienne Marcel, ceux qui voulaient s'opposer à la délivrance du roi Jean, mettre le dauphin dans les fers et Charles de Navarre sur le trône. » C'était retirer d'une main ce qu'on donnait de l'autre : qui pouvait échapper à ces vagues accusations?

Quand le régent vit que ces grâces singulières ne rétabliraient point la paix dans le royaume, il consentit à ne plus faire de réserves et à rassurer sérieusement les esprits inquiets. Il n'y eut plus dès lors de ville ni de village qui n'obtînt ses lettres d'abolition; il suffisait d'en faire la de-

---

[1] Voy. à l'Append. (n° 19) le texte de cette lettre.

mande, et quelquefois même le pouvoir royal prenait les devants. Les particuliers fussent restés plus longtemps peut-être sous la menace d'une sentence de mort ou d'une confiscation; mais, pour jouir avec leurs familles de quelque sécurité, quand ils virent les dispositions nouvelles du régent et de son conseil, ils implorèrent l'intervention des personnages qui avaient du crédit à la cour. Gentien Tristan et Jean Maillart, étant du peuple, furent les principaux intermédiaires : c'est à leur requête que la plupart des lettres de rémission furent accordées, soit qu'une pensée politique ou une certaine bonté d'âme les poussât à se prêter aux désirs de ceux qui les imploraient.

Sans nier absolument que Maillart et Tristan fussent sensibles, on peut du moins affirmer que ces rémissions particulières ne furent accordées en si grand nombre et avec tant d'empressement qu'afin d'effacer les traces des discordes civiles et de calmer des inquiétudes où l'on voyait le principal obstacle au rétablissement de la paix. Chacun, pour rentrer en grâce, se faisait petit et innocent : il n'y avait plus dans tout le royaume que des révolutionnaires et des jacques malgré eux, dont la plupart n'avaient commis aucun acte blâmable, tandis que les autres n'avaient cédé qu'à des menaces de mort. Le régent acceptait toutes ces excuses. Pour un homme tel que Pierre Moret, changeur et bourgeois de Paris, obligé de fournir deux cautions [1], combien n'y en avait-il pas hors d'état de trouver des circonstances atténuantes, et qui néanmoins obtenaient leur pardon ! Un certain Étienne Resernie, que les lettres de rémission appellent chef de brigands, c'est-à-dire de la Jacquerie, obtint sa grâce à la prière de Gentien Tristan, sans

---

[1] Trés. des Chartes, Reg. 90, p. 25. — Lettres de novembre 1358. — Secousse, *Mém. sur Charles le Mauvais*, t. II, p. 104.

qu'on cherche seulement à couvrir ses méfaits d'une excuse[1].

Ce n'est pas qu'on fût difficile à cet égard. Laurent de Veulletes, lingier et priseur juré à Paris, avait été chargé par Étienne Marcel, avec plusieurs autres commissaires, au nombre desquels Pierre Gilles et Jean Poiret, de procéder à l'inventaire des biens de maître Philippe Ogier, secrétaire du régent. Il trouve un écu à fleurs de lis, il crache dessus, le pique avec un couteau et ajoute de mauvaises paroles sur le roi et le régent. L'offense avait été publique, elle était de celles que les princes ne pardonnent guère; cependant Laurent de Veulletes est gracié, attendu, est-il dit dans les lettres qui le concernent, « qu'il a agi par pure ignorance et simplicité, et comme ému de chaleur, et pour avoir l'amour et le plaisir desdits commissaires[2]. »

Un autre citoyen, d'un nom plus connu et qui fut, comme on le verra plus bas, intrépidement fidèle à la mémoire et aux desseins d'Étienne Marcel, n'est pas traité avec moins d'indulgence. Martin Pisdoé n'obtint, il est vrai, ses lettres de rémission qu'au prix d'une composition de sept cents florins; mais il y est dit « qu'il n'avait rien fait que pour esquiver le péril de sa vie[3]. » Or il était à la veille de la sacrifier pour la même cause. Dans tous les documents de ce genre, ces formules se reproduisent avec une invariable monotonie, et il est sensible que personne, pas même celui qui les écrit, n'y attache la moindre importance.

Rien ne contribua plus que cette facilité tardive, mais nécessaire, à rétablir la paix dans les esprits et, par suite,

---

[1] Trés. des Chartes, Reg. 86, f° 94. Voy. à l'Append. (n° 20) le texte de cette lettre.

[2] Trés. des Chartes, Reg. 86, f° 76. Il est remarquable que cette lettre est signée Ogier. C'est probablement celui-là même chez qui la perquisition avait été faite. Voy. à l'Append. (n° 21) le texte de cette lettre.

[3] T és. des Chartes, Reg. 86, f° 98.

dans le royaume. D'autres mesures, au contraire, avaient soulevé l'indignation publique, sur lesquelles il importait de revenir : je veux parler de la confiscation dont les veuves et les enfants des chefs de la révolution avaient été victimes. La première, Guillemette, veuve de Gilles Marcel, obtint remise, pour elle et ses cinq enfants, de la moitié des biens de son mari. L'autre moitié avait été donnée à la ville de Paris, sous prétexte que Gilles Marcel lui devait certaines sommes[1]. Marguerite, veuve de Charles Toussac, rentra aussi dans la moitié des biens meubles de l'éloquent et malheureux échevin. Six mois après, le 7 janvier 1359, elle obtenait l'autre moitié, ainsi que tous les conquêts : elle avait mérité cette faveur spéciale en faisant connaître son intention d'épouser Pierre de Dormans, échanson du régent et neveu du chancelier de ce nom[2]. Plus heureux, Étienne Marcel obtint du moins, au foyer domestique, ce respect de son nom et ce culte de sa mémoire dont l'espérance est si propre à adoucir nos derniers moments. Marguerite des Essarts, sa veuve, ne voulut point se remarier. Ce fut en souvenir des services rendus par son père, Pierre des Essarts, à Philippe de Valois, que le régent lui fit restituer tous ses biens meubles et accorder pour elle et ses six enfants en bas âge une rente annuelle de soixante livres parisis, faible compensation de la perte des trois mille écus d'or qu'elle avait apportés en dot, et de tous les biens de Marcel[3]. Cette restitution ne fut point accordée « par amour et contemplation de Pepin des Essarts, » quoique ce personnage, dont le crédit était presque sans limites, fût proche parent de la veuve du prévôt. Selon toute apparence, il aurait craint

---

[1] Voy. Trés. des Chartes, Reg. 86, f° 99.
[2] Trés. des Chartes, Reg. 90, f° 15 v°. — Voy. cette lettre à l'Appendice (n° 22).
[3] Trés. des Chartes, Reg. 90, f° 49. — Voy. cette lettre à l'Appendice (n° 23).

de se compromettre, en marquant de l'intérêt à la famille d'un si grand criminel.

C'est par de telles réparations, si incomplètes qu'elles fussent, que le duc de Normandie essaya de prévenir les dangers dont les partisans de la révolution vaincus, mais redoutables encore, menaçaient son pouvoir.

CHAPITRE QUINZIÈME

Troubles et complots soulevés par les partisans d'Étienne Marcel. — Conjuration et manifestation du 25 octobre 1358. — Conjuration nouvelle décembre 1358. — Les officiers royaux rétablis dans leurs charges (28 mai 1359.) — Conjuration de Martin Pisdoé (décembre 1359.) — Misère du royaume et irritation du peuple contre le roi de Navarre. — Paix de Pontoise entre le régent et le roi de Navarre (13 août 1359.) — Proscription de l'évêque de Laon. — Paix de Brétigny (8 mai 1360.) — Dernières années et mort du roi de Navarre. — Dernières rigueurs de Charles V contre les partisans de la révolution.

Étienne Marcel n'était pas mort tout entier. Il y avait encore parmi ces Parisiens occupés à disputer leur tête au bourreau et leurs biens au fisc, des hommes d'un cœur résolu et d'un esprit élevé, qui ne renonçaient pas sans retour aux nobles projets du prévôt. Encore qu'ils fussent les moins nombreux, ils ne désespéraient pas d'amener à eux, quand le premier moment de terreur serait passé, tous ceux que d'éclatants bienfaits n'auraient pas ralliés à la cause du régent. Des concessions tardives, plutôt arrachées par la nécessité que faites avec cette spontanéité qui commande la reconnaissance, ne pouvaient être un lien bien fort entre le prince et ses sujets. Pourquoi, disaient-ils, si Marcel était coupable, n'osait-on détruire complétement son œuvre? et comment, s'il n'était pas coupable, ceux qui l'avaient soutenu méritaient-ils qu'on les punît, ou même qu'on leur pardonnât?

Ces raisons, qui ne manquaient pas de force, en auraient eu beaucoup sur les esprits, si une lutte ruineuse de deux années n'eût épuisé et abattu les Parisiens. Nul ne passe impunément par de si cruelles épreuves : pour les affronter de nouveau, il faut des âmes mieux trempées que ne le sont d'ordinaire celles du commun des hommes. Les révolutions ne se recommencent que par ceux qui n'ont pas vu la lamentable fin des précédentes. Si l'espoir, dans les choses de la vie privée, ne nous abandonne qu'à notre dernier soupir, il n'en est pas de même dans celles de la vie publique : nous le perdons après les premières déceptions de l'expérience, et le plus grand effort du patriotisme est alors de souhaiter à nos enfants le courage que nous n'avons plus.

Malheureusement il y a peu de choses en ce monde qu'on puisse refaire, et les causes éternelles elles-mêmes, pour lesquelles les hommes donnent leur vie, ont besoin, à chaque nouvel effort, de se présenter sous un aspect nouveau. Si l'on parvint plus tard à soulever le peuple, ce fut sous des prétextes différents, comme dans l'affaire des Maillotins ou celle des Cabochiens. Se flatter qu'au nom de Marcel les mêmes hommes qui avaient souffert avec lui, après lui et à cause de lui, reprendraient les armes pour le venger et tenter par leurs propres forces ce que son génie n'avait pu faire, c'était une illusion dont les suites étaient à craindre. Pour y réussir, ou l'essayer du moins, il ne fallait pas attendre que les souvenirs d'Étienne Marcel fussent moins vivants dans les âmes, et, d'un autre côté, l'on ne pouvait rien faire tant que Paris serait sous le coup de la réaction sanglante du 2 août.

Tels étaient les embarras contradictoires où se trouvaient les derniers soutiens de la révolution. Il leur fallut près de trois mois pour se rallier. C'est seulement vers la fin du mois d'octobre qu'ils se crurent prêts à reprendre l'offensive. Une conspiration allait éclater; averti à temps du danger, le régent fit mettre en prison dix-neuf Parisiens, dont plusieurs remplissaient des fonctions publiques (25 octobre). La surprise fut extrême dans la ville, car les chefs du complot en avaient gardé le secret; mais ceux-là même qui étaient restés le plus étrangers à tous ces projets y applaudirent hautement. Aux propos de la multitude, les mécontents prirent courage; quatre jours après, le 29 octobre, Jean Blondel, clerc de Paris, osa prendre la parole : il avertit les Parisiens que le régent, voulant se venger des derniers troubles, arrêterait successivement tous les bourgeois. Il invitait, en conséquence, le nouveau prévôt des marchands, Jean Culdoé, à se rendre au Louvre et à demander au régent de rendre la liberté aux prisonniers, ou, du moins, de faire connaître les causes de leur détention.

Le prudent Culdoé refusa de faire cette démarche : il n'enviait pas le sort de Marcel dont il tenait la place. Le peuple résolut de passer outre. Entraîné par le courageux Blondel, il se rendit au Louvre et voulut que le duc de Normandie s'expliquât. La victoire récente de ce prince était si peu assurée encore, qu'il dut céder à la requête populaire. Il promit de se rendre, le lendemain, à la maison aux piliers, pour y exposer ses raisons, ajoutant que si, après l'avoir entendu, l'on insistait encore, il délivrerait les prisonniers. Rien ne l'empêchait de répondre tout de suite; mais il voulait un coup de théâtre, et il avait besoin de vingt-quatre heures pour le préparer. Il vint, en effet, au rendez-vous, en compagnie d'un si grand nombre d'hommes armés, qu'il pouvait braver les plus orageuses réclamations. Arrivé sur la place de Grève, il monta les degrés de la croix qu'on y voyait à cette époque, et dit au peuple que les prisonniers étaient des traîtres, alliés du Navarrais. C'était plus qu'il n'en fallait pour les rendre odieux aux Parisiens. Il ne leur vint pas seulement à l'esprit de demander des

preuves. Personne ne remarqua peut-être que le duc de
Normandie n'osait pas reprocher aux conjurés d'être les
partisans d'Étienne Marcel. Quand le régent eut terminé,
Jean Damiens, neveu d'un des prisonniers, âme vénale et
gagnée à l'avance, n'eut point de honte de confirmer les
paroles du prince, et le peuple, dans sa naïveté, jugea que
c'était chose grave, si les prisonniers étaient condamnés
par leurs propres parents. Réduit à lui-même, Blondel fut
obligé de s'excuser de son audace, et le régent promit de
tout oublier.

Mais il n'oubliait rien et ne promettait que du bout des
lèvres. Son succès l'affranchissant de toute contrainte, il
nomma aussitôt une commission pour instruire le procès
des prisonniers : il fallut les relâcher, car on manquait de
preuves. Le régent en éprouva un vif dépit; c'était pourtant sa faute : il avait compromis sa vengeance par trop
d'empressement à la saisir. Il aurait dû surveiller seulement la conjuration qu'on lui avait fait connaître, et attendre, pour se rendre maître des chefs, qu'ils se fussent plus
ouvertement compromis.

Dans les lettres de rémission qu'il lui fallut accorder à
ce sujet, il crut qu'il était nécessaire de défendre sa conduite, car ces poursuites, mal justifiées, lui pouvaient nuire
auprès du peuple. Il fit donc entendre que s'il n'avait pas
puni, c'était par excès de clémence; il dit sans détour que
les amis d'Étienne Marcel avaient repris le projet d'ouvrir
les portes de Paris au roi de Navarre; il rejeta lâchement
toute la responsabilité des rigueurs ordonnées sur son conseil, sur le prévôt Culdoé et sur les échevins : c'était sur
leur avis qu'il avait jeté en prison les plus coupables,
pour répondre aux murmures du peuple, qui l'accusait de
ne rien faire. Il se faisait en outre un mérite de n'en avoir
mis aucun à la question, et pour répondre au soupçon public, il protestait qu'il ne s'était point approprié les biens

des « condamnés, » mais que son intention était de les employer à la défense de Paris et de couvrir ainsi les frais de la guerre. Le régent se croyait donc obligé de rendre compte de ses actes aux Parisiens : il n'aurait pas paru prudent de rompre sitôt avec les habitudes qu'ils avaient contractées sous le gouvernement d'Étienne Marcel.

S'il faut en croire Villani, il y aurait eu, au mois de décembre de la même année, une nouvelle conjuration. Cet auteur nous apprend que le duc de Normandie fit couper la tête à vingt-sept bourgeois, et qu'il garda en prison les comtes de Roussi et d'Étampes, parents du roi de Navarre. Les Parisiens, très-mécontents, firent entendre des murmures; mais le sang qu'on venait de verser empêcha l'explosion [1]. Villani parle seul, il est vrai, de cette affaire, et le silence des chroniqueurs français permet d'élever quelques doutes sur l'exactitude de ses renseignements. Toutefois il est possible que ces exécutions eussent eu lieu dans le mystère, que la terreur n'eût pas permis d'en parler, ou enfin que des écrivains gagnés au prince qui châtiait avec cette vigueur, aient voulu tout cacher à la postérité. Il n'est pas rare, dans l'histoire des nations, que les cruautés des princes, ignorées sur les lieux mêmes, soient connues à l'étranger.

Ce qui porte à croire que le duc de Normandie vécut longtemps dans l'inquiétude et dans la crainte de fâcheux retours, c'est qu'il ne se décida qu'assez tard, le 28 mai 1359, à rétablir dans leurs charges les officiers royaux. Quoique destitués par les états, ils avaient déjà repris leurs fonctions, mais clandestinement et comme par tolérance. Leur rétablissement officiel, sagement différé jusqu'alors, n'eut point de conséquences funestes pour l'autorité royale; cependant le parti populaire n'était pas encore tout à fait

---

[1] Matteo Villani, *Storie florentine*, ch. cix, p. 496.

abattu, car au mois de décembre suivant éclatait la plus redoutable conjuration qu'on eût vue depuis Marcel, pour venger sa mémoire et ramener le gouvernement aux principes qu'il avait établis.

Martin Pisdoé fut le chef et l'âme de ce complot. On a vu plus haut qu'il avait reçu des lettres de rémission au prix d'une composition pécuniaire de sept cents florins. Pour obtenir la même faveur, son frère aîné, Jean Pisdoé, en avait donné huit cents [1]. Ils appartenaient à une famille de la bourgeoisie parisienne dont plusieurs membres avaient exercé en divers temps les magistratures municipales [2]. Martin Pisdoé était changeur, fort riche et fort estimé. Il n'était donc point un de ces vulgaires agitateurs qui veulent tout gagner parce qu'ils n'ont rien à perdre : il fallait bien qu'il obéît à quelque conviction supérieure pour s'engager dans une entreprise où il risquait non-seulement sa vie, dont tous les aventuriers font volontiers le sacrifice, mais un bien-être assuré et jusqu'à l'avenir de ses enfants.

Martin Pisdoé avait conçu le dessein de se porter sur le Louvre, d'y mettre à mort les conseillers du régent qui paraissaient les plus dangereux, tandis que d'autres conjurés se répandraient sur les places publiques, pour empêcher la populace dévouée à ce prince de s'y rassembler, enfin de rétablir le gouvernement des états, en forçant le duc de Normandie à s'y soumettre, sauf, s'il s'y refusait, à recourir au roi de Navarre.

[1] Trés. des Chartes, Reg. 86, f^s 98 et 199.

[2] En 1276, on trouve pour la première fois un Guillaume Pisdoé, prévôt des marchands; en 1305, un autre Pisdoé, portant le même prénom, exerce a même charge; en 1314, un Renauz Pisdoé était échevin. En 1415 et 1417, autre Renauz Pisdoé, encore échevin. Nous ne prétendons pas, du reste, donner une liste complète de tous les membres de cette famille, qui furent au nombre des magistrats municipaux de Paris. — Elle semble avoir occupé une place plus considérable que celle d'Étienne Marcel, qui est le premier prévôt de ce nom qu'on rencontre dans les annales de la ville de Paris. (Voy. Leroux de Lincy, *Histoire de l'Hôtel de Ville de Paris*, p 203.)

Rien ne prouve cependant que le roi de Navarre fût entré dans le complot : les chroniqueurs, lui étant hostiles, n'auraient pas manqué de l'en accuser, et dans les lettres de rémission délivrées au sujet de cette affaire, il n'est question que de « plusieurs des gens de monseigneur de Navarre; » mais il est probable que ce prince connaissait tous ces projets et qu'il était prêt à en profiter. Il voyait sans doute avec plaisir ses hommes d'armes, récemment réduits à l'inaction par la paix[1], trouver un emploi de leur temps, conforme à leur goût.

A Paris même, Pisdoé rencontra peu de personnes disposées à tenter avec lui l'aventure. Un des premiers à qui il s'adressa était Jean le Chavenatier, bourgeois de Paris et parent d'Étienne Marcel. Il lui rappela les liens de l'amitié et du sang pour l'exhorter à la vengeance; il ajouta que le prévôt et ses plus énergiques soutiens avaient été tués sans cause raisonnable, et que si l'on voulait punir leurs meurtriers, on pouvait compter sur l'assistance des hommes d'armes du roi de Navarre. Jean le Chavenatier, homme prudent et avisé, répondit que l'entreprise ne pouvait réussir; que trop de gens avaient trempé dans la réaction royaliste, pour qu'on pût se flatter de les ramener ou de les réduire, et qu'il n'y aurait rien de si difficile que de distinguer les vrais coupables de ceux qui s'étaient laissé entraîner par faiblesse ou par timidité.

Les lettres de rémission qui rapportent ces discours ajoutent que Jean le Chavenatier reprochait à Martin Pisdoé une conspiration qui devait le déshonorer pour toujours; mais ces paroles s'accordent mal avec celles qui précèdent, et l'on avouera qu'elles sont bien invraisemblables dans la bouche d'un ami et d'un parent de Marcel. La nature même

---

[1] Paix conclue, au mois d'août 1359, entre le régent et le roi de Navarre. Voyez plus bas dans ce même chapitre.

du document fait bien voir que le secrétaire du régent, rédacteur de la lettre, les a imaginées, soit par suite de cet usage qui met partout de banales protestations d'amour pour les princes, soit afin de mieux établir l'innocence de l'homme à qui l'on voulait pardonner. Jean le Chavenatier reculait devant les difficultés d'une entreprise dont l'heureux succès lui semblait impossible, plutôt que par fidélité au régent : les raisons qu'il donnait pour se tenir à l'écart n'étaient pas sérieuses, car on pourrait les opposer également à toutes les conjurations. En pareil cas, il n'y a jamais qu'un petit nombre de personnes qui prennent l'initiative; mais il suffit de leur audace pour décider les uns, et pour soumettre les autres par la peur. Supposer que les hommes se croient engagés par leur passé et par leurs serments, c'est leur faire trop d'honneur : si Martin Pisdoé avait réussi, ceux qui avaient trempé leurs mains dans le sang de Marcel et de ses amis eussent été les premiers à saluer le vainqueur de leurs acclamations; ils auraient rappelé avec orgueil l'appui qu'ils avaient prêté naguère au prévôt des marchands et au gouvernement des états.

Jean le Chavenatier, n'ayant pu retenir Pisdoé, lui promit du moins le silence et sut tenir sa promesse. D'autres montrèrent moins d'honneur et de loyauté. Denys le Paulmier écouta sans mot dire les propositions qui lui furent faites; puis il se rendit à Melun, où se trouvait le régent, afin de lui révéler tout ce qu'il venait d'apprendre. Le régent lui donna l'ordre de prêter l'oreille, comme par le passé, à toutes les confidences de Pisdoé, afin de lui arracher jusqu'aux moindres secrets de la conjuration. Le délateur obéit, et obtint en récompense cent livres de rente. Quand on sut tout ce qu'on voulait savoir, Martin Pisdoé et Jean le Chavenatier furent jetés en prison.

Pisdoé comparut au Louvre devant le grand conseil du régent et fut confronté avec Denys le Paulmier. Il n'attendit

CHAPITRE QUINZIÈME.

point, pour faire des aveux, qu'on le mit à la question, et ne fit d'efforts que pour disculper Jean le Chavenatier; il rapporta fidèlement toutes les instances que celui-ci avait faites pour le détourner de son dessein. C'est un bien fort argument pour sauver la tête d'autrui que de sacrifier la sienne : Pisdoé eut, avant de mourir, la joie d'apprendre que Jean le Chavenatier venait d'être remis en liberté [1]. Quant à lui, il attendit courageusement sa destinée. Le lundi, 30 décembre, il fut exécuté aux halles. On lui coupa la tête, les bras, les cuisses; tous ses membres furent exposés séparément. C'est ainsi que le régent punissait un complot qui n'avait été qu'un projet.

Tel fut le dernier effort des plus ardents amis de Marcel pour le venger et faire régner ses idées. Quant à ceux qui, plus tièdes, désespéraient de l'avenir et se résignaient par découragement, ils n'en furent pas moins persécutés. On en peut voir un exemple dans le sort de l'évêque de Laon. Mais, pour l'atteindre, il avait fallu vaincre d'abord le roi de Navarre, qui ne se lassait pas de le défendre.

La défaite de ce prince ne fut point consommée par les armes du régent, elle fut l'œuvre de l'opinion publique, qui regardait le Navarrais comme le principal perturbateur du royaume. La situation de la France était effroyable, et parce qu'il empêchait les arrivages de la Seine, il semblait qu'il fût l'unique auteur de tant de maux divers. La famine, qui dura quatre ans, commençait à sévir; le petit peuple mourait en foule et les prélats eux-mêmes se voyaient forcés de renoncer à ce luxe dont ils donnaient déjà le scandaleux exemple. Les excès de la soldatesque n'étaient pas moindres qu'au lendemain de la Jacquerie. Le régent ne pouvait plus dire, pour excuser son inertie, que la bourgeoisie

---

[1] Trés. des Chartes, Reg. 90, f°s 193 v° et 188. Voy. à l'Append. (n°s 24 et 25). — Voy. aussi Secousse, *Mém. sur Charles le Mauvais*, p. 160, 162.

parisienne faisait obstacle à son gouvernement; qu'imaginait-il cependant pour venir au secours des populations décimées par la guerre et par la faim? Il ordonnait de ne sonner qu'une cloche pour les offices religieux, et d'en sonner deux pour donner l'alarme à l'approche des ennemis, « Anglais, Navarrais ou gens des compagnies [1]. »

Ce n'était pas sans raison que le peuple associait dans sa haine les hommes d'armes du roi de Navarre avec les brigands et les Anglais, car Charles le Mauvais recrutait les soutiens de sa puissance parmi les compagnies, et puisait, au besoin, dans le trésor du roi d'Angleterre. Il se vit donc abandonné peu à peu de tous ceux de ses anciens partisans qu'il n'avait pas à sa solde, car il n'était plus pour la France que le roi des grandes compagnies. La ville d'Amiens, autrefois si fidèle, donna elle-même l'exemple de la défection. Jean de Picquigny, ayant voulu s'en emparer au nom de son maître, les habitants se soulevèrent et donnèrent le temps au comte de Saint-Pol d'arriver de Corbie et de repousser les agresseurs. A cette occasion, dix-sept têtes tombèrent à Amiens (16 septembre 1358).

Le contre-coup de cette affaire se fit sentir jusqu'à Laon. Robert Lecocq s'y était retiré depuis la mort d'Étienne Marcel, et y vivait obscurément dans l'exercice de ses fonctions épiscopales : on l'accusa de vouloir, pour venger le prévôt, livrer la ville au roi de Navarre. Six bourgeois,

---

[1] Trés. des Chartes, Reg. 86, f° 121. N'ayant plus à compter que sur lui-même, le peuple apprenait à se défendre. Le continuateur de Nangis nous a conservé l'épisode héroïque, et tout nouveau dans notre histoire, de ce *Grand Ferré*, comme on l'appelait, qui, dans une mêlée, assommait plus de quarante Anglais, et, mourant de la fièvre, pour avoir bu de l'eau très-froide quand il avait chaud, tuait encore cinq Anglais sur douze qui, le sachant malade, étaient venus lâchement l'attaquer sur son lit de mort. Cette lutte inégale et glorieuse est trop en dehors de notre sujet pour que nous en donnions ici les détails. On les trouvera, du reste, dans tous les historiens. Voyez notamment M. Henri Martin, *Histoire de France*, 4e édit., t. V, p. 217

soupçonnés d'avoir trempé dans ce dessein, furent mis à mort, et l'évêque, craignant que sa dignité ne suffît pas à le protéger, se réfugia à Melun auprès du roi de Navarre. Il rendit à ce prince un signalé service, en même temps qu'au royaume, en le déterminant, contre toute attente, à conclure la paix avec le régent. Le traité fut signé à Pontoise, le 13 août 1359, à des conditions si avantageuses pour le roi de Navarre, qu'il y a quelque difficulté de croire qu'il eût, dès ce moment, comme le veulent les historiens, l'intention de ne s'y point tenir. Il obtenait plusieurs forteresses, six cent mille écus d'or payables en douze ans, et des terres représentant douze mille livres de rente. Il s'engageait en retour à être bon Français et à défendre le royaume contre les Anglais, ce dont le régent le récompenserait plus tard selon ses mérites.

Dans ce traité le roi Charles n'avait point oublié ses amis. Il avait présenté au duc de Normandie une liste de trois cents personnes pour lesquelles il demandait des lettres de rémission. Le régent accorda tout, car il ne voulait point prendre sur lui de faire des exceptions, mais il se ménageait un moyen détourné d'atteindre ceux qui avaient plus particulièrement encouru sa haine. Le 21 août, il fit prier les Parisiens de recevoir dans leurs murs le roi de Navarre et les gens de sa suite. Comme il n'y avait plus d'autre maître que lui, cette marque de déférence paraît au moins singulière : elle cachait un piège. Jean Desmares, avocat au parlement[1], sans doute après avoir pris les ordres du dauphin, requit, au nom de la ville de Paris, que l'évêque de Laon, qui était le second sur la liste du roi Charles, Jean de Sainte-Haude,

---

[1] Voy. sur Jean Desmares, qui, malgré cette démarche, restait fidèle aux principales idées de Marcel, une intéressante notice de M. F. Bourquelot : *Jean Desmares, avocat général au parlement de Paris au quatorzième siècle.* (Extrait de la *Revue historique du droit français et étranger*, n° de mai-juin 1858.)

un des trente-quatre réformateurs de 1356[1], Michel Tasse, chancelier de l'église de Noyon, Pierre de Lacourt, Vincent le Naurechier, Pierre Desbarres, orfèvre et second chef de l'expédition commandée par l'épicier Gilles, n'y pussent rentrer. C'était si bien la volonté du duc de Normandie, que toutes les réclamations du roi de Navarre furent vaines; il n'arracha de concession qu'en faveur de Jean de Sainte-Haude. L'interdiction d'entrer dans Paris fut formellement maintenue contre Robert Lecocq, dont on récompensait ainsi le dernier service, je veux dire la paix rendue au royaume. Pour le soustraire à cette haine implacable, Charles le Mauvais lui donna l'évêché de Calahorra, en Navarre; dix ans plus tard, en 1368, Robert Lecocq y achevait paisiblement sa vie, entouré de l'estime et du respect des habitants de son nouveau diocèse[2].

Après la paix de Pontoise, le roi de Navarre était donc

---

[1] Jean de Sainte-Haude représentait la ville de Sens au conseil des réformateurs. Au mois d'août 1358, il eut le temps de prendre la fuite, mais ses biens furent confisqués et donnés à une dame de la duchesse de Normandie.

[2] On trouve assez longtemps des Lecocq dans les documents relatifs à notre histoire. Robert Lecocq avait deux frères : Oudart, conseiller au parlement en 1344, et Jean, qui continua la lignée. Le fils de ce dernier, nommé aussi Jean Lecocq, épousa Jacqueline Maillart, fille de Jean Maillart. En 1363, il fut anobli par le roi Jean, devint seigneur d'Esgrenay en Brie, et maître de la chambre aux deniers du duc de Normandie. Ces faveurs étaient visiblement la récompense d'un mariage pour lequel Jean Lecocq avait oublié ce qu'il devait à son nom. Vers l'an 1500, un Gérard Lecocq épouse une nièce du cardinal La Balue. En 1528, le curé de Saint-Eustache se nomme Jean Lecocq et jouit d'une certaine réputation d'orateur. Les Lecocq deviennent, avec le temps, seigneurs de Corbeville, marquis de Goupillières. Aucune famille ne semble avoir eu au parlement un plus grand nombre de ses membres. Blanchard, Pasquier, Loisel en nomment neuf, dont le dernier en 1631. Le P. Anselme cite encore un Lecocq, conseiller aux requêtes du parlement, puis maître des requêtes de 1691 à 1720. Ce dernier représentant de la famille n'a que des filles de sa seconde femme. Tous les enfants qu'il avait eus de la première étaient morts.

Voyez sur tous ces faits le P. Anselme, *Histoire généalogique de la mai-*

revenu habiter Paris; la conjuration de l'isdoé, à laquelle pourtant il n'avait pris encore aucune part, réveilla des soupçons qui n'étaient que la juste punition de sa constante duplicité. Pour mettre en sûreté ses jours, qu'il croyait menacés, il s'enfuit aussitôt, au risque de donner raison à ceux qui l'accusaient. Mais la guerre contre les Anglais entretenait en ce moment-là de trop vives alarmes pour qu'on prît garde au départ d'un prince, qui n'était, après tout, qu'un adversaire de plus. De Mantes où il s'était retiré, Charles de Navarre eut beau défier le régent, c'est à peine si l'on songea à lui répondre. On ne pensait pour lors qu'à rendre Paris imprenable et à faire en sorte que l'ennemi ne pût vivre aux alentours, puisqu'on ne l'en pouvait chasser par les armes. Le duc de Normandie y parvint au moyen d'un terrible sacrifice, en brûlant les faubourgs Saint-Marcel, Saint-Germain et Notre-Dame-des-Champs. L'armée anglaise occupait Châtillon, près Montrouge, aux portes de Paris (7 avril 1360). Édouard III, ne pouvant la faire vivre dans ces campagnes désolées, résolut enfin de reconduire ses soldats en Bretagne, où ils attendraient, dans un repos réparateur, que la saison d'automne leur permît de recommencer leurs dévastations. Si, le moment venu, il ne donna pas suite à ce dessein, c'est que, dans l'intervalle, le régent subit toutes ses conditions. Après avoir fait repousser par les états généraux le honteux traité de Londres (25 mai 1359), ce prince signa celui de Brétigny (8 mai 1360), qui ne l'était guère moins, car il laissait la France plus petite qu'au temps de Philippe-Auguste. Les discordes intérieures, la rivalité de deux princes qui n'auraient dû se rencontrer sur les marches du trône que pour s'unir, enfin

---

son de France, Paris, 1726, t. II, p. 105. — Loisel, *Divers opuscules*, Paris, 1652. — *Gallia christiana*, t. IX, col. 548 et suiv. (*de provincia Remensi*. — Douet d'Arcq, *Bibliothèque de l'École des Chartes*, t. II, p. 362 et suiv.

l'épuisement du royaume, avaient rendu ces concessions nécessaires.

Le retour du roi Jean marque le terme des intrigues et du rôle politique de son gendre. Charles de Navarre n'a plus les mêmes raisons d'agiter la France qu'au temps où l'absence du roi et l'anarchie intérieure semblaient autoriser toutes les prétentions, et ne laisser de droits qu'aux hommes dont les talents et l'activité pouvaient tout sauver. Il vécut encore vingt-six ans, jusqu'en 1386, sans cesse accusé de meurtres et d'empoisonnements qui ne sont ni prouvés ni même vraisemblables. Ses ennemis, qui ont seuls raconté sa vie, lui donnent une fin tragique, où ils ne manquent pas de voir le doigt de Dieu. Ils racontent que ses médecins, profitant de la découverte récente d'un alchimiste, faisaient coucher leur maître, pour lui rendre des forces, dans des draps imbibés d'eau-de-vie et cousus sur lui. Une nuit, le valet qui cousait les draps, au lieu de rompre le fil, voulut le brûler; le drap s'enflamma et fit au roi d'horribles brûlures dont il mourut au bout de quelques jours. La vengeance céleste aurait aussi frappé Jean de Picquigny : s'il faut en croire Zantfliet, ce seigneur, devenu furieux, se dévorait lui-même les membres; plein d'horreur à ce spectacle, un chambellan finit par l'étrangler. Il est permis à la critique de révoquer en doute de semblables histoires, et de se rappeler qu'au sujet de la mort de Voltaire, les ennemis de ce grand homme, non contents de le condamner aux flammes éternelles, ont eu bien d'autres inventions.

Si l'on n'a rien inventé de pareil pour le duc de Normandie, c'est que sa vie ne fut écrite que par ses courtisans, et presque sous sa dictée. Mais on a pu se convaincre qu'il fut inférieur par la vertu, les talents et les intentions, aux hommes qu'il a fait décrier et flétrir dans l'histoire. Si, après avoir versé tant de sang, il parut plus tard doux et humain, c'est à tort qu'on lui en a fait un mérite, car il n'y en a aucun à ne pas faire souffrir des hommes qui se soumettent à tout sans murmurer. D'ailleurs, dans cette seconde période de son gouvernement, qui vaut assurément mieux que la première, le régent Charles, devenu le roi Charles V, conserva contre la mémoire d'Étienne Marcel une incurable rancune. Dans le temps de sa puissance, Étienne Marcel avait contracté, au nom de la municipalité de Paris, quelques emprunts pour les besoins publics. Après avoir laissé prudemment s'écouler quelques années, les créanciers réclamèrent, en 1367, ce qui leur était dû. Charles le Sage défendit expressément de rien payer : il ne sentit pas qu'en fait de dette publique tous les gouvernements qui se succèdent dans un même pays sont solidaires[1].

Si l'histoire y eût fait plus d'attention, elle aurait vu, toutefois, que c'était par ce prince même qu'Étienne Marcel devait être vengé. Les dernières années du règne de Jean le Bon firent voir au duc de Normandie, mieux qu'il ne l'avait pu comprendre, tandis qu'il gouvernait lui-même, les ruines dont la politique ou plutôt la folie des Valois couvrait tout le royaume, et la haine publique que soulevaient tant de misères. Son esprit, mûri par l'expérience, fit la comparaison inévitable de cette administration sans prévoyance et sans justice avec celle d'Étienne Marcel; il put voir aussi combien ces nobles, dont son père continuait à s'entourer, différaient des bourgeois qui avaient soutenu le prévôt. Quand il fut à son tour monté sur le trône, s'il ne fit pas prévaloir des principes trop contraires aux prérogatives de sa couronne, il s'entoura de villains et gouverna, dans une certaine mesure, avec leur concours.

Mais, il faut le dire, si Charles V a pu faire pardonner au

---

[1] Lettres de Vincennes, 2 juillet 1367. — Reg. A de l'Hôtel de Ville de Paris, f° 78 v°. — Secousse, *Mém. sur Charles le Mauvais*, t. II, p. 294.

duc de Normandie, et si le roi tient dans l'histoire une meilleure place que le régent, c'est moins pour l'avoir mérité que par la comparaison qu'on fait de lui avec son père et son fils. Il paraît extraordinaire qu'un Valois ait pu faire autre chose que des fautes ou des crimes; aussi, dès qu'il s'en rencontre un dont l'administration semble digne de quelques éloges, est-on disposé à lui en faire plus d'honneur. Tel est l'admirable privilége des princes, qu'un seul acte de bonne politique ou de clémence fait oublier toutes leurs cruautés ou leurs folies : les peuples n'ont de mémoire que pour les bienfaits, qu'on leur mesure avec tant de parcimonie.

L'historien doit protester contre cette indulgence, que les princes méritent d'autant moins qu'ils ont plus de pouvoir. Il faut rappeler au souvenir de la postérité qu'en matière de finances et dans le remaniement des monnaies, Charles le Sage ne fut ni plus scrupuleux ni plus habile que son père; qu'il régna sur un peuple épuisé par la lutte et la misère, condition qui permet toujours à un monarque de faire à peu de frais le personnage d'un grand homme, puisque la moindre réparation, dans un tel état de détresse, est acceptée comme un bienfait; que cette détresse lui est imputable plus qu'à personne; que, pendant sa régence, il étouffa la liberté qui pouvait vivre, et qu'enfin, monté sur le trône, il établit l'impôt permanent, pour ôter à la nation le droit de le consentir, et supprima ainsi d'un seul coup la raison d'être des états généraux, l'exercice et jusqu'à l'idée de la souveraineté nationale.

CONCLUSION

Il n'y a pas de meilleure manière de juger les événements de l'histoire que d'en faire le récit impartial. Si l'historien expose, en outre, à mesure les motifs de son sentiment, je veux dire s'il cherche à prouver qu'il n'a pas eu tort de se ranger de préférence à telle ou telle opinion et de suivre l'autorité de tel auteur plutôt que de tel autre, il a fait tout ce que le lecteur a le droit d'exiger. C'est l'usage, cependant, de lui demander des conclusions, et quoiqu'il n'y en ait d'autre raison que de soulager ceux qui le lisent, et de faire pour eux ce qu'ils devraient faire eux-mêmes, il aurait mauvaise grâce à s'y refuser. Je rappellerai donc en peu de mots quelques-unes des observations éparses dans les pages qui précèdent : elles n'auront ici d'autre nouveauté et d'autre mérite que de se trouver réunies.

A la réserve de certains détails, l'histoire de la révolution bourgeoise du quatorzième siècle est bien connue de ceux qui, les premiers, l'ont écrite ou qui en ont rassemblé les matériaux. S'ils se trompent dans leurs conclusions, c'est qu'ils n'ont appliqué leurs soins qu'à débrouiller nos vieux manuscrits; cette critique, tout extérieure, pour ainsi dire, ne saurait tenir lieu d'une étude plus intime, qui, descendant au fond des choses et confrontant les témoignages, fait sortir la vérité de leur opposition même. Il y a encore une raison de l'insuffisance de nos premiers historiens : c'est que dans la paix menaçante où le pouvoir absolu les fit vivre, ils n'eurent ni l'expérience des révolutions, ni l'amour de la liberté. C'est par cette expérience et par cette noble passion que des écrivains modernes qui ne savent pas le détail des faits plus à fond que leurs devanciers, font néanmoins paraître dans leurs jugements une supériorité éclatante. Tout le monde a lu ce que dit Augustin Thierry d'Étienne Marcel et des réformes que le célèbre prévôt voulut introduire dans le gouvernement de la France; mais en quel lieu cette page éloquente serait-elle mieux à sa place qu'à la suite d'une histoire où l'on a tenté d'exposer et d'expliquer les actes d'un homme dont le clairvoyant historien avait si bien compris le caractère et la pensée?

« Cet échevin du quatorzième siècle a, par une anticipation étrange, voulu et tenté des choses qui semblent n'appartenir qu'aux révolutions les plus modernes. L'unité sociale et l'uniformité administrative; les droits politiques étendus à l'égal des droits civils; le principe de l'autorité publique transféré de la couronne à la nation; les états généraux changés, sous l'influence du troisième ordre, en représentation nationale; la volonté du peuple attestée comme souveraine devant le dépositaire du pouvoir royal; l'action de Paris sur les provinces, comme tête de l'opinion et centre du mouvement général; la dictature démocratique et la terreur exercées au nom du bien commun; de nouvelles couleurs prises et portées comme signe d'alliance patriotique et symbole de rénovation; le transport de la royauté d'une branche à l'autre, en vue de la cause des réformes et pour l'intérêt plébéien, voilà les événements et les scènes qui ont donné à notre siècle et au précédent leur caractère politique. Eh bien, il y a de tout cela dans les trois années sur lesquelles domine Marcel. Il vécut et mourut pour une idée : celle de précipiter par la force des masses roturières l'œuvre de nivellement graduel commencée par les rois; mais ce fut son malheur et son crime d'avoir des convictions impitoyables. A une fougue de tribun qui ne recule pas devant le meurtre, il joignait l'instinct organisateur; il laissa à Paris des institutions fortes, de grands ouvrages et un nom que, deux siècles après lui, ses descendants portaient avec orgueil comme un titre de noblesse [1]. »

C'est ainsi que juge le maître. A nos yeux, comme aux siens, Étienne Marcel et ses amis ont voulu assurer à la France, en 1358, les conquêtes de 1789, et si vive était leur intelligence des choses de la politique et de l'organisation sociale, qu'ils ont essayé d'obtenir des réformes et de fonder des institutions dont quelques-unes ne sont encore pour nous que des espérances et des rêves.

Il semble peu nécessaire de prouver que des hommes qui ont exécuté ou seulement conçu de si grands et si nobles desseins, ne sont pas des scélérats. S'il est vrai que le talent ou même le génie se rencontrent quelquefois dans des âmes perverses, on surprend cette perversité jusque dans les actes où éclatent ces dons divins. Or qu'y a-t-il de plus beau, de plus élevé, de plus honnête que les efforts tentés pour assurer à la France les justes réparations qu'elle n'a obtenues qu'en 1789 ou qu'elle attend encore? Mais puisqu'il n'a pas suffi de considérations si évidentes pour im-

---

[1] Aug. Thierry, *Essai sur l'histoire de la formation et des progrès du tiers état*, p. 39. — Paris, 1853.

poser silence à la calomnie, il faut revenir sur le détail, et venger la mémoire de ces grands citoyens.

Il n'y en a que deux, sur le nombre, que l'histoire rende responsables de tout ce qu'elle condamne dans ces temps agités : Étienne Marcel et Robert Lecocq font oublier tous les autres. Ce n'est pas que Charles Toussac, Robert de Corbie, Jean de Lisle, Joceran de Mâcon, Pierre Gilles, Philippe Giffart, le curé de Sainte-Geneviève et tous ceux qui trempèrent dans la révolution paraissent aux auteurs plus dignes d'indulgence; mais parce que leur rôle a été subalterne, ils ne sont qu'implicitement enveloppés dans la réprobation dont on poursuit leurs chefs. Défendre ceux-ci, ce sera donc défendre, du même coup, leurs amis.

On a vu quels furent, selon nos historiens et nos chroniqueurs, les crimes d'Étienne Marcel : il conjura contre l'autorité royale, fit paraître une ambition sans limites, souilla ses mains de sang et trahit la France.

Si c'est conjurer contre l'autorité royale que d'en réduire les prérogatives pour en supprimer les abus et donner à la nation une juste part dans le gouvernement de ses propres affaires, Étienne Marcel est coupable et ne peut être défendu d'un dessein qu'il avouait hautement. Mais, quand il le conçut, où était l'autorité royale? Le roi était prisonnier; son fils aîné, presque enfant, sans expérience et sans résolution; la noblesse, dont il recherchait les conseils, avilie par les circonstances qui avaient marqué sa défaite à Poitiers, plus que par sa défaite même. Étienne Marcel avait vu la place vide et cru que les états généraux la pourraient bien remplir. En un temps où personne, parmi ceux qui en avaient la charge, ne pensait au salut de la France, ou du moins n'imaginait les moyens d'y pourvoir, il forma le projet de substituer des ressorts nouveaux à des ressorts usés, de remplacer la noblesse par la bourgeoisie, ou plutôt d'unir leurs forces au sein des états généraux; il sut trouver des ressources dans un pays épuisé par les mauvaises années, le brigandage et la guerre ; il donna des règles de gouvernement si admirables, que les uns disent qu'elles furent toutes successivement adoptées par nos rois, et les autres qu'elles étaient dignes des temps modernes.

Ainsi l'autorité perdue par l'incapacité et l'incurie des Valois se relevait par les soins de Marcel, au moyen d'un déplacement, le plus légitime du monde : qu'importait la forme de gouvernement, pourvu que le royaume ne restât pas en proie à l'anarchie? or qui pouvait avoir plus de droits à le conduire que les députés de la nation, c'est-à-dire la nation même? Incapable de gouverner, le duc de Normandie ne voulut point, cependant, en laisser le soin à d'autres ou céder seulement une part de son fardeau. Secousse, qui lui est partout si favorable, avoue qu'au lieu d'accepter le concours des états, il préféra leur déclarer la guerre[1].

Je ne sais s'il faudrait défendre Étienne Marcel, comme d'un crime, d'avoir été ambitieux, car l'ambition, chez les hommes honnêtes, n'est, au fond, que le sentiment de leur supériorité et du bien qu'ils peuvent faire, en prenant la place qui leur est due. Assurément il souhaita le triomphe de ses idées et parut prêt à tout pour l'obtenir; mais il ne faisait point effort pour imposer aux autres des idées qui lui fussent propres : c'est de celles qui régnaient parmi les bourgeois, et qui n'étaient nulle part plus précises que dans sa tête, qu'il avait fait un système, en sorte que le mouvement de 1356 fut moins celui d'un homme que celui d'un parti.

Du reste, quelle que fût l'autorité d'Étienne Marcel, on prouverait sans peine, par ses efforts pour établir le

---

[1] *Mém. sur Charles le Mauvais*, t. I, p. 226.

gouvernement des états généraux, qu'il n'avait point cette soif du commandement qui fait les ambitieux. L'ascendant qu'il allait prendre sur l'assemblée des états, il ne pouvait le prévoir, et ceux qui veulent dominer ne sont pas assez imprudents pour donner à une assemblée quelconque, où tout dépend de l'inclination si variable du plus grand nombre, les moyens de leur faire obstacle.

Quand le conseil royal reçut une organisation nouvelle, voit-on qu'Étienne Marcel se soit empressé d'y paraître ? Il s'en tint au contraire éloigné, jugeant qu'il avait au dehors assez d'affaires, et il y laissa la première place à l'évêque de Laon. Ce prélat lui inspirait, il est vrai, une entière confiance : s'il n'en eût été ainsi, Marcel aurait commis une faute grave en laissant le fils du roi livré aux conseils des ennemis de la bourgeoisie, sans que personne fût là pour balancer leur autorité. D'autre part, en exerçant des fonctions qui étaient à peu près celles d'un premier ministre de notre temps, Robert Lecocq pouvait facilement devenir un rival pour le prévôt des marchands; s'il resta d'accord avec lui, c'est une preuve de sa loyauté et de son désintéressement que je ne vois pas qu'on ait nulle part relevée. En est-il moins vrai que lui avoir fourni les moyens de devenir, s'il le voulait, le premier personnage du royaume, n'est pas le fait d'un ambitieux ?

Ce qui l'est moins encore, ce sont les efforts que fit tant de fois Marcel, après le meurtre des maréchaux, pour réconcilier les Parisiens avec le duc de Normandie. Il est sensible que cet accord ne pouvait se faire qu'aux dépens du prévôt, et que sous l'empire d'un prince dont il avait frappé les amis, il ne devait pas se flatter de conserver sa charge. Il consentait donc à renoncer à toute part dans le gouvernement du royaume, à se borner aux soins de l'administration municipale, et même, s'il le fallait, à rentrer dans la vie privée, car on a vu que ses tentatives échouèrent, uniquement parce que le dauphin ne voulait reparaître à Paris qu'après la mort des chefs de la bourgeoisie.

Il serait désirable qu'on pût aussi facilement laver Marcel du reproche d'avoir versé le sang. L'exécution de Thomas Fougnant, de Jean Perret, de Philippot de Repenti furent des rigueurs politiques excusables, puisque tous les siècles, et le nôtre même, en ont vu de semblables, et que la civilisation n'a pas encore effacé les attentats politiques du nombre des crimes; le meurtre de Regnaud d'Acy fut l'œuvre d'une foule égarée, et le prévôt ne l'avait point commandé; mais celui des deux maréchaux, que ne couvrent même pas les apparences de la justice, pèsera éternellement sur la mémoire de cet homme extraordinaire. Tout ce qu'on peut dire, pour sa défense, c'est qu'il vécut dans un temps où l'on ne connaissait point le respect de la vie humaine; où personne, parmi ceux qui exerçaient le pouvoir, n'avait les mains pures de sang; qu'enfin, si l'on regarde de près aux circonstances, il n'y a point d'autre exemple, dans tout le moyen-âge, d'un prince ou d'un chef populaire qui ait traversé tant de difficultés et lutté contre tant d'ennemis acharnés à sa perte, sans que la lutte ait coûté à ses adversaires plus de deux des leurs violemment mis à mort, avant tout procès ou jugement.

Le reproche de trahison ne serait que ridicule, s'il reposait sur l'accusation d'avoir voulu livrer la France aux Anglais : il n'y a là, comme on l'a vu, qu'une misérable équivoque. Mais M. Michelet, dont l'autorité est si respectable, l'entend autrement. « Étienne Marcel essaya, dit-il, de donner le royaume au roi de Navarre; il y périt comme il le méritait. » Même en livrant le royaume au roi de Navarre, ce qui était une entreprise pleine de hasards, Marcel ne trahissait point. Changer la dynastie, ce n'était pas trahir la France, du moins selon les idées modernes, qui, dans une certaine mesure, étaient les siennes : une nation, il avait le droit de le penser comme nous, n'appartient qu'à elle-même, et si les princes qui la gouvernent ne voient en elle qu'un patrimoine de droit divin, par leur erreur et leur obstination, ils justifient leur ruine en même temps qu'ils la précipitent.

Pour condamner Marcel sur ce point, il faut supposer qu'une révolution dynastique ne pouvait s'accomplir sans le secours des Anglais; mais outre que le prévôt n'a jamais réclamé ce secours, comment n'a-t-on pas remarqué que les Anglais ne l'auraient pas accordé tant qu'ils avaient le roi Jean entre leurs mains ? L'avénement du roi de Navarre leur faisait perdre toutes les espérances qu'ils pouvaient fonder sur la captivité du vaincu de Poitiers et sur le désir qu'il avait de retourner dans son royaume. On a dit souvent, sans l'avoir prouvé, que Charles le Mauvais consentait, pour prix de leur assistance, à leur livrer plusieurs provinces; cette accusation fût-elle fondée, la connivence du Navarrais et de Marcel sur ce point ne serait nullement établie. Il est clair, d'ailleurs, qu'un prince libre aurait fait moins de sacrifices aux Anglais qu'un prince prisonnier; un roi élu avait plus d'intérêt à ne pas humilier son peuple qu'un roi de droit divin, pour qui la France était une sorte de propriété privée, dont il ne devait compte à personne. Charles le Mauvais eût-il jamais livré ce qu'abandonnait Jean le Bon par le honteux traité de Londres, ou même par celui de Brétigny? Avant la bataille de Poitiers et la captivité de Jean, la politique des Anglais était de soutenir le prince qui convoitait le trône et pouvait y prétendre : aussi avaient-ils fourni de l'argent et des hommes au roi de Navarre, pour faire échec au roi de France; ils en auraient trouvé davantage contre le gendre pour rétablir le beau-père, qui était à leur discrétion. Un changement de dynastie eût donc été, à cette époque et dans ces circonstances, l'entreprise la plus hostile aux Anglais et par conséquent la plus nationale qu'on pût essayer : les seuls Anglais qui en eussent profité et qui s'en seraient réjouis étaient ceux qu'on trouvait disséminés dans les compagnies : or s'ils étaient nés en Angleterre, ces aventuriers ne reconnaissaient d'autorité que celle du chef qui les payait.

Accuser de trahison l'homme qui avait restauré le gouvernement, administré, fortifié, approvisionné, défendu Paris, et par suite le royaume, c'est tomber dans une contradiction flagrante. Sans doute, une révolution dynastique à laquelle les esprits n'étaient point préparés et qui pouvait provoquer des discordes intestines, n'était pas moins funeste que la guerre avec les Anglais, et il eût mieux valu, pour Marcel, n'avoir point à l'entreprendre. Il y fut fatalement poussé par les froides fureurs d'un prince plus jaloux d'une vengeance stérile que de la paix du royaume. C'est une dernière marque de l'esprit politique d'Étienne Marcel que, dans une extrémité si terrible, il ait encore pu former un dessein plein de périls sans doute, mais qui, loin de livrer la France aux étrangers, la relevait devant ses éternels ennemis.

Tel fut cet homme, objet, depuis quatre cents ans, de tant d'erreurs, de mensonges et de calomnies. Établir, par une réparation tardive, sa statue parmi celles des bienfaiteurs de Paris qui ornent l'Hôtel de Ville, ce serait quelque chose; il y aurait cependant une sorte d'injustice à ne lui accorder qu'une gloire municipale. Étienne Marcel est un des réformateurs politiques qui ont répandu le plus d'idées justes et pratiques sur le gouvernement des peuples; pendant deux années, il a donné l'exemple en même temps que le précepte; il n'a pas tenu à lui que, dès le quatorzième siècle, les Français n'apprissent l'art de se conduire eux-mêmes, et par là il mérite d'être rangé au nombre des avant-coureurs de la liberté.

Plus malheureux encore qu'Étienne Marcel, Robert Lecocq n'a, jusqu'à présent, rencontré personne qui voulût prendre sa défense. Ceux qui ont commencé pour le prévôt l'œuvre de réhabilitation et de justice, ont-ils pensé que leurs arguments devaient aussi couvrir l'évêque, ou, effrayés eux-mêmes de leur audace, ont-ils cru devoir, comme on dit, faire la part du feu? Il est certain que si Marcel n'a pas trahi, Robert Lecocq ne saurait être accusé d'un si grand crime; mais tout n'est pas commun entre ces deux hommes : l'un a versé le sang, il n'y en a pas une seule goutte sur la robe épiscopale de l'autre; Marcel n'eut recours au roi de Navarre qu'à la dernière extrémité; Lecocq est accusé d'avoir voulu, dès le premier jour, le placer sur le trône; enfin, Étienne Marcel fut désintéressé, et il n'est pas aussi certain que la conduite de Robert Lecocq fut exempte d'ambition.

On l'a vu cependant, maître dans le conseil royal, Robert Lecocq aurait pu, en cédant aux faiblesses du prince qu'il était chargé de conduire, s'emparer de son esprit et disputer la première place à Étienne Marcel. Or, son dévouement au prévôt et à la cause populaire se soutint jusqu'à la dernière heure. Quand la révolution éclata, il avait reçu de Jean le Bon toutes les faveurs imaginables, à la réserve de la charge de chancelier de France, qui n'était pas vacante, et du chapeau de cardinal. On veut qu'il fut consumé du désir de cette double dignité : quel était, en ce cas, le moyen d'y parvenir? Était-ce de rompre avec le roi et son fils, de parler de l'un en termes d'une vivacité extrême, et d'obliger l'autre à n'agir le plus souvent que contre sa propre volonté? N'eût-il pas été plus habile de montrer plus de complaisance, de pénétrer plus avant dans les bonnes grâces du maître, et de lui arracher l'objet d'une ambition légitime, alors surtout que les faveurs précédentes donnaient lieu d'en espérer de nouvelles?

Il faut donc croire que si Lecocq en usa librement avec le

roi son bienfaiteur et le dauphin qui pouvait l'être, c'est que la haine du mal dominait en lui l'ambition; il faut croire surtout que la malice de ses ennemis lui a prêté gratuitement bien des propos inconsidérés. Dans sa vie publique, il ne fit rien que par une conviction sincère : il ne se laissa ni gagner par les promesses, ni intimider par les menaces; il garda toujours sa place, telle qu'on la lui avait faite, sans convoiter l'autorité d'un homme qu'il admirait et qu'il soutenait de tous ses efforts; il travailla, dans le conseil royal, à prévenir les imprudences du régent, ou à en détourner les conséquences, et il aurait voulu, comme Marcel, que ce prince acceptât le contrôle ou même la direction des états généraux. Le dernier acte de sa vie politique est encore une marque de cette modération qui n'eut d'égale que sa fermeté : il décida le roi de Navarre à conclure la paix de Pontoise, et, personnellement, il n'en profita pas.

Il n'est pas douteux qu'il fut séduit par les qualités aimables de ce prince : c'était un sentiment que les reines douairières et tous les autres membres de la famille royale partageaient avec lui. Il n'est point étonnant que l'esprit et la grâce du roi Charles parussent préférables à la froideur et à l'impassibilité du régent; mais l'évêque de Laon avait d'autres raisons de sa préférence, plus dignes d'un politique. Il aimait cette intelligence ouverte aux sujets les plus sérieux, et cette maturité précoce. Comme son désir le plus ardent était d'assurer le règne des états généraux, quand il vit la résistance du duc de Normandie aux moindres résolutions de l'assemblée, il fut insensiblement conduit à penser qu'on obtiendrait plus de condescendance du roi de Navarre, s'il devenait roi de France, car cette condescendance même devait être le prix dont il payerait la couronne.

Quoi qu'on en ait dit, il ne se décida, comme Marcel, que fort tard. Ses efforts mêmes pour retenir le régent dans de justes bornes, prouvent assez qu'il ne songeait point d'abord à le renverser. Forcé de pourvoir à sa sûreté en quittant Paris, ce n'est pas auprès de Charles le Mauvais qu'il se retire, mais à Laon, dans son diocèse; et, s'il l'abandonne à la fin, c'est que sa dignité ecclésiastique était impuissante à l'y protéger. Il se rapproche alors du roi de Navarre et le détermine à conclure la paix. C'est en vain toutefois que ce prince, après lui avoir sauvé la vie, le sollicite de ne point s'éloigner. N'ayant plus l'espérance d'établir un gouvernement national et libre, Robert Lecocq fuit la vie des cours, il accepte, il demande peut-être un humble évêché, relégué dans des montagnes où il pouvait se croire à l'extrémité du monde. Ainsi finissent souvent les hommes qui ont échoué dans l'exécution de leurs grands desseins : il leur faut, pour leurs derniers jours, une profonde retraite, où le bruit même des événements n'arrive plus.

Il y a peu de destinées aussi extraordinaires dans l'histoire que celle de Robert Lecocq. Avant la révolution, il jouissait à la cour de France d'un grand crédit, et, s'il le perdit bientôt, il gagna en retour l'affection des peuples. C'était la juste récompense de son zèle à démasquer des intrigants qui ne se servaient du pouvoir que pour avancer leurs propres affaires. Dans le diocèse de Laon et dans celui de Calahorra, il fut également aimé et respecté de tous ceux qui le connurent. Il n'y a que les officiers royaux qui le haïrent, parce qu'ils ne pouvaient lui pardonner de les avoir poursuivis et d'être une des causes de leur ruine passagère ; mais il a suffi de cette haine intéressée pour tromper sur cet homme illustre et honnête l'histoire et la postérité.

Si ce n'est pas assez de ces raisons pour défendre, à l'avenir, la mémoire d'Étienne Marcel, de Robert Lecocq, et, par suite, de leurs amis, contre l'injustice et le mensonge, il faut désespérer de trouver dans nos annales un seul chef populaire, un seul soutien du droit des peuples, qui ne mérite d'être traîné aux gémonies. Ceux qui voulaient retirer la France de l'abîme où les Valois l'avaient jetée étaient sincères, d'un esprit élevé et d'un cœur magnanime; la cause était juste et noble, les réformes excellentes; que faut-il de plus pour que cette page de notre histoire soit de celles dont une nation s'honore, loin de vouloir la déchirer? La révolution de 1356 était moins prématurée qu'on ne pense : un mouvement si nécessaire était par là même opportun. Des circonstances accidentelles, que le hasard pouvait éloigner comme il les amena, en furent seules l'écueil, et il est permis de regretter pour la France qu'un aussi noble essai n'ait pas réussi.

C'est le sentiment contraire, passé à l'état de doctrine, qui a prévalu jusqu'à présent parmi nos historiens. Tout ce qui a été, disent-ils, était nécessaire à ce qui devait être; les progrès de la civilisation française, la liberté même, ne pouvaient être que le prix d'un despotisme séculaire; Philippe le Bel, Louis XI, Richelieu, Louis XIV, ont préparé la Révolution de 1789, qui sans eux n'eût point éclaté; il fallait leur inflexible pouvoir pour réduire les prétentions féodales et former un seul peuple de toutes ces castes, de toutes ces provinces que divisaient les intérêts, les habitudes, les préjugés. Quiconque, par ses discours ou par ses actes, fit obstacle à cette politique traditionnelle, nuisit sans le vouloir et sans le savoir au développement régulier et continu de la nation française. Etienne Marcel et ses amis, les Cabochiens, les états généraux de 1484 essayèrent l'impossible : leur triomphe eût été notre malheur. Pour résumer d'un mot cette opinion étrange et pourtant si générale, les adversaires du despotisme ont été les véritables ennemis de la liberté.

M. Edgar Quinet a combattu le premier ce paradoxe, et il l'a fait avec une supériorité de raison et d'éloquence qui m'ôte tout désir de le faire après lui. Je dois me borner à ce qui est plus particulièrement de mon sujet, je veux dire à soutenir qu'au quatorzième siècle le gouvernement de la bourgeoisie, s'il avait duré, n'aurait point fait obstacle au rapprochement des castes et des provinces, à l'extinction de la féodalité, à cette œuvre, enfin, de nivellement et d'unité qui était la condition préalable de la liberté dans un pays comme le nôtre, et qui fut le principal bienfait du pouvoir absolu.

Sera-t-il téméraire de dire que si les supplices qu'ordonnèrent Louis XI et Richelieu eurent pour effet d'abaisser la noblesse, l'unité de la nation française se rattache à d'autres causes et que nos pères en furent surtout redevables à eux-mêmes? C'est en serrant leurs rangs pour mieux résister aux invasions de l'étranger qu'ils apprirent à se croire solidaires, comme la noblesse, d'abord si divisée, l'avait appris dans les lointaines croisades ; la haine de l'Anglais, dont ils redoutaient toujours les attaques, les força de se réunir et de substituer l'intérêt commun aux intérêts privés, avant que nos rois y eussent seulement pensé.

Il n'y avait pas jusqu'à cette nécessité de combattre à pied qui ne forçât les bourgeois et les manants de s'unir. Tandis que les nobles, confiants dans la vitesse de leurs chevaux, engageaient la bataille sans en avoir reçu l'ordre, cherchaient de droite et de gauche l'occasion de quelque brillante prouesse, et prenaient quelquefois la fuite, sans le moindre souci des petites gens, ceux-ci ne comptaient, pour assurer leur salut, que sur ces masses compactes qui réparèrent tant de désastres, et firent voir, dès ce temps-là, que la véritable force des armées est dans l'infanterie.

Cette solidarité des champs de bataille portait ses fruits dans la vie de tous les jours. Si les bourgeois savaient déjà quelle puissance on acquiert par l'association, les paysans commençaient à l'apprendre, et la Jacquerie fait bien voir les progrès que ce sentiment avait faits parmi eux. Rien ne les empêchait dès lors de s'unir aussi aux bourgeois, comme le menu peuple des villes ; car, n'ayant point encore d'intérêts contraires à ceux du tiers état, qui les représentait seul dans la société officielle, ils ne pouvaient espérer de résister à l'ennemi commun, j'entends la noblesse, qu'en s'appuyant sur le troisième ordre, trop faible lui-même contre les deux autres, pour ne pas chercher partout des auxiliaires.

Le clergé, à la réserve de quelques grands prélats, n'avait pas encore séparé sa cause de celle du plus grand nombre. Il ne restait donc que la noblesse qu'il fût difficile de ramener à cette unité générale dont les progrès étaient plus sensibles de jour en jour. Que fût devenue cette caste privilégiée, si, dès le quatorzième siècle, les bourgeois avaient assuré à la France les bienfaits d'un gouvernement dont ils auraient eu la direction ou du moins la surveillance? Les nobles auraient suivi la royauté dans sa soumission, ou tenté de continuer le moyen âge. Soumis, ils n'eussent pas tardé à faire corps avec tous les autres Français, par l'égalité des priviléges, où tendaient visiblement les efforts de la bourgeoisie ; rebelles, qu'auraient-ils pu faire contre toutes les forces de la nation réunies? N'était-ce pas le moment de réduire la noblesse, quand elle revenait de Poitiers affaiblie, abattue, déshonorée? Pour qu'elle reprît courage, il fallut que le duc de Normandie aimât mieux défendre avec son concours de vaines prérogatives, que d'assurer, par un léger sacrifice, la force de la France qui eût fait la splendeur de sa couronne.

Il s'en fallut de peu que ce prince ne fût contraint de subir un contrôle dont ses caprices auraient souffert plutôt que son pouvoir. Comme il n'y avait pas encore d'armées permanentes, s'il n'eût trouvé aux portes de Paris ces funestes mercenaires, ces brigands des compagnies, toujours prêts à servir toutes les causes, il aurait bien fallu qu'il permît à ses sujets d'établir l'ordre dans les finances, la régularité et la justice dans l'administration. Ces fléaux de toute société firent deux choses : ils donnèrent au duc de Normandie le pouvoir de combattre avec avantage les progrès de l'esprit public, et ils coupèrent les communications des villes, qui étaient impuissantes dès qu'elles ne pouvaient s'entendre.

Sans cet obstacle, qu'elle n'eût pas rencontré si les rois précédents avaient fait leur devoir, la bourgeoisie aurait multiplié les relations de ville à ville, car elle y avait intérêt pour son commerce. Elle aurait gouverné avec cette fermeté qu'on admire dans les communes flamandes et qui n'était pas moindre en France, comme on peut le voir par toute cette histoire. La confédération des bonnes villes, préparée par Marcel, n'eût point été funeste à l'unité nationale, car le gouvernement des états généraux, qu'il voulait souverain dans toutes les questions d'intérêt public, n'avait rien de contraire au génie français.

Ce génie même, sans lequel nos rois n'eussent rien fait, et qui eût suffi, sans eux, pour tout faire, offrait une garantie sérieuse contre le danger des rivalités municipales. Malgré tant de difficultés et d'entraves, combien de villes ne vit-on pas fidèles jusqu'à la dernière heure à la cause sainte que soutenaient les Parisiens ! Rouen, Beauvais, Senlis, Amiens, Meaux, Laon, Corbie et tant d'autres qui avaient pour lors de l'importance et qui ne sont plus aujourd'hui que d'humbles bourgades, les villes mêmes d'Auvergne et de Languedoc n'avouèrent-elles pas, pour parler le langage du temps, avec une admirable constance, tout ce que faisait Paris ? Paris ne perdit l'appui des provinces les plus éloignées que lorsqu'il devint impossible de communiquer avec elles. On ne voit guère, dans cette histoire, que Compiègne qui ait préféré les faveurs royales à l'honneur de participer, par ses députés, au gouvernement du royaume. Cependant, même avec les villes les plus voisines, les relations étaient difficiles et rares, le duc de Normandie et ses agents travaillaient à gagner les provinces, et répandaient, à cet effet, mille mensonges sur la situation désespérée et les perfides projets des Parisiens. La constance de ces villes n'en est que plus admirable; mais elle fut stérile. Qui peut dire ce qu'elles eussent ajouté de force à la cause nationale, si l'accord eût régné entre le régent et les bourgeois!

Il est donc permis de croire que, sans retarder la liberté de plusieurs siècles, un gouvernement monarchique, conduit ou contrôlé régulièrement par les états généraux, aurait eu plus de force que le pouvoir absolu pour triompher des résistances de la noblesse, et que cette révolution fût venue plus à propos au quatorzième siècle qu'au seizième, alors que les passions religieuses n'avaient pas encore donné un prétexte respectable à la résistance de la féodalité. L'unité nationale eût été l'heureux effet de la victoire; elle aurait coûté moins de sang, et l'on ne pourrait dire que nous en sommes redevables à cet excès permanent du pouvoir suprême qu'on appelle aujourd'hui la centralisation. Les provinces éloignées elles-mêmes, Bretagne, Languedoc, Provence, qui ont eu tant de peine à vivre de la vie nationale plutôt que de leur vie propre, par quoi y sont-elles enfin venues, si ce n'est par l'égalité des avantages, la douceur et les bienfaits de l'administration? Or, si nos rois, qui ne faisaient qu'avec tant de regret, et par nécessité de politique, ce sacrifice partiel de leur pouvoir absolu, en ont obtenu de si grands effets, que n'eût-on pu attendre des états généraux, dont le principe est l'unité dans la fédération? Ces provinces, qui ont renoncé peu à peu à leurs coutumes, parce qu'il leur était permis de les conserver, auraient joui d'une liberté plus complète encore, et rien n'était plus propre à resserrer les liens qui commençaient de les rattacher au royaume, que d'être appelées, pour leur part, à le gouverner. Combien ces conditions d'existence n'étaient-elles pas préférables aux faveurs du despotisme, qu'une fantaisie pouvait leur retirer !

Il peut paraître chimérique de soutenir que ce qui n'a pas été aurait dû être et que l'hypothèse eût été plus féconde en bienfaits que la réalité. Mais apparemment la raison a ses droits, et, si l'on ne s'en sert pour juger les faits, qui sont souvent si peu raisonnables, pour nous consoler du mal par la contemplation du bien qui était possible, et pour donner des enseignements aux générations à venir, quels services en attendre? Quand la souveraine puissance qui conduit le monde propose un but aux peuples, comme aux hommes, elle leur laisse le choix des moyens pour l'atteindre : s'il n'y en avait qu'un, que deviendrait leur libre arbitre? S'il y en a plusieurs, ne faut-il pas une grande témérité et bien peu de connaissance de la nature humaine pour prétendre qu'elle prend toujours le meilleur? C'est l'écueil du système historique qui a fait de nos rois et du despotisme l'instrument *nécessaire* du progrès, d'aboutir inévitablement au fatalisme, et c'en est aussi la condamnation.

Quant à ceux qui tiennent la raison pour peu de chose dès qu'elle n'est pas d'accord avec les faits, il ne faut pas aller loin de la France pour trouver un de ces arguments auxquels ils se rendent. C'est sous le règne d'Édouard III, contemporain de Jean le Bon, d'Étienne Marcel et de Charles le Sage, que le gouvernement de la nation par elle-même (*self-government*) s'établit en Angleterre; depuis ce temps, il n'a cessé d'y fleurir. Voit-on cependant que l'Angleterre soit privée des biens dont on dit que nous sommes redevables à plusieurs siècles de despotisme ? L'unité anglaise est peut-être moins absolue que la nôtre; mais

CONCLUSION. 575

l'abime qui séparait des Anglais les enfants de l'Écosse et de l'Irlande n'est-il pas déjà presque comblé, et en restera-t-il bientôt d'autres traces que celles qui font la beauté et l'harmonie d'un peuple, je veux dire la variété dans l'unité? On ne devient si puissant dans les affaires du monde qu'à la condition d'être une seule nation : toutes les diversités de religion, de coutumes, de costume, de dialecte, n'empêchent pas qu'il y ait un peuple anglais dont font partie les Irlandais et les Écossais, de même que l'Alsacien et le Béarnais, le Provençal et le Breton, si dissemblables par les traits particuliers, sont tous Français par la ressemblance des traits généraux.

Cet avantage que nos voisins ont sur nous, d'avoir conquis l'unité sans lui faire litière de la liberté, ne tient pas à la différence des races, puisque, le jour où la liberté s'implanta chez eux, le sang normand était encore dans toute sa force et presque pur de tout mélange. Il ne parait pas non plus que les peuples ignorants fussent plus soumis qu'en France aux hommes éclairés, puisque l'Angleterre se trouvait partagée entre les vainqueurs et les vaincus, aussi différents entre eux qu'ils pouvaient l'être. Si même aujourd'hui ils n'ont point l'égalité, qui nous est chère, c'est encore une trace de la conquête, et il ne nous appartient pas de dire s'ils en sentiront quelque jour le besoin; mais il y a un fait qui domine toutes ces considérations. Au quatorzième siècle, la liberté tente de s'établir dans toute l'Europe : elle réussit en Allemagne, en Angleterre, où ceux qui conduisent la société sont presque des Français et portent encore la marque de leur origine; dans les Flandres, dont la population diffère si peu de celles de nos provinces de langue d'Oil, partout enfin, excepté en France. On y veut voir notre gloire, et c'est notre malheur.

A ceux qui admirent le despotisme dans le passé, parce qu'ils l'aiment dans le présent et le souhaitent pour l'avenir, il n'y a rien à dire : s'ils font peu d'état de la dignité humaine, ils sont du moins conséquents avec eux-mêmes. Mais, si des amis de la liberté peuvent croire qu'il fallait plusieurs siècles de despotisme pour qu'elle devint possible dans les temps modernes, comment ne pas les avertir que c'est la conséquence contraire qu'il faudrait tirer de leurs prémisses? Le dernier historien des révolutions d'Italie[1] s'est chargé de ce soin : la loi de l'histoire de France, dit-il, c'est le despotisme; toutes les fois que les Français essayent de s'en affranchir, ils manquent à leur tâche et à leur génie; toutes les fois qu'ils s'y soumettent, ils sont fidèles à leur loi. Voilà qui est assurément plus logique, et il n'y a qu'un moyen de combattre cette argumentation désolante : c'est de soutenir et de prouver par les faits que, dès un temps reculé, nos pères étaient prêts pour la liberté; que la royauté, unie contre eux avec la noblesse, et, en d'autres moments, avec eux contre la noblesse, les a forcés de vivre sous une règle contraire à leur inclination, à leur génie, toujours porté vers l'opposition et la Fronde; enfin que, par nos efforts pour reconquérir la liberté, loin de paraître infidèles à la loi de notre histoire, nous renouons la chaîne des temps, violemment brisée par le despotisme de nos rois.

Pour faire de la France une grande nation, et, en quelque sorte, le modèle des autres, il fallait chasser l'étranger, créer l'unité, donner à tous les citoyens une juste part dans le gouvernement de leurs affaires. Tout pouvait s'accomplir à la fois, car chacune de ces conquêtes aurait servi à assurer les deux autres, comme on le voit par ce qui s'est passé chez les peuples voisins. Que devons-nous, en réalité, au pouvoir absolu? Ce n'est pas l'expulsion des Anglais, que nos pères chassèrent eux-mêmes : la légende de Jeanne

---

[1] M. Ferrari.

Darc n'est autre chose que le réveil du génie national après tant d'humiliation; ce n'est pas l'unité française, qui était trop dans ce même génie pour ne pas s'accomplir naturellement; ce n'est pas, enfin, nos libertés publiques, auxquelles ils mirent des entraves impossibles à briser. Pour mieux dire, l'indépendance et l'unité étant dans l'intérêt des rois comme dans l'intérêt des peuples, les rois n'y mirent point d'obstacle, et, selon l'usage, on leur en reporte tout l'honneur; quant à la liberté, elle fut étouffée, parce que la nation seule pouvait y gagner.

La royauté, en effet, n'était point, pour lors, ce que nous la voyons aujourd'hui. Si elle a toujours des intérêts particuliers, qui diffèrent de ceux de la nation et qui leur sont quelquefois contraires, elle avait, en outre, des prétentions d'un ordre supérieur, et, sous prétexte de tout tenir de Dieu même, elle les défendait contre tous les empiétements, avec la ferme croyance de remplir un devoir. Il a fallu, chez nous, de terribles révolutions pour persuader à nos maîtres que leur dignité n'est qu'une charge, la première de toutes, déférée par les peuples, et dont l'intérêt du plus grand nombre détermine la durée ou la mesure. Il n'est donc pas étonnant que nos rois, dans les siècles du moyen âge, fissent tout pour secouer le joug de la volonté nationale, tandis que leur premier devoir, dans les temps modernes, est de s'y soumettre.

La lamentable histoire de ces temps durant lesquels s'accomplit cette grande déviation qu'on appelle la loi de nos annales peut se résumer en deux mots : après s'être aidés de la noblesse pour réduire les peuples à merci, nos rois, restés seuls en face d'elle, remarquèrent qu'elle prenait trop d'importance : dans cette heureuse rivalité entre les maîtres de la France, la victoire appartenait à qui mettrait le tiers état de son côté. Si la bourgeoisie eût été moins abattue et qu'elle eût conservé quelque chose de l'esprit politique de ses grands jours, elle aurait hautement fait ses conditions, et les deux adversaires se fussent disputé l'honneur de les accepter. Par là, elle eût regagné en partie le terrain que ses défaites lui avaient fait perdre; mais elle ne sut, entre deux ennemis, que soutenir celui dont elle souffrait le moins; elle se livra sans réserve à la royauté, continuant, au profit d'un seul, l'œuvre d'unité et d'égalité qu'elle avait commencée pour tous. Quant à la liberté, toutes les fois qu'elle osa la revendiquer, nos rois, qui avaient cessé de craindre, repoussèrent ses réclamations avec dédain. Si, au lieu de les suivre par faiblesse, par amour de l'égalité et de la vengeance, la bourgeoisie eût traité avec eux d'égal à égal, leur alliance contre la noblesse aurait été plus féconde, et, depuis trois siècles, nous jouirions de cette liberté que les héroïques et intelligents bourgeois du quatorzième siècle n'ont pu conquérir, mais pour laquelle, du moins, ils sont morts avec honneur.

APPENDICE.

TEXTES ET DOCUMENTS

I

EMPRUNT CONTRACTÉ PAR MARCEL AUPRÈS DU GRAND PRIEUR
DE SAINT-JEAN DE JÉRUSALEM.

(Archiv. imp., Registre capit. de l'Ordre de Malte, Ms 18, f° 113. — Cité par M. Leroux
de Lincy, *Hist. de l'hôtel de ville de Paris*, liv. III, ch. I, p. 235. Paris, 1846.)

Le vendredi après Pasques, vi° jour d'avril l'an mil ccc lviii a Paris, bailla monseigneur a frere Symon Clignet, son receveur, les monnoyes qui s'ensuivent pour baillier en prest au prevost des marchans pour la ville de Paris, mil moutons d'or et le surplus pour estre converti en solucion des mars d'argent que monseigneur doit au terme de Pasques derrenier passées aux hoirs feu sire Guy Florent parisis d'or cIIII. Item nobles xII. Item maces III. Item escuz viez cIIII. Item chaieres vieilles I. Item doubles d'or vIII. Item leons I. Item royaux vII° et ung. Item moutons viez xvIII. — Somme de ces pièces d'or xIIII°xxxII.

II

NOTE SUR LA PRISE DE L'ARTILLERIE DU LOUVRE.

(Bibl. imp., Cabinet des titres, manuscrits, etc. Document rapporté par M. Leroux de Lincy, *loc. cit.*, p. 234.)

Sachent tuit que nous, Estienne Marcel, prevost des marcheans, et les eschevins de ville de Paris, pour hoster et eschever tres grans esclantes et inconveniens qui estoient sur le point d'avenir en la dicte ville, avons pris et levé LX casses de quarreaux à deux piez, LX quasses de quarreaux à VII pié, XL quasses de viretons, LX arballestes de tor à deux piez, XII arballestes a traire de tor, IIIe de gros quarreaux pour le traist des dictes arballestes, XII fallos et IIe de tourte, XXV pavaiz, III canons à main ou futez, et deux sans feust, VI livres de poudre pour faire traire les canons, I touret, I haucepie, V^e de traist pour arballestes a tour, XXV lances et un troul de fil pour faire cordes à arballestes. Toutes lesquelles choses Jehan de Lions, sergent d'armes du roy nostre sire, avoit fait charger pour mener à Meaulx, dont le peuple murmuroit tres grandement, et pour eschever greigneur peris, les avons fait mettre en la maison de la ville. Donné à Paris soubs le scel de la marcheandise de la dicte ville, le mercredi XVIIIe jour d'avril, l'an mil CCC cinquante huit.

III

LETTRE D'ÉTIENNE MARCEL AU RÉGENT.

(Publiée par M. Kervyn de Lettenhove dans les *Bulletins de l'Académie royale de Belgique*, t. XX, n° 9.)

Très-redoubté seigneur, plaise vous remembrer comment vous nous avés convent que se aucune chose senestre vous estoit rapportée de nous vous n'en croiriez rien, mais le nous feriés savoir ; et aussi se aucune chose nous estoit rapportée de vous, nous le vous ferions savoir : et pour ce, très-redoubté seigneur, vous certifions en vérité que vostre peuple de Paris murmure très-grandement de vous et de vostre gouvernement pour trois causes : premier que les ennemis de vous, de nous et du royaume nous roignent et nous pillent de tous lés, du costé devers Chartres, et nul remède n'y est mis par vous qui li deussiez mettre, et aussi que tous les soudoiers qui jà en arrière sont venus à vostre mandement, du Dalphiné, de Bourgoigne et d'ailleurs pour la deffense du royaume, n'ont fait honneur ne proufit à vous, ne à vostre peuple, mais ont tous le païs mangié et le peuple pillié et robé, nonobstant que il aient esté bien paiés, et ce savés vous bien, car plusieurs plaintes vous en ont esté faictes, tant par moy comme par autres, pour lesquelles vous leur deustes mander qu'il s'en alassent en leur païs ; et néantmoins vostre peuple tient que vous les tenés entour vous ou aucuns d'eux ausquels vous avés baillié à garder les forteresses de Meaulz et de Monstereau, qui tiennent les rivières de Saine, de Marne et d'Yonne, desquelles vostre bonne ville de Paris doit estre nourrie et soustenue, que tant ainés si comme toujours avés dit ; la tierce cause du murmure du peuple est que vous ne mettés aucune paine à garnir les forteresses qui sont devers vos ennemis, mais trop bien avés saizi celle dont vivres nous pevent venir et qui pis est, les avés garnies de gens qui nul bien ne nous veullent, si comme plainement vous appert et à nous par lettres qui furent trouvées ès portes de Paris, lesquelles vous furent monstrées en vostre grant conseil, et encore desgarnissiés vostre ville de Paris d'artillerie pour garnir les fortresses de Meaulz et de Monstereau garnies de gens qui nul bien ne nous veullent, comme dit est, et bien appert par les paroles que dictes vous ont, que bien savons qui telles sont : « Sire, quelconque personne qui sire « soit de ce chastel se peut bien vanter que ces villains de Paris « sont en son dangier et que bien près leur peut rongnier les « ongles. » Si vous plaise savoir, très-redoubté seigneur, que les bonnes gens de Paris ne se tiennent pas pour villains, mais sont prudes hommes et loiaulx, et tels les avés trouvé et trouverés et disent outre que tuit cil sont villains qui font les villainies : touttes lesquelles choses sont au très-grant desplaisir de tout vostre peuple et non sans cause, car premier vous leur devés protection et deffense, et eux vous doivent porter honneur et obéissance, et qui leur faut de l'un ne sont tenus en l'autre : et aussi semble à vostredit peuple, selon raison et vérité, que mielx fussent emploiés gaiges à gens qui se combatent aus ennemis du royaume que à ceulx qui prennent les deniers d'icellui, robent et pillent le peuple d'icellui, et aussi leur semble que vous et les gens d'armes qui sont en vostre compagnie fussent mielx à vostre honneur entre Paris et Chartres, là où sont les ennemis que là où vous estes, qui est paiis de pais et sans guerre; et aussi est vérité que lesdictes fortresses par vous saisies de nouvel, estoient en gouvernement de très-bonnes gens et sans aucun mauvais soupçon et n'estoient point en frontière, ne ne vous coustoient rien à garder, et est aussi vérité que quiconque a deux choses à garder et garnir, il doit mielx et plus tost garder et garnir la plus vallable, la plus honorable et proufitable quant elle est plus ennoie et plus doubtable, et vous en vostre nouvel conseil vouliés desgarnir Paris d'artillerie pour garnir les fortresses dessus esclaircies, laquelle chose vostre dit peuple n'a voulu souffrir; car par ce voient la destruction et perdition du roiaume, de vous et de tout le peuple : si, vous supplions très-umblement, très-redoubté seigneur, que il vous plaise à venir en vostre bonne ville de Paris et leur donner protection et deffense, si comme faire le devés et aussi veuilliés oster d'entour vous toutes gens qui a vostre dit peuple n'ont bonne volonté, lesquels vous povés bien cognoistre par les consaulx qu'il vous donnent, et avec ce remettre les dictes fortresses de Meaulz et de Monstereau ès mains de vos féauls et loïauls subgets où par avant estoient, afin que vostre peuple de Paris n'ait cause de commotion pour faute des vivres, et que il se délaissent de leur murmure; et aussi vous supplions qu'il ne vous veuille desplaire si nousa vons retenu l'artillerie qui avoit esté jà menée au Louvre par Jehans de Lyons, car en vérité nous l'avons fait en bonne intention et pour plus grans maulx et périls eschever; car le peuple estoit si esmeu pour ce, que grans maulx en fussent venus se nous ne leur eussons en convent de la retenir.

Très-redoubté seigneur, plaise vous savoir que le peuple de Paris se remembre moult de promesses que vous leur deistes de vostre bouche à Saint Jacques de l'ospital, as halles et en vostre chambre, outre lesquelles vous leur promeistes que se vous ne deviez yssir que vous, trente ou quarante avecques vous, si ne pourriés vous plus souffrir les choses en lestat où il estoient, et, Dieu merchi, les choses ont depuis pris moult petit amendement.

Très-redoubté seigneur, sur toutes les choses et chascune d'icelles dessus esclaircies, vous plaise ordener par telle maniere que ce soit a la loenge de Dieu, a honneur du roy, nostre sire, de vous, et au prouffit du peuple, en telle maniere qu'il sen puisse brièvement apercevoir, et nous veulliés avoir pour recommandés.

Li Saint Esprit vous ait en sa sainte garde et vous doint bonne vie et longue.

Escript à Paris, le xviii° jour d'avril (1358).

IV

LETTRES D'ABOLITION POUR LA VILLE D'AMIENS.

(Trésor des Chartes, Reg. 86, f° 78 v°.

Charles, ainsné filz du Roy de France, Régent le royaume, duc de Normandie et Dalphin de Viennois, savoir faisons a tous présenz et a venir que comme ou temps passé les Esquevins et communauté de la ville d'Amiens aient esté, esperons et tenons qu'il sont et seront touz jours bons, loyaulx et vraiz obeissans et subgiez de monseigneur et de nous et il aient entendu que il ont encouru nostre indignation tant pour ce quil ont esté a aucunes assemblees des genz de trois estats, lesquelles nous n'avons pas eues aggreables combien que pour l'ennortement et conseil d'aucuns qui lors se disoient de nostre conseil, les diz supplians fussent venuz aus dites assemblees de nostre commandement et pour cause des quelles assemblees les diz maieur esquevins et communauté aient encouru l'indignacion d'aucuns nobles qui s'efforcoient de despecer et deffaire le fait d'icelles assemblees qui faites estoient par les dictes genz des trois estatz et aussi pour ce que en cette presente annee quant nous nous partismes de Compieigne pour aler à Corbie accompagnez lors de plusieurs genz darmes nous escrivismes au dit maieur...quil venissent par devers nous a Corbie pour parler a nous les quelx ne obeierent pas ne ne vindrent a nostre commandement mes envoierent par devers nous afin que nous vousissions aler en la ville d'Amiens senz ce toutevoies que nos genz y venissent armez, pour ce si come il disoient que il se doubtoient des nobles qui lors estoient en une compaignie pour aucunes paroles sentenz menaces qui dites avoient esté d'aucunes personnes, et aussi que il doutoient que se il feussent entrez armez dans la dite ville en nostre compaignie, que granz domages et escandeles n'y feussent lors avenuz et avec ce que a la requeste du commun peuple de Beauvoisis, yceulz maieur esquevins et commun avoient envoiés senz licence de nous de leur genz avec les genz des communes de Beauvoisis qui deux ont esté assemblez et aussi que plusieurs des singuliers de la dite ville y estoient allez solennellement de leur voulente, combien que si come il dient, ceulx qui par eux y furent envoies ne alerent que jusques a quatre, cinq, ou six lieues loin de la dite ville ou environ, en laquelle tantost sen retournerent, et pour que aucunz autres de la dite ville estoient yssus hors dicelle senz leur gre et licence et avoient pillié et robé si tost que il le sorent il les suivirent et en prindrent les aucunz... aucunz furent occis et les autres eurent par voie et maniere de justice copees les testes et firent rendre les biens que il ceulx avoient robez et pilliez...

Septembre 1358.

Par monseigneur le régent en son conseil ouquel estoient messeigneurs le duc d'Orléans, les evesques de Paris, de Lisiex et de Chartres, les seigneurs de Mirebel, de Meullant, et de Stovenant, Loys de Harecourt, Adam de Meuleun, Pepin des Essars et plusieurs autres.

V

LETTRES DE RÉMISSION POUR JEAN ROSE DE LA PRUELLE.

(Trésor des Chartes, Reg. 86, f° 124 v°.)

Charles..... de la partie de Jehanne fame feu Jehan Rose de la Pruelle pres Angicourt en Beauvoisis nous a esté signifié come au temps des effroiz et commocions derrenierement et nagaires faiz par les gens du plat pais de Beauvoisis contre les nobles du dit royaume, le dit Jehan Rose contre son gre et volente et par la force et contrainte de Guillaume Cale, soit portant general capitaine du dit plat pais, fust alez en la compaignie avec les diz du plat pais ou autrement lon li eust ars sa maison gaste et dissipe touz ses biens et lui mis a mort. En la compagnie des quiex il fu pour certain temps senz ce que il pillast oncques sur les diz nobles, ne fit aucun mal, mais pour ce que de leur compaignie se vouloit evader et departir au plus tost et brief quil pourroit senz peril de son corps, avoit encore la dite Jehanne sa fame ses enfanz et aucune partie de ses biens, a Sannete, en la ville de Compiegne, pendenz les quiex effroiz pour ce que le dit Jehan estoit bien cogneu en la dite ville, le dit generalt capitaine du dit plat pays envoya ycelui Jehan et un autre comme contrains porter lettres aux bourgois et habitanz d'icelle ville de Compiegne, afin qu'il vousissent estre aliez avec les genz du dit plat pays et eulx soustenir conforter et aider en leurs faiz desquelles lettres le diz bourgois et habitanz firent response au dit capitaine et a ses allies et adherens quil avoit fait venir devant la dite ville telle comme il leur plut. Et lors dit le dit Jehan aus diz bourgois et habitanz que ja soit ce que il fust avec les diz du plat pais et en leur compaignie, toutevoies se il vouloient avoir a faire en aucune maniere a la dite ville et ycelle assaillir il les lairoit et venroit vivre et mourir avec les habitanz dicelle, et pour ce que a sept autres jour apres eust le dit Jehan venoit en la dite ville de Compaigne veoir sa fame et ses enfanz, le prevost forain dicelle estant aus bailles ou lices meu de courage, courroucié contre lui, le prevost mist la main a lui de par monseigneur et nous en lui imposant quil estoit faux et mauvais traitres et quil avoit esté capitaine ou dit plat pais et le fist mettre es prisons royaulx de la dite ville et ja soit que le dit Jehan clerc a de veu et de sceu pris en habit et tonsure fust souffisamment requis au bailli de Senlis pour le temps capitaine dicelle de Compaigne et son juge ordenaire auquel seul pour le temps la correction et punicion en devoit appartenir, toutevoies riens nen fu fait, mais afin quil ne apparust estre clerc li fu sa couronne tonste et bertaudee et qui plus est en la tres grant chaleur et venue des diz nobles, senz ce que par sa confession ne autrement il ait esté trouvez en aucune maniere avoir esté capitaine de ville du dit plat païs ne avoir aucune chose meffait ou delinque contre monseigneur, nous ou les diz nobles, fors tant seulement comme contrains avoir esté en la dite commocion, li fu fait coper la teste et en outre furent pris tous ses bienz.

Septembre 1358.

VI

LETTRES DE RÉMISSION POUR JEAN CHARUEL.

(Trésor des Chartes, Reg. 86, f° 147.)

Charles..... que comme plusieurs gentilz hommes se feussent fforcies d'entrer en la ville de Senlis et prendre ycelle et pour ce fu lors crie en la dite ville que touz ceulx qui avoient gentilz hommes en leurs maisons les meissent et boutassent hors, pour le quel cry un hoste ou habitant de la dite ville qui avoit en sa maison hebergiez ou hostellez le seigneur de Hardencourt et deux de ses escuiers dont l'un estoit appellé Jehan des Pres, mist et bouta hors de sa maison les dessuz diz chevalier et escuiers, lesquelx escuiers len ne sait pour quelle cause tuerent le dit chevalier, pour laquelle cause len cria hors sur yceulx escuiers haro le murtre. Auquel cri et pour lequel fait sa semblerent grant foison des habitanz de la dite ville de Senliz, par lesquelx le dit Jehan des Pres fut mis a mort.....

Janvier 1359.

VII

LETTRES DE RÉMISSION POUR JAQUIN DE CHENEVIÈRES DE TAVERNI.

(Trésor des Chartes, Reg. 86, f° 67 v°.)
Ce document figure au nombre des pièces justificatives de M. Luce.

Charles..... que comme nagaires en la grant tribulacion qui a este ou dit royaume que les genz du plat pais ont ars et essillie plusieurs maisons de gentilz hommes et aucuns d'iceuls mis a mort et par especial en la terre et chastellerie de Montmorency Jaquin de Chenevieres de Taverni ait este esleuz a capitaine par les habitanz de la dite chastellerie et d'autres qui requirent à Symon de Brienne prevost de Beaumont sur Aise et capitaine de la conté de Beaumont et de tout le pais environ les quiex chevauchoient à force d'armes sur les diz gentilz hommes que il leur feist un capitaine en la terre de Montmorency lequel prevost leur respondit eslisiez, les quiex nommèrent à une voix le dit Jaquin et pour soy escondire ou autrement ne povoit estre qu'il ne le feust ou autrement ils l'eussent mis à mort, les quiex habitanz firent plusieurs maux en la presence dudit Jaquin qui touz jours leur disoit Ne boutez nuls feux, et, pour les plus tost faire cesser leur disoit Attendez a une autre foiz, et pour ce l'appelloient traytre et li vouloient couper la teste. Et par euls fu pris des diz nobles un escuier appellé Raoulet de Betemont lequel en la presence du dit Jaquin fu mis a mort, et se le dit Jaquin eust osé contredire il n'eust point esté mis à mort. Toutevoies fu par le dit Jaquin sauvee et gardee de morir la dame de Chatou ses enfanz neveux et plusieurs autres nobles. Et combien que le dit Jaquin eust eu en ce temps du feu prevost des marcheans de Paris certaine commission contenant que toutes forteresses et maisons qui seroient assises au cuer de France entre deux yeaues, qui au dit Jaquin sembleroient estre prejudiciables a la ville de Paris et a tout le plat pais feussent mises à terre et arrasées en telle maniere que personne n'y peust habiter, neantmoins il ne executa point ycelle commission ne par son ordenance ne fu oncques riens fait mais fu fait par yceuls gens avec les quiex il convenoit qu'il feust capitaine, et toutes ycelles males façons le seigneur de Montmorency a qui le dit Jaquin est hoste et justiciable, a pardonné a lui et a tous autres qui en sa terre ont este aux diz feuz.

Meaux, Juillet 1358.

VIII

LETTRES DE RÉMISSION POUR JEAN DERONER.

(Trésor des Chartes, Reg. 86, f° 176 v°.)

Charles..... que comme Jehan Deroner de Meleun luy estant a Meleun avec sa fame qui grosse estoit et preste de gesir d'enfant, quant les ennemis de Monseigneur et de nous vindrent en la dite ville de Meuleun et demourant en ycelle de la partie que tiennent les diz ennemis se soit touz jours tenuz en la dite ville depuis la dite venue des diz ennemis, sanz ce que aucun mal engin il poussast contre mon dit seigneur et nous mes que seulement pour sa dite fame garder tant que elle fust relevee et que les diz ennemis fussent moins meuz a faire a sa dite fame aucune villanie et le dit Jehan soit et ait touz jours este bon et loyal François...

Au Louvre. Novembre 1358.

IX

LETTRES DE DONATION POUR LA FEMME PERROT DE SOISSONS
(Trésor des Chartes, Reg. 86, f° 120.)

Charles..... que Ysabel fame feu Perrot de Soissons nous a exposé en soy greefment complaignant disant que comme Regnault Maguet et Perrinet Jobart jadis voisins et amis du dit feu Perrot feussent allez aux effrois qui derrenierement et nagaires ont esté entre les genz des plats pais et les nobles du dit royaume, et durant yceulx effrois feust venuz a la cognoissance du dit Perrot mari de la dite complaignant que les dessuz només Regnault et Perrinet estoient pris par les dix nobles, ou par les genz de leur compaignie, et pour ce ycelui Perrot, meu de amistie envers les dessus nomez ses voisins, ce feust trait celle part ou il cuidoit plus tost aux nouvelles de eulx pour eulx aidier et avoir leur delivrance pour rancon, ou autrement, le plus convenablement qu'il eust pu, et en les querant eust esté le dit Perrot trouve par les diz nobles ou leurs genz les quelx le mirent ou firent mettre a mort moult laidement par chaleur desordenee et sanz cognoissance de cause, et combien qu'il neust rien meffait auz diz nobles ne autres personnes ne fait ou perpetre chose dont il deust avoir receu mort. Toutevoiez notre amez feal conseillier larcevesque de Reims ou ses genz ont empesche ou empeschent les biens qui appartenoit au dit Perrot et a la dite complaignant au temps de son vivant et sefforcent de les apliquer au proffit du dit arcevesque, comme confisquez a lui pour la cause dessus dite.

Paris, septembre 1358.

LETTRES DE DONATION POUR LA FEMME DE JAQUET DIACRE.
(Trésor des Chartes, Reg. 86, f° 121 v°.)

Charles..... que Perrote fame de feu Jaquet Diacre nous a exposé en soy griefment complaignant disant que comme Renault Naguet et Pierre Jobart jadis voisins et amis du dit feu Jaquet..... (Le reste comme dans la lettre précédente.)

Paris, septembre 1358.

X

LETTRES DE RÉMISSION POUR LES HABITANS DE SAINT-THIERRY, ETC.

(Trésor des Chartes, Reg. 86, f° 130.)

Charles..... que a nous ont fait humblement supplier les habitanz des villes de la mairie de Saint-Thierry, c'est assavoir de Saint-Thierry, Talmersy le grant et le petit Pouillon, Villers Saincte-Anne, Chenay, Chalon sur Veellee et de Villers Franqueux que comme nagaires plusieurs nobles passassent parmi le pais denviron, et pres de la ville et cite de Reinz, et pour ce que aus diz habitanz et a plusieurs autres villes fut rapporte que les diz nobles sefforcoient de pillier ou dit pais ja soit ce que il avoit este crie et deffendu generalment et es dites parties par vertu de nos lettres donnees au departement de nostre dernier host devant Paris que aucuns ne pillast boutast feux ne efforcast fames et aucuns des diz nobles en retournant de notre dite host eussent pillie prins chevaux navre genz et fait plusieurs autres exceps plusieurs des diz habitanz se fussent mis en emoy pour obvier et contrastier a la male et desordenee volente daucuns diceulx nobles les quiex estoient alonne devant Remz et lors yceulx nobles fussent venuz assaillir plusieurs des diz habitanz en criant a la mort ces villains, et la en eussent occis et mis à mort jusques au nombre de cinquante et plus. Neantmoins le prevost forain de Laon qui est prevost fermiers a faiz les diz habitanz des dites villes pour la plus grant partie de huys en huys et par main mise adiourner a comparoir personnelment à Laon en disant et voulant proposer contre eux que il ont assailli les nobles qui retournoient de nostre service et s'efforce diceulx mettre pour ce en proces et traire a amende contre raison et droiture, et que pis est les diz nobles accompaigniez de plusieurs autres se soient depuis efforciez et sefforcent encore de jour en jour de chevauchier et chevauchent continuelment es dites villes de mettre a mort et peurs genz et chevaux de harnais et autres, a ranconner villes et genz, pour lesquelles choses il a convenu touz les diz habitanz des dites villes aler de mourer hors dicelles sanz que aucun y soit demouré, mais sont les maisons demourees vagues et les biens qui sont ou pais perissent aus champs et aussi les autres heritages demeurent gastes incultives et inutiles dont tres grant domage et inconveniens se pourroient ensuir, car le pais en pourroit estre desers, les villes despeupliees et la bonne ville de Remz perie laquelle se gouverne des villes du plat pais se gouverne par ycelle.

Paris, août 1358.

XI

LETTRES DE RÉMISSION POUR LES HABITANS DE HEISLEMARROIS.

(Trésor des Chartes, Reg. 86, f° 122 r° v°.)

Charles .... que comme les habitanz de la ville de Heislemarrois en la prevoste de Vitry aient este ou envoie certaines personnes avec les habitanz de plusieurs autres villes du pais de Champaigne en plusieurs assemblees par euls faites, es quelles assemblees aient este faites si comme on leur impose plusieurs conspiracions alliences et monopoles encontre les nobles et clergie du pais pour les destruire et mettre a mort, combien que de fait par les diz habitanz aucune chose ne sensoit ensui et pour ce aucuns des diz nobles aient pille et couru la dite ville dont les diz habitanz sont si grevez et domagiez que a peine sen pourront relever et nonobstant ce notre ame et feal cousin et lieutenant es parties de Champaigne le conte de Vaudemont a pour suiz et approchiez par devant lui ou ses deputez les diz habitanz tant que finablement il le a pour ce condempnez ou traiz a composicions a la somme de mille escuz dont ils sont obligiez envers notre dit seigneur et envers nous, en acceptant les dites condempnacions et composicions certaines personnes des diz habitanz que on dit avoir este aus dites assemblees a faire les dites aliances conspiracions et monopolles desquelles personnes qui pour ce se sont renduz furtiz et absentez du pais, nostre dit cousin et lieutenant a reserve la punicion par devers lui. Et pour les dites sommes paier notre dit cousin et lieutenant ou autres de noz officiers se sont efforciez et efforcent de contraindre les habitanz de la dite ville et pour ce aient fait prandre et saisir aucuns de leurs biens et quil nont de quoi vivre mais sont mis a pauvrete se par nous ne leur est sur ce pourveu de gracieux remede si comme nos bien amez les seigneur et dame de la ville de Heislemarrois dessuz dite nous ont fait signifier en nous suppliant que sur ce nous voussissions faire grace aus diz habitanz et avoir deux pitie et compassion, car autrement les diz habitanz ne les pourroient paier des rentes et redevances que il prannent en la dite ville.

Paris, 28 septembre 1358.

Immédiatement après cette lettre on trouve, au registre 86, les lignes suivantes :

Item une autre semblable en la fourme pour les habitanz de la ville de Strepey, en la prevoste de Vitry.

Item une autre en la fourme semblable pour les habitanz de la ville de Vitry la ville.

Item une autre en la fourme semblable pour les habitanz des villes de Bugnicourt et de Dully en la prevoste de Vitry fors que tant que il nont point compose.

XII

LETTRES DE RÉMISSION POUR JEAN MOREL, CURÉ DE BLAÇAY.

(Trésor des Chartes, R. 86, f° 89.)

Ce document figure au nombre des pièces justificatives de M. Luce.

Charles..... oye la supplicacion de messire Jehan Morel prestre curé de la ville de Blaccy contenant que comme nagaires les communes des villes du plait pays de Pertois aient fait plusieurs assemblees en divers lieux pour abattre et ardoir les maisons des nobles du dit pais et eulx mettre a mort si comme on disoit et pour ce cuidans que les curés des villes du dit plait pais et especialment le dit suppliant fussent favorablement et obeissent aus diz nobles d'icelui pais les tenoient touz pour traistres et par espécial le dit suppliant auquel il dirent par plusieurs foiz qu'il avoit vendus les cloches de la dite ville de Blacey aus nobles du dit pais et que ce avoit il fait comme faux traistres et desloiaulx, dont les plusieurs des diz curés et especialment le dit suppliant furent en grant peril et en grant double de leur corps par plusieurs foiz, et pour ce le dit suppliant qui de jour en jour sentoit et veoit teles mocions et telz perilz, et auquel par plusieurs foiz furent dites par aucuns des parrochains et habitanz de la dite ville de Blacey plusieurs paroles de menaces et injurieuses doubtans que par les dites genz ne fust mis a mort a la monté a cheval avec ses diz parrochiens a une assemblee faite par les dites communes en la ville de Saint-Verain senz aucune armure porter fors seulement un court baton et là dansa avec ses diz parrochiens et yceulx ordena a la dense en faisant les rens du dit baton et eulx continuelment exortant a faire bonne chiere, lequel suppliant estant en la dite assemblee a Saint-Verain les genz de la dite ville de Blecey qui demourees estoient en ycelle prinrent et a eulx appliquerent senz le gré et consentement du dit suppliant certaine quantité de grains a lui appartenans en son grant prejudice et domage ne oncques ne fust a assemblee qu'il eussent faite fors que celle fois tant seulement et ne les conforta ne ayda en aucune maniere fors comme dessus est dit. Et pour ce les nobles du dit pais tiennent en doubte le dit suppliant et n'ose comparoir en la dite ville de Blacey pour doubte de son corps, ont prins et prendent de jour en jour ses biens meubles lievent et appliquent à eulx et à leur prouffit ses rentes et aques, et soubz umbre de ce que les dites genz de la dite ville de Blecey prinrent ses diz grains imposanz au dit suppliant qu'il avoit abandonné touz ses grains qu'il avoit en sa maison aus dites communes en elles aidant et confortant à faire les maléfices quil avoit propossé a faire, combien que le dit suppliant nait riens meffait fors comme dessus est dit et que en la dite assemblee nulz nobles ou autres fust mis a mort ne aucune maison arse ou destruite en aucune maniere...

Paris, septembre 1358.

XIII

LETTRES DE RÉMISSION POUR THOMAS CONSTEREL.

(Trésor des Chartes, Reg. 86, f° 146 v°.)

Charles..... que les amis charnelz de Thomas Consterel prisonnier detenu es prisons de nostre ame et feal cousin levesque de Beauvez nous ont expose que pour ce que au temps des effroiz et commocions qui derrenierement et nagaires ont este entre les nobles et les genz du plat pais, ycelui Thomas qui par le temps estoit familier de messire Walle de Montigny chevalier et garde de son hostel a este avecques plusieurs des diz nobles contre les dites genz du plat pais a prendre gaster et dissiper leurs biens et aucuns mettre a mort le baillif de nostre dit cousin la fait prendre et tenu longuement es prisons de nostre dit cousin et fait gehenner trestrueusement et en apres, quar il a confesse les choses dessus dites ou aucunes dicelles et par especial ou temps des diz effroiz avoir mis a mort Soybert Ponquet qui avoit prins pille et enporte les biens de lostel du dit chevalier son maistre et y mit le feu le devant dit baillif la condempne a peure mort. Si nous ont humblement supplie les diz amis charnelx comme ou mois daoust darremierement passe depuis que nous venismes en nostre bonne ville de Paris nous avons ordene que tous les diz nobles pardonnent aus dites genz du plat pais et les dites genz auz diz nobles et a leurs gens et adherens tout ce quil pourroient avoir meffait les uns envers les autres et que toute voie de fait et poursuite criminele soit forclose aus dites parties, sauf tant que chascun puisse poursuivre domages et injure par voie de justice civilement devant mon seigneur ou nous ou nos genz, et aussi le dit Thomas soit et ait tout le temps de sa vie este homme de honnete vie et fame et de honneste conversacion, sanz ce qu'il ait este attains ou convaincus dans autre villain cas ou malefice et le dit feu Soybert estoit de mauvaise vie conversacion et renommee nous en regart a ce que dit est vousissions en cette partie pourveoir au dit Thomas de remede gracieux..... mettons au neant et restituant le dit Thomas à sa bonne fame renommee biens es pais de lautorite royal.... nous voulons et donnons licence a notre dit cousin et a son dit baillif que au dit Thomas puissent faire sur ce semblable grace et de executer la dite condempnacion eulx de porter et des'ster du tout ycelui Thomas mettre a plaine delivrance sanz ce que a nostre dit cousin ou a sa juridiction il tourne a prejudice, ores ne ou temps avenir, touttefoiz voulons nous et enjoignons au dit Thomas que pour la paine en quoy il puet estre encheuz pour les faiz dessuz diz et laquelle se ne feust ceste nostre presente grace il eust soufferte a cause de la dite condempnacion ycelui Thomas dedans la feste de la nativite saint Jehan-Baptiste prochain venant, voit en pelerinage a nostre dame de Rochemadour et de la perfection du dit pelerinage apporte lettres creables au baillif de Senliz.....

Paris, décembre 1358.

XIV

LETTRES DE RÉMISSION POUR LES HABITANS DE BETHENCOURT ET VEREIL.

(Trésor des Chartes, Reg. 86, f° 117 v°.)

Charles..... que comme les habitans et demourans es villes de Betencourt et de Vereil en Pertois aient este avec plusieurs autres genz de plat pais denviron aus effroiz..... sans ardoir abatre maisons tuer genz ne meffaire a aucune personne quelconque, et combien que les diz habitanz aient este et soient touz pilliez et gastez par les diz nobles et que il n'aient rien fait fors euls assembler comme dit est. Neantmoins nostre ame et feal conseillier et lieutenant es dites parties le conte de Vaudemont les a fait adiourner par devant lui a certain jour et lieu les diz habitanz nont ose comparoir en leur personne pour doubte qu'il avoient des granz et cruelles executions que notre dit lieutenant avoit faites et faisoit faire de jour en jour des genz du dit pais, mais il envoierent certaines personnes en la presence desquels nostre dit lieutenant sans en plus cognoistre de fait et pour sa voulente condempna les diz habitanz quil navoient aucune chose meffait fors de euls assembler comme dit est, en la somme de deux mile escuz, en reservant a condempner dix personnes ou environ des diz habitanz telles comme il le plairoit civilment ou criminelment si comme bon li sembleroit, de laquelle condempnacion les dites personnes pour la doubte et paour qu'il avoient de leurs corps noserent appeller..... si comme nous avons entendu les diz habitanz qui sont sur les frontieres du conte de Barpont cause de la dite condempnacion et aussi doubtanz la rigueur du dit conte..... et se sont traiz et truent ou dit conte ou ailleurs hors diceluy royaume en delaissant les dites villes toutes vuides desertes et non habitees..... avons quitte remis et pardonne.....

Paris, septembre 1358.

XV

LETTRES DE RÉMISSION POUR JEAN FILLON.

(Trésor des Chartes, Reg. 86, f° 81.)

Charles.,... que oye la supplicacion Jehan Fillon demeurant a Conches les Laigny sur Marne, contenant que comme environ de la nativité saint Jehan Baptiste derrenierement passee ou temps des effroiz qui derrenierement et nagaires ont este quatre hommes darmes desconneuz fussent venuz touz armez en lostel du dit suppliant en la dite ville de Conches, aus quels le dit suppliant donna a leur requeste a boire liberalment de son vin, tant comme il en vourrent et pourent boire et tantost apres ce nonobstant les diz hommes darmes eussent par leur force pris et pille au dit hostel trois bons chevaux du dit suppliant et avec ce lun des diz hommes eust plusieurs fois pris au corps la fame du dit suppliant en la voulant ravir et violer a force et depuis ycelui homme eust mis main au dit suppliant et finablement par la force crainte et puissance dicelui homme et de ses autres complices dessuz diz il convint que au dit homme le dit suppliant pour sauver lui et sa dite fame baillast et bailla contre sa voulente sa cinture et sa taxete en la quelle il avoit environ quarante livres parisis de la vente de ses biens meubles que navoit gaire quil venduz pour aler demourer ailleurs hors de la dite ville pour doubte et paeur des ennemis et pilleurs les quiex deniers estoient la plus grant partie de la chavance du dit suppliant qui a sa dite fame grosse denfant et cinq petiz enfanz a nourrir et gouverner la quelle cinture tusse et deniers les diz pilleurs emporterent et avec ce emmenerent les diz trois chevaux du dit suppliant par maniere de roberie et de pillage en commettant force publique et tantost alerent en lostel d'une fille du dit suppliant en la dite ville et ou dit hostel prisrent et pillerent plusieurs biens et firent traire du celier et chargier sur une charrete une queue de vin qui estoit ou dit hostel par leur force, combien que par avant eust este notoirement deffendu par cris solempnel fait publiquement et generalment de par Monseigneur et de par nous que en la terre de Laigny ou environ ou ailleurs en brie en quelconque lieu nuls ne pillast ou meffaist en quelque maniere aus genz du pais ne preist par force aucuns biens excepte vivres seulement sur paine de perdre corps et avoir, et pour ce que le dit suppliant pria et requist aus diz pilleurs que en regart de pitie il li rendissent un de ses chevaux et que il se vousissent deporter et cesser de prendre les biens de sa file, il sacherent leurs espees contre lui et leussent occis si comme il sembloit vehementement si ce ne fussent les bonnes genz qui la estoient pour la quelle chose le dit suppliant veant la grant iniquite et voulente deshordenee des diz pilleurs ramenant aussi en memoire les grant iniures et pilleries que il li avoient faiz en sa maison comme dit est et pour ce ne povoit atremper ne refraindre sa voulente son couraige pour eschiver peril de mort, et ainsi comme en lui renauchent et defendant prist viguereusement la propre espee de lun des diz pilleurs et dicelle espee ferit le dit pilleur telement qui len morut. Depuis le quel faiz les diz pilleurs ont de leur mauvaise voulente ars et destruit un hostel du dit suppliant qui bien valoit deux cents livres ou environ, et occis au dit hostel un cousin germain du dit suppliant pour ce que cilx cousins ne vouloit pas mettre et bouter le feu ou dit hostel a leur requeste, pour occasion du quel fait de la mort dicelui pilleur labbe de Laigny a fait prendre saisir et mettre en sa main tous les biens meubles et heritaiges du dit suppliant.....

Paris, août 1358.

XVI

LETTRE D'ÉTIENNE MARCEL AUX BONNES VILLES DE FRANCE ET DE FLANDRE.

(Publiée par M. Kervyn de Lettenhove dans les *Bulletins de l'Académie royale de Belgique*, tom. XX, n° 9.)

Très-chiers seigneurs et grans amis, vous avez bien sceu comment en la bonne ville de Paris, après la prise du roy nostre sire, faicte a Poitiers, du commandement de monseigneur le duc de Normandie, convocation général fu faicte des trois estas du royaume de France, clergié, nobles et bonnes villes, pour avoir conseil sur le fait de la délivrance du roy nostredit seigneur et sur la défense du royaume et des subgés, et le bon gouvernement d'icelli qui, par longtemps par les fauls et desloyaulz conseillers et corrompus officiers avoit petitement esté gouvernez, dont les grans maulz que chascun a veu pour lesdites causes et pluseurs autres sont avenuz au royaume et aus subgés, et aussi pour avoir finance convenable par consentement de tous pour le fait de la guerre, et combien que desdits estas fussent à ladicte journée très-grans et notables nombres et des remèdes sur tous lesdis poins et aussi des aides fussent tout en accort, toutevoies la chose fu empeschée, délaiée et froissée par les malices et fausses inductions desdis conseilliers et officiers à l'oppinion desquels se enclina monseigneur le duc plus que à tout le bon conseil qui donnet li fu par tous les estas dudit royaume, dont grant mal s'ensuyvirent et grans perdicions de païs et pour ce furent faictes autres assemblées pour lesdictes causes lan lesdictes sainctes ordonnances faictes premièrement et en escript rédigées furent par tous loées et approuvées, promises et jurées et par monseigneur le duc en las de soye et en cire vert confermées et par li promises et jurées, ésquelles avoit cinq poins principauls : premièrement que justice fust réformée, tenue et gardée, la multitude de mauvais et corrompus officiers qui destruisoient le peuple ostée, les grans aliénations faictes du patrimoine du royaume en personnes indignes au grant dommage du roy et du royaume fussent rappellés et au patrimoine réincorporés, la personne de monseigneur le duc de bonnes personnes sages et loyauls, de bons, vrais et loyaulx conseilliers fust associée et bien aornée, et regetez de sa compaignie plusieurs de petit estat et de petit sens qu'il créoit plus que mestiers ne li fust qui estoient ou sont de mauvaise fame et renommée, défense bonne et convenable par fait d'armes contre les ennemis fust aus subgés du royaume administrée et prestée, les prises qui se faisoient sur le peuple sans rien paier, dont li peuple avoit esté très-grandement domagiez, fussent du tout ostées, lesquelles ordonnances en tous les poins dessusdis furent par monseigneur le duc et plusieurs mauvais estans près de li froissiés et cassées, et grans divisions entre les estas engenrées, car li plus'eurs des nobles, des choses par euls consenties, accordées, promises et jurées et aussi du clergié se départirent et du tout des bonnes villes se divisèrent, ne rien des choses accordées se paièrent et à la josne volenté de monseigneur le duc du tout se confermèrent, afin que sur euls, sur leurs terres, ne sur leur subgés ne fust aucune chose prise, ne levée, et pour ce, très chier seigneur et très-vray ami, que nous et plusieurs autres bonnes villes les susdictes ordonnances par nous et tous autres comme dit est, accordées et jurées, vousisimes tenir et accomplir sens comparoison et par ces deffaus et plusieurs autres veyens nous et le royaume en estat de perdicion, et pour ce que souvent, à monseigneur le duc et son conseil en faisiens requeste de y rémédier, nous avons moult encouru la malevolenté de li et desdis nobles en nous mettant sus à grant tort que nous vouliens avoir le gouvernement du royaume, et combien que monseigneur le duc bel en respondesist et à faire le promesist, rien n'en faisoit, mais tout le contraire et contre nous et ceuls qui ensuyvoient nostre opinion estoit en corage se forment meus que par maintes voies procuroit et faisoit procurer nostre destruction et se estudioit faire en le bonne cité de Paris, des menus contre nous grant commocion, pour laquelle chose et aucunes autres aucun mauvais de ses conseilliers en très-bon petit de nombre en ont esté justement m's à mort, qui en ce et en plusieurs autres grans mauls le norrissoient et entroduisoient, depuis lesquelles choses ledit monseigneur le duc avecques grant quantité de nobles veullans la destruction universele de nous, des gens des bonnes villes et de tout le plat païs sont en armes et en host pour notre destruction devant la bonne ville de Paris et ont esté à Meaulx lan de bonne foy les citoyens les avoient receus, lan il ont destruit la cité et tous les citoiens et fait plusieurs horribles mauls, selon ce que de ce et des choses dessusdites et de plusieurs autres vous porra plus plainement apparoir par certains rooles, lesquels nous vous envions soubz le contre-scel de la ville de Paris clos. Et vous supplions et prions tant et si acertes comme plus poons que tout vostre commun assemblé et en audience vous plaise lesdis rooles faire lire avecques ces présentes et clèrement exposer à vostre commun les choses qui contenues y sont.

Très-chiers seigneurs et bons amis, nous pensons que vous avez bien oy parler comment très-grant multitude de nobles, tant de vostre païs de Flandres, d'Artois, de Boulonois, de Guinois, de Ponthieu, de Haynault, de Corbiois, de Beauvoisis et de Vermendois, comme de plusieurs autres lieux par manière universele de nobles universaument contre non nobles, sens faire distinction quelconques de coulpables ou non coulpables, de bons ou de mauvais, sont venuz en armes par manière d'ostilité, de murdre et de roberie, deçà l'yaue de la Somme et aussi deçà l'yaue d'Oise, et combien que à plusieurs d'euls rien ne leur ait esté meffait, toutevoies il ont ars les villes, tué les bonnes gens des païs, sens pité et miséricorde quelconques, robé et pillié tout quanques il ont trouvé, femmes, enfans, prestres, religieux mis à crueuses gehines pour savoir l'avoir des gens et ycels prendre et rober, et plusieurs d'iceuls fait morir ès gehines, les églises robées, les calices, sainctuaires, chapes ostées et robez, les prestres célébrens pris et les calices ostez de devant euls et li aucun d'euls le corps Nostre-Sire geté à leurs varlès, le précieux sang Nostre-Sire geté à la paroit, les vaissaulx où estoit le corps Nostre-Sire pris, les églises, abbaies, priorez et églises parochiaulz que il ne ardoient mis à raençon et les personnes de Saincte Église, les pucelles corrompues et les femmes violées en présence de leur maris, et briefment fait plus de mauls plus cruelment et plus inhumainement que onques ne firent les Wandres, ne Sarrasin, et plusieurs des dictes pilles, ont porté en Flandres, en Artois et en Vermendois, et très-grant quantité en ont laissée à Compiègne qui èsdis fais les a soustenus et soustient à la destruction du plat païs et des bonnes villes (et encore èsdis mauls persévèrent de jour en jour, et tous marchans qu'ils treuvent mettent à mort en raençonnent et ostent leurs marchandises, tout homme non noble de bonnes villes ou de plat païs et les laboureurs tous mettent à mort et robent et dérobent), ont pris quarante et cinq mules chargiez de draps de Flandres et d'ailleurs, et yceuls ont pilliez et ostez aus marchans qui les menoient avecques lesdis draps. Et ainsi véons clèrement qu'il nous entendent universaument tous des bonnes villes et du plat païs sens pité ne miséricorde, se Dieux ne nous secourt et aide, et no bon amy, frère et voisin, mettre à destruction. Et bien savons que monseigneur le duc, nous, noz biens et de tout le plat païs a mis en habandon aus nobles et de ce qu'il ont fait et feront sur nous, les a advoez, ne n'ont autres gaiges de li que ce que il peuvent rober, et combien que lidit noble, depuis la prise du roy notre sire, ne se soient volu armer contre les ennemis du royaume, si comme chascun a veu et sceu, ne aussi monseigneur le duc, toutevoies contre nous se sont armé et contre le commun, et pour la très-grant hayne qu'il ont à nous, a tout le commun et les grant pilles et roberies que il font sur le peuple, il en vient grant et si grant quantité que c'est merveille. Si avons bien mestier de l'aide de Nostre-Sire, de la vostre et de tous noz bons amis, et ceuls qui aideront à défendre le bon peuple, les bons laboureurs et les bons marchans sens lesquels nous ne poons vivre, contre ces murdriers, robeurs et cruaus ennemis de Dieu et de la foy, acquerront plus grant mérite envers Nostre-Sire que se il aloient tout croisié contre les Sarrasins, et certes il ont jà fait tant de mauls deçà la Somme et en Beauvoisis et deçà l'yaue d'Oise et tant tué de laboureurs, qu'il est grant doubte que ceste année, qui ès dis païs estoit très fertile de blez et de vins, ne soit du tout gastée et périe et qu'il n'y ait qui labeure et cueille les vins, ne aussi où mettre les vins pour les vassiauls des villes qui sont tous ars et aussi les villes.

Très-chiers seigneurs et très-bon amy, toutes les choses dessusdites, nous vous escripsons pour ce que nous savons certainement que la bonne ville de Paris et les bons marchans de la bonne ville de Paris et des bonnes villes, le bon commun et les bons laboureurs, vous amez et avez tousjours amé et à trois fins les vous escripsons : la première à fin que vous véez la bonne raison et justice que nous avons et le grant tort, desloyaulté et injustice que on a sur nous et sur le peuple; la seconde fin, à fin d'avoir vostre conseil et aide, car les choses nous sont grandes, pesans et perilleuses, et non pas tant seulement à nous et au paiis qui sont domagiez, mais aussi à vous et aus autres paiis lan il convient courre marchandise, et lan il convient porter les vivres de blez et de vins des paiis qu'il ont ainsi gastez sens cause, et bien poez veoir que se on gastoit le paiis de Laonnois, ainsi que on a gasté le paiis de Beauvoisis, tout le paiis de delà l'yaue d'Oise, qui sert de vins le bon paiis de Flandres, de Haynaut, de Cambrésis seroit destruit, dont grand dommage s'ensuivroit audit paiis ; la tierce fin, car plusieurs nobles dudit paiis de Flandres qui ont faictes lesdictes roberies, et des autres paiis dessusdis, et qui lesdites roberies ont portées ès dis lieux dessusdis, que tous lesdis biens que vous sentirez estre en vostre terre et pooir vous leur ostez de fait et mettez en vostre main comme en main seure. Et pour ce que li dessusdit sont encore en faisant lesdis mauls à host devant la bonne ville de Paris, afin de nous destruire, qui rien ne leur avons meffait, et combien que tous ne les cognoissiens mie, de plusieurs nous vous envoions les noms en un roolet clos et scellé du scel de ladicte ville de Paris, lesquels ou plusieurs d'euls, par la poissance que Dieux vous a donnet, nous vous supplions, tant comme nous poons, que sur leurs corps et sur leurs biens, à l'onneur et salvacion de nous, vous y veulliez pourveoir par tele manière que vos grans discrecions verront qu'il sera à faire et qu'il n'ayent plus hardement, ne poissance de nous meffaire, car à vostre requeste ainsi le vous feriens-nous en cas pareil.

Très-chier seigneur et bon amy, pour ce que aucun d'euls ou de leurs amis se voudroient envers vous excuser des mauls qu'il ont fais en Beauvoisis et aussi sur nous, pour ce que aucunes gens du plat paiis de Beauvoisis commencèrent le riot sur les gentils hommes en euls tuant, leurs femmes et enfans, et en abattant leurs maisons, et que à ce nous leurs fusmes aidant et confortant, et de ce puet ou porroit estre faicte à hault et noble prinpce monseigneur le conte de Flandres et à vous information et relacion mains véritable, plaise vous savoir que lesdites choses furent en Beauvoisis commencées et faictes sens notre sceu et volenté, et mieuls ameriens estre mort que avoir apprové les fais par la manière qu'il furent commencié par aucuns des gens du plat paiis de Beauvoisis, mais envoiasmes bien trois cens combatans de noz gens et lettres de crédance pour euls faire désister de grans mauls qu'il faisoient, et pour ce qu'il ne voudrent désister des choses qu'il faisoient, ne encliner à nostre requeste, nos gens se départirent d'euls et de nostre commandement firent crier bien en soixante villes sur paine de perdre la teste que nuls ne tuast femmes, ne enfans de gentil homme, ne gentil femme se il n'estoit ennemi de la bonne ville de Paris, ne ne robast, pillast, ardeist, ne abatist maisons qu'il eussent, et au temps de lors avoit en la ville de Paris plus de mille que gentils hommes que gentils femmes et y estoit ma dame de Flandres, ma dame la royne Jehanne et ma dame d'Orliens, et à tous on ne fit que bien et honneur et encores en y a mil qui y sont venus à seurté, ne à bons gentils hommes, ne à bonnes gentils femmes qui nul mal n'ont fait au peuple, ne ne veulent faire, nous ne volons nul mal. Et depuis les choses avenues en Beauvoisis, monseigneur de Navarre qui oudit paiis estoit à gens d'armes auquel il vindrent courre sus et lesquels il desconfit par quatre fois et leurs capitaines prist et copa les testes, mist le paiis tout à pais et du consentement des nobles du paiis de Beauvoisis et de Veqcin, qui avoient esté domagé et injurié, et aussi des gens des villes du plat paiis de Beauvoisis ordonna que de chascune ville quatre des plus principauls de ceuls qui avoient fait les excès seraient pris et justicié, et dix du paiis de Beauvoisis seroient pris qui savoient les domages qui avoient esté fait aus gentils hommes, les villes et les personnes par qui ce avoit esté fait et seroit rapporté à monseigneur de Navarre, et il feroit faire restitucion convenable des domages ausdis gentils hommes, et parmi ce les bonnes gens du plat paiis de Beauvoisis, les villes et le paiis devoient demourer en seurté et en pais. Ce non obstant les gentils hommes du paiis de Beauvoisis, de Veccin, monseigneur de Navarre parti, et aussi li autres nobles des paiis dessusdis que rien ne touchoit, se assemblèrent et tout le paiis de Beauvoisis destruisirent et pillèrent, et sur l'ombre dudit fait de Beauvoisis, li gentil homme en plusieurs et divers lieux ont faictes grans assemblées, et s'en sont venu en plusieurs lieux desdis paiis deçà la Somme et la rivière d'Oise, et sur yceuls qui du fait de Beauvoisis rien ne savoient et qui en estoient pur et ignoscent, ont couru, robé, pillié, ars et tué, et tous les paiis destruis et encore font de jour en jour.

Très-chier seigneur et bon ami, veulliez nous pardonner et avoir pour excusez se si tant vous avons escript desdictes choses, car li chemins estoient très-périlleux et mal seur, et ces gentils hommes tous les paiis et tous les chemins occupoient. Toute-voies, veulliez savoir que combien que plusieurs gentils hommes et gens d'armes en très-grant nombre soient devant la bonne ville de Paris avecques monseigneur le duc, que nous et nostre commun sommes bien tout un et en bonne volenté de défendre, et y a, Dieu mercy, très-bonne ordonnance et grant marchié de vivres et très-grant quantité, et pour l'onneur de la bonne ville de Paris défendre et eschiver que nous qui aviens toujours esté franc, ne chéons en la servitute en laquelle nous veulent mettre ces gentilz hommes qui sont plus villain que gentil, nous exposerons nos corps et nos biens et morrons ançois tuit que nous souffrons qu'il nous mettent en servitute. Car de nous et des autres, il se sont vanté qu'il nous osteront tout que un blanchet qu'il nous lairont et nous feront traire à le cherue avecques les chevaulx ; mais à l'aide de Dieu, de vous et de noz bons seigneurs et amis et de très-excellent prinpce monseigneur de Navarre ouquel nous trouvons très-grant confort et très-grant aide et ayme très-parfaitement les bonnes villes et le bon commun, nous les en garderons bien.

Très-chier seigneur et bon ami, nous nous recommandons à vous et nous offrons à vous de quanques nous savons et poons faire, et vous prions que les dessusdis rooles et ces présentes, après ce que vous les aurez veues et leues, vous plaise envoier en aucunes des bonnes villes dudit paiis de Flandres aus bonnes gens et commun d'icelles ausquellez prions et requérons semblablement comme à vous faire les choses dessusdictes.

Li Sains-Esperis, par sa grâce, vous veuille sauver et garder. Sur toutes les choses que nous vous escripsons, nous désirons moult avoir nouvelles de vous et response ; sy vous supplions qu'il la vous plaise à faire le plus hastivement que vous porrez bonnement.

Escript à Paris, le xiᵉ jour de juillet, l'an LVIII.

Les tout vostres,

Le prévost des marchans et les eschevins et les maistres
des mestiers de la bonne ville de Paris.

XVII

CONFISCATION DES BIENS DE CHARLES TOUSSAC.

(Trésor des Chartes, Reg. 86, f° 63 v°.)

Charles..... que pour consideracion de bons et agreables services que notre ame et feal messire Jaques des Essars chevalier a faiz a monseigneur et a nous es guerres et que nous esperons quil nous faice encore ou temps avenir. A ycellui avons donne et ottroie et par la teneur de ces presentes de certaine science plaine puissance et autorite royal dont nous usons de grace especiale donnons et octroions la maison manoir et appartenances que tenoit nagaires ou souloit tenir en la ville de Paris feu Charles Toussat....., et en ycelle demeuroit avant quil fust mis a mort avec tous les biens meubles et immeubles que le dit Charles avoit et pouvoit avoir lors en ycelle maison ou manoir en laquelle avec les diz biens sont venuz et acquis a monseigneur et a nous comme confisquez pour la rebellion et traison contre la mageste royal.....

Meaux, 1ᵉʳ août 1358.

(Trésor des Chartes, Reg. 86, f° 197.)

Charles..... que comme Charles Toussat et plusieurs autres de ses complices pour la grant traison par eulx machinee et faite contre monseigneur et nous et la couronne de France aient este justiciez par quoy touz les biens tant meubles comme heritaiges que il avoient ou pouvoient avoir ou dit royaume appartiennent de plain droit a mon dit seigneur..... et le dit Charles entre ses autres biens eust sur une maison assise en la place Maubert appellee la maison a touz vens... laquelle Henri le Franc prist de l'abbe et couvent de Saincte-Genevieve et du dit Charles pour seze livres parisis de rente chascun an onze livres parisis de rente a sa part... a tous en recompensacion des bons et agreables services que nos bien ames messire Geffroy le conseillier et messire Nicole Orselet chapellains de mon dit seigneur et de nous ont fait a mon dit seigneur et a nous... donnons les dites onze livres parisis de rente en la maniere que Charles les avoit.

Au Louvre, octobre 1358.

XVIII

LETTRES DE RÉMISSION POUR PIERRE HEPPART, BOULANGER.

(Trésor des Chartes, Reg. 86, f° 156 v°.)

Charles..... oye la supplicacion a nous faite de par Pierre Heppart de Saint-Brice boulengier contenant que comme pendant le temps que le Roy de Navarre les Angloys et Navarrois estoient en la ville de Saint-Denis le dit Pierre cuidant que le dit roy de Navarre feust nostre ame et bienveillant.... eust cuit le pain continuelment au dit roy de Navarre, aus Anglois et Navarroys estanz en la dite ville de Saint-Denis, et depuis ce que le dit prevost des marchanz et autres ses complices furent mis a mort et nous fumes venuz en nostre dite bonne ville de Paris, les genz du dit roy de Navarre laient emmene avecques eulx et li a convenu et convient a faire de jour en jour son mestier de boulengier dant il est en grant courous de soy mesmes et en grant desplaisance de son cuer la quelle chose il nose demonstrer pour doubte que les dites genz du roy de Navarre ne le detenissent en prison ou ne le domageassent de son corps et il ait grant affection et voulente de revenir a nostre obeissance.... le vousissions faire grâce et remettre toute paine que il a ou puet avoir encouru pour les choses dessuz dites....

Paris, septembre 1358.

XIX

LETTRES D'ABOLITION ACCORDÉES A LA VILLE DE PARIS.

(Trésor des Chartes, Reg. 86, p. 240. — Secousse, tom. III des Ordonnances, p. 346).

Charles ainsné filz de Roy de France, regent le Royaume, duc de Normandie et dalphin de Viennois, scavoir faisons a touz presens et advenir que comme a linstigacion enortement et promocion de feu Estienne Martel nagaires prevost des marchans de la ville de Paris et de plusieurs autres ses aliez, adherans collateraulx et complices, disans et maintenans en touz leurs faictz, pour le temps quil ont de fait gouverne la bonne ville de Paris et li plat pais denviron, que tout quanques il faisoient, estoit a bonne fin et pour la redemption et dellivrance de nostre dict seigneur et le bien publicque, plusieurs et grande quantite du bon peuple et loyal commun de la dite ville de Paris, sur lesperance dessuz dicte senz lauctorite volente ou consentement de nostre dict seigneur ou de nous, ignorant les grant traisons et malefices que les prevost et ses complices secretement faisoient pourpensoient et a faire entendoient contre nostre dict seigneur, nous et la mageste royal, se soient consentus de eslever et prendre a gouverneur et deffenseur et capitaine le roy de Navarre, de faire alliance avec luy et ses complices, aydans et hadherans, tant par lettres comme par serremenz; de porter fermellez dargent mi partis daimail vermeil et azeur, au dessous avoit escript, a bonne fin; et chaperons de drap des dictes cou-

leurs en signe dalience de vivre et morir avecques le dit prevost
contre toute personne; daller aux assemblees et congregacion du
dit prevost ; de eulx armer contre nous; de nous usurper aucuns
droictz royaulx, destre rebelles contre nostre dict seigneur, de
dire parolles et reproches de nostre personne, de mettre a mort
et occire en nostre presence et en nostre chambre messire
Robert de Clermont et le mareschal de Champaigne et M. Regnault Dacy ailleurs en la ditte ville, de prendre et occuper de
faict nostre chastel du Louvre et aussi de arrester et prandre
nostre artillerye que nous faisions amener par la riviere de Seine
en certains lieux et dicelle oster de la puissance de nos gens qui
la menoient et lapplicquer par devers eulx, de nous envoyer a
Maulx lettres contenant plusieurs parolles rudes laides et mal
gratieuses, de estre allez ou estre consentans de lallee des genz
darmes que fu Pierre Gilles mena a Meaulx contre nous et nostre
tres chere compaigne, de faire par maniere de monopole une
grant compaignye appellees la confrerie Nostre-Dame, en laquelle
il avoit fait et faisoient plusieurs sermenz convenances et alliences
sans lauctorite et licence de nous, de avoir soubz umbre et couleur de justice mis ou faict mettre a mort sans cause raisonnable
Jehan Perret et Thomas Foquant, de prendre arrester et faire
emprisonner et questionner et maltraicter plusieurs de nos genz
et officiers, leurs fames et leurs familliers et mesnies, de prendre
plusieurs des biens de nos dictes genz et officiers et iceulx biens
applicquer au proffit de la ville ou a leur singulier proffit, de
reffuser et constredire la monnoye pour le cours que nous luy
avions ordone en lassemblee de Compiegne et de faire monnoye
et de contraindre nos monnoyez a ouvrer et monnoyer et le
prouflit de nos monnoyes applicquer a leur profit, de abatre et
ardoire et faire abattre et destruire plusieurs chasteaux forteresses et autres maisons des nobles, de piller et faire piller leurs
biens et de plusieurs autres crimes et delicts et malefices faits
contre la mageste royal et autrement, pour ce qu'au dit peuple
donnoient a entendre que nous les voullions destruire et faire
pillier par nos genz darmes et que en riens du monde navions
voulente de entendre a la dellivrance ne redemption de nostre
dit seigneur, combien que le contraire des choses dessuz dites
fust vrai et appere nottoirement de present, et pour ce que les
dessuz ditz ou plusieurs deulx ne se pouroient excuser se par

rigueur de droict voullions proceder, que leurs biens et corps ne fussent fortfaictz a nostre dict seigneur et a nous ou au moings que de ce les peussions poursuir et aprochier et traire a grant punicions ou amendes, nous a il este supplie humblement par nos bien amez Gentian Tristan a present prevost des marchans, les eschevins bourgois et habitans de la dite ville de Paris que sur ce leur voullions estre piteable et misericorde ou autrement pourvoir de remede gratieux. Pour quoy nous considerans la bonne amour et loyalte que les dictz prevost bourgois et habitanz de la dicte ville ont eu toujours a nostre dict seigneur et a nous et comme de fait lont bien demontre en la prinse et destruction des traistres rebelles et ennemis de la couronne de France inclinans a leur supplicacion, a touz ceulx de la dite ville, habitanz et aians leur domicilles ou leur demourance plus continuelle en icelle quaillieurs ou temps des dictz delictz qui ont este consentans dyceulx crimes delictz et malefices excepte ceulx qui estoient et auroient este du conseil secret sur le faict de la grant traison du dict prevost et de ses complices, cest assavoir de vouloir empescher de faire et pourchassier la dellivrance de nostre dict seigneur, de vouloir occire monsieur ou nous ou mettre et tenir en prison perpetuelle et de faire le roy de Navare roy de France, et ainssy interpretons nous et declarons par ces presantes le faict de la dite grant traison, avons pardonne remis et quitte remettons quittons et pardonnons de nostre plain pouvoir certaine science et grace especial touz les dict crimes delictz et malefices et touz autres quelzconques comment quilz puissent estre appellez qui des cas dessudits dependent et peuvent deppendre, excepte le faict de la dicte grant traison dessuz declare que on leur pourroit imposer ou temps advenir en aucune maniere avec toute paine tant criminelle que civille en laquelle il pourroient pour ce estre encourus envers nostre dict seigneur et nous, et toutes autres choses en quoy les dessuz dits ou aucuns deulx auroient ou pourroient avoir mespris ou peche contre nostre dit seigneur et nous, pour raison des choses dessuz dites et des deppandance dicelles, et les restituons a la dicte ville a leur bonne renommee avec touz leurs bien meubles et immeubles quelzconques, de de nouvel de nostre grace leur donnons se mestier est : En imposant silence perpetuelles au procureur de nostre tres cher seigneur et de nous et a touz autres promoleurs juges ou commissaires de nostre dict seigneur ou nostre. Sy donnons en mandement a nos amez et feaulx les genz des comptes, tresoriers de nostre dict seigneur et nostres a Paris au prevost de Paris et touz autres justiciers royaulx ou commissaires depputtez et a depputter par nostre dict seigneur et nous ou a leurs lieuxtenans et a chascun deulx sy comme a luy appartiendra que contre la teneur de nostre presante grace ne les molestent contraignent seuffrent estre contrains ou aucuns deulx en corps ne en biens en aucune maniere, mais se pour ce aucuns de leurs biens estoient prens saisis arrestez ou mis en la main de nostre dict seigneur et nostre que tantos et sans delay leur soient mis au delivre, non contrestant que don ou dons en ayent faictz ou facions a quelques personnes que se soit : lesquelz ou dit cas nous rappellons et mettons du tout au neant. Et aussy nonobestant que pour ce aucuns se soient renduz fugitif ou absent de la dite ville, lesquelz nous de nostre grace rappellons et ne voulons pour ce estre molestez en corps ne biens en aulcune maniere se coulpables nestoient de la dite grant traison dessus esclaircie : et voullons quilz puissent jouir et user de ceste presente grace. Et pour ce que aucun ou aucuns ne puissent ignorer le contenu dicelle voullons quelle soit publies a Paris et aillieurs par touz les lieux ou il plaira au dessus dit prevost eschevins bourgois et habitanz de la ville et que la coppie ou le vidimus de ceste presente grace soubz scel royal ou autentique vaille autant et y soit outelle foy adjoustee comme a loriginal.

Paris, 10 août 1358.

XX

LETTRES DE RÉMISSION POUR ÉTIENNE RESERNIE.

(Trésor des Chartes, Reg. 86, f° 94.)

Charles..... les quiex crimes deliz et malefices dessus diz ou daucuns diceulx Estienne Resernie bourgois de Paris et capitaine de plusieurs brigans ou temps que la dite ville estoit de guerre contre nous se doubte que pour le temps a venir nous le vousissions faire approchier en aucune maniere pour ce que par l'ignorance dessuz dite ne se pourroit bonnement excuser se par rigueur de droit voulions proceder contre li, que son corps et ses biens quelconques ne feussent forfaiz a nostre dit seigneur et a nous, si nous a este supplie humblement par nos bien ames Gentien Tristan a present prevost des marchans et les eschevins de la dite ville de Paris pour le dit Estienne......

Paris, le 10 août 1358.

XXI

LETTRES DE RÉMISSION POUR LAURENT DE VEULLETES

(Trésor des Chartes, Reg. 86, f° 76.)

Charles.... que Laurent de Veulletes lingier et priseur jure en la dite ville de Paris eust este envoiez avecques Pierre Gilles Jehan Poiret et plusieurs autres commissaires de par le dit prevost a qui il estoient aliez et complices a faire inventoire des biens de nostre ame et feal secretaire maistre Philippe Ogier pour veoir visiter et priser les dits biens si comme a office de priseur et jure appartenoit et quil li avoit este commis et commande et en faisant le dit inventoire on trouve un escu ou panais point a fleur de lis contre les quelle lon disoit li avoir crachie feru et piquie ycelles dun couteau et dune archegaye ou contempt et vitupere pere de nostre dit seigneur nous et de toute la lignee royal et en oultre avoir dit plusieurs paroles laides villainnes et injurieuses de nostre dit seigneur et de nous deshonnetes a recorder en commettant crime de lese mageste et il soit ainsi que pour occasion ou soupcon des choses dessuz dites il ait este priz et detenuz ou Chastellet de Paris par certain temps et sur ce interroge et examine par nos genz qui lon dit lui en avoir trouve

pur et ignorant. Et toutevoies se par aventure il a fait dit parle
ou erre ces choses dessuz dites ou en aucune dicelles si a ce
este par pure ignorance et simplice et comme esmeut de chaleur
ou par yvresse et aussi pour avoir lamour et plaisir des dits
commissaires.....

Paris, août 1358.

XXII

LETTRES DE DONATION A MARGUERITE, VEUVE DE CHARLES TOUSSAC.

(Trésor des Chartes, Reg. 90, f° 15 v°.)

Charles..... que comme nous eussions donne et ottroye par
nos autres lettres de grace especiale a Marguerite fame de
feu Charles Toussac la moitie de tous ses biens meubles et
debtes appartenans aus diz mariez pour le temps que le dit feu
Charles ala de vie a trespassement a nous veneuz et eschus pour
la forfaiture du dit feu Charles de laquelle moitie la dite Marguerite a eu peu ou neant ja soit ce que noz genz et officiers et
autres de nostre commandement en aient eu et leve a nostre
prouffit grant quantite de biens meubles si comme elle dit, et
aussi la dite Marguerite ait propos et entencion de contraire mariage avecques Pierre Dormans notre eschancon neveu et familier de nostre ame et feal chancellier maistre Jehan de Dormant,
nous, pour consideracion des choses dessuz dites et pour contemplacion de nostre dit chancellier et du dit Pierre lequel nous
a fait plusieurs et agreables services, tant en noz guerres
comme ailleurs, en la compaignie de nostre dit chancellier et
en acroissement dicelui mariage avons donne et par ces presentes lettres donnons et octroyons de grace especial et autorite
royal dont nous usons a présent aus diz Pierre et Marguerite
touz les biens et meubles et debtes quelconques et en quelconque lieu qu'il soient appartenans aus diz feu Charle et Mar-

guerite pour le temps que ycelui feu Charle ala de vie a trespassement et voulons et octroyons que il les puissent lever exiger et poursuivre comme les leurs propres et sanz aucun empeschement excepte ceulx qui desja sont levez et tournez a nostre prouffit et aussi la moitie de tous les conques immeubles faiz par le dit feu Charle a nous venus comme dit est en quelconque lieu quil soient assis tant en la ville de Paris comme ailleurs, prendre et a voir la dite moitie pour les diz Pierre et Marguerite franchement et quittement pour eulx et pour leurs hoirs ou aians cause deulx par telle maniere que se nous auons aucune chose donne ou assigne sur les diz conques a aucune personne nous voulons et declarons et est nostre entencion que les diz dons ou assignacions soient pris et assignees sur la moitie a nous appartenans et que la dite moitie diceulx Pierre et Marguerite nen soit en rens chargiee ou diminuee parmis ce touteffois que la dite Marguerite a cause du don a li fait de la dite moitie des diz meubles et debtes ne nous pourra aucune chose demander des diz meubles et debtes suppose que nous en aions leve oultre la moitie.....

Paris, 7 janvier 1359.

XXIII

LETTRES DE DONATION A MARGUERITE DES ESSARS VEUVE DE MARCEL.

(Trésor des Chartes, Reg. 90, f° 49.)

Charles..... que de la partie de Marguerite des Essars deguerpie de feu Estienne Marcel nagaires prévost des marchanz de Paris mis a mort pour ses demerites nous a este expose comme a cause et pour le traitie du mariage fait et celebre entre le dit Estienne d'une part et ycelle Marguerite d'autre elle eust apporte avec le dit Estienne sanz ses heritages la somme de trois mille escuz dor ou environ desquelx durant le mariage diceulx ont este achatez si comme len dit tant en la ville de Paris que ailleurs plusieurs rentes et conques et il soit ainsint que par la forfaiture du dit Estienne touz les biens conques rentes meubles et heritages quelconques que tenoient et possidoient les diz conjoins, ou temps que ycelui Estienne vivoit ont este prins saisiz arrestez et mis en la main de Monseigneur et de nous comme confisquez et acquis pour la quelle chose la dite Marguerite qui est demource toute desolee desconfortee et chargee de six petiz enfanz nous a fait humblement supplier comme elle nait este ou soit cause ou coulpable des traisons et rebellions faites et perpetreez par le dit feu Estienne, contre la couronne de France mon seigneur et nous mes en fust et soit pure et innocent et ignorant et aussi nait de quoy soustenir son petit estat ne gouverner et nourrir ses diz enfans, que sur ce lui vuillons pourveoir de remede gracieux et nous aianz pitie et compation de li et de ses diz enfanz inclinanz a sa supplicacion considere les choses dessuz dites et les bons et agreables services que feu Pierre des Essars jadis pere de la dite Marguerite fist ou temps qu'il vivoit longuement et loyaument a nostre tres chier seigneur et ayeul le roy Philippe dont Dieux ait lame et ses predecesseurs, a la dite Marguerite a ses enfanz et a leurs successeurs ou ceulx qui auront cause deulx pour le temps a venir de lautorite plaine puissance et liberalite royal don nous usons a present et de certaine science a nous donne et octroie donnons et octroions de grace especial par ces presentes a touz jours soixante livres de rente a parisis a prendre franchement et au mieux parant sur tous les heritaiges conques et rentes quelconques que tenoient et possidoient les diz conjoinz durant la vie du dit Estienne a les tenir avoir et possider par la dite Marguerite et ses enfanz leurs hoirs ou ceulx qui deulx auront cause desoremez en avant. Et avec ce donnons et octroions de lautorite et puissance dessuz dite a la dite Marguerite et a ses enfanz touz les biens meubles quelconques qui furent des diz Estienne et Marguerite.....

Paris, novembre 1358.

XXIV

LETTRES DE RÉMISSION POUR JEAN LE CHAVENATIER.

(Trésor des Chartes, Reg. 90, f° 193 v°.)

Charles...., que de la partie de Jehan le Chavenatier bourgois de Paris nous a este signifie comme un mois ou environ Martin Pisdoe derrein execute pour cause de plusieurs grans et enormes traisons conspiracions et monopoles touchanz crime de lese mageste.... feust venuz de fait appense en lostel du dit Jehan et illeuc leust trouve et puis trait a part et lui dist les paroles qui sens on semblables Jehan le Chavenatier vous savez de verite que feu Estienne Marcel qui fust prevost des marchanz de cette ville le quel vous aves moult amez et estiez de son lignage et touz les autres qui furent mors avec lui morurent senz cause raisonnable et se vous voulez entendre a la vengence de leur mort il mest avis que vous feriez bien et ce que vous devriez, lequel Jehan li respondit Martin ce que vous dites est une tropt grant chose a faire et ne se pouroit sousterir et contre fait de prince et de commun ou de peuple, vous ne pouvez pas proceder a vengence et nest pas aussi possible chose comme se vous neussiez a faire que a une ou deux singulaires personnes de cette ville, car vous ne vous sauriez a qui prendre lequel Martin lui dit de rechief Jehan se vous voulez ces choses se pourront bien faire car nous aurons de nostre alience plusieurs des genz de Monseigneur de Navarre, et lors ycelui Jehan il oy ces paroles ce que elle regardoient nostre fait et lestat de nostre personne lui respondit absolument Martin ja se il plaist a Dieu ne men entremettre en aucune maniere ne ne fera ou attempteray chose qui soit contre mon droit Seigneur naturel ne la bonne ville de Paris. Et vous pri sur quanque que vous amez vous et votre honneur que jamais ne a moy ne a autres vous ne parlez de ceste matere car vous vous mettrez en peril destre deshonore a touz jours et lors promit le dit Martin a ycelui Jehan par la foy de son corps mais que il tenist les choses dessus dites secretes que jamais a personne vivant nen parleroit et en ce point se departirent et sen ala le dit Martin; et pour ce que depuis ycelui Martin par la mauvaise temptation et enortement de lennemi persevera et continua et dites conspiracions et monopoles si comme il est venu a nostre cognoissance et que depuis en la presence de nous de nostre conseil de la ville de Paris de son bon gre et de sa pure et liberal volente senz contrainte ou sorte de gehenne aucune il a cogneu et confesse il fuz pris et le dit Jehan aussi pour le souspecon des choses dessus dites, finablement ycelui Martin par devant nous et nostre dit conseil descoulpa entierement par sa confession le dit Jehan le Chavenatier et lafferma estre pur et innocent des dites traisons conspiracions et monopoles. Pour quoy ycelui Jehan nous a humblement supplie que de ce le veillons absoldre.....

Paris, décembre 1359.

XXV

LETTRES DE DONATION A DENYS LE PAULMIER.

(Trésor des Chartes, Reg. 90, f° 188.)

Charles..... que comme nostre bien ame Denys le paumier bourgois de Paris feust nagaires venuz a nous a Meleun ou nous estions et nous eust dit et revele que Martin Pisdoe bourgois de Paris avoit machine et pourpense une grant traison contre mon seigneur contre nous et contre plusieurs de nos genz conscilliers tant de nostre bonne ville de Paris comme d'ailleurs en commettant crime de lese mageste et havoit enhorte le dit Denis destre en ce de son accort emprinse et allience et mauvaise volente pour mettre ycelle emprise a effect avecques plusieurs autres ses complices et que ycelui Denys lui avoit ce accorde pour mieux savoir de lui le fait, son entencion et la maniere du faire. Et nous oyes ces paroles eussions dit au dit Denys que se il povoit se mettre en voir nous lui ferions grant bien et se il failloit a le mettre en voir il se mettroit en peril demporter les peine et penitence que le dit Martin auroit dessuiees et avecques ce eussions dit lors commande et enjoint au dit Denis quil alast avant au dit traittie avecques le dit Martin pour mieux savoir la mauvaise volente on dit Martin, le traittie et la maniere du faire et ce nous venist dire ou le nous feist savoir la ou nous serions, et pour ce que le dit Denis nous fist savoir les choses quil avoit traittiees et pourparlees tant avant comme apres nous eussions fait prendre le dit Martin mettre et detenir prisonnier au Chastellet de Paris pour les causes dessus dites et dilleuc leussions fait amener devant nous et devant nostre grant conseil au Louvre et y eussions aussi fait venir le dit Denys et en notre presence et de notre dit conseil le dit Denys eust dit present le dit Martin toutes les parolles des traitiens et pourpallees entre eulx sur le fait des diz traison et machinement et les dites parolles ainsi dites par le dit Denys comme dit est le dit Martin eust dit confesse et respondu y celles et tout le dit fait estre vraies tout en la maniere que le dit Denys lavoit dit en notre presence et de nostre dit conseil sauz faire contraindre molester ne gehenner le dit Martin ne sauz en veoir signe en aucune maniere. Et pour ce le dit Martin ait este jugie et condempne a morir comme coulpable de la dite traison et en ait este faite lexecucion selon quil appartient a faire en tel cas et touz ses biens et heritages aient pour ce este et sont confisquez acquis et forfaiz a Monseigneur et a nous. Pourquoy nous par la deliberation de nostre grand conseil et considerant la bonne ferme loyaute et parfaite amour que a eue et a..... donnons et octroions cent livres parisis de rente annuelle et perpetuelle..... sur les heritages de Geffroy le Flamenc, de Guillaume Ame nagaires vendeur de poisson es halles de Paris et de Jehan de la Tour les quielx estoient de laccort emprise et allience du dit Martin, de quoy nous sommes bien enformez et se sont renduz furtiz pour la cause dessus d'te.....

Paris, 30 décembre 1359.

FIN DE L'APPENDICE.

INDEX

A

ABOLITION. Voyez *Lettres.*
ACTE d'accusation contre Robert Lecocq, pages 87, 107, 219.
ALCAVALA introduit en France, 30.
ALPHONS, député vers le régent, 321.
AMIENS. Lettres d'abolition accordées à cette ville, 148. — Séjour qu'y fait le Navarrais, 152. — Le régent invité à y venir, 224. — Emeute, 225. — Abandonne le Navarais, 350.
ANGLAIS. Haine qu'ils inspirent, 3. — Leur caractère national, leurs ravages, 36. — Leur victoire à Poitiers, 77. — Attaquent Paris, 176. Voyez *Navarrais.*
ANJOU (duc d'). Otage à Mantes, 59. — Lieutenants du dauphin, 114. — Cède au peuple, 116. — Accompagne son frère aux États, 123.
ARCHEVÊQUE. Voyez *Craon.*
ARCHIPRÊTRE. enrôlé par Marcel, 229.
ARLEUX. Le Navarrais y est détenu, 71. — Il en sort, 151.
ARMAGNAC, lieutenant du roi en Languedoc, 111. — Remplacé, 137.
ARRAS se soulève, 39.
ATHÈNES (duc d'), orateur de la noblesse aux États, 27.
AUBRYOT, prévôt de Paris, 81, 334.
AUDENEHAM (maréchal de) réprime les troubles d'Arras, 40. — Aide Jean à se saisir du Navarrais, 68. — Accompagne le régent, 322.
AUVERGNE. États de la province, 110. — Ses députés aux États, 140.
AVRANCHES se révolte, 136.

B

BAILLET (Jean). Sa querelle avec Perrin Marc, 177.
BALISTES, 137.
BEAUREPAIRE. Cité, 77.
BELOT (Jean), échevin, 25.
BERNIER, victime des jacques, 249.
BIBLIOTHÈQUE de l'Ecole des Chartes, citée, 76, 88, 100, 107.
BLACEY. Voyez *Morel*.
BLANCHE (reine) tente d'apaiser les querelles, 57. — Se prononce pour le Navarrais, 332.
BLONDEL (Jean) tente de soulever Paris, 343.
BONNE DE LUXEMBOURG, mère du dauphin, 106.
BONNEMÈRE. Cité, 235, 240, 258. — Combattu, 260, 272.
BONNES VILLES, 20.
BORDEAUX. Négociations et trêve y conclue, 119, 134.
BOUDON (Pierre), échevin, 25.
BOULANGER. Voyez *Heppart*.
BOULENGIER (Jean) soulève Laon, 167.
BOURBON (duc de) négocie avec le pape, 61. — Avec le Navarrais, 62.
BOURGEOISIE. Sa situation, 5. — Ses progrès, 8. — Sa prépondérance au grand conseil, 100. — Maîtresse du gouvernement, 102.
BOURREAU épileptique, 274.
BRAINE. Voyez *Roussi*.
BRAQUE, accusé par les états, 97. — Perquisitions chez lui, 119.
BRETAGNE (duc de), 85. — Dans l'opposition, 103.
BUCI (Simon de), accusé, 97. — Négociateur à Bordeaux et perquisitions chez lui, 119. — Ses intrigues, 202. — Ses châteaux pillés, 252.

C

CALAHORRA. Evêché donné à Lecocq, 352.
CALLE (Guillaume), chef de la Jacquerie, 247. — Cherche des auxiliaires, 248. — Assiége Ermenonville, 252, 254. — Tué, 256.
CAMPAGNES. Leur situation, 7, 231.
CAPTAL de Buch défend le Marché de Meaux, 260.
CARTULAIRE de l'abbaye de Beauvais, 241.
CHAMBRE DES COMPTES. Réformée, 133.
CHAPERON porté par les bourgeois, 166. — Imposé au dauphin, 194.
CHARLES DE NAVARRE. Chef de l'opposition aux états, 20, 22. — Complice des troubles, 40. — Sa généalogie, ses possessions, 45. — Son portrait,

16. — Ses droits au trône, 47. — Son mariage, 49. — Injustices qui lui sont faites, 50. — Ses réclamations, 51. — Ses querelles avec le connétable, 52. — Ses avantages au traité de Mantes, 58. — Amende honorable, 59. — Fuit à Avignon, 60. — Négocie avec l'Anglais, 61. — Sa modération, 62. — Son retour à Paris, 63. — Accusé d'avoir empoisonné le dauphin, 63. — Commence de lutter contre Jean, 64. — Accusations portées contre lui, 66. — Pris à Rouen, 68. — Sa captivité, 71. — Sa mise en liberté réclamée, 149. — Son séjour à Amiens, 152. — Rentre à Paris, 153. — Sa harangue à Saint-Germain des Prés, 154. — Son entrevue avec le dauphin, 155. — Conditions qu'il obtient, 160. — Se retire à Mantes, 161. — Fait les funérailles de ses amis, 162. — Ses hostilités imprudentes, 163. — Ses réclamations et ses manœuvres, 179, 180. — Son alliance recherchée par Marcel, 195. — Son retour à Paris, 200. — Ses relations avec le dauphin, 201. — Écrit aux villes, 202. — Sa défiance, 203. — S'abstient de paraître aux états, 209. — Son entrevue avec le dauphin, 217. — Permet le brigandage, 255. — Réprime la Jacquerie, 255. — Tue Calle, 256. — Extermine les jacques, 257. — Capitaine des Parisiens, 275. — Harangue les Parisiens, 276. — Reçoit une armée, 278. — Trahit Marcel, 279. — Quitte Paris, 280. — Sa politique équivoque, 286. — Conclut la paix avec le régent, 288. — Reçoit de l'argent de Marcel, 289. — Refuse de communier, 290. — Compromis dans une sortie, 291. — Harangue les Parisiens, 302. — Dirige l'expédition contre les mercenaires, 303. — Perd son titre de capitaine, 308. — Négocie avec les Anglais, 312. — Attaque la Bastille Saint-Antoine, 321. — Négocie avec les Anglais, 332. — Sa popularité perdue, 349. — Conclut la paix avec le régent, 351. — Le défie, 353. — Ses dernières années, sa mort, 354.

CHARLES IV, empereur, 106. — Sa médiation, 113.

CHARNY (Jean de), chef du complot pour ramener le régent, 313.

CHAUVEAU, accusé par les états, 97.

CHAVENATIER (Jean le) refuse de conspirer avec Pisdoé, 347.

CHEVALIER (Michel). Cité, 14, 15, 334.

CHRISTINE DE PISAN. Citée, 63, 65, 82, 323.

CHRONIQUE de Jean de Novelles. Citée, 309.

CHRONIQUES (Grandes). Citées, 68, 126, 245, 261, 278, 301, 304. — Combattues, 261, 304.

CLERGÉ. Refuse de payer les subsides, 39. — Aux états après Poitiers, 85.

CLERMONT (en Beauvaisis). Entrevue entre le régent et le Navarrais, 217.

COCATRIX, échevin, 25.

COLART (le chauceteur), 124.

COMMISSAIRES ROYAUX pour les finances, 18.

COMMISSION des Quatre-Vingts, 91. — Des trente-quatre réformateurs,

135. — Réduite de moitié, 136. — Consent au rétablissement des officiers, 143. — Autre, chargée de juger les bourgeois, 322.

COMMUNES FLAMANDES, 3.

COMPAGNIES. Leurs déprédations, 36. — Pillent les officiers royaux, 145. — Leurs excès, 234. — Enrôlées par Marcel, 279.

COMPIÈGNE. Siége des états généraux, 218. — Punit Jean Rose, 294.

COMPLAINTE sur la bataille de Poitiers, 76.

COMPOSITIONS pécuniaires, 355.

CONFISCATIONS, 325.

CONFRÉRIE de Notre-Dame, 167.

CONJURATION pour venger Marcel, 342, 345, 346.

CONNÉTABLE D'ESPAGNE. Reçoit les biens du Navarrais, 51. — Son impopularité, ses querelles avec le Navarrais, 52. — Son mariage, 53. — Sa mort, 54.

CONSEIL (Grand) formé par les rois, 99. — Réorganisé, 100. — Délibère sur le Navarrais, 156. — Lui accorde des avantages, 160.

CONSEIL DU RÉGENT, 197.

CONSEIL SECRET, 142.

CONTINUATEUR DE NANGIS. Cité 52, 102, 121, 188, 190, 195, 233, 234, 238, 240, 256, 267, 312, 317.

CORBEIL (Expédition de), 294.

COURTNEUVE (Nicolas de la), 319.

CRAON (Jean de), archevêque de Reims, 22. — Orateur du clergé aux états, 27. — Dans la séance secrète, 94. — Membre du conseil, 100. Sa conversion, 144. — Son rôle au conseil, 157.

CULDOÉ (Jean), prévôt des marchands, 343.

D

DACIER. Cité, 317. — Combattu, 318.

DAMIENS (Jean) soutient le régent, 344.

DAUPHIN. Son portrait, 26, 64. — Négocie avec le Navarrais, 62. — Sa jeunesse, 63. — Son mariage, 65. — Ses projets de fuite, 66. — Nommé duc de Normandie, 67. — Son séjour à Rouen, 68. — Sa fuite à Poitiers, 77. — Son retour à Paris, 82. — Sa lâcheté, 83. — Lieutenant du roi, 84. — Sa conduite envers les états, 91. — Ajourne la clôture, 104. — Convoque les chefs du peuple, 105. — S'humilie devant eux, 109. — Son voyage à Metz, 113. — Sa rentrée à Paris, 116. — Son entrevue avec les chefs du peuple, 118. — Fabrique de nouvelles monnaies, 119. — Se rend aux états, 123. — Cède à leurs demandes, 127. — Son courroux contre les auteurs de la grande ordonnance, 132. — Rétablit ses officiers, 143. — Gourmande les chefs du peuple, 144. — Son voyage en province, 145. — Écrit à Marcel et rentre à Paris, 146. — Convoque les députés des villes, 147. — Rappelle Lecocq, 148. — Rend la liberté au Navarrais, 151. — Se réconcilie avec lui, 153, 155, 158, 161.— Manque à ses engagements, 161. — Retient les places du Navarrais, 163. — Harangue le peuple aux halles, 167. — Se rend à Saint-Jacques de l'Hôpital, 169. — Convoque les notables, 174. — Sa conduite dans l'affaire Perrin-Marc, 170, 179. — Scène avec Picquigny, 180. — Sa conduite avec l'Université, 183. — Prend le titre de régent, 184. — Son inaction, 187. — Sa conduite pendant le meurtre des maréchaux, 189. — Rassuré par Marcel, 194. Ses protestations, 199. — Ses rapports avec le Navarrais, 201. — S'enfuit de Paris, 204. — Va aux états de Provins, 210. — Surprend le Marché de Meaux, 211. — S'abstient d'aller aux états de Vertus, 216. — Son entrevue avec le Navarrais, 217. — Va à Corbie, 224. — Ses rapports avec Marcel, 225. — Ordonnance relative à l'Université, 226. — Conditions de sa rentrée à Paris, 227. — Permet le brigandage, 235. — Réprime la Jacquerie, 255. — Fait connaître les excès de la réaction, 264, 265. — Son indulgence pour ces excès, 268. — Ses dévastations, 280. — Ses progrès en politique, 282. — Accusations portées contre lui, 283. — Campe devant Paris, 285. — Sa prétendue activité, 286. — Paix avec le Navarrais, 288. — Refuse de communier, 290. — Somme le Navarrais d'exécuter le traité, 291. — Écoute les négociateurs pour mieux tromper, 296. — Provoque les Parisiens à assassiner Marcel, 308. — Nomme une commission judiciaire et rentre à Paris, 322. — Insulté au passage, 323. — Savoure sa vengeance, 324. — Fait des confiscations, 325. — Met ses ennemis à la question, 330. — Remanie les monnaies, 333. — Ordonne les compositions pécuniaires, 335. — Donne des lettres de rémission, 336. — Déjoue les complots et harangue les Parisiens, 343. — Rétablit ses officiers, 345. — Surprend Pisdoé, 348. — Paix avec le Navarrais, 351. — Défend Paris, 351. — Paix avec les Anglais, 353. — Appréciation de son gouvernement, 356.

Denier d'or, 49.

Denys le Paulmier, trahit Pisdoé, 348.

Deroner persécuté par le régent, 264.

Desbarres (Pierre) conduit les Parisiens au secours des jacques, 252. — Exclu de l'amnistie, 352.

Desmares (Jean) parle au nom du régent, 351.

Diacre (Jacques), tué par les nobles, 265.

Donat, envoyé par Marcel à Avignon, 229.

Donations, 326.

Dormans (Jean de) parle au nom du dauphin, 170. — Récompensé, 327.

Dormans (Pierre de) épouse la veuve de Toussac, 329.

DOUBLET (Collinet) prend part au meurtre du connétable, 54. — Défend son maître à Rouen, 68.—Pendu à Rouen, 69.— Ses funérailles, 162.
DOUBLET (Simon), chef des jacques, 248.
DOUET D'ARCQ. Voyez *Acte d'accusation*.
DRAPIERS (corporation des), 22, 23, 24.
DUBOULAY. Cité, 227.

E

ECHEVINS, 24.
EDOUARD III. Ses prétentions au trône de France, 47. — Profite des querelles de Jean et du Navarrais, 57. — Donne un démenti à Jean, 70.
EMBUSCADE du bois de Saint-Cloud, 304.
ERMENONVILLE assiégé par Guillaume Calle, 254.
ÉTATS GÉNÉRAUX convoqués pour la première fois, 9. — Leurs avantages et inconvénients pour la royauté, 18. —Manière de les convoquer, 19. — Réunis en 1355, 19, 21. — Requêtes adressées, 28. — Aide votée, 30. — Multiplicité des sessions, 33. — Droit de veto, 33. — États de 1356, 42, 84. — Ouverture de la session, 90. — Les délégués du dauphin expulsés, 92. — Séance secrète, 93. — Conditions du subside, 95. — Mise en accusation des officiers royaux, 96. — Séance de clôture, 104. — Séance illégale aux Cordeliers, 106. — Session de 1357, 121, 140, 149. — Le Navarrais abandonné, les officiers poursuivis, 124. — Grande ordonnance, 128. — Sessions de 1358, 174. — États de Provins, 209. — De Compiègne, 218. — Poursuivent Lecocq, 219. — Continuent l'œuvre de la bourgeoisie, 222.
ÉTATS PROVINCIAUX. Remplacent les états généraux, 10. —Leurs avantages et inconvénients pour la royauté, 18. — États d'Auvergne, 110. — De Languedoc, 111. — De Béziers, 112. —De Senlis, 208. — De Vertus, 216.
ÉVÊQUE. Voyez *Lecocq, Meulan*.

F

FILLON. Ses aventures, 269.
FORTIFICATIONS de Paris, 80, 137, 164, 212, 228.
FOUGNANT favorise la fuite du dauphin, 204. — Mis à mort, 274.
FRANCE (État de la), 3.
FREMIN. Famille dévouée au Navarrais, 152.
FRIQUET, serviteur du Navarrais, 53. — Témoigne sur la mort du connétable, 55, 56. — Sa captivité à Rouen, 71. — Obtient des lettres de rémission, 201.

INDEX.

FROISSART. Cité, 40, 63, 75, 100, 154, 164, 190, 234, 236, 242, 257, 261, 267, 305. — Combattu, 61, 63, 68, 233, 240, 243, 259, 262, 271, 289, 301, 304, 317.

G

GARREAUX, 157.
GASTON DE FOIX défend le Marché de Meaux, 260.
GIFFART (Philippe), tué avec Marcel, 317.
GILLES (Pierre), épicier, conduit les Parisiens au secours de la Jacquerie, 251. — Brûle le château de Pierre Rose, 253. — Rappelé à Paris, 258. — Fait l'expédition de Meaux, 259. — Décapité, 329. — Commissaire avec Laurent de Veulletes, 338.
GODARD harangue le peuple, 274. — Décapité, 329.
GRANDES. Voy. *Chroniques*.
GRANVILLE prend part au meurtre du connétable, 54. — Pendu à Rouen, 69. — Ses funérailles, 162.
GUY DE BOULOGNE, légat du pape, 57. — Préside à l'amende honorable, 59. — Menacé par Jean, 60.

H

HALLES. Le dauphin y harangue le peuple, 168.
HANGEST (sire de), délégué du dauphin, 104.
HARCOURT prend part au meurtre du connétable, 54. — Complice de la fuite du dauphin, 67. — Pendu à Rouen, 69. — Son cadavre disparu, 162.
HARDENCOURT assassiné à Senlis, 251.
HEPPART, boulanger, persécuté, 329.

I

INNOCENT VI. Sa médiation, 113.
ITALIENS servent de modèle aux Français, 7.

J

JACQUERIE, 231. Non provoquée par Marcel, 239. — Racontée par Froissart, 240. — Réduite à ses justes limites, 241. — Elle éclate, 243. — Son extension, 244. — Ses chefs, 245. — Réprimée, 255. — Sa durée, 271. — Comment en doit être faite l'histoire, 272.
JACQUES BONHOMME. Sens du mot, 233. — Pour le reste, voy. *Paysans*.

JEAN. Son avénement, son caractère, 12. — Ses premiers actes, 13. — Falsifie les monnaies, 14.—Ses embarras financiers, 17.—Convoque les états, 18.—Ses fautes aux états, 27.—Ses défauts comme homme, 44. — Sa parenté avec le Navarrais, 45. —Ses injustices envers ce prince, 50. — Dons faits au connétable, 54.—Sa conduite à la mort du connétable, 57. — Son incapacité au traité de Valognes, 63. — Rupture avec son gendre, 63. — Pardonne à son fils, 66. — S'empare du Navarrais à Rouen, 68. — Traitements qu'il lui inflige, 71. — Son incapacité à Poitiers, 75. — Sa captivité, 78. — Jugé par Lecocq. 87. — Tire parti des fautes des états, 134. — Demande de l'argent, 282. — Écrit aux Parisiens, 335.

JEANNE (reine) intervient entre Jean et le Navarrais, 57. — Entre le dauphin et les Parisiens, 280, 287, 296.

JEANNE DE BOULOGNE (reine) marie son fils, 114.

JOCERAN DE MACON aux conférences secrètes, 285. — Emprisonné, 318.— Décapité, 322.

JOIGNY s'empare du Marché de Meaux, 211.

L

LACABANE. Cité, 77, 309, 314. — Combattu, 317.

LADIT, massacré, 331.

LAFONTAINE père et fils, officiers du roi, dévoués à Marcel, 187.

LAFOREST (Pierre de), chancelier, orateur royal aux états, 26. — Accusé, 97. — Cardinal rentre à Paris, 116. — Négociateur à Bordeaux, 119.

LAIGLE. Ville donnée au connétable, 53.

LANCASTER envoyé à Mantes auprès du Navarrais, 57. — Négocie avec lui à Avignon, 61. — Reprend les hostilités en sa faveur, 72.

LANGUEDOC. Ce qu'il en reste à la couronne, 18. — États de cette province, 111. — Révolte apaisée, 137.

LAON se révolte, 169. — Est châtiée, 350

LECOCQ négociateur, 57. — Son origine, ses commencements, 85. — Ses relations avec le Navarrais, 86.—Son ambition, son opinion sur Jean, 87. — Membre du conseil, 100. — Au Louvre, 105. — Orateur aux Cordeliers, parle contre le roi, 107. — Parle au nom des états, 123.— Annonce une nouvelle convocation, 135. — Se retire dans son évêché, 144. — Rappelé, 148. — Remplace Marcel au conseil, 149. — Demande la liberté du Navarrais, 150. — Répond pour le dauphin, 156, 159. — Mesure de son autorité, 160. — Surveille les relations des deux princes, 161. — Reste à Saint-Jacques de l'Hôpital, 172. — Sa médiation entre Picquigny et le dauphin, 180. — Chapeau de cardinal demandé pour lui, 180. — Député à Provins, 207. — Poursuivi à Compiègne, revient à Paris, 218. — Met ses châteaux en état de défense, 228. — Confiscation de ses biens, 328. — Se retire à Laon, 330. — Y est poursuivi, 350. — Se réfugie auprès du Navarrais, 351. — Évêque de Calahorra, 352. — Détails sur la famille, 352. — Mémoire de Lecocq défendue, 366.

Lettres de rémission et d'abolition, 67. — Le régent en donne, 336. — Formules de ces lettres, 337, 338. — Lettres pour les complots après la mort de Marcel, 344.

Lions (Jean de) tente de faire sortir l'artillerie du Louvre, 213.

Lisle (Jean de) échevin, 142. — Appelé au palais, 144. — Au conseil, 158. — Entre au conseil du régent, 197. — Va aux conférences secrètes, 283. — Tué, 318.

Loi salique. Ses effets, 45. — Le texte et l'interprétation, 47.

Lorris (Robert de) menacé par Jean, 60. — Accusé par les états, 97. — Assiégé dans son château, 254.

Luce. Cité, 247, 251, 252, 256, 268, 269, 314.

M

Maillart (Jean), chef du complot pour ramener le régent; ses antécédents, 313. — Ses biens confisqués, 314. — Garde la porte Saint-Denis, 315. — Se soulève, 316. — Conduit la restauration, 318. — Envoie une députation au régent, harangue le peuple, 321. — Récompenses qui lui sont accordées, 326. — Imploré par les malheureux, 337.

Maillart (Simon) complice de son frère, 315. — Député au régent, 121. — Récompensé, 327.

Maison aux Piliers, 24.

Maloisel chargé d'enrôler l'archiprêtre, 229.

Mantes, traité y conclu entre Jean et le Navarrais, 57.

Marcel (Étienne), sa naissance, sa généalogie, 22. — Achète la maison aux piliers, 24. — Ses talents, 25. — Miniature qui le représente, 25. — Son crédit aux états, 26. — Orateur du tiers, 27. — Met Paris en défense, 80. — L'organise militairement, 82. — Encouragé par Lecocq, 88. — Ses plans, 88, 98. — Membre du conseil, 101. — Appelé au Louvre, 105. — S'oppose à l'ordonnance sur les monnaies, 115. — Triomphe dans le cortége du dauphin, 117. — Scène de Saint-Germain l'Auxerrois, 117. — Son entrevue avec le dauphin, 118. — Orateur des villes aux états, 124. — Se rend chez le dauphin, 135. — Continue les fortifications, 137. — Organise les milices, 138. — Ses mesures de voierie, 138. — Préserve Paris de la famine et de la peste, 139. — Appelé au palais, 144. — Écrit au dauphin, 146. — Remplacé par Lecocq au conseil, 149. — S'y rend, 156, 158, 159. — Continue d'armer l'aris, 164. — Imagine les chaperons, 166. — Crée la confrérie de Notre-Dame, 167. — Convoque le peuple à Saint-Jacques de l'Hôpital, 169. —Y parle, 173. — Complète la confrérie, 181. — Ses démarches au palais, 182. — Donne au dauphin le titre de régent, 184. — Le pousse à agir, 187. — Fait tuer les maréchaux, 189.—Justifie sa conduite, 193. — Harangue le peuple et rassure le régent, 194.— Négocie l'alliance du Navarrais, 195.—Assemble les députés présents à Paris, 196. — Entre au conseil, 196. — Ses plans, 198. — Pousse le Navarrais en avant, 200. — Poursuivi d'accusations, 203. — Essaye de retenir le dauphin, 204. — De détruire l'effet de sa fuite, 205. — Envoie des députés à Provins, 206. — Fait arrêter ceux qui ont favorisé la fuite du régent, 207. —Fortifie Paris, après la prise de Meaux, 212. — Contracte un emprunt, 213.— Retient l'artillerie du Louvre, 213. — Écrit au régent, 214. —Publie sa lettre, 216. — Cherche un arrangement, 225. —Envoie l'Université au régent, 227. — Repousse les conditions du régent et fortifie Paris, 228.— Cherche à se faire une armée, 228. — Ne provoque pas la Jacquerie, 239. — La désavoue, 242. — S'en sert, 251. — Envoie une expédition contre Meaux, 257. — Dépeint la réaction qui suivit la Jacquerie, 263.— Parle en faveur des églises, 264. — Met à mort les complices de la fuite du régent, 274. — Fait le Navarrais capitaine des Parisiens, 275. — Lui donne une armée, 278. — Perd sa popularité, 279.—Fait de nouvelles tentatives de conciliation, 280.— Accusations portées contre lui, 281. — Permet des sorties et essaye de nouvelles négociations, 287. — Donne de l'argent au Navarrais, 289. — Écrit aux bonnes villes, 292. — Fait l'expédition de Corbeil et de la porte Saint-Antoine, 294.— Tente de nouvelles négociations, 296. — Est accusé d'avoir favorisé les Anglais, 299. — Sauve les Navarrais, 300. — Harangue les Parisiens, 303. — Dirige l'expédition contre les mercenaires, 303. — Rentre dans Paris, 305. Sauve les derniers Navarrais, 306. — Calomnié, 307. — Ote le titre de capitaine au Navarrais, 308. — Se décide à lui livrer Paris, 309. — Projets qu'on lui prête, 311. — Sa présence à la bastille Saint-Denis, 315. — Tué, 317. — Son corps exposé, 319. — Ses biens confisqués, 327. — Sa veuve rentre dans ses biens, 339. — Sa mémoire défendue, 360.

MARCEL (Guillaume et Jean), compagnons du dauphin, 25, 65, 331. .

MARCEL (Gilles), clerc de la marchandise, 25. — Membre du conseil, 100. — Appelé au palais, 144. — Tué, 318. — Sa veuve rentre dans ses biens, 339.

MARCHANDISE de l'eau, 23.

MARCHÉ. Voy. *Meaux*.

MARÉCHAL DE CHAMPAGNE, membre du conseil, 100, 102. — Sa mort, 190. — Inhumé, 192. — Sa mémoire vengée à Provins, 210.

MARÉCHAL DE NORMANDIE au conseil, 100, 157. — S'empare de Perrin-

Marc, 178. — Excommunié, 179. — Sa mort, 190. — Inhumé, 192.

MAREUIL tue le connétable, 54.

MARTIN (Henri). Cité, 9, 24, 58, 173, 243, 261, 314, 324, 353. — Combattu, 68, 206, 289, 305, 314, 317, 324.

MAUBUÉ prend part au meurtre du connétable, 54. — Complice de la fuite du dauphin, 67. — Pendu à Rouen, 69. — Ses funérailles, 162.

MEAUX. Prise du Marché, 211. — Attaqué par les Parisiens, 257. — Défendu par Gaston de Foix, 260. — Désastre des habitants, 261. — De la ville, 262.

METZ. Négociations ouvertes dans cette ville, 113.

MEULAN (Jean de), évêque de Paris, va au-devant du Navarrais, 153. — Au conseil, 157. — Réclame contre la violation de l'asile Saint-Merri, 179. — Autorise l'extension de la confrérie Notre-Dame, 181. — Se soumet au régent, 323.

MICHELET. Cité, 41, 236, 289. — Combattu, 188.

MILICES parisiennes organisées, 138.

MINIATURE représentant Marcel, 25. — La séance d'ouverture des états, 26. — Le meurtre des maréchaux, 192. — Le combat de Meaux, 261.

MONNAIES altérées par Jean, 14, 15. — Effets du système, 16. — Ordonnance à ce sujet, 35. — Nouveaux remaniements, 114, 119, 333.

MONTBRISON révolté, 137.

MOREL, curé de Blacey. — Ses aventures, 267.

MORET fournit deux cautions, 337.

MUNICIPALITÉ de Paris. — Son origine, 23.

N

NAVARRAIS attaqués pour leurs désordres, 300. — Sauvés par Marcel, 300. — Incendient les faubourgs, 301. — Massacrent les Parisiens, 304, 305. — Sauvés par Marcel, 306.

NAVARRE. Voy. *Charles.*

N.COLAS. Voy. *Courtneuve.*

NOBLESSE. Sa situation, 4, 232. — Mécontente des réformes, 39. — Sa lâcheté à Poitiers, 75. — Mécontente du dauphin, 83. — Aux états après Poitiers, 85. — S'abstient des états, 121. — Y paraît, 209. — Ses excès, 232, 235. — Méprisée, 237. — Réagit contre la Jacquerie, 263, 267. — Ravage le pays, 273, 286, 287. — Se sépare du Navarrais, 278.

O

OFFICIERS ROYAUX. Leurs excès, 34. — Poursuivis, 125. — Pillés par les compagnies, 145. — Retiennent les places du Navarrais, 161, 163. —

Reprennent leurs charges et leur audace, 164. — Quittent Paris, 202.
— Accusent Marcel, 203, et Lecocq, 219. — Rétablis, 345.

OGIER, secrétaire du régent, 338.

ORDONNANCES de 1355, 55. — Du dauphin, 115, 145. — Grande ordonnance, 128. — De Compiègne, 224. — Relative à l'Université, 226.

ORDRES RELIGIEUX. Leur dévouement, 212.

ORGEMONT (Pierre d'), rédacteur des *Grandes Chroniques*, poursuivi, 125. — Cité, 126. — Pillé, 253.

P

PARIS en état de défense, 80. — Organisé militairement, 82. — Proteste contre la trêve de Bordeaux, 135. — Nouvelles fortifications, 137. — Défendu par les milices, 138. — Mesures de voierie, 138. — Asile des populations voisines, 139. — Misère croissante, 186. — Situation précaire, 298. — Gouverné par un conseil secret, 311. — Sous la terreur, 319. — S'oppose à la restauration, 320. — Obtient des lettres d'abolition, 336.

PARIS (Paulin). Cité, 41.

PARISIENS organisés militairement, 82. — Vont au-devant du dauphin, 83. — Leurs sentiments et volontés à l'égard des deux princes, 156. — Joyeux de la réconciliation, 158. — S'arment et sortent de la ville, 164. — Soutiennent Marcel à Saint-Jacques de l'Hôpital, 174. — Accusent les maréchaux, 187. — Vont au-devant du Navarrais, 200. — Accueil qu'ils lui font, 218. — Leur modération pendant la Jacquerie, 254. — Acceptent le Navarrais pour capitaine, 277. — Irrités de sa trahison, 279. — Leur opposition contre Marcel, 284. — S'emportent contre le Navarrais au sujet du traité, 290. — Font une sortie, 291. — Font l'expédition de Corbeil et de la porte Saint-Antoine, 294. — Se révoltent au sujet du traité de Vitry, 297. — Intrigues de plusieurs, 298. — S'ameutent contre les Navarrais, 299. — Les tuent, 300. — Font une expédition contre les Anglais, 303. — Massacrés par les Navarrais, 304. — De nouveau massacrés, 305. — Leurs souffrances après la mort de Marcel, 332. — Rendent justice à sa mémoire, 341.

PARLOIR AUX BOURGEOIS, 24.

PASTORET, député au régent, 321.

PAYSANS. Leur situation, 7, 231. — Leur mépris pour les nobles, 237. — Motifs de leur révolte, 239. — Font la Jacquerie, 243. — Se découragent, 255. — Abandonnent le pays, 269.

PÉPIN DES ESSARTS, chef du complot pour ramener le régent, 313. — Seconde le mouvement, 317. — Récompensé, 328. — Refuse d'intercéder pour la veuve de Marcel, 339.

PERRET, favorise la fuite du régent, 205. — Mis à mort, 274.
PERRIN-MARC. Sa querelle, 177.
PERROT DE SOISSONS, tué par les nobles, 265.
PETITCELLIER (Enguerrand du), accusé par les États, 97. — Perquisitions chez lui, 119.
PHÉBUS. Voy. *Gaston.*
PHILIPPE DE BOURGOGNE, marié, 114.
PHILIPPE DE NAVARRE, fait la guerre de partisans, 48. — Prend part au meurtre du connétable, 54. — Refuse d'aller à Rouen, 68. — Poursuit la guerre, 163. — Attaqué par les Parisiens, 164. — Exerce le brigandage, 235.
PHILIPPE LE BEL, convoque les états, 9. — Sa politique, 11.
PHILIPPOT DE REPENTI, exécuté, 205.
PICQUIGNY (Jean de) au conseil, 101. — Orateur de la noblesse, 123. — Réclame la liberté pour le Navarrais, 150. — Le délivre, 151. — Député par lui au régent, 180. — Excuse l'absence de son maître, 209. — Sa mort, 354.
PICQUIGNY (Mathieu de) apporte un sauf-conduit au Navarrais, 153.
PICQUIGNY (Guillaume et Testar de) tués pendant la Jacquerie, 256.
PIPES (chef de brigands), 235.
PISDOÉ (Martin). Ses biens confisqués, 314. — Gracié, 338. — Conspire, 346. — Exécuté, 349.
POILLEVILAIN accusé, 97. — Perquisitions chez lui, 119.
POITIERS (bataille de), 75.
POITIERS (comte de) accompagne le dauphin aux états, 123. — Remplace Armagnac en Languedoc, 137.
PRÉVÔT DES MARCHANDS. Origine de cette magistrature, 23.
PRÉVÔT ROYAL DE PARIS, 178, 334.
PRINCE NOIR. Sa campagne, 74. — Sa victoire à Poitiers, 75.
PRISE (droit de) aboli, 34.
PROVINCES hostiles aux états, 136, 141.

Q

QUICHERAT (Jules). Cité, 25, 100, 168, 192. — Combattu, 309.

R

RATHERY. Cité, 100.
RECEVEURS des finances nommés par les états, 31.
RÉGENT. Voy. *Dauphin.*
REGNAUD D'ACY, poursuivi, 125. — Tué, 190.
REGNAUD DE SOISSONS, député, 108.

RÉMISSION. Voy. *Lettres*.

RESERNIE (Étienne) gracié, 337.

REVEILLON, chef des jacques, 248.

RIGAUD DE FONTAINE, prisonnier, 295.

ROBERT DE CORBIE, 84, 101. — Au conseil, 156, 158. — Soutient le meurtre des maréchaux, 196. — Au conseil du régent, 197. — Député à Provins, 207. — Y parle au nom de Paris, 209, 210. — Se retire, 211. — Aux conférences secrètes, 283. — A la vie sauve, 330.

ROBERT DE RIOM. Ses comptes cités, 110, 140.

ROC-AMADOUR, lieu de pèlerinage, 269.

'ROSE (Jean), tué à Senlis, 249.

ROSE (Pierre), pillé, 253.

ROSIER HISTORIAL. Cité, 115, 152, 267.

ROSNY (Pierre de), député à Provins, 207. — Parle au nom de Paris, 210. — Se retire, 211.

ROUEN. Le Navarrais y est pris, 68. — Émeute, 70. — Funérailles des amis du Navarrais, 162.

ROUSSI (Simon de) défend la mémoire du maréchal de Champagne, 210. — Remplace le régent à Vertus, 216.

ROYAUTÉ Sa lutte contre la nation, 11, 371.

S

SAINT-GERMAIN DES PRÉS. Harangue qu'y prononce le Navarrais, 153.

SAINT-GERMAIN L'AUXERROIS. Entrevue de Marcel avec les gens du régent, 117.

SAINTE-HAUDE (Jean de), au conseil, 101. — Défend Marcel, 173. — Gracié, 352.

SAINT-JACQUES DE L'HOPITAL. Assemblée convoquée par Marcel, 169.

SAINT-LEU (Jean de), curé de Sainte-Geneviève, reçoit les chefs populaires, 283. — A la vie sauve, 330.

SAINT-MERRI — Asile violé, 178.

SAVOIE (comte de), 106.

SECOUSSE. Cité, 125, 177, 191, 256. — Combattu, 42, 63, 108, 141, 154, 286, 309.

SENLIS. Siége d'états, 208. — Prend part à la Jacquerie, 250. — Se défend contre la réaction, 266.

SENS (archevêque de), chargé de promulguer la trève, 134. — Quitte Paris, 135.

SIMON DE LANGRES parle au régent, 182.

SISMONDI. Cité, 29, 59, 155.

SOHIER DES VOISINS préside à la levée de l'aide, 226.

OISSONS (ville de) mécontente, 108.

Soulas, maire de Meaux, reçoit Joigny, 211. — Proteste contre la prise du Marché, 212. — Puni d'une amende, 212. — Pousse au mouvement, 257. — Pendu, 261.

Stadler. Cité, 9.

Surintendants des finances nommés par les états, 31.

T

Tancarville (comte de) chargé de promulguer la trêve, 134. — Quitte Paris, 135. — Veut venger l'injure du régent, 323.

Tatini, député de Soissons, 108.

Thierry (Augustin). Cité, 20, 358.

Tristan (Gentien), prévôt des marchands, 334. — Imploré, 357.

Troismons, au conseil, 101, 102, 157.

Toussac (Charles), échevin, 25. — Aux états, 84. — Au conseil, 101. — Au Louvre, 105. — Au Palais, 144. — Porte un sauf-conduit au Navarrais, 153. — Parle à Saint-Jacques de l'Hôpital, 170, 172, 174. — Au conseil du régent, 197. — Soutient le Navarrais, 277. — Aux conférences secrètes, 283. — Emprisonné, 318. — Décapité, 322. — Ses biens confisqués, 328. — Sa veuve se remarie et rentre dans ses biens, 339.

U

Université. Son importance, 2. — Ne porte pas le chaperon, 167. — Sa démarche au palais, 182. — Auprès du dauphin, hors de Paris, 227. — Ordonnance qui la concerne, 226.

V.

Vaillant (Jean), conduit les Parisiens au secours des Jacques, 252, 254. — Se joint à Gilles pour l'expédition de Meaux, 258.

Valognes (traité conclu à), 62.

Veulletes (Laurent de), gracié, 338.

Villani (Matteo). Cité, 71, 85, 100, 141, 177, 353, 345. — Combattu, 173.

Vitry (Conférence et traité de), 297.

W

Wailly (Natalis de). Cité, 16.

TABLE DES MATIÈRES

Chapitre premier. — La société française au quatorzième siècle. — La noblesse. — La bourgeoisie. — Les paysans. — Les états généraux. — Le roi Jean. — États du 16 février 1351.   1

Chapitre deuxième. — États du 2 décembre 1355. — Principaux députés. — Étienne Marcel. — Séance d'ouverture. — Débats. — Aide votée. — Conditions du vote. — Restrictions apportées à l'autorité royale. — Promulgation de l'ordonnance, 28 décembre. — États du 1ᵉʳ mars 1356. — Mécontentement populaire au sujet de l'impôt. — Transformation de l'impôt en une taxe sur le revenu.   21

Chapitre troisième. — Charles le Mauvais, roi de Navarre. — Sa personne, sa généalogie, ses prétentions. — Politique de Jean à son égard. — Premières difficultés entre ces deux princes. — Meurtre du connétable d'Espagne (janvier 1354). — Mauvaise foi de Jean. — Le roi de Navarre s'enfuit à Avignon. — Traité de Valognes (10 septembre 1355). — Nouveaux dissentiments. — Arrestation et captivité du roi de Navarre.   44

Chapitre quatrième. — Bataille de Poitiers, 19 septembre 1356. — Ses effets sur les esprits. — Marcel fortifie Paris. — Retour du duc de Normandie à Paris. — Nouvelle assemblée des états (15 octobre). — Robert Lecocq. — Commission des Quatre-Vingts. — Aide et réformes proposées par la commission. — Poursuites contre les officiers royaux. — Réforme du grand conseil. — La séance de clôture est ajournée. — Réunion au Louvre. — Assemblée des états aux Cordeliers (3 novembre). — Efforts du duc de Normandie pour avoir de l'argent. — Refus de Marcel. — États provinciaux d'Auvergne et de Languedoc.   74

Chapitre cinquième. — Voyage du duc de Normandie à Metz (5 décembre 1356). — Nouveau remaniement des monnaies. — Retour du duc à Paris (14 janvier 1357). — Entrevue à Saint-Germain l'Auxerrois (19 janvier). — Concessions du dauphin. — Situation du royaume. —

Réunion des états (5 février). — Leurs travaux. — Séance publique (3 mars). — Réformes demandées. — La grande ordonnance. — Réformes accomplies par la commission des Trente-Quatre. — Trêve conclue à Bordeaux (23 mars) et défense faite par le roi d'obéir aux états. — Soulèvement à Paris (6 avril). — Défection des provinces. — Travaux et administration de Marcel. 113

CHAPITRE SIXIÈME. — États du 30 avril (1357). — Réaction à Paris en faveur du dauphin. — Voyage de ce prince dans les provinces. — Son retour. — Nouvelle assemblée des états (7 novembre). — Délivrance du roi de Navarre. — Négociations avec le dauphin à son sujet. — Il rentre à Paris (29 novembre). — Traité conclu entre les deux princes. — Cérémonie funèbre à Rouen (10 janvier 1358). — Nouvelle rupture entre le duc de Normandie et le roi de Navarre. — Situation de Paris. 140

CHAPITRE SEPTIÈME. — La révolution à Paris (janvier 1358). — Le dauphin aux halles. — Assemblée de Saint-Jacques de l'Hôpital. — Assemblée des notables au palais, et nouvelle réunion des états (13 janvier). — Affaire de Perrin-Marc. — Démarche de Picquigny au nom du roi de Navarre. — La confrérie de Notre-Dame. — L'Université au palais. — Nouvelle réunion des états (11 février). — Le duc de Normandie prend le titre de régent. 166

CHAPITRE HUITIÈME. — État des esprits. — Assemblée à Saint-Éloi. — Meurtre des maréchaux (22 janvier). — Agitation et négociations qui en sont la suite. — Assemblée aux Augustins (23 février). — Le régent en présence du parlement (24 février). — Les bourgeois au conseil. — Retour du roi de Navarre à Paris (26 février). — Agitation fomentée par la noblesse dans les provinces. — Le roi de Navarre et le régent quittent Paris. — Mesures prises par Marcel. 186

CHAPITRE NEUVIÈME. — États de Senlis (25 mars). — États de Provins (9 avril). — Prise du Marché de Meaux par le régent. — Mesures de Marcel pour défendre Paris. — Prise de l'artillerie du Louvre. — Lettre de Marcel au régent (18 avril). — États de Vertus (29 avril). — Entrevue du régent et du roi de Navarre (2 mai). — États de Compiègne (4 mai). — Acte d'accusation contre Robert Lecocq et mesures prises par ces états. — Relations du régent avec Paris. — Démarche de l'Université. — Nouveaux préparatifs de Marcel. 208

CHAPITRE DIXIÈME. — Misérable condition des paysans. — Abaissement de la noblesse. — Causes du soulèvement des campagnes. — Étendue et gravité de la révolte. — La Jacquerie éclate et se propage (21 mai). — Les jacques se donnent des chefs. — Guillaume Calle, capitaine général. — Ses efforts pour gagner les bonnes villes à la Jacquerie. — Étienne Marcel s'allie aux révoltés. — Expédition de Pierre Gilles. — Siége d'Ermenonville par Guillaume Calle — Action de Marcel et des bourgeois sur la Jacquerie. — Intervention du roi de Navarre dans la lutte. — Mort de Guillaume Calle. — Expédition contre le Marché de Meaux (9 juin). — Réaction des nobles contre la Jacquerie. — Leurs excès. — Résistance de Senlis. — Excès des soldats du régent. 231

CHAPITRE ONZIÈME. — Paris pendant et après la Jacquerie. — Supplice de Fougnant et de Perret (30 mai). — Le roi de Navarre capitaine des Parisiens (15 juin). — Effets de cette nomination. — Trahison du roi

TABLE DES MATIÈRES. 459

de Navarre. — Dévastations commises par le régent. — Nouvelle tentative de conciliation. — Accusation contre Étienne Marcel. — Conférences des chefs de la bourgeoisie. — Accusations contre le régent. . 273

CHAPITRE DOUZIÈME. — Le régent devant Paris. — Ravages de ses gentilshommes et du roi de Navarre. — Conférence et traité de l'abbaye Saint-Antoine (8 juillet). — Rupture du traité. — Lettre d'Étienne Marcel aux bonnes villes (11 juillet). — Expédition contre Corbeil et le pont de Charenton (14 juillet). — Conférence et traité de Vitry (19 juillet). — Mécontentement des Parisiens. — Conjuration contre le pouvoir d'Étienne Marcel. — Irritation des Parisiens contre les mercenaires de Navarre. — Massacre de plusieurs d'entre eux (21 juillet). — Marcel sauve les autres. — Incendie du bourg Saint-Laurent. — Assemblée du peuple à l'Hôtel-de-Ville (22 juillet). — Expédition contre les Navarrais. — Double massacre des Parisiens. — Marcel sauve les derniers Navarrais détenus à Paris (27 juillet). 285

CHAPITRE TREIZIÈME. — Calomnies contre Marcel. — Réaction dans les esprits en faveur du régent. — Dernières négociations avec ce prince. — La couronne offerte au roi de Navarre. — Conjuration contre Marcel à l'intérieur de Paris. — Jean Maillart. — Affaire de la bastille Saint-Denis (31 juillet). — Mort d'Étienne Marcel. — Les conjurés maîtres de Paris. — Terreur à Paris. — Fermeté de quelques partisans de Marcel. — Le roi de Navarre attaque inutilement Paris. — Exigences du régent. — Sa rentrée à Paris (2 août). 307

CHAPITRE QUATORZIÈME. — Réaction et mesures répressives. — Confiscations et récompenses. — Supplices. — Aveux arrachés aux vaincus. — Quelques-uns échappent à la vengeance des vainqueurs. — Meurtre de Thomas de Ladit (12 septembre). — Intrigues du roi de Navarre. — Il engage la guerre avec le régent. — Misère à Paris et situation du royaume. — Altération des monnaies. — Efforts du régent pour réprimer et apaiser le mécontentement public. — Compositions pécuniaires. — Lettres de rémission. — Restitution aux veuves. 325

CHAPITRE QUINZIÈME. — Troubles et complots soulevés par les partisans d'Étienne Marcel. — Conjuration et manifestation du 25 octobre 1358. — Conjuration nouvelle (décembre 1358). — Les officiers royaux rétablis dans leurs charges (28 mai 1359). — Conjuration de Martin Pisdoé (décembre 1359). — Misère du royaume et irritation du peuple contre le roi de Navarre. — Paix de Pontoise entre le régent et le roi de Navarre (13 août 1359). — Proscription de l'évêque de Laon. — Paix de Brétigny (8 mai 1360). — Dernières années et mort du roi de Navarre. — Dernières rigueurs de Charles V contre les partisans de la révolution. 341

CONCLUSION. 357

APPENDICE. — Textes et documents. 381
   I. — Emprunt contracté par Marcel. 381
   II. — Note sur la prise de l'artillerie du Louvre. 382
   III. — Lettre d'Étienne Marcel au régent. 382
   IV. — Lettres d'abolition pour la ville d'Amiens. 385
   V. — Lettres de rémission pour Jean Rose. 387

VI. — Lettres de rémission pour Jean Charuel.	388
VII. — Lettres de rémission pour Jaquin de Chenevières.	389
VIII. — Lettres de rémission pour Jean Deroner.	390
IX. — Lettres de donation pour les femmes de Perrot de Soissons et Jaquet Diacre.	391
X. — Lettres de rémission pour les habitants de Saint-Thierry, etc.	392
XI. — Lettres de rémission pour les habitants de Heislemarrois.	393
XII. — Lettres de rémission pour le curé de Blaçay.	395
XIII. — Lettres de rémission pour Thomas Consterel.	396
XIV. — Lettres de rémission pour les habitants de Béthencourt et Vereil.	398
XV. — Lettres de rémission pour Jean Fillon.	399
XVI. — Lettre de Marcel aux bonnes villes.	401
XVII. — Lettres de confiscation pour Charles Toussac.	408
XVIII. — Lettres de rémission pour Pierre Heppart.	409
XIX. — Lettres d'abolition pour la ville de Paris.	410
XX. — Lettres de rémission pour Étienne Resernie.	413
XXI. — Lettres de rémission pour Laurent de Veulletes.	414
XXII. — Lettres de donation pour la veuve de Charles Toussac.	415
XXIII. — Lettres de donation pour la veuve d'Étienne Marcel.	416
XXIV. — Lettres de rémission pour Jean le Chavenatier.	418
XXV. — Lettres de donation pour Denys le Paulmier.	419
INDEX.	421

www.ingramcontent.com/pod-product-compliance
Lightning Source LLC
Chambersburg PA
CBHW060936230426
43665CB00015B/1963